Madeleine Sandstede

Japan. Europa. USA.

Wilfried von Bredow/
Thomas Jäger (Hrsg.)

Japan.
Europa.
USA.

Weltpolitische Konstellationen
der 90er Jahre

Leske + Budrich, Opladen 1994

ISBN: 3-8100-1114-2

© 1994 by Leske + Budrich, Opladen

Das Werk einschließlich aller seiner Teile ist urheberrechtlich geschützt. Jede Verwertung außerhalb der engen Grenzen des Urheberrechtsgesetzes ist ohne Zustimmung des Verlags unzulässig und strafbar. Das gilt insbesondere für Vervielfältigungen, Übersetzungen, Mikroverfilmungen und die Einspeicherung und Verarbeitung in elektronischen Systemen.

Satz: text-in-form. Harald Baerenreiter, Hanau
Druck und Verarbeitung: Druck Partner Rübelmann GmbH, Hemsbach

Printed in Germany

Inhaltsverzeichnis

Einleitung 7

I. Europäische Japan-Politik

Thilo Graf Brockdorff
Deutschland und Japan: Partner und Konkurrenten 13

Lutz Kleinert
Die deutsch-japanischen Wirtschaftsbeziehungen 35

Hans-Georg Ehrhart
Die Japan-Politik Frankreichs 61

Thomas Noetzel
Großbritannien und Japan 83

II. Japan und die weltpolitisch wichtigen Regionen

Ernst-Otto Czempiel
Die Beziehungen zwischen Japan und den
Vereinigten Staaten von Nordamerika 105

Matthias Bauermeister
Die Japanpolitik der EG vor dem Hintergrund
asymetrischer Wirtschaftsbeziehungen 121

Joachim Glaubitz
Japan und sein russischer Nachbar 141

III. Japan in internationalen Organisationen

Markus Tidten
Japans Gipfeldiplomatie – ein mühsamer Weg
zu internationaler Anerkennung 161

Frank Bauer
Japans Verhältnis zu den Vereinten Nationen 183

IV. Japan und die internationale Politik

Ortrud Kerde/Erich Pauer
Japanische Außenpolitik: Im Fernen Osten nichts Neues 211
Wilfried von Bredow/Thomas Jäger
Das Ende des Ost-West-Konflikts und die Zukunft
der trilateralen Kooperation.. 229

Autorenverzeichnis... 247

Einleitung

Zum Ende des 20. Jahrhunderts hin werden die internationalen Beziehungen mehr und mehr von Entwicklungen geprägt, die in immer engeren Aktionsnetzen zwischen politisch unterschiedlichen Gesellschaften ihre Dynamik entfalten und die als *Globalisierung* gekennzeichnet werden. Immer weniger Handlungen bleiben in ihren Folgen auf einzelne Gesellschaften und den Kreis der sie auslösenden Akteure beschränkt. Immer stärker werden die Entwicklungschancen der Gesellschaften vom internationalen Umfeld geprägt. Während sich die Handlungen auf den Feldern Politik, Ökonomie, Ökologie und Kultur immer dichter vernetzen und die zwischengesellschaftlichen Beziehungen eine verletztliche Komplexität erreichen, bleiben die politischen Steuerungsmöglichkeiten der Regierungen relativ grob. Es hat sogar den Anschein, als wollten die Staaten die globalen Entwicklungen national, höchstens aber makro-regional zu steuern versuchen. Das aber kann nicht erfolgreich gelingen.

Globale Interdependenz und, komplementär dazu, *Fragmentierung* kennzeichnen den Stand der internationalen Beziehungen. Ihre Analyse und die ihrer Entwicklungsoptionen kann sich nicht nur auf einen dieser beiden beherrschenden Trends konzentrieren.

Die zwischen Interdependenz und Fragmentierung entstehenden politischen Verwerfungen wirken noch nachhaltiger, seit sich der Ost-West-Konflikt aufgelöst hat und die Welt in viele kaum miteinander verbundene Konfliktregionen zu zerfallen scheint. Politische Rollen konstituieren sich neu und sind noch nicht festgelegt. Von einer übersichtlichen Neuen Welt-Ordnung kann keine Rede sein. Verteilungs-Chancen von Ressourcen und Verantwortlichkeit stehen zur Disposition. Die Koordinaten von gestern sind überholt und steigern höchstens die Desorientierung. Ein taugliches Bild der Welt von heute und morgen existiert nicht.

In dieser Phase der weltpolitischen Transformation[1] werden alle Gesellschaften ihre Interessen und Identitäten neu bestimmen müssen. Dies ist einerseits ein Prozeß der Selbstvergewisserung, der Problematisierung kollektiver Identität und der Konkurrenz gesellschaftlicher Interessen. Andererseits aber kann dieser Prozeß nicht verstanden werden, wenn der Blick auf die jeweils einzelne Gesellschaft fixiert bleibt. Denn über die nationalen Interessen

---

1 Hierzu umfassend Ernst-Otto Czempiel: Weltpolitik im Umbruch. Das internationale System nach dem Ende des Ost-West-Konflikts, München 1993, 2.Aufl.

wird nicht allein innerhalb der jeweiligen Gesellschaft, sondern in Auseinandersetzung mit der internationalen Umwelt entschieden.[2]

Strukturbestimmend für jede neue Welt-Ordnung werden die Beziehungen zwischen den drei weltpolitischen Zentren Japan, USA und Europa sein. Europa selbst hat seine politische Gestalt nicht gefunden, von einer gemeinsamen Außen- und Sicherheitspolitik ist der integrierte Teil des Kontinents noch weit entfernt.[3] Deutschland, Frankreich und Großbritannien sind die politisch bestimmenden Akteure. Ihre Japan-Politik, die zugrunde liegenden Interessen und die für die Ausgestaltung der neuen Welt-Ordnung offensichtlichen Defizite, werden im ersten Teil analysiert.

Daran schließen sich Beiträge zu den Beziehungsfiguren zwischen Japan einerseits und den USA, Rußland und der EG andererseits an. Der Bedeutung der politischen und sozioökonomischen Makro-Regionalisierung und des interregionalen Austauschs entsprechend, kann in diesen Dreiecks-Beziehungen, und wie es aussieht: nur in ihnen, ein neues und langfristig stabiles (d.h. Wandlungsprozesse steuerndes) Strukturmuster für die internationalen Beziehungen entstehen. Allerdings werden schon die binnen- regionalen Beziehungen von tiefreichenden Interessenkollisionen geprägt, mehr noch die zwischen den Makro-Regionen.

Solche Konflikte politisch zu managen und ihre Krisen unterhalb des Niveaus zu halten, das auf die Beziehungsgefüge zerstörerisch wirkt, wird eine enorme Anstrengung bedeuten, die ohne Rekurs auf neue Institutionen in der internationalen Politik kaum geleistet werden kann. Die Rollen Japans im System der Vereinten Nationen und in dem Internationalen Regime der Weltwirtschaftsgipfel werden in Teil drei detailliert beschrieben.

Daran schließen sich zwei unterschiedliche Beurteilungen der Stellung Japans in der internationalen Politik und der Zukunft der trilateralen Kooperation an. Die Differenz der Wertung liegt im Verhältnis von nationalen zu globalen Interessen begründet. Wie sehr wird Japan eigene Interessen zurückstellen, um zur Stabilität und Entwicklung gemeinsamer Verfahren und Regeln beizutragen? Diese Frage stellt sich auch den anderen weltpolitisch bedeutsamen Akteuren. In der produktiven Mischung aus nationalen und kollektiven Interessen wird die Zukunft einer entwicklungsfähigen internationalen Ordnung liegen. Über dieses Mischverhältnis aber wird in den nächsten Jahren erbittert gestritten werden. Dem Ausgang dieses Streits wird die Gestalt der neuen Welt-Ordnung entsprechen.

---

2   Wilfried von Bredow/Thomas Jäger: Neue deutsche Außenpolitik. Nationale Interessen im internationalen System, Opladen 1993.
3   Werner Link: Kooperative Machtbalance und europäische Föderation als außenpolitische Orientierung, in: Wolfgang Heydrich u.a. (Hrsg.): Sicherheitspolitik Deutschlands: Neue Konstellationen, Risiken, Instrumente, Baden-Baden 1992, S.601-611.

Dabei werden nicht zuletzt das gegenseitige Wissen[4] der beteiligten Gesellschaften voneinander und ihre Empathie in die Interessenlagen anderer Akteure mit darüber entscheiden, ob diese Konflikte als Konkurrenz mit friedlichen Mitteln ausgetragen oder in den Bereich organisierter Gewalt eskalieren werden. Ob erneut wie schon einmal in diesem Jahrhundert eine Welt weitgehend gegeneinander abgeriegelter Blöcke entsteht – oder ob die Chancen genutzt werden können, die sich allen Akteuren aus der Zusammenarbeit ergeben.

Marburg, November 1993
Wilfried von Bredow
Thomas Jäger

---

4   Wir haben an anderer Stelle schon beklagt, daß die Disziplin der Internationalen Beziehungen in Deutschland zu schwach ausgestattet ist, um den weltpolitischen Aufgaben des Landes zuarbeiten zu können. So mangelt es auch an Wissen über die internationalen Rollen Japans. Vor kurzem erschien Hanns W. Maull (Hrsg.): Japan und Europa: Getrennte Welten?, Frankfurt/New York 1993.

I.

Europäische Japan-Politk

Thilo Graf Brockdorff

Deutschland und Japan: Partner und Konkurrenten
Geschichte der deutsch-japanischen Beziehungen seit 1945

Einleitung

Sind Deutsche und Japaner „Geisteswahlverwandte", wie es KANEKO Umeji[1] meinte? Sicher ist, daß es bemerkenswerte Parallelen in der Nachkriegsgeschichte zwischen beiden Ländern gibt: Beide sind 1945 geschlagen aus einem Krieg hervorgegangen, den sie angefangen hatten, beide sind – obgleich rohstoffarm – in bemerkenswert kurzer Zeit zu führenden Positionen in der Wirtschaft aufgestiegen. Nach einer 40-jährigen Phase politischer Zurückhaltung erwartet die Welt jetzt nach dem Ende des kalten Krieges und der deutschen Teilung ein stärkeres politisches Engagement von beiden Ländern, wobei in beiden Fällen auch wieder Erinnerungen an die Kriegs- und Vorkriegszeit wach werden. Es gibt also gute Gründe, gerade jetzt rückblickend die deutsch-japanischen Beziehungen zu analysieren und zu bewerten.

Die ‚Wahlverwandtschaft' zwischen beiden Völkern sollte nicht überstrapaziert werden. Gewiß hat Japan nach seiner Öffnung auf einer Reihe von Gebieten wie z.B. der Rechts- und Verwaltungsordnung, der Medizin, des Erziehungswesens und des Heeres vieles von Preußen übernommen und dafür gab es gute Gründe. Es sollte aber nicht übersehen werden, daß auch andere Staaten wie vor allem Großbritannien, Frankreich und die USA bei der Modernisierung und Industrialisierung Japans im vorigen Jahrhundert Pate gestanden haben. Will man denn von Wahlverwandtschaften Japans sprechen rangieren die angelsächsischen vor den kontinentaleuropäischen Staaten. Auf einem Gebiet allerdings scheint es auffallende Ähnlichkeiten gegeben zu haben: Auf demjenigen der alten Rechts- und Gesellschaftsordnung. Das alte germanische Recht weist mit seinen kooperativen, weitgehend auf Konsens beruhenden Normen vergleichbare Strukturen mit der alten, auf der Grundlage des Reisanbaues basierenden Gesellschaftsordnung in Japan auf.

---

1 Preisinger: „Deutschland und Japan", Tokyo 1986

1. Die geopolitischen Bedingungen

Ein Blick auf die Landkarte zeigt die grundverschiedene geopolitische Lage beider Länder: Hier Deutschland, ein Kontinentalstaat mit einer Vielzahl von Nachbarn, deren Schicksal in der Vergangenheit wie in der Gegenwart mit dem deutschen im Guten wie im Bösen auf mannigfaltige Weise verbunden war und ist. Dort Japan, ein Inselstaat, der in Asien liegend sich aber auch zum Westen gehörig fühlt, umgeben von ihm nicht sonderlich wohl gesinnten Nachbarn mit langen, äußerst verwundbaren Verbindungswegen (life-lines) zu Rohstoffquellen und Märkten. Völlig andersartig sind auch die geographischen Bedingungen in beiden Ländern selbst mit Auswirkungen auf die Staatsstruktur – hier Bundes-, da Zentralstaat – Infrastruktur und Gesellschaft. Während in Deutschland maximal 5% der Landesfläche als unbebaubar, d.h. auch nicht für Land- und Forstwirtschaft verwendbar gelten, sind dies in Japan 85% der Fläche. Hinzu kommt die noch andauernde Konzentrationsbewegung auf die Ballungsräume Tokyo und Osaka, so daß man dort eine bis zum fünfzehnfachen höhere Bevölkerungsdichte als in Deutschland antrifft. Dieser Umstand ist für die Bodenpreisgestaltung und dadurch für Wettbewerb und Lebensqualität von Bedeutung.

2. Die historischen Voraussetzungen

Die geopolitische Lage Japans war zwei Mal in der jüngeren Geschichte des Landes ausschlaggebend für eine vom ganzen Volk getragene Politik einer konzertierten Aktion des wirtschaftlichen Aufschwunges: In der ersten Hälfte des vorigen Jahrhunderts waren die europäischen Staaten bestrebt, auch die noch nicht unterworfenen Teile der Welt zu kolonisieren bzw. unter sich aufzuteilen. In China, dem ‚Reich der Mitte', dem Japan wesentliche Elemente seiner Kultur verdankt und zu dem es aufschaute, war dies mit den Opiumkriegen bereits gelungen. Japan schloß daraus, daß der einzige Weg, seine Identität in einer kolonisierten Umwelt zu erhalten, seine Industrialisierung sei. Mit einer einzigartigen, konzertierten Aktion gelang es binnen zwei Dekaden, das Land, das vorher abgeschlossen von der Außenwelt seine mittelalterlich-feudale Struktur erhalten hatte, zu einem modernen, industriellen Staatsgebilde umzugestalten. Das Volk erfuhr, daß wirtschaftliche Stärke der einzige Weg zur Erhaltung der nationalen Eigenständigkeit war. Die erste Industrialisierung Japans war daher – anders als in Europa und Amerika – nicht gewinnstimuliert, sondern basierte auf dem Wunsch zur Erhaltung der eigenen Identität.

1945 war es ähnlich: Wieder sah sich das Land in einer feindlichen Umwelt und wieder erschien der einzige Weg zur Erhaltung der Eigenstaatlichkeit in wirtschaftlicher Wettbewerbsfähigkeit zu liegen. Es gab in beiden Fällen einen nationalen Konsens, daß im Streben nach einer erstklassigen Position im internationalen Wettbewerb der beste und wohl einzige Weg zum nationalen Überleben liegt. Diese Motivation bestimmt die Einstellung der Japaner zur Arbeit und zum Unternehmen, zu Innovation und Verzicht auf Lebensqualität.

3. Interaktion zwischen Innen- und Außenpolitik

Deutschland mußte sich bei seinen Außenbeziehungen immer auch an den Nachbarn orientieren, mit denen es entweder verbündet oder verfeindet war, von denen es unterworfen war oder die es besetzt hatte. Japan ist in seiner Geschichte nur ein einziges Mal unterworfen und besetzt worden, nämlich 1945 von den USA. Es hat sich also im Wesentlichen nur nach den USA zu richten gehabt, hat ansonsten aber eine von innenpolitischen Erwägungen bestimmte Außenpolitik betreiben können. Und selbst im Verhältnis zu den USA gewinnen innenpolitische bzw. wirtschaftliche Interessen in dem Maße an Gewicht, wie sich die politische und wirtschaftliche Bedeutung Amerikas verringert. Die japanische Außenpolitik ist im wesentlichen innenpolitisch bestimmt – Primat der Innenpolitik also.

Nun ist die japanische Innenpolitik für die meisten westlichen Beobachter undurchsichtig. Sie scheint gekennzeichnet durch schnell wechselnde Regierungsmannschaften (schneller, als man braucht, um sich die neuen Namen zu merken), Skandale und schwer nachvollziehbare Bildungen von politischen Formationen und Seilschaften. Wenn denn also die japanische Außenpolitik innenpolitisch gesteuert ist, man die innenpolitischen Mechanismen aber nur schwer nachvollziehen kann, scheint die Berechenbarkeit japanischer Außenpolitik gering.

Wer definiert die japanischen Interessen? Oligarchische Gruppierungen oder gar Unterweltfürsten? Welche Bedeutungen haben das Parlament, die Gewerkschaften, die Interessenverbände? Begibt man sich in den ‚Dschungel' der japanischen Innenpolitik scheinen unsere Kriterien nicht mehr zu greifen. So liegt es z.B. offensichtlich im Interesse der japanischen Gesellschaft, das System der freien Weltwirtschaft zu erhalten. Ergo müßte Japan bereit sein, seinen Reisprotektionismus für einen erfolgreichen Abschluß der Uruguay-Runde des GATT zu opfern, allerdings um den Preis der Destruktion der traditionellen dörflichen Struktur. Dem aber wirken schwerwiegende agrarische Interessen entgegen.

Dabei zeigt sich, daß die innenpolitischen, die Außenpolitik determinierenden Mechanismen in manchen Breitengraden so anders nicht sind. Deutschland und Japan sind beide essentiell von den außenwirtschaftlichen

Rahmenbedingungen abhängig (übrigens Deutschland fast doppelt so stark wie Japan). Und dennoch wirken hier wie dort agrarische Interessen gegen einen schnellen Abschluß der genannten GATT-Runde, die besonders in der derzeitigen rezessiven Phase der Weltwirtschaft entscheidend für die Erhaltung des freien Handels ist.

4. Verfassung und Neubegründung der Staatsordnung

Der Neubeginn der beiden unterlegenen Nationen Japan und Deutschland 1945 war zunächst nicht sehr verschieden, auch wenn der Krieg mit Japan wesentlich später, nämlich am 15. August 1945 beendet wurde. In beiden Ländern gab es Besatzungen, Kriegsverbrecherprozesse, Säuberungen und Entflechtungen von Großunternehmen. In beiden Fällen gab es aber auch die – zu der Mentalität in Versailles (1919) grundverschiedene – Überzeugung der Amerikaner, daß allein eine florierende Wirtschaft Garant gegen die Gefahr des Kommunismus sei, was entsprechende, großzügige Wirtschaftshilfen zur Folge hatte. In beiden Fällen wurden demokratische, rechtsstaatliche Verfassungen unter Aufsicht der Alliierten konzipiert. An die Stelle der – jedenfalls in Deutschland – von der Bevölkerung kaum noch geglaubten anti-amerikanischen Propaganda trat – vor allem in Japan – Anerkennung für die Überlegenheit des ‚American Way of Life'. So wurde denn auch das amerikanische System, z. B. im Erziehungswesen, bei der Wirtschaftsverfassung (z.B. Kartellrecht) und in der Gesellschaftsordnung (z.B. Abschaffung des Feudalsystems) bereitwillig übernommen. (Dabei zeigte sich wie erfolgreich das japanische System war, wie schon im ersten Jahrtausend gegenüber China und im Mittelalter gegenüber Europa und schließlich im XIX. Jhd. gegenüber dem Westen, bewährte ausländische Instrumentarien zu übernehmen, aber dann zu ‚japanisieren'!)

1952 hatten die westlichen Alliierten mit Japan den Friedensvertrag von San Francisco geschlossen, wodurch der Weg für normale diplomatische und Wirtschaftsbeziehungen frei gemacht wurde. Die diplomatischen Beziehungen zwischen der Bundesrepublik Deutschland und Japan wurden 1952 auf Geschäftsträgerebene und 1954/55 auf Botschafterebene wieder aufgenommen. 1953 wurde das Generalkonsulat Osaka/Kobe eröffnet, dem in den 80er Jahren Honorarkonsulate in Nagoya, Fukuoka und Sapporo folgten. Japan eröffnete nach und nach Konsulate bzw. Generalkonsulate in Berlin, Hamburg, Düsseldorf, Frankfurt und München. Dabei nahm das Generalkonsulat [GK] Berlin eine herausgehobene Stellung ein. Im Zuge des Viermächteab-

kommens erhielt der japanische Generalkonsul in Berlin den persönlichen Titel eines Gesandten[2].
In der Folgezeit kamen eine Reihe von Deutschen als Vertreter deutscher Unternehmen nach Japan bzw. kehrten dorthin zurück. (Fast alle in Japan lebenden Deutschen waren nach 1945 zwangsrepatriiert worden.) Japan brauchte für seinen Aufbau know-how, das ihnen deutsche Unternehmen liefern konnten.

5. Die außenpolitischen Koordinaten

Die innen- wie außenpolitischen Belange Japans waren in der ersten Nachkriegszeit fast ausschließlich auf die USA ausgerichtet. Die US-japanischen Beziehungen erhielten eine neue Qualität durch den Korea-Krieg (1950/53), bei dem die wichtige strategische Bedeutung Japans für die USA deutlich wurde. Dies führte 1954 zum ersten japanisch-amerikanischen Sicherheitsabkommen, das 1960 bestätigt und in seiner heutigen Form geschaffen wurde. Es ist in seiner sicherheitspolitischen Bedeutung der NATO vergleichbar, wenn es sich auch in zwei wichtigen Punkten von dieser unterscheidet: (1) während die NATO ein multilaterales Bündnis darstellt, handelt es sich hier um ein bilaterales und (2) gibt es keine integrierten Streitkräfte wie in der NATO.
Die Beziehungen zur Sowjetunion [SU], die erst in den letzten Kriegstagen, am 8. August 1945, zwei Tage nach dem Abwurf der Atombombe über Hiroshima, Japan unter Bruch des Nichtangriffsabkommens den Krieg erklärt[3] hatten und dann die, den Süd-Kurilen vorgelagerten bzw. geographisch noch zu ihnen zu rechnenden vier Inseln besetzten, waren nicht die besten. Die SU lehnte es ab, an der Friedenskonferenz von San Francisco teilzunehmen; folglich gab es auch keinen Friedensvertrag mit ihr. Zwar schien es 1956, als würde sich ein Tauwetter in diesen Beziehungen anbahnen (sowjetisches Angebot der Rückgabe von zwei der vier Inseln), doch verhärteten sich diese Beziehungen wieder schlagartig mit dem Abschluß des US-japanischen Sicherheitsabkommens von 1960.
Europa, das für die Modernisierung Japans in der zweiten Hälfte des XIX. Jahrhunderts von großer Bedeutung war, und mit dessen Staaten sich Japan in der ersten Hälfte des XX. Jahrhunderts in wechselnden Allianzen befand, spielte nach 1945 – sieht man von dem Bedarf an europäischem industriellen know-how ab – zunächst keine große Rolle für das Land. Die europäischen

---

2   Der gegenwärtige japanische GK in Berlin NOMURA Tadakiyo führt sogar den persönlichen Titel eines Botschafters.
3   Vorausgegangen war eine entsprechende Absprache zwischen J. STALIN und F.D.ROOSEVELT, nachdem Japan die in Potsdam geforderte bedingungslose Kapitulation und Abdankung des Kaisers abgelehnt hatte.

Staaten zogen sich nach und nach aus ihren asiatischen Besitzungen zurück. Für Japan war die Aussöhnung mit und die Wiederannäherung an die südostasiatischen Staaten wichtig. Weder wurde die Gründung der Montanunion sowie der EWG und der EAG in Japan zur Kenntnis genommen noch gab es Beziehungen zur NATO, die ihrerseits jedes ‚out-of-area'-Engagement ablehnte. Faktisch haben die japanisch-europäischen politischen Beziehungen erst durch die Gründung der G7-Gruppe Bedeutung gewonnen.

Die Beziehungen zwischen Japan und Deutschland gehen auf das Jahr 1861 zurück, als Japan – nach England (1854), Rußland (1855) und fast gleichzeitig wie mit Holland und Frankreich – mit einer preußischen Delegation unter Graf zu EULENBURG am 24. Januar einen Grundlagenvertrag (Freundschafts-, Handels- und Schiffahrtsvertrag) abschloß. Dieser Vertrag wurde 1871 auf das ganze deutsche Reich erstreckt. Erster offizieller Vertreter Preußens bzw. Deutschlands in Japan war Max von BRANDT; die Vertretung war zunächst ein Konsulat, ab 1880 eine Gesandtschaft und schließlich ab 1906 eine Botschaft. Seit 1874 gibt es auch ein deutsches Berufskonsulat in Kobe. 1874 entsandte Japan AOKI Shuzo als ersten Gesandten nach Deutschland.

In der Folgezeit besuchten eine Reihe von hochrangigen Delegationen Deutschland, unter denen die Mission des Prinzen IWAKURA eine besondere Stellung einnahm. Ihm gegenüber stellte BISMARCK 1873 fest: „Die Zustände in Ihrem Land, meine Herren, sind so, wie sie vor Jahren hier in Preußen waren. Ich kann mich in die Verhältnisse gut hineindenken, weil ich in einem kleinen und schwachen Land, das sich langsam auf den heutigen Stand emporgeschwungen hat, geboren bin. ... Heute wollen viele Länder mit Japan verkehren. Doch sollten Sie unter den Ländern, mit denen Sie Freundschaft schließen, Deutschland an erste Stelle setzen."[4] Diese Beziehungen verschlechterten sich indes nach dem Abtritt BISMARCKS zusehends. Deutschland unterstützte 1897 zusammen mit Frankreich unnötigerweise Rußland in der Tripelintervention zur Herausgabe der Territorialgewinne aus dem japanisch-chinesischen Krieg. In der Folge näherte sich Japan England, was letztlich zum Kriegseintritt Japans auf Seiten der Entente-Mächte und zur Eroberung der deutschen Kolonie Tsingtao führte. Bei den Friedens- und Reparationsverhandlungen nach dem Ersten Weltkrieg riet Japan zur Mäßigung gegenüber Deutschland. Es kam, nicht zuletzt durch persönliche Freundschaften zwischen Wissenschaftlern (z.B. zwischen Albert EINSTEIN und HOSHI Hajime, der die Notgemeinschaft Deutscher Wissenschaftler mit einer Mio. Gold-Yen unterstützte) zu einer erneuten Annäherung. Die Haltung Hitler-Deutschlands gegenüber Japan war aufgrund der Rassentheorie zunächst ambivalent bis ablehnend. Dies änderte sich mit der Begründung

---

4   Preisinger (Anm. 1)

der aus dem Anti-Kominternpakt hervorgegangenen Achse Rom-Berlin-Tokyo, die indes ein leeres Bündnis ohne wirkliche politische Relevanz blieb.[5]

Vor diesem Hintergrund wurden 1952 die diplomatischen Beziehungen zwischen zwei inzwischen vollständig veränderten Staaten wiederaufgenommen.

6. Vom Wirtschaftswunder zu den Ölkrisen

In Deutschland und Japan setzte mit den 50er Jahren der massive Wiederaufbau ein, eine Entwicklung, die später als ‚Wirtschaftswunder' bezeichnet wurde. Beginnend mit dem offiziellen Besuch des japanischen Ministerpräsidenten YOSHIDA im Jahre 1954 haben viele seiner Nachfolger (KISHI 1959, IKEDA 1962, TANAKA 1973, FUKUDA 1978, OHIRA 1980, SUZUKI 1981, NAKASONE 1985, KAIFU 1990 und MIYAZAWA 1992) die Bundesrepublik besucht. Mit dem Besuch Konrad ADENAUERS 1960 begann die Serie der Gegenbesuche deutscher Regierungschefs, die mit den Besuchen KIESINGERS 1969, SCHMIDTS 1978 und KOHLS 1983 fortgesetzt wurde; die beiden letztgenannten haben zudem an Wirtschaftsgipfeln in Tokyo 1979 und 1986 teilgenommen. Der jetzige japanische Kaiser AKIHITO hatte die Bundesrepublik bereits 1953 besucht. 1963 besuchte Bundespräsident LÜBKE, 1970 BP HEINEMANN Japan; der Gegenbesuch des japanischen Kaisers erfolgte 1971. Es folgten die Japan-Besuche der Bundespräsidenten SCHEEL 1978 und von WEIZSÄCKER, der 1988 an den Trauerfeierlichkeiten für den SHOWA-Kaiser teilnahm. Im Februar 1993 hat Bundeskanzler KOHL seinen zweiten offiziellen bilateralen Besuch in Japan abgestattet und hat das Land im Juli, im Rahmen des Tokyoter Wirtschaftsgipfels, noch einmal besucht. Im September haben Ihre Kaiserlichen Hoheiten, der Kaiser und die Kaiserin von Japan Deutschland einen Staatsbesuch abgestattet.

Bei diesen Besuchen zeigte sich, daß die deutsch-japanischen Beziehungen vielseitig, freundschaftlich und – sieht man von der unausgewogenen Handels- und Investitionsbilanz ab – insgesamt problemlos sind. Die seit den 80er Jahren auftretenden Probleme der Unausgewogenheit der genannten Bilanzen betreffen indes die Europäische Gemeinschaft [EG] als Ganzes, wobei Japan die Bundesrepublik insofern als Freund empfand, als es in ihm – zusammen mit den Niederlanden – denjenigen Partner sieht, der für die Aufrechterhaltung des freien Welthandels und gegen Protektionismus auch innerhalb der EG eintritt. In der Tat haben die deutschen Wirtschaftsminister bei ihren Gesprächen immer wieder betont, daß sie eine Lösung dieses Pro-

---

5   Krebs: Beiträge zu dem *JDZB*-Symposium über "Die deutsch-japanischen Beziehungen in den 30er und 40er Jahren" (22.-24.06.92)

blems in verbesserten Marktzugangschancen für europäische Exporte nach Japan, nicht aber in protektionistischer Abschottung gegenüber diesem Land sähen.⁶

Dies wurde unterstützt durch das deutsch-japanische Handelsabkommen von 1960, das Luftfahrtsabkommen von 1962 und das Doppelbesteuerungsabkommen von 1967. Zudem gab es eine beeindruckende deutsche Präsenz bei der Weltausstellung in Osaka 1970 und der Technologieausstellung in Tsukuba 1985. Im Jahr 1984 organisierte die deutsche Wirtschaft die ‚Deutsche Leistungsschau', die eine beeindruckende Gegendarstellung gegen die angebliche ‚deutsche Krankheit' (doitsu byo) und ‚Eurosklerosis' war.

Japans außenpolitisches Engagement hielt sich lange Zeit in Grenzen. Man sprach vom ‚low profile' oder von dem (auch in bezug auf Deutschland angewendeten) Bild des ‚ökonomischen Riesen und politischen Zwerges'. Dem lag die Philosophie YOSHIDAS⁷ zugrunde, wonach das Land eine außen- und sicherheitspolitische Rolle weder übernehmen könne noch solle, stattdessen aber seine internationale Wirtschaftsstellung ausbauen müsse. Die Olympischen Spiele von Tokyo 1964 und die Weltausstellung in Osaka 1970 zogen gleichwohl die Blicke der Welt auf dieses Land (und Deutschland war hieran an führender Stelle beteiligt). Von der Öffentlichkeit fast unbemerkt begann sich die Handelsbilanz zugunsten Japans umzukehren. Sein Einbruch auf dem Markt der Photographie, der bis dahin von deutschen Unternehmen beherrscht war, und der zur Vernichtung fast der gesamten deutschen Produktionskapazitäten in diesem Bereich führte, wurde als ein schmerzlicher Verlust, aber als eine auf einen engen Bereich konzentrierte Aktion Japans bewertet. Damals begann sich das Argument festzusetzen, es sei ‚unfair' von den Japanern, sich auf einige, wenige Sektoren mit dem Ziel der Marktbeherrschung zu konzentrieren, während die deutsche Wirtschaft die ganze Produktpalette anbiete. Tatsächlich hat diese japanische Strategie dem Land zwar Kritik, aber eben auch enormen Erfolg eingebracht. Unbestritten ist, daß der europäische Verbraucher hiervon begünstigt wurde. Dabei hält sich hartnäckig die Vorstellung, daß dieser Erfolg durch Billiglöhne und dumping erkauft wurde; es wird übersehen, daß das japanische Einkommensniveau über dem europäischen liegt und daß es jedenfalls keine staatlichen Subventionen für Exporte gibt.

Aufmerksamkeit erregte Japan mit der Art, wie es für sich die beiden Ölkrisen von 1973 und 1978 meisterte. Japan ist in stärkerem Maße als Europa von auswärtigen Energiequellen abhängig und seine Transportwege dorthin

---

6   Angemerkt sei, daß es in Deutschland durchaus auch andere Auffassungen gab und daß es Beobachter dieser Entwicklung gibt, die die Meinung vertreten, die Bundesregierung sei nicht sonderlich unglücklich darüber, wenn sie mit ihrer Haltung in der EG keine Mehrheit fände.
7   YOSHIDA Shigeru, (1878-1967), Vorsitzender der Liberalen Partei und 1946 erster frei gewählter Ministerpräsident Japans.

sind länger und verletzlicher. Dennoch schaffte es das Land in einer Kombination von öffentlicher Verschuldung und Akzeptanz des Rationalisierungsdruckes, der von dem Ölpreisanstieg ausging, diese Krisen weitgehend ohne Einbußen zu überstehen. Der damalige exorbitante Ölpreisanstieg führte zum Durchbruch der japanischen Autos auf dem US-Markt, weil die Japaner kleine, energiesparende Autos produzierten, während die Amerikaner selbst die Zeichen der Zeit nicht erkannten oder erkennen wollten.

Diese wirtschaftspolitische Leistung erregte international Aufsehen. Japan wurde – neben Deutschland – als eine potentielle ‚Lokomotive' zur Ankurbelung der Weltwirtschaft angesehen. Die Folge war, daß Japan 1975 zum ersten Wirtschaftsgipfel in Rambouillet eingeladen wurde und damit im Club der sieben führenden Wirtschaftsnationen aufgenommen worden war, dem es seither angehört. Damit erhielten auch die deutsch-japanischen Beziehungen eine neue Qualität. Man traf sich nicht nur auf den jährlichen Gipfeln, sondern zu deren Vorbereitung auch auf Arbeits- (Sherpa-) Ebene ebenso wie sich die Finanz- und die Wirtschaftsminister der sieben gesondert zusammenfanden.

Die Bundesrepublik Deutschland und Japan hatten schon zuvor in internationalen Organisationen wie vor allem in den Vereinten Nationen und in der OECD sowie bei der Weltbank/IWF oft zusammen gearbeitet. Auch in der globalen Abrüstungs- und Nichtverbreitungspolitik verfolgten die beiden Staaten, die für sich auf den Besitz und die Entwicklung von Kernwaffen verzichtet hatten, grundsätzlich die gleiche Politik. Durch die gemeinsame Mitgliedschaft im ‚Club der Sieben' war die bilaterale Kooperation im multilateralen Rahmen nun auf das Niveau der gemeinsamen Mitverantwortung für die Weltwirtschaft angehoben worden. Dies spielte fortan vor allem bei der Abstimmung der Notenbankpräsidenten (G3, G7) untereinander eine wichtige Rolle für die währungspolitischen Entwicklungen in der Welt.

Die deutsch-japanischen Beziehungen erhielten eine zweite Dimension, als Japan in der Folge der deutschen Ostpolitik und des Viermächteabkommens die DDR anerkannte. Wenngleich die Sympathien Japans eindeutig auf Seiten der Bundesrepublik waren, gab es doch einerseits von Seiten der japanischen Unternehmen Bemühungen um wirtschaftliche Kooperation mit der DDR und andererseits bei den Deutschlandliebhabern Interesse an den alten deutschen Kulturstätten wie Weimar, Dresden und Leipzig. Höhepunkte in diesen Beziehungen waren 1981 der Besuch HONECKERS in Japan mit der Unterzeichnung des Handels- und Schiffahrtsabkommens sowie der Besuch NAKASONES in Berlin und Potsdam 1986. Für die beiden Botschaften in Tokyo war klar, daß sie beide vom deutschen Image lebten. Polemisierung des innerdeutschen und ideologischen Gegensatzes z.B. in der japanischen Presse hätte letztlich beiden geschadet und unterblieb, und zwar auch dann, wenn DDR-Angehörige einen Japanaufenthalt nutzten, um in den Westen zu fliehen.

Die militärischen Beziehungen zwischen Deutschland und Japan haben eine alte Tradition. An diese Tradition konnte bis zu einem gewissen Grad angeknüpft werden, als hier die Bundeswehr, dort die Selbstverteidigungsstreikräfte entstanden, wenn auch die konkreten auswärtigen Beziehungen in beiden Fällen wegen der jeweiligen Bündnisse eindeutig auf die USA gerichtet waren. Seit 1954 verfügten die beiden Botschaften über Militärattachés. Seit 1966 schickt Japan junge Offiziere an die Militärakademie nach Blankenese; 1984 übernahm die Bundeswehr diese Praxis und schickt ihrerseits junge Offiziere an die Militärakademie in Meguro/Tokyo, wobei ein Sprachstudium vorgeschaltet wurde. Zudem gibt es seit den 70er Jahren gegenseitige Besuche von Kriegs- und Schulschiffen der Bundesmarine und der japanischen Seestreitkräfte.[8]

Der NATO-Doppelbeschluß von 1979 hatte weitreichende Auswirkungen auf die deutsch-japanischen Beziehungen. Für die Sowjetunion eröffnete sich die Möglichkeit, dem Westen eine Dislozierung der SS20-Raketen vom ‚europäischen in das asiatische Theater' anzubieten. Eine solche Lösung hätte scheinbar die direkte Gefährdung Westeuropas verringert, allerdings zu Lasten Ostasiens, d.h. insbesondere Japans und der VR China. Obgleich allen Fachleuten klar war, daß dies eine Scheinlösung war, da die SU über Flugzeuge verfügte, die diese Raketen binnen kürzester Zeit wieder in ihren europäischen Teil hätten bringen bzw. ‚redislozieren' können, hätte ein solches Angebot eine nicht ungefährliche Attraktivität für Europa gehabt. Es wäre nicht leicht gewesen, in der deutschen Öffentlichkeit zu erklären, warum man ein Angebot ablehnt, das (scheinbar) unserer Sicherheit dient.

In diesem Zusammenhang kommt dem Wirtschaftsgipfel in Williamsburg vom Sommer 1983 Bedeutung zu, bei dem – vor allem auch auf Betreiben von Premierminster NAKASONE – eine Erklärung über trilaterale Solidarität abgegeben wurde. Hiernach sollten Abrüstungsschritte nur dann verfolgt werden, wenn sie global wirksam sind, mit anderen Worten, daß Rüstungskontrollmaßnahmen, die eine Region zu Lasten einer anderen begünstigten, nicht akzeptabel seien.

Diese Erklärung muß vor dem Hintergrund der neuen Sicherheitspolitik NAKASONES gesehen werden. Dieser hatte schon vorher von der ‚Westlichen Allianz' gesprochen, der Japan angehöre. Er hatte zudem gegen erhebliche innere Widerstände das Konzept durchgesetzt, wonach Japan seine Selbstverteidigung nicht nur auf seinem eigenen Territorium, sondern in einem Umkreis von 1.000 Seemeilen wahrnehmen müsse. Ja, er hatte sogar von Japan als ‚Flugzeugträger' der NATO gesprochen. Diese Politik war

---

8 H.-E.Maul: "Militärmacht Japan?", iudicium vlg., München 1991.

nicht zuletzt für die USA von Bedeutung, deren 7. Flotte den gesamten Bereich vom Westpazifik bis nach Madagaskar zu sichern hatte und in zunehmendem Maße im Indik[9] und in der Golfregion in Anspruch genommen war.

Die Erklärung von Williamsburg geht aber – jedenfalls im japanischen Selbstverständnis – über den sicherheitspolitischen Aspekt hinaus: Man wollte Japan als Teil des Wertesystems der freien, industrialisierten Welt anerkannt sehen. Dabei stellte man fest, daß die transatlantischen (NATO-) und die transpazifischen Beziehungen wesentlich intensiver waren als die europäisch-japanischen. Mit der Erklärung von Williamsburg war also auch die Intention verbunden, hier Besserung zu schaffen. Das japanische Außenministerium hat in einer späteren Stellungnahme die Gründung der japanisch-britischen ‚Japan-UK-2000-Group', das japanisch-französische ‚Comité de Sages' und das *JAPANISCH-DEUTSCHE ZENTRUM BERLIN [JDZB]* als konkrete Schritte auf diesem Weg bezeichnet.

Japan war damals auch an engeren politischen Kontakten und Konsultationen mit der Europäischen Gemeinschaft [EG] und der NATO interessiert. Zwar gab es schon einen fest etablierten Konsultationsmechanismus mit der EG in Handelsfragen, doch fehlte die politische Komponente. Auch war es zur ständigen Übung geworden, daß Japan einen Vertreter als Beobachter zur parlamentarischen Versammlung der NATO, der ‚North Atlantic Assembly' entsandte[10], doch wünschte Japan politische Gespräche mit den eigentlichen Entscheidungsträgern in der der NATO. Letzteres wurde indes durch einige NATO-Mitglieder vereitelt, die der Meinung waren, die NATO habe keine Außenkompetenz. Erst einige Jahre später kam es zu einer informellen NATO/Japan-Konferenz im belgischen Badeort Knokke, deren Folge-Konferenz im November 1992 in Tokyo realisiert wurde.[11] Die japanischen Bemühungen um einen politischen Dialog mit der EG waren von mehr Erfolg gekrönt: Es wurde eine sog. ‚Troika-Lösung' für einen Dialog mit der Gruppe der Europäischen Politischen Zusammenarbeit [EPZ] gefunden, bei der der jeweils amtierende Vorsitzende, sein Vorgänger und sein Nachfolger einmal pro Jahr Konsultationen mit dem japanischen Außenminister führen. Der substantielle Gehalt dieser Gespräche, für die meist wenig Zeit zur Verfügung stand, war indes gering.

---

9   Indik = Indischer Ozean
10 Dieses Mandat wurde über einen längeren Zeitraum hinweg vom Abgeordneten SHIINA wahrgenommen.
11 1988 stattete Premierminister TAKESHITA als erster japanischer Regierungschef dem Generalsekretär der NATO einen offziellen Besuch ab.

7. Die Entdeckung der EG durch Japan

Bis auf wenige Spezialisten wurde die EG in Japan indes bis in die 80er Jahre hinein als politische und wirtschaftliche Einheit kaum wahrgenommen. Die in den verschiedenen europäischen Staaten – insbesondere in Großbritannien, Frankreich, Deutschland, Spanien und Italien – ausgebildeten japanischen Diplomaten, die im Gaimusho[12] ‚Schulen' bilden, waren streng bilateral orientiert. Hinzu kam, daß die Angehörigen der ‚französischen Schule' und der ‚deutschen Schule' nicht wirklich an eine deutsch-französische Aussöhnung glaubten, die deutsch-französische Antinomie für ein ehernes Gesetz und die deutsch-französische Freundschaft für ‚window-dressing' hielten. Verstärkt wurde diese Tendenz durch das aus den USA importierte Gerede über die ‚Eurosklerose', d.h. über die wirtschaftlich-technische Dekadenz des alten Kontinents.

Erst mit der Initiative für die Integration des Gemeinsamen Marktes ab 1993 begannen breitere Schichten in Japan aufzuhorchen. Es dauerte nicht lang, und ein neues Schlagwort machte die Runde: Die ‚Festung Europa'. Man meinte, daß ein sich integrierendes Europa – insbesondere wegen der aus Japan drohenden Gefahr – exklusiv durch Abschottungen gegenüber Drittländern wirken könne. Daran war soviel richtig, daß die Konzeption der Integration des Gemeinsamen Marktes nicht zuletzt auch durch die japanische Herausforderung bedingt gewesen ist. Erklärungen – insbesondere von deutscher Seite und von Mitgliedern der EG-Kommission – darüber, daß auch ein integrierter Markt offen für Außenstehende sein werde, wurden als Lippenbekenntnisse abgetan. Diese Skepsis kam nicht von ungefähr: Insbesondere in Frankreich und Italien, wo bis dahin scharfe Restriktionen für japanische Automobilimporte bestanden, wurde die Forderung laut, daß bei einer Integration des Gemeinsamen Marktes diese Restriktionen für die gesamte EG übernommen werden müßten; und selbst in Deutschland gab es solche Stimmen. Die Folge war eine Flut von Gründungen japanischer Tochterunternehmen im EG-Raum, um auf diese Weise als ‚insider' zu gelten, wenn der Markt sich integriert und schließt. Dabei nahm Großbritannien, dessen damalige Premierministerin Margret THATCHER der Meinung war, Japan könne dem Land und seiner Industrie aus der Depression heraushelfen und die deshalb jede mögliche Förderung japanischer Investitionen befürwortete, eine Spitzenstellung ein. Immerhin hatte diese Entwicklung den Erfolg, daß die EG als Ganzes in Japan ernst genommen wurde.

Mit zunehmendem Handelsbilanzüberschuß Japans verstärkten sich die Forderungen der USA und Europas nach einer Marktöffnung. Das Land reagierte hierauf mit einem Marktöffnungspaket nach dem anderen, die indes

---

12 Japanisches Außenministerium

weitgehend aus Absichtserklärungen bestanden und nicht recht ernst genommen wurden. Das änderte sich, als Premier NAKASONE den ehemaligen Zentralbankpräsidenten MAEKAWA 1986 damit beauftragte, eine Grundsatzstudie zur Internationalisierung der japanischen Wirtschaft zu erstellen. Dahinter stand die Einsicht der japanischen Führung, daß bei weiterer Verschlechterung des internationalen Klimas Protektionismus in den USA und in Europa drohen, was sich unweigerlich negativ für Japan auswirken würde. Während seit der Öffnung Japans in der Mitte des XIX. Jhd. ausgesprochen oder unausgesprochen der Grundsatz galt: Export dient der Erhaltung der Eigenständigkeit und ist deshalb patriotisch, galt es nun, die Erkenntnis durchzusetzen, daß Importe diesem Ziel dienten. NAKASONE bestellte die Presse, um seinen Kauf einer ausländischen Krawatte in einem Kaufhaus dokumentieren zu lassen. Es gab eine regelrechte Kampagne ‚buy foreign'.

Der 1987 vorgelegte MAEKAWA-Bericht indes griff tiefer: Er stellte fest, daß nur durch eine grundlegende Änderung, nicht nur der Präferenzen japanischer Konsumenten und Käufern von Anlagegütern, sondern durch eine Umstrukturierung der japanischen Gesellschaft selbst, die erstrebte Internationalisierung zu erreichen sei. Durch ein Mehr an Lebensqualität und Freizeit, Verbesserung der Infrastruktur und der Häuser und Wohnungen der Japaner würden nicht nur eine gewisse Nivellierung auf den internationalen Standard, sondern – bei Offenheit des Marktes – die Importchancen für ausländische Produkte wesentlich verbessert und das Außenhandelsgleichgewicht wieder hergestellt werden.

Dieser Bericht, dem ein Jahr später ein zweiter folgte, bewirkte in der Tat ein gewisses Umdenken bei Verwaltung und Wirtschaft. Das Wachstum des BSP war in den Jahren 1986 bis 1991 im wesentlichen binnenwirtschaftlich stimuliert; der Außenhandelsüberschuß wurde kontinuierlich abgebaut. Auch europäische und vor allem deutsche Unternehmen profitierten von dieser Entwicklung. Deutsche Automobile rückten an die erste Stelle der importierten PKWs. Zwar war die Stückzahl der nach Deutschland exportierten und von dort importierten PKWs unterschiedlich, doch war die entsprechende Wertbilanz nahezu ausgeglichen, da es sich bei den deutschen Autos meist um höherwertige Produkte handelte. Das Hauptproblem bestand für Japan in dem weiterhin hohen Handelsbilanzüberschuß gegenüber den USA, was nicht zuletzt durch die sich verschlechternde wirtschaftliche Lage in den USA und oft geringe Wettbewerbsfähigkeit amerikanischer Produkte bedingt war.

In dem Bemühen, die Belastungen des bilateralen Verhältnisses möglichst gering zu halten, neigten die Japaner dazu, wo immer möglich, den amerikanischen Wünschen zu entsprechen, und das führte zwangsläufig zu einem verstärkten Bilateralismus und somit zur Vernachlässigung der trilateralen

Dimension. Diese Tendenz zeichnete sich schon bei dem US-japanischen Abkommen über den Transfer verteidigungsrelevanter Technologien vom November 1983, das 1985 konkretisiert wurde, und beim Eingehen Japans auf die SDI[13]-Pläne der Amerikaner 1985 ab und wurde durch das bilaterale Halbleiter-Abkommen vom 2. September 1986 bestätigt.[14] Wirtschaftspolitisch mußten Deutschland und die EG daher als Ganzes darauf achten, daß ihnen gegenüber möglichst die gleichen Marktzugangschancen eingeräumt wurden, wie den USA.[15] Außerdem bestand bei sich verhärtender Haltung der USA gegenüber japanischen Importen die Gefahr der Umlenkung dieser Handelsströme nach Europa. Hinzu kam in jener Zeit eine verstärkte Ausrichtung Japans auf Südost-Asien, wohin 40% seiner Entwicklungshilfe floß.[16] Japan wurde zu dieser Zeit zum ersten Gläubigerland der Welt.

Im Zeitraum 1987/88 entwickelten sich die japanisch-europäischen Beziehungen relativ günstiger als diejenigen Japans zu den USA. Letztere waren – vor allem auch emotional – durch die COCOM-widrige Lieferung von U-Boot-Technologie durch ein japanisches Unternehmen an die Sowjetunion belastet. (Allerdings gab es wieder Verbesserungen in diesem Verhältnis durch die japanische Öffnung für Rindfleisch und Orangen – ein permanentes Petitum der Amerikaner – und durch das japanische Eingehen auf amerikanische Vorstellungen über den gemeinsamen Bau des Kampfflugzeuges FSX.) Das japanisch-europäische und -deutsche Handelsbilanzdefizit sank erstmalig seit langer Zeit. Durch die Eröffnung des JAPANISCH-DEUTSCHEN ZENTRUMS BERLIN *[JDZB]* am 8.11.1987 erhielten die deutsch-japanischen Beziehungen ein neues Instrument. Es gab einen regen hochrangigen Besucheraustausch. Bei seiner außenpolitischen Grundsatzrede am 4.5.1988 in London sprach Premierminister TAKESHITA von den trilateralen Beziehungen zwischen Japan, Nordamerika und Europa als einem ‚gleichschenkligen Dreieck' und kündigte das – später mit DM 30 Mio. ausgestattete – Sonderaustauschprogramm [SAP] zur Vertiefung des wissenschaftlichen und personellen Austausches zwischen Japan und Westeuropa an, das dann durch das *JDZB* realisiert wurde. Das in diesem Rahmen durchgeführte kulturelle und wissenschaftliche Projekt der EG, EUROPALIA[17], das 1988 unter dem Motto ‚Japan' stand und ebenfalls vom *JDZB* gefördert wurde, erbrachte beachtliche Öffentlichkeitserfolge für Japan im EG-Raum.

---

13 Strategic Defense Initiative
14 J.Glaubitz in: Manfred Pohl (Hrsg.): Japan 85/86, Inst.f.Asienkunde, Hamburg 1986
15 S.Böttcher ebendort
16 D.Scheel in: Manfred Pohl (Hrsg.): Japan 86/87, Inst.f.Asienkunde, Hamburg 1986
17 Ursprünglich wurde dieses jährlich stattfindende Festival in der Absicht durchgeführt, die EG in Belgien populär zu machen, wobei das Motto jeweils einem Mitgliedstaat [MS] gewidmet war. Im Laufe der Zeit wurden dann aber auch nicht-EG-MS - wie z.B. Österreich - einbezogen und die rein kulturelle Ausrichtung auch auf den wissenschaftliche Sektor erweitert.

Deutschland gründete im Januar 1988 das Deutsche Institut für Japan-Studien bzw. das ‚Philipp-Franz-von-Siebold-Institut' in Tokyo.

1989 war für Japan innen- wie außenpolitisch kein leichtes Jahr. Es hatte mit dem Tod des Kaisers begonnen und im April stürzte die Regierung TAKESHITA über den sog. Recruit-Skandal. Sein Nachfolger UNO hielt sich nur für drei Monate und erst mit der Ernennung KAIFU Toshikis zum Premierminister und den ihn bestätigenden eindeutigen Wahlsieg im Februar 1990 erhielt Japan wieder eine führungsfähige Regierung. Diese mußte sich auf die Entwicklungen in Mittel- und Osteuropa, die im Fall der Berliner Mauer am 9. November 1989 gipfelten, einstellen, ohne hierfür vorbereitet zu sein. Politisch, aber auch wirtschaftlich verlagerte sich das Schwergewicht in der Welt nach Europa, was sich indirekt auch auf die Lage in Japan auswirkte. Dort begannen die Kurse der Aktien, die für überbewertet gehalten wurden, und dann – Anfang 1990 – auch (erstmalig seit 1982) der Yen-Kurs, nachzugeben.[18] Bemerkenswert war, daß die Japaner wie kaum ein anderes westliches Land die deutsche Vereinigung vorbehaltlos und freudig begrüßten. Der gesamte Prozeß wurde bis ins Detail von den japanischen Medien begleitet. Sogar das Interesse an der deutschen Sprache nahm wieder zu, nachdem es zuvor – ähnlich wie an anderen kontinentaleuropäischen Sprachen – gegenüber Chinesisch und Koreanisch relativ abgenommen hatte.

KAIFU nahm die Herausforderung der internationalen Politik an und besuchte im Januar 1990 Polen, Ungarn und Deutschland. Im *JDZB* hielt er seine programmatische Rede über die Bereitschaft Japans zum Engagement beim Reform- und Aufbauprozeß in Mittel- und Osteuropa. Japan beteiligte sich bei der ‚Gruppe der 24' und bei der Gründung der Europäischen Bank für Wiederaufbau und Entwicklung [EBRD]. Eine gewisse Irritation war bei jenen Kreisen in Japan spürbar, die Verbindungen zur DDR gehabt hatten und in der reformierten DDR eine Perspektive erblickten, als der Tag der Vereinigung kam. Die Sympathien – und mancherorts auch ein gewisses Mitgefühl für die Menschen in der DDR und dann in den Neuen Bundesländern [NBL] – fanden z.B. seinen Ausdruck in aktiver Unterstützung der Gründung neuer Deutsch-Japanischer Gesellschaften in den NBL insbesondere durch die Japanisch-Deutsche Gesellschaft in Tokyo. Es gab eine Reihe von hochrangigen Delegationsbesuchen von Unternehmen und Verbänden – vor allem des KEIDANREN – in Mittel- und Osteuropa und in den NBL. Die Zahl der in Berlin ansässigen japanischen Unternehmensvertretungen schnellte binnen eines Jahres von 9 auf über 50 hoch. Während es bis 1989 keinen ansässigen Korrespondenten japanischer Medien in Berlin gegeben hatte, waren es 1991 bereits 15 Zeitungen und Fernsehanstalten, die hier vertreten waren. Die japanische Fluglinie JAL war neben der Singapur Air und

---

18   D.Scheel in: Manfred Pohl (Hrsg.): Japan 89/90, Inst.f.Asienkunde, Hamburg 1990

den Amerikanern die erste nicht-europäische Fluglinie, die Berlin (Schönefeld) direkt anflog. Es kam zur Gründung einer japanischen Handelskammergesellschaft in Berlin. Die Errichtung eines japanischen Handelszentrums in Berlin wurde ebenso geplant wie die Gründung einer japanischen Schule. Der Posten des japanischen Generalkonsuls in Berlin wurde erstmalig mit einem Beamten besetzt, der den persönlichen Titel eines Botschafters trägt. Er ist für alle NBL zuständig. Die TREUHANDANSTALT, deren Präsidentin, Frau BREUEL, Japan im Sommer 1991 besuchte, richtete eine eigene Vertretung in Tokyo ein. Deutsche Orchester und Chöre hatten Hochkonjunktur in Japan.

Diese spektakuläre – und im nachhinein von manchem als zu euphorisch empfundene – Begeisterung schwächte sich indes mit Beginn des Jahres 1992 merklich ab. Es gab hierfür mehrere Gründe, die kumulativ zusammentrafen: Da war zunächst einmal die Entwicklung in Japan selbst, die als ein Gesundschrumpfungsprozeß der überhitzten Wirtschaft („bubble economy') bezeichnet wurde. Der NIKKEI-Index, der in seinen besten Zeiten bei 36.000 gestanden hatte, halbierte sich. Die Grundstückspreise fielen. Kapital, das in den Vorjahren so reichlich zur Verfügung gestanden hatte, daß japanische Unternehmen nahezu jedes Objekt kauften, dessen sie im Ausland habhaft werden konnten, wie z. B. die COLUMBIA-Films oder das Rockefeller-Center in den USA, wurde knapp.

Die Folge hiervon war, daß Kapital – statt wie in den Jahren von 1986 bis 1991 exportiert zu werden – repatriiert wurde und damit natürlich auch nicht für Investitionen in den NBL und in Osteuropa zur Verfügung stand. Was indes in der deutschen Öffentlichkeit weitgehend verkannt wurde, war, daß es sich hierbei um eine weltweite Erscheinung, also nicht um eine besondere Zurückhaltung gegenüber den NBL handelte.

Natürlich kam das Wegbrechen der Ostmärkte erschwerend hinzu. Diese und die damit zusammenhängende Bewertung der Landes- und Sprachkenntnisse der Menschen in den NBL waren bis dahin als besondere Vorteile für Investitionen in dieser Region herausgestellt worden. Auch fühlten sich japanische Unternehmen dadurch verunsichert, daß der Aufschwung Ost nicht mit dem Tempo einsetzte, wie das von deutscher Seite vorausgesagt worden war. Mangelnde Infrastruktur, schlechte Lebensqualität und ungeklärte Eigentumsverhältnisse sowie schleppende Verwaltungsverfahren und lokale ökologische Vorbehalte und schließlich die aufkommende Fremdenfeindlichkeit taten ein übriges, so daß es letzten Endes außer einigen kleineren direkten oder indirekten Kapitalbeteiligungen zu keinen nennenswerten japanischen Investitionen in den Treuhandprojekten gekommen ist.

8. Gegenwärtiger Stand, aktuelle Probleme

Die deutsch-japanischen Beziehungen sind im Grunde genommen problemfrei und harmonisch, hatten aber in der jeweiligen Außenpolitik beider Länder keinen sehr hohen Stellenwert. Dies ändert sich jetzt schrittweise in dem Maße, in dem beide Länder den Erwartungen der Staatengemeinschaft entsprechend mehr internationale Verantwortung übernehmen. Um dieser Situation zu entsprechen, haben die beiden Regierungschefs, Bundeskanzler KOHL und Premierminister MIYAZAWA das Deutsch-Japanische Dialog-Forum ins Leben gerufen, bei dem im Rahmen des *JDZB* prominente Wirtschaftler, Wissenschaftler, Journalisten und Beamte beider Länder bilaterale, vor allem aber Fragen erörtern sollen, die sich in einer neuen Weltordnung für beide Länder gemeinsam oder parallel stellen. Sie werden in drei Treffen während eines Zeitraumes von drei Jahren einen Bericht an die Regierungschefs erarbeiten und sie hierüber beraten.

Die gute Qualität der bilateralen Beziehungen findet allerdings m. E. keine Entsprechung in der öffentlichen Meinung in beiden Ländern, die noch nicht so weit zu sein scheint, eine politische Bedeutung dieser Beziehungen wahrzunehmen. In Deutschland wird Japan nach wie vor weitgehend als exotisches, ausschließlich wirtschaftlich relevantes Land angesehen.

Berichte über politische Skandale und wirtschaftliche Schwächen haben hier Vorrang. Angst vor technologischer Überlegenheit paart sich mit Schadenfreude über wirtschaftliche Probleme und der Hoffnung, daß sich die japanische Gesellschaft und Wirtschaft aufweichen werden. In Japan, wo die deutsche Vereinigung in den Medien bis ins Detail nachvollzogen wurde, vertiefen sich jetzt Meldungen über Fremdenfeindlichkeit und wirtschaftliche Probleme vor allem beim Aufbau Ostdeutschlands. Hier zeigen sich Parallelen zur Kommentierung über die ‚Deutsche Krankheit' aus den frühen 80er Jahren. Dies wirkt sich z. B. auch auf den Fremdenverkehr aus: Unter den 10 ersten Flughäfen, die von Japan aus angeflogen werden, befindet sich keine deutsche Stadt; 70% der Passagiere, die aus Japan Frankfurt anfliegen, steigen dort um, um in andere europäische Zielorte weiterzufliegen. Für die deutschen Touristen gehört Japan zu den am wenigsten besuchten Ländern.

Die Beziehungen zwischen Japan und Europa haben einen bisher nicht gekannten hohen Stand erreicht: Zu dem bereits seit Mitte der 80er Jahre praktizierten politischen Dialog zwischen Japan und der Europäischen Politischen Zusammenarbeit [EPZ] ist die Japan-EG-Erklärung vom Sommer 1991 und die 1992 vollzogene Assoziierung Japans bei der KSZE sowie Japans Mitgliedschaft in der ‚Gruppe der 24' zum Aufbau Mittel- und Osteuropas hinzugekommen. Der Dialog mit der NATO wird intensiviert.

Aber auch hier fehlt die Entsprechung in der öffentlichen Meinung. Der Grund hierfür liegt auch, aber nicht nur, in dem seit 1992 sprunghaft angestiegenen Außenhandelsüberschuß Japans. Es ist in diesem Zusammenhang bemerkenswert, daß Japan in der Periode von 1986 bis 1991, während das Wachstum des Landes weitgehend binnenmarktwirtschaftlich stimuliert war, seinen Außenhandelsüberschuß kontinuierlich abgebaut hat, ohne daß dies vom Ausland besonders zur Kenntnis genommen worden wäre. Bei nachlassender innerer Nachfrage drängen die Produkte der in dieser Zeit neu geschaffenen Kapazitäten nun verstärkt auf die Auslandsmärkte und dies wird sehr wohl registriert.

Europäische und deutsche Unternehmen sind mit der Integration des Gemeinsamen Marktes in Europa, dem Aufbau Ostdeutschlands sowie Mittel- und Osteuropas voll in Anspruch genommen. Wer aber keine Kapazitäten frei machen kann, um sich in Ostasien zu etablieren, versäumt den Aufschwung in der asiatisch-pazifischen Region. Vor allem aber und wichtiger noch vollzieht sich dort der eigentliche Wettstreit innovativer Produkte und Methoden. Das bedeutet, daß, wer sich diesem Wettbewerb nicht stellt, Gefahr läuft, den internationalen Innovationszug zu verpassen. Dem japanischen Markt kommt dabei eine Schlüsselfunktion zu. Denn viele südost- und ostasiatische Unternehmen, die Japan nicht gerade mit großer Sympathie gegenüberstehen, wünschen Produkte, die durch Qualität, Preis und Service auf dem japanischen Markt Akzeptanz gefunden haben.

Ein weiteres Problem stellt die japanische Haltung zu den Nachfolgestaaten der UdSSR dar. Aus europäischer Sicht sah es bis zum April 1993 so aus, als würde Japan sich unter Berufung auf die ungelöste Südkurilen-Frage abstinent verhalten, während der Westen – und allen voran Deutschland – sich intensiv um die Vermeidung eines Zusammenbruchs der GUS-Wirtschaft bemüht. Die auf die Rückgabe aller vier Inseln nördlich von Hokkaido zielende ‚conditio sine qua non', wonach mit substantieller japanischer Hilfe für Rußland und die GUS ohne Lösung dieses Problems nicht zu rechnen sei, wurde hier als Ausrede verstanden.

Richtig ist, daß diese Inseln weder von territorialer noch von ökonomischer oder strategische Bedeutung für Japan sind. Richtig ist aber auch, daß die Grundlage des Rückgabeanspruches Japans eine andere ist als im Fall Deutschlands, weil nicht Japan (wie Deutschland) die Sowjetunion überfallen hat, sondern umgekehrt die SU die ‚nördlichen Territorien' im Zeitpunkt des Waffenstillstandes unter Bruch des Nichtangriffspaktes besetzt hat. Man muß deshalb den japanischen Standpunkt respektieren, wonach die Rückgabe dieses Territoriums für Japan eine Frage der Selbstachtung ist.

Das GUS-Problem hat eine regionale und eine globale Seite. Offensichtlich sind Massenmigration und nukleare Emissionen sowie die Revitalisierung des GUS-Marktes Probleme, an denen Europa ein vitales, Japan indes nur ein marginales Interesse hat. Im Gegensatz zu diesen regionalen Fragen sind z. B. die Gefahren einer Implosion der russischen Wirtschaft sowie der

Proliferation von Nuklear- und anderen Waffen und Know-how globale Probleme, an deren Lösung sich auch Japan beteiligen müßte. Von Japan, das sich auf eine Unterstützung der Reformprozesse in Indochina, der VR China und Nordkorea vorbereiten muß, kann nicht erwartet werden, daß es sich in gleicher Weise wie die Europäer an der GUS-Hilfe beteiligt. Wenn man bereit ist, eine derartige Differenzierung zu machen, dann kann man um so mehr mit Nachdruck japanische Hilfe bei den tatsächlich globalen Problemen einfordern.

Die Haltung der Bundesregierung zum Problem der ‚nördlichen Territorien' steht dann auf einem anderen Blatt. Sie wurde bei den letzten offiziellen Besuchen etwa so beschrieben, daß Deutschland Verständnis für die japanische Forderung hat und sich dafür einsetzen wird, daß dieses Problem auf der Grundlage von Recht und Gerechtigkeit gelöst wird. Die Bundesregierung muß bei ihrer Haltung aber auch die innenpolitischen Verhältnisse in der GUS berücksichtigen. Daher könnte ein Engagement für die japanische Forderung dann problematisch werden, wenn hierdurch die Zentralgewalt in der GUS geschwächt würde.

9. Ausblick

Wie kann eine europäische Japan-Politik in der Zukunft aussehen? Die erste – und für die Beantwortung dieser Frage entscheidende – Voraussetzung ist, daß die Europäer die politische Relevanz ihrer Beziehungen zu Japan anerkennen. Konsultationen waren bisher weitgehend ein Abgleichen von Daten, wenig mehr. Das hängt nicht zuletzt auch mit der ‚prise de conscience' in Europa zusammen, d. h. mit der Bewußtwerdung, daß Europa selbst eine politische Rolle in der Welt zu spielen hat. Gemeinsame Verantwortung für die Aufrechterhaltung der freien Marktwirtschaft in der Welt muß von den Europäern ebenso akzeptiert werden wie ihre Mitverantwortung für die Lösung globaler wirtschaftlicher (Nord-Süd-Gefälle), sicherheitspolitischer und ökologischer Fragen. Wenn hier ein aktiver, substantieller und kooperativer Dialog geführt wird, dann kann das auch Rückwirkungen auf die innere Diskussion in den europäischen Ländern und in Japan haben, eine Diskussion, ohne die eine Japan-Politik auf die Dauer nicht die öffentliche Unterstützung haben wird, die sie braucht.

Dabei wird man auf eine gewisse trilaterale Ausgewogenheit Wert legen müssen, denn dieser Dialog darf nicht zu Lasten der USA geführt werden, sollte aber auch nicht wesentlich hinter der transatlantischen Kooperation zurückstehen. Lösbar sind diese Probleme nur, wenn sie gemeinsam von allen drei Ecken der Triade aus angegangen werden.

Zu fragen ist allerdings, ob unsere Definition der Triade – gemeinhin wird das Dreieck USA-Japan-EG damit bezeichnet – noch den tatsächlichen Gegebenheiten entspricht. In Nord-Amerika wird man wohl in Zukunft die ganze NAFTA, d.h. auch Kanada und Mexiko in diese Konstellation einbeziehen müssen. In Europa wird man den Europäischen Wirtschaftsraum [EW] und auch die Interessen derjenigen mittel- und osteuropäischen Staaten in diese Betrachtungen einbeziehen müssen, die einen Beitrittsantrag gestellt haben. Und im asiatisch-pazifischen Raum spielen die Newly Industrialized Economies [NIEs], aber auch die VR China eine immer gewichtigere Rolle, so daß man sie nicht mehr aus diesen Betrachtungen ausschließen kann. Vermutlich wird man also die Definition aller drei Ecken der Triade neu überdenken müssen.

Wo aber kommt die GUS in disem Bild vor? Zu Zeiten des Kalten Krieges war klar, daß die SU der Antipode der Triade war. Heute muß sie in die Fragen des internationalen Wirtschafts- und Krisenmanagements einbezogen werden, denn auch wenn – oder gerade weil – ihre Wirtschaft jetzt nicht leistungsfähig ist, sind die Massen, die hier involviert sind, so bedeutend, daß kein Weg an ihr vorbeiführt. Soll die GUS sozusagen auf dem ‚europäischen ticket' in der Triade sein? Oder sollten wir in Zukunft besser von einem Quadrat sprechen?

Während sich der Appell zur Solidarität in der Triade vor allem auch an die europäischen Regierungen und an die EG-Kommission wendet, muß gleichzeitig mehr Aufgeschlossenheit für Kooperation und strategische Allianzen zwischen europäischen und japanischen bzw. ostasiatischen Unternehmen und zwar sowohl bei Produktion und Verteilung wie vor allem im Bereich der Forschung und Entwicklung postuliert werden. Solche grenz- und kontinentübergreifende Zusammenarbeit ist die beste Garantie dagegen, daß sich die drei Wirtschaftsgemeinschaften – EG, NAFTA und APEC –, die durchaus segensreich wirken können, nicht zu Festungen gegenseitig abschotten und auf diese Weise ein interregionaler Wirtschaftskrieg möglich würde. Edzard REUTER hat zur Begründung der strategischen oder ‚Geschäftsallianz' zwischen dem DAIMLER-BENZ-Konzern und der MITSUBISHI-Gruppe einmal dargelegt, daß die Anforderungen im Forschungs- und Entwicklungs-Bereich heute so umfassend und auch aufwendig sind, daß sie national nicht mehr zu leisten sind.

Solche Kooperationen haben allerdings dort ihre Grenzen, wo es faktisch zu internationaler, wettbewerbvereitelnder Kartellbildung kommt. Es bedarf einer neuen Weltwirtschafts-Rechtsordnung, die unter Berücksichtigung der dargelegten Erfordernisse für eine Aufrechterhaltung des internationalen Wettbewerbs und Vermeidung eines cut-throat-Verdrängungskampfes und internationale Märkte beherrschenden Monopolen Sorge trägt. Dies könnte ein Teil der europäischen internationalen und damit auch Asien- bzw. Japan-

Politik sein. Hinzu kommen müßte eine stringentere Zusammenarbeit im finanz- und währungspolitischen Bereich.

Die Reise des Bundeskanzlers durch süd- und ostasiatische Länder im Frühjahr1993 hatte wohl auch den Zweck, die Deutschen und die Europäer in einer Phase der Eurozentriertheit und Konzentration auf die deutsche Einheit auf die Bedeutung Asiens und des asiatisch-pazifischen Marktes aufmerksam zu machen. Die Gründung eines Asien-Pazifik-Ausschusses der deutschen Wirtschaft hat die gleiche Zielrichtung. Die Bundesregierung hat eine neue Asienpolitik formuliert. Das sind Schritte in der richtigen Richtung. Die asiatisch-pazifische Region muß stärker in politische und wirtschaftlich-strategische Überlegungen deutscher Politik einbezogen werden.

Für die trilaterale Kooperation müssen nach dem Ende des Kalten Krieges und mitten in den Turbulenzen, die die Weltwirtschaft derzeit erschüttern, neue Perspektiven entwickelt werden.

Nur so können solide Grundlagen für eine neue Weltordnung gelegt werden. Triade aber heißt nicht nur ‚Miteinbeziehen' der asiatischen Dimension in unser planerisches Denken und die Strategien von Unternehmen und Regierungen, es bedeutet *Gleichgewichtigkeit* der Beziehungen in diesem Dreieck. Angesichts der Dynamik der Beziehungen im asiatisch pazifischen Raum wird sich Europa Mühe geben müssen, um hier mithalten zu können.

Nachbemerkung

Der Regierungswechsel in Japan vom 18. Juli 1993 beendete die jahrzehntelange Herrschaft der LDP. Aus den Vorhaben der jetzt gebildeten Regierungskoalition kann eine Reform des politischen Systems resultieren, auch mit der Folge, daß die japanische Innenpolitik für Außenstehende transparenter wird.

Lutz Kleinert

Die deutsch-japanischen Wirtschaftsbeziehungen

1. Die Tradition der deutsch-japanischen Wirtschaftsbeziehungen

Die deutsch-japanischen Wirtschaftsbeziehungen sind außerordentlich vielschichtig und waren im Verlaufe dieses Jahrhunderts starken Veränderungen unterworfen.

Deutschland, das sich zum Ende des 19.Jahrhunderts nicht an den Versuchen der Großmächte zur kolonialen Abhängigkeit Japans beteiligt hatte, erschien den Begründern des modernen japanischen Staates auf Grund seiner erfolgreichen Vereinigungspolitik unter Bismarck als ein starker und geeigneter Partner für seinen schwierigen Weg der Modernisierung des Landes, als ein Partner, der Japan beim Aufbau seiner Verwaltung, Armee und Justiz, bei der Entwicklung seiner jungen Industrie und Wissenschaft wirksam helfen könnte und auch tatsächlich geholfen hat. Die weitere Annäherung unter nationalistischem Vorzeichen auf beiden Seiten in der Zeit zwischen den zwei Weltkriegen, die nicht frei war von Konkurrenz und gegenseitigem Argwohn, führte folgerichtig zu größter gegenseitiger Zurückhaltung und sogar Verdrängung nach dem 2.Weltkrieg und zur jeweiligen Hinwendung zu den USA als dem neuen Verbündeten. Geblieben ist dennoch eine gegenseitige Bewunderung der kulturellen und wissenschaftlichen Leistungen des anderen, allerdings auf deutscher Seite auf einen wesentlich kleineren Kreis von Enthusiasten begrenzt.

Ökonomisch konzentrierten sich beide Länder nach dem Krieg auf ihren Wiederaufbau und die Wiederherstellung ihrer Außenwirtschaftsbeziehungen, wobei für die Pflege der bilateralen Beziehungen zwischen den geographisch weit entfernten und politisch schwierigen ehemaligen Partnern wenig Raum blieb. Statt dessen bildeten sie auf Grund ihrer erfolgreichen Wirtschaftsentwicklung jeweils in ihrem Umkreis Gravitationskerne regionaler Zentren, die immer mehr die internationalen Wirtschaftsbeziehungen bestimmten.

Bei der Herausbildung der drei Zentren der Weltwirtschaft, den USA, Westeuropa und Japan, in den 70er Jahren zeigte es sich, daß in diesen Dreiecksbeziehungen die Beziehungen zwischen Westeuropa und Japan äußerst schwach entwickelt waren. Dieses Defizit hat sich bis heute erhalten, was sich besonders in der gegenseitigen Informiertheit übereinander äußert, genauer, in beträchtlichen Informationsdefiziten, die notwendigerweise aufgefüllt werden durch Klischees und zum Teil nationalistische Vorbehalte.

Als ein beträchtliches Hindernis steht das Mysterium des hohen Wirtschaftswachstums Japans seit den 60er Jahren im Raum, das von vielen als eine Bedrohung der eigenen Besitzstände angesehen und als ein Ausdruck von Expansionismus abgelehnt wurde. Über die Ursachen dieses Wachstums wurde viel debattiert und als noch positivstes Moment der Fleiß der Japaner, ihre langen Arbeitszeiten und die Ausbeutung der Klein- und Mittelindustrie akzeptiert. Überwiegend hat sich jedoch die Meinung durchgesetzt, daß Japan prinzipiell nicht mit europäischen oder amerikanischen Maßstäben gemessen werden könne, daß es andersartig sei und entsprechend nur vom Standpunkt der Stärke behandelt werden müsse. Bereitwillig werden dabei die Meinungen der sogenannten Revisionisten in den USA aufgegriffen, die Ende der 80er Jahre zur Auffassung kamen, daß das Japanbild entschieden zu positiv sei und durch ein „realistischeres" ersetzt werden müsse. Sie versicherten, daß der Niedergang der amerikanischen Wirtschaft nicht so sehr hausgemacht als vielmehr das Resultat eines Verdrängungswettbewerbs sei, inszeniert durch Japan und die ostasiatischen Schwellenländer. Der wirtschaftliche Aufstieg Japans andererseits sei lediglich das Ergebnis der Anwendung unfairer Handelspraktiken, die gegen den Geist des GATT-Abkommens verstoßen. Japan nutze das von den USA nach dem Zweiten Weltkrieg eingerichtete liberale Weltwirtschaftssystem für seine Interessen, verfolge jedoch selbst eine neomerkantilistische Strategie und trage damit zur Aushöhlung dieses liberalen Wirtschaftssystems bei.

Offen bei dieser Argumentation bleibt, durch welche Kraft Japan sein neues Handelsregime gegen das allbeherrschende der USA durchsetzen konnte. Jedenfalls nicht durch das mysteriöse MITI! Das MITI selbst verdankt seinen Einfluß auf die japanische Wirtschaftspolitik nicht einer ihm selbst innewohnenden Kraft, sondern dem rechtzeitigen Verständnis der Wachstumspotenzen der japanischen Industrie. Die beeindruckenden Produktions- und Exporterfolge von Stahl, Supertankern oder kleinen Radioempfängern, Kassettengeräten und Personalcomputern sind nicht durch das MITI, sondern vor allem durch die Einführung neuer revolutionierender Produktionstechnologien möglich geworden. So wie die USA das liberale Handelsregime in den 20er Jahren durchsetzten, gestützt auf die höhere Produktivität ihrer Fließbänder, bildete die Grundlage des Neomerkantilismus der Japaner ihre neue Produktionskultur, die Fähigkeit, Hochqualitäts- und Hochtechnologieerzeugnisse in Massenproduktion herzustellen. Die vormals in der amerikanischen Automobilindustrie entwickelten Produktionsmethoden wurden ergänzt durch Mikroelektronik und Systemdenken und konsequent auf alle anderen Industriebereiche ausgedehnt. Von Japan sind damit entscheidende

Anstöße für eine bis dahin ungekannte industrielle Entwicklung ausgegangen, die auch in Deutschland ganze Industriezweige revolutioniert (bzw. zerstört) hat, wie in Japan selbst auch. Natürlich wird keiner enthusiastisch und im Namen des Menschheitsfortschritts diese Kehrseite des Fortschritts freudig begrüßen. Aber daß diese Entwicklungen in Europa und speziell Deutschland so zerstörerische Ausmaße angenommen haben, ist zum großen Teil auch dem Umstand zuzuschreiben, daß man weder in Europa noch in den USA die in Japan erfolgten Veränderungen rechtzeitig zur Kenntnis nehmen wollte.

Das Zusammentreffen mehrerer begünstigender Bedingungen (nicht nur der Nachkriegskonjunktur, sondern auch die erstmalige marktwirtschaftliche Erschließung Japans sowie die Möglichkeit, von den USA die zu dieser Zeit modernsten Technologien wohlfeil zu erhalten sowie den Zugang zum riesigen amerikanischen Markt), führte dazu, daß diese Entwicklung nicht von den traditionellen Industrieländern ausging, sondern eben von Japan. Diese objektiven Umstände muß man berücksichtigen, aber sie sollten keine Grundlage für Neid und Mißgunst sein. Besonders nicht für Zivilisationen, die sich ihrerseits wiederholt in der Geschichte in einem glücklichen Umstand befanden, Ausgangspunkt für technischen, wissenschaftlichen oder geistigen Fortschritt zu sein.

Genauso wie im privaten Bereich sollte die Grundlage für Beziehungen zwischen unterschiedlichen Ländern neben dem gesunden Wissen um die eigenen Fähigkeiten die Bereitschaft sein, die Leistungen des anderen anzuerkennen. Zweifellos bedrohen die japanischen Exporte weiterhin ganze Industriebereiche Deutschlands, aber nur dann, wenn wir auf erhöhte Anstrengungen verzichten, die wissenschaftlichen Erkenntnisse in der Produktion unmittelbar zu nutzen, die Elektronik mit der Mechanik zu verbinden, die Bedeutung von Information und Systemlösungen zu erkennen und auch auf dem Gebiet des Managements die neuesten Erkenntnisse anzuwenden, kurz, die durch die japanische Industrie neu entwickelten Momente zu berücksichtigen.

Das wäre die eine Seite der Medaille der japanischen Herausforderung, die positive, die auch immer mehr beachtet wird, wenn europäische Unternehmen lean production, Gruppenarbeit, Total Quality Control und andere Methoden studieren und bei sich zur Anwendung bringen. Die andere Seite besteht darin, daß sich die höhere Produktivität und Effektivität der japanischen Wirtschaft (insofern man z.Z., unter den Bedingungen der gegenwärtigen Konjunktur- und Strukturkrise Japans davon sprechen kann) weitgehend auf die Exportindustrie konzentriert, während die Produktivität der übrigen teile der Industrie (und der Landwirtschaft) weit unter dem internationalen Niveau liegt. Während die Stärke der japanischen Wirtschaft international vor allem an der Exportwirtschaft gemessen wird (hoher Yen!), wird der Lebensstandard der Bevölkerung durch die weniger produktive restliche Industrie bestimmt, die ohne staatlichen Schutz gegen den Weltmarkt nicht konkurrenzfähig ist. Diese Doppelstruktur der japanischen Wirtschaft stellt ein wesentliches Hindernis für eine gleichbereichtigte Teilhabe am Weltmarkt und der internationalen Arbeitsteilung dar und ruft die weltweite Kritik an expansiven japanischen Handelspraktiken hervor.

Nachfolgend einige Beispiele für japanisches Vorgehen, das auf internationale Kritik stößt:

(a.) Fortsetzung eines Expansionskurses ungeachtet beträchtlicher Weltmarktanteile:

– Automobilindustrie: Japan verfügt über 30% der weltweiten Gesamtproduktion; in den Jahren 1989-91 exportierte Japan 1,1-1,4 Mio. Fahrzeuge in die EG, die EG konnte dagegen jährlich nur 200.000 in Japan absetzen.
– Verbraucherelektronik: Japan beherrscht 60% des Weltmarktes; die japanische Elektronikindustrie erzielte 1991 einen Welthandelsüberschuß in Höhe von 51 Mrd. ECU, 1995 voraussichtlich 70,3 Mrd.; gegenüber der EG betrug der Überschuß 29,7 Mrd. ECU, er wird 1999 voraussichtlich 40 Mrd. betragen; seit 1975 hat sich die Zahl der Arbeitsplätze auf diesem Gebiet in der EG um 50% verringert.
– Werkzeugmaschinen: Der japanische Maschinenbau beherrscht 15% des Handels mit Maschinenbauprodukten zwischen den Weltregionen, wogegen nur 4% des japanischen Marktes durch ausländische Anbieter besetzt ist (1990). Dem leicht zugänglichen deutschen Markt steht ein schwieriger japanischer Markt gegenüber mit hohen Vorlaufleistungen, die die meist mittelständischen deutschen Anbieter nicht immer leisten können oder wollen.
– Bauindustrie: Japan beherrscht 15,5% des weltweiten Baugeschäfts (2.Stelle nach den USA), hat einen Marktanteil in der EG von 2,2%, während die EG-Unternehmen angesichts der bestehenden Barrieren (Absprachen) keine Chancen auf dem japanischen Markt haben.

(b.) Staatliche gestützte expansive Strategien für Bereiche mit geringer Wettbewerbskraft (vergleichbar mit den Stützungen der Landwirtschaft durch die EG bzw. den Export von Landwirtschaftserzeugnissen, obwohl Westeuropa bis in die 70er Jahre hinein ein traditioneller Importeur von Lebensmitteln war):

– Leder: Japan erhebt Einfuhrzölle in Höhe von 60% gegen Ledererzeugnisse aus der EG, obwohl es selbst über kein Rohleder verfügt, dies aber zu Minimalzöllen vornehmlich aus der EG importiert (die Lederindustrie ist die Erwerbsgrundlage der sozial diskriminierten Burakumin, einer Bevölkerungsgruppe, die im buddhistischen Sinne als „unrein" gilt).

- Importverbot für Reis, Zitrosfrüchte, Obst und Gemüse, hohe Zölle auf Alkohol und Spirituosen, sektorale Barrieren gegen EG-Erzeugnisse, die auf anderen Märkten außerordentlich erfolgreich sind, so daß EG-Exporte immer mehr auf Bereiche der Luxusgüter abgedrängt werden.

(c.) Konservierung veralterter sozialer Strukturen, die die ausländischen Wettbewerber vom japanischen Markt abhalten:
Hierbei handelt es sich vorrangig um Strukturen, die während des Pazifischen Krieges entstanden sind (das „1941er System"):

- Das Reis-Kontrollsystem aus dem Jahre 1942, das bis heute in Form des Verbots des Imports und Exports von Reis und der Gewährleistung eines stabilen Reispreises für die einheimischen Reisanbauer weiterbesteht
- Das keiretsu-System aus dem Jahre 1944, durch das jedes Industrieunternehmen unter direkte Kontrolle jeweils einer Bank gestellt wurde
- Ebenso stammt die Praxis der lebenslangen Beschäftigung, der langen Arbeitswoche, der einheitlichen Bezahlung, der Zahlung von Boni, der Einstellung neuer Arbeiter einmal im Jahr aus der Kriegszeit.

Es gibt ein natürliches Interesse der Bürokratie, diese alten Zöpfe beizubehalten, da sie darin die Möglichkeit sieht, ihre überproportionierte Machtposition zu konservieren – zum Nachteil der Demokratie in Japan.

Die Nihon Keizai Shimbun vom 10.5.1993 nannte die Zahl von z.Z. 10.966 geltenden bürokratischen Regulierungen, die alle Bereiche der Produktion und der Dienstleistungen, des Handels, der Finanzwirtschaft, der Information betreffen und die Tendenz haben, sich zahlenmäßig noch weiter zu erhöhen. Mit ihrer Hilfe wird beispielsweise gewährleistet, daß sich Senkungen der Großhandels- und Importpreise nicht auf die Verbraucherpreise auswirken, billigere ausländische Produkte folglich keine Chance haben, gegen inländische Produkte ihre höhere Preiswürdigkeit zur Geltung zu bringen. Laut Berechnungen der japanischen Wirtschaftplanungsbehörde mußten die Japaner 1991 in Tokio 171 Yen für die gleiche Menge Waren des täglichen Bedarfs aufwenden, die in New York 1 Dollar kostete. Bei einem Wechselkurs von 1 Doll.=134 Yen bedeutete das ein um 30% höheres Preisniveau in Japan gegenüber den USA, bei einem Wechselkurs von 1 Doll.=110 Yen Anfang 1993 ein 50% höheres Preisniveau. Bei Bodenpreisen beträgt die Differenz zum Ausland sogar das Zehnfache, was ein großes Hindernis für Ansiedlungen ausländischer Unternehmen in Japan darstellt.

All diese Hemmnisse wurden auch durch japanischen Untersuchungen bestätigt, z.B. durch den „Maekawa-Report" (der Bericht wurde durch Vertreter der Industrie und Banken unter Leitung des ehemaligen Präsidenten der Bank of Tokyo, Maekawa, ausgearbeitet) im Jahre 1986, der das Ziel stellte, eine weitgehende Liberalisierung und Internationalisierung der japanischen Wirtschaft zu erreichen und das auf Export angelegte Wirtschaftswachstum durch eine Binnenmarktorientierung zu ersetzen. Jedoch stieß dieses Experiment auf erbitterte Gegnerschaft und wurde nach dem Sturz von Ministerpräsident Nakasone 1988 wieder abgebrochen.

Dies zeigt, daß ebenso wie in Europa die Verteidiger eines Freihandelsmarktes gegen die Protektionisten sich in Japan die internationalistische Fraktion gegen die Expansionisten durchsetzen muß. Anders ausgedrückt, muß sich in Europa der Freihandelsgedanke gegen unterschiedliche nationale Interessen behaupten, wie es sich anschaulich in der Agrarfrage zeigt, während in Japan spezifische Gruppeninteressen überwunden werden müssen. Die Schuldzuweisung lediglich an eine Seite scheint daher an den Realitäten vorbeizugehen und nur dazu zu führen, daß die Wege zu einer echten Lösung des Problems durch Interessenausgleich und beidseitiges Engagement für die Ziele des GATT verstellt werden.

Ob es zu einem protektionistischen Grabenkampf der drei Wirtschaftsregionen Europa, USA, Japan kommt oder aber zur Vertiefung des freien Welthandels, wird auch stark von der EG abhängen, inwieweit sie selbst auf Protektionismus verzichtet, protektionistisches und expansionistisches Verhalten Japans (ebenso wie der USA) zurückweist und ein Zusammengehen mit Japan und den USA im Rahmen der GATT-Verhandlungen (Uruguay-Runde) aktiv fördert.

In Japan ist auch die Meinung vertrteten, daß die japanische Industrie eventuell der größte Nutznießer des Gemeinsamen Marktes sein könnte, falls es zu einer Überwindung der protektionistischen Tendenzen kommt. Daraus folgert, daß die EG einen großen Anteil daran haben kann, den Protektionismus in Japan einzudämmen, wenn es selbst beispielhaft auf seinem Markt so verfährt.

2. Die Auseinandersetzungen EG – Japan als ein bestimmendes Element der deutsch-japanischen Wirtschaftsbeziehungen

Eine der wesentlichsten Veränderungen der deutsch-japanischen Wirtschaftsbeziehungen besteht möglicherweise darin, daß sie infolge der Globalisierung der Weltwirtschaft gar nicht mehr so sehr als bilaterale Beziehungen betrachtet werden können, sondern vielmehr als Bestandteil der Beziehungen zwischen den Regionen, ja, sogar der trilateralen Beziehungen Europa – USA – Japan. Sie sind folglich dem Wandel unterworfen, der in diesen bilateralen und trilateralen Beziehungen in den letzten Jahren vor sich gegangen ist.

Besonders deutlich wird dies am Beispiel der dramatischen Ereignisse der letzten Jahre. Der Zusammenbruch des Ostblocks Ende der 80er, Anfang der 90er Jahre hat zum Verlust eines wesentlichen Verbindungselements zwischen den drei Zentren geführt. Der Rückgang des äußeren Drucks brachte folgerichtig mit sich, daß die eigentlichen Widersprüche zwischen Europa, den USA und Japan, die im Interesse eines einheitlichen trilateralen Auftretens zurückgestellt wurden, nunmehr voll zur Geltung kommen und sich folglich auch prägend auf die deutsch-japanischen Beziehungen auswirken.

Damit eng verbunden ist die zunehmende Tendenz der Hinwendung zu den eigenen, inneren Problemen (inward looking). In Europa die Bildung des Gemeinsamen Marktes, die Einigung Deutschlands, die Regelung der Probleme, die mit dem Zusammenbruch von Warschauer Vertrag und Comecon entstanden sind, in den USA die zunehmenden protektionistischen Tendenzen, die stärkeren Bemühungen um eine Lösung der inneren, der wirtschaftlichen und sozialen Probleme, in Japan der Erhalt seiner weltwirtschaftlichen Positionen sowie die dringliche Frage der Modernisierung des politischen Systems.

Ein Rückgang des trilateralen Denkens wird damit deutlich. Er führt dazu, daß sich in Japan die Befürchtungen einer Rückkehr zur „vortrilateralen" Zeit, zum Atlantismus, wie er bis 1973 bestand, in dessen Rahmen es kaum ein Mitspracherecht Japans gab, verstärken könnten. Daraus ergeben sich neue Anstrengungen der Japaner, Fakten auf ihrem stärksten Gebiet zu schaffen, dem Gebiet der Wirtschaft, des Handels, der Technologie, und eine Führungsrolle in Asien zu beanspruchen. Mit dem Ergebnis, daß sich die trilateralen Strukturen nur umso schneller auflösen. Als Belege dafür könnten das Japan bashing in den USA dienen oder die Anti-Japan-Stimmung in Europa, aber ebenso das America bashing in Japan.

Die Schwierigkeiten Europas und der USA bei der Bewältigung des Problems Japan sind Kennzeichen der Weltwirtschaftsbeziehungen seit Ende des 2.Weltkrieges. Sie sind unmittelbar mit der unglückseligen Nachkriegsregelung und dem Kalten Krieg verbunden. Die entschiedene Orientierung Japans auf den amerikanischen Markt nach dem 2.Weltkrieg und andererseits die Betrachtung Japans als quasi ausschließliche Domäne der USA führten dazu, daß sich Japan, das aller seiner traditionellen Rohstoffquellen und Absatzmärkte in Asien verlustig gegangen war, dem anspruchsvollsten, am meisten wettbewerbsorientierten amerikanischen Markt stellen mußte. Kein Zufall also, daß sich die Herausbildung Japans zu einem neuen Wachstumszentrum zuerst in Form von Handelskonflikten mit den USA (insbesondere hinsichtlich der japanischen Exporte von Textilien, Farbfernsehern, Stahl und Agrarprodukten) äußerte.

Die Aufkündigung des festen Dollarkurses und damit auch der Yen-Dollar-Parität von einem Dollar = 360 Yen 1971 durch die Nixon-Administration führte zu einem ernsten Schock für die japanischen Wirtschaftskreise (zusammen mit der für Japan unvermittelten Ankündigung des Besuchs Präsident Nixons in China im darauffolgenden Jahr die zwei „Nixon-Schocks" genannt). Mit einem Schlag waren die günstigen Treibhausbedingungen infrage gestellt, unter denen sich Japan in Ruhe auf eine Öffnung zum Weltmarkt vorbereiten konnte. Es begann eine Etappe intensiver Rationalisierung in der japanischen Industrie und der Förderung ihrer Exportkraft. Die USA, die der japanischen Wirtschaft diese Sonderbedingungen eingeräumt hatten, um dem Land den Anschluß an die Weltwirtschaft zu erleichtern, übernahmen nun notgedrungen die Hauptlast, Japans Markt wieder zu liberalisieren, die Tarife zu senken und den Inlandmarkt für ausländische Waren und Kapital zu öffnen.

Statt jedoch einen Ausgleich der Handels- und Zahlungsbilanz zu erreichen, bescherten die USA mit ihrem Kurs der Angebotsökonomie in den Jahren 1980-88 (der „Reaganomics") Japan zusätzlich die Möglichkeit zu einem beispiellosen Aufschwung von einem Schuldnerstaat zum weltgrößten Gläubigerstaat. Die USA traten dabei nicht nur ihre Rolle als Gläubigerstaat an Japan ab, sondern auch die als führendes Technologieland. Mit dem Verlust ihrer ökonomischen Vormachtstellung schien den USA das Erreichen weiterer Zugeständnisse Japans nur noch durch politische Druckausübung denkbar.

Anfang der 80er Jahre erzwang die Regierung Reagan ein „freiwilliges Selbstbeschränkungsabkommen" mit der japanischen Automobilindustrie, das allerdings das Vordringen der japanischen Automobile auf den amerikanischen Markt nicht stoppen konnte. In einem Abkommen vom Mai 1981 wurde eine Selbstbeschränkung der japanischen Exporte für eine Übergangszeit für ca. drei Jahre vereinbart. Diese Frist wurde jedoch immer wieder verlängert und besteht bis heute fort. Die Quote betrug 1981 1,68 Mio. Pkw, sie wurde 1984 auf 1,85 Mio. und 1985 auf 2,3 Mio. erhöht.

Anstelle des gewünschten Erfolges trat jedoch eher ein gegenteiliger Effekt ein, der sich im gleichen Maße bei der japanischen „Selbstbeschränkung" auf dem EG-Markt wiederholte:

Erstens wird durch solche protektionistischen Maßnahmen die amerikanische Industrie nur demotiviert, die notwendige technologische Erneuerung ihrer Produktionskapazitäten entschieden durchzuführen.

Zweitens konnten die japanischen Automobilhersteller, gestützt auf eine stabile und konkurrenzlose Exportquote, die durch das MITI auf die einzelnen Hersteller aufgeteilt wurde, ihre Preise heraufsetzen (um 15-25%) und so bedeutende Profitsteigerungen zu Ungunsten des amerikanischen Verbrauchers realisieren.

Drittens wurden die japanischen Hersteller im Streben nach größtmöglicher Nutzung der Quote dazu getrieben, immer mehr in die höheren Preisklassen einzudringen, während sie ihre Stärke bis dahin mehr in den unteren Preisklassen ausspielen konnten. Viertens halfen diese Beschränkungen der japanischen Automobilindustrie, ihre Transplants weltweit aufzubauen, einen globalen Produktionskomplex zu schaffen, der eine Herausforderung für alle nationalen Autoproduzenten darstellt (ironischerweise auch für die japanische Industrie in Japan selbst, die mit den Reimporten aus den japanischen Werken in den USA fertigwerden muß).

Als weitere Maßnahmen begannen die USA Mitte der 80er Jahre mit den sogenannten MOSS-Verhandlungen (marktorientierte, sektorspezifische Verhandlungen mit dem Ziel, diejenigen Sektoren der japanischen Wirtschaft vorrangig zu öffnen, die am meisten zum amerikanischen Handelsdefizit beitrugen). Die Gespräche schleppten sich jedoch dahin, ohne eine sichtliche Veränderung herbeizuführen. Ebensowenig Erfolg brachte die Einstufung Japans in die Kategorie eines Landes mit unfairen Handelspraktiken im Jahre 1989 entsprechend der „Super-301-Klausel" des neuen amerikanischen Handelsgesetzes.

1989 wurden durch die Regierung Bush die SII-Verhandlungen (Structural Impediments Initiative Talks) aufgenommen, um durch Angleichung einiger grundlegender Unterschiede innerer Strukturen zu einer Glättung der Wirtschaftswidersprüche zu kommen. Demnach sollte sich die japanische Seite um eine Erhöhung der Regierungsausgaben bemühen, das Verhältnis zwischen Spar- und Investitionsrate verbessern und die große Differenz zwischen Inlands- und Weltmarktpreisen verringern. Einen weiteren Diskussionspunkt bildete die Abgeschlossenheit des japanischen Zirkulationsregimes und der Vertragsbeziehungen. Von amerikanischer Seite wurden eine Revision des japanischen Gesetzes über Kaufhäuser (Kaufhäuser dürfen nur mit Zustimmung der Einzelhändler im Einzugsgebiet des neu zu gründenden Kaufhauses errichtet werden) sowie der Abbau der japanischen Keiretsu (d.h. eine ebenfalls aus der Zeit der Kriegswirtschaft stammende Gruppierung von Unternehmen um eine Bank oder einen Industriekonzern, die sich gegenseitig geschäftliche Vorzugsbedingungen einräumen) angesprochen. Die Diskriminierungspraktiken bei der Beteiligung von Ausländern an Geschäften und Ausschreibungen sollten beseitigt werden.

Japan forderte seinerseits aktive Beiträge der USA zur Verringerung des doppelten Defizits des Staatshaushalts und der internationalen Zahlungsbilanz. Diese Verhandlungen zeigten zwar eine mögliche Alternative zu den sich verschärfenden Auseinandersetzungen, konnten aber weder konkrete Ergebnisse herbeiführen, noch eine Eskalation des gegenseitigen Japan bzw. America bashing verhindern. Sie riefen jedoch Proteste der EG hervor, die die zunehmende Tendenz separater japanisch-amerikanischer wirtschaftlicher Zugeständnisse als eine Verletzung der GATT-Bestimmungen ansah.

Die europäische Industrie betrachtete die erbitterten japanisch-amerikanischen Handelsauseinandersetzungen in den 70er und 80er Jahren mit zunehmendem Mißbehagen. Auch wenn Europa noch nicht wie die USA im Hauptinteresse der japanischen Exportbestrebungen lag, waren doch bereits ganze Branchen der Stahlindustrie, des Schiffbaus, der Feinmechanik/Optik, oftmals der Stolz der europäischen Industrie, der japanischen Konkurrenz zum Opfer gefallen.

Obwohl selbst exportorientiert, empfanden die europäischen Länder das japanische Außenhandelsaktiv in den 80er Jahren deshalb bedrohlich, da sich mit der anhaltenden japanischen Exportoffensive ihre Überzeugung verfestigte, daß sie ohne Durchführung einiger grundlegender Veränderungen zur Stärkung ihrer Konkurrenzfähigkeit der japanischen Herausforderung nichts Ernsthaftes entgegensetzen könnten. Delors charakterisierte die Situation Anfang der 80er Jahre so, daß sich Europa anschickte, sich in ein „Museum für japanische und amerikanische Touristen" zu verwandeln. Der Gedanke der europäischen Integration und eines Gemeinsamen Marktes als das entscheidende Mittel, die „Eurosklerose" und den „Europessimismus" zu überwinden und wieder eine Rolle in der Weltwirtschaft und der internationalen Politik spielen zu können, fand immer mehr Unterstützung.

Die Europäer beklagen das strukturelle Ungleichgewicht im Warenaustausch EG-Japan. Während sie angeblich traditionell mit der ganzen Breite ihrer Erzeugnisse auf dem japanischen Markt präsent sind (die japanische Seite verweist zu recht auf die völlig ungenügenden Anstrengungen vieler Bereiche der europäischen Industrie, auf dem anspruchsvollen japanischen Markt präsent zu sein), handle es sich beim japanischen Export nach Europa lediglich um eine schmale Palette von technologieintensiven Produkten, aus der hohe Ausfuhrerlöse erzielt werden. Für den Absatz dieser Erzeugnisse bestehe nach Meinung der EG eine hohe Exportspezialisierung und es werden spezielle Strategien der Marktdurchdringung mit den Ziel in Anwendung gebracht, Schlüsselbranchen der europäischen Industrie direkt anzugreifen und als Konkurrenten auszuschalten.

Interessanterweise wiederholte sich ein ähnliches Szenario in den 80er Jahren für Japan, wobei Japan selbst das Opfer war, das vor der Konkurrenz der neuen ostasiatischen Industrieländer kapitulieren mußte. Im Unterschied zu den europäischen Ländern hatte sich Japan rechtzeitig auf diese Entwicklung eingestellt und der neuen Konkurrenz nahezu kampflos das Terrain überlassen, um selbst zu höher veredelten Verarbeitungsstufen überzugehen, zu neuen Hochtechnologien. Das erhöhte zugleich die Fähigkeit Japans, erfolgreich in die einzelnen EG-Länder einzudringen.

Der Anteil Japans an den Gesamtimporten der EG aus Drittländern betrug 1960 lediglich 1,5%. Er erhöhte sich bis 1980 auf 5%, übertraf jedoch bereits 10 Jahre später, 1990, die 10%-Marke. Den gefragten hochmodernen elektronischen und elektrotechnischen Erzeugnissen aus Japan hatten die Europäer nur wenig entgegenzusetzen. Entsprechend stieg das Handelsdefizit der EG gegenüber Japan, das sich bis Mitte der 70er Jahre noch im Rahmen von 0,5 Mrd. Doll. bewegte, auf 11 Mrd. 1980 und 28 Mrd. Doll. 1991. Dieser rapide Anstieg war mit der sich ausweitenden Krise in den USA verbunden, die die japanischen Handelshäuser zu einer Umorientierung ihrer Exporte vom amerikanischen auf den europäischen Markt veranlaßte. Es führte zu einer Erhöhung des Defizits der EG über das der USA gegenüber Japan hinaus, während es traditionell lediglich ein Drittel bis zur Hälfte des amerikanischen ausmachte.

Eine weitere Ursache für die Ausweitung der europäisch-japanischen Wirtschaftsbeziehungen bildete die Aufmerksamkeit, die Japan der Bildung des Gemeinsamen Marktes zuzuwenden begann. Sie wird auch ersichtlich aus der Verlagerung der europäischen Marktdurchdringung mit Hilfe von Exporten auf Direktinvestitionen, die 1990 14 Mrd. Doll. betrugen gegenüber lediglich 2 Mrd. Doll. 1980. In den Jahren 1981-89 gründeten japanische Unternehmen rd. 1150 Tochtergesellschaften, davon 35% in Großbritannien, während es in den zehn Jahren bis dahin nur 680 Niederlassungen waren. Die akkumulierten Direktinvestitionen Japans in der EG erreichten 1990 56 Mrd. Doll., die der EG in Japan nur 3,8 Mrd. Das Mißverhältnis beträgt somit 15:1 zugunsten Japans. Jedoch ist die Zahl der Erstinvestitionen seit Anfang der 90er Jahre drastisch zurückgegangen, was mit der Ansicht korrespondiert, daß sich der Wachstumseffekt aus der europäischen Integration bereits in der 2. Hälfte der 80er Jahre erschöpft hat. Die Investitionstätigkeit konzentrierte sich immer mehr auf die Modernisierung und Komplettierung der früher getätigten Investitionsobjekte.

1984 wurde der Zeitpunkt der Bildung des Gemeinsamen Marktes unter dem unmittelbaren Eindruck des japanischen Konkurrenzdrucks auf das Jahr 1993 festgelegt. Erstmals zu den Verhandlungen der EG mit Japan 1983 gelang es, eine Zustimmung aller EG-Länder dazu zu erhalten, daß die EG-Kommission in den offiziellen Gesprächen in Tokio im Namen der EG-Mitgliedsländer sprechen durfte. Ein unmittelbarer Einfluß Japans auf die Bildung des Gemeinsamen Marktes ist folglich nicht zu bestreiten.

Aber auch für Japan, das sich in der gesamten Nachkriegsperiode stets mit den USA als Hauptkontrahenten konfrontiert sah, hat die Bildung der EG nicht nur negative Aspekte. Vielmehr sieht es in der Entwicklung einer tripolaren Weltwirtschaft mit den USA, der EG sowie und dem ostasiatischen Raum unter Japans Führung große Möglichkeiten, seine eigenen internationalen Positionen aufzuwerten. Das bezieht sich insbesondere auch auf die internationalen Währungsbeziehungen. Die Herausbildung einer EG-Währung würde zwangsläufig die beherrschende Rolle des Dollars einschränken und zu einem trilateralen Dollar-ECU-Yen-System führen.

Für Japan stellte sich die Frage, ob die Bildung des Europäischen Marktes gleichzusetzen wäre mit der Schaffung einer „Festung Europa" oder ob die Regionalisierung als eine notwendige Zwischenetappe auf dem Weg der objektiv vorsichgehenden Globalisierung der Weltwirtschaft verstanden werden kann. Wofür sich Europa entscheiden würde, mußte notgedrungen von der Position der einzelnen europäischen Länder abhängen und damit auch vom Grad der Freundschaftlichkeit der Beziehungen, den Japan in seinen bilateralen Kontakten mit diesen Ländern erreichen konnte, außerdem aber von den Fortschritten, die die Verhandlungen um eine globale Liberalisierung der Märkte im Rahmen anderer internationaler Gremien, insbesondere des GATT, erbringen würden.

Die nachfolgende Entwicklung bis heute steht unter dem Einfluß dieser beiden entgegengesetzten Tendenzen. Sie prägten entsprechend die Haltung Japans zum europäischen Einigungsprozeß. Glaubhafte Ermunterungen, daß die Bildung der EG nicht zu einer „Festung Europa" führen würde, erhielt Japan nur wenige (bzw. wollte nur wenige als solche anerkennen). Getrieben von Gerüchten, daß Unternehmensgründungen bis zu einem bestimmten Zeitpunkt erfolgt sein müßten, um als „europäische" Firma anerkannt zu werden, gab es zeitweilig hektische Betriebsamkeit, Niederlassungen in Europa zu gründen.

Bis zum 1.1.1993, da der EG-Binnenmarkt in Kraft trat, verliefen die Beziehungen der Mitgliedsländer (außer Irland) zu Japan entsprechend des Art.113 des EWG-Vertrages noch auf der Grundlage ihrer jeweiligen bilateralen Handelsverträge, die auch in unterschiedlicher Art die mengenmäßige Restriktionen beinhalteten.

1989 unterlagen rund 40% der japanischen Ausfuhren nach Europa insgesamt 131 mengenmäßigen Beschränkungen, die allerdings in den letzen Jahren schnell reduziert wurden.

Zwar war das Ergebnis für Japan eher positiv: es konnte zu qualitativ besseren und teueren Sortimenten übergehen (upgrading) und eine profitablere Ausschöpfung der Exportquoten erreichen. Aber eine Garantie dagegen, daß es den EG-Ländern nicht gelingen würde, sich zu noch wirksameren Restriktionen aufzuschwingen, gibt es natürlicherweise nicht.

Artikel des EWG-Vertrages, die die Festlegung von Kontingenten für japanische Erzeugnisse ermöglichten, verloren zwar am 31.12.92 ihre Gültigkeit, aber ein verkappter Protektionismus besteht in verschiedenerlei Formen weiter. Seit 1990 steigt die Zahl der gegen japanische und ostasiatische Unternehmen eingeleiteten Antidumpingverfahren, die fast immer zu Ungunsten des Beschuldigten ausgehen. Auch die Bestimmungen des local content erlauben starke Eingriffe in die Geschäftstätigkeit des ausländichen Investors.

Schließlich zeigen die zunehmenden Handelsreibungen zwischen den USA und der EG, wofür der Streit zwischen der British Telecom (BT) und der amerikanischen AT&T um die Frage der Lizenzen zur Betreibung eines Telefonnetzes durch BT in den USA oder der Boykott der Pariser Luftfahrtschau durch die amerikanische Luftfahrtgesellschaft Hughes Aircraft im Juni 1993 markante Beispiele sind, daß es nicht mehr nur um japanisch-amerikanische oder japanisch-europäische Handelsprobleme geht, sondern sich die Handelsreibungen immer mehr zu Auseinandersetzungen zwischen drei Wirtschaftsblöcken auszuweiten drohen, die den freien Welthandel ernsthaft untergraben.

Die EG-Länder und Japan benötigten über zehn Jahre intensiver Verhandlungen, bis es am 15.7.1991 zur Unterzeichnung der „Gemeinsamen Erklärung der EG und Japans" in Den Haag kam. Grund für diese Säumigkeit bildete die Forderung einzelner EG-Länder nach Annahme einer „Schutzklausel", die durch Japan entschieden als „institutionalisierte Diskriminierung" zurückgewiesen wurde. Japan machte sich dabei geschickt die unterschiedlichen Positionen der Mitgliedsländer in dieser Frage zunutze und zog die bilateralen Absprachen dem gemeinsamen Handelsvertrag vor.

Inzwischen hat sich ein fester Konsultationsmechanismus zwischen der EG und Japan herausgebildet:

- Jährliche Konsultationen des Präsidenten des Europäischen Rates und des Präsidenten der EG-Kommission mit dem japanischen Ministerpräsidenten;
- Jährliche Treffen zwischen der Kommission und der japanischen Regierung auf Ministerebene;
- Halbjährliche Konsultationen zwischen den Außenministern der Gemeinschaft, den für auswärtige Beziehungen zuständigen Mitgliedern der Kommission (Troika) und dem japanischen Außenminister;
- Die Vertreter Japans werden im Anschluß an die EG-Ministertagungen über außenpolitische Fragen der Gemeinschaft informiert, ebenso unterrichtet Japan die Vertreter der Gemeinschaft über außenpolitische Positionen der japanischen Regierung.

In der „Gemeinsamen Erklärung" ist als Ziel des Dialogs der Partner ausdrücklich fixiert auf „die Verwirklichung ihrer Beschlüsse zur Sicherung eines ausgewogenen Zugangs zu ihren Märkten und die Beseitigung der strukturellen und sonstigen Hemmnisse für die Ausweitung des Handels und der Investitionen auf der Grundlage vergleichbarer Chancen". Jedoch sind die realen Ergebnisse des regelmäßigen Dialogs noch weit vom erklärten Ziel entfernt.

Vielmehr ist zu befürchten, daß die EG-Mitgliedsländer entsprechend ihrer Übereinkunft vom Dezember 1991 in Maastricht die Industriepolitik als ein neues Instrumentarium der Protektionismus nutzen, wenn es heißt:

„Die Gemeinschaft und die Mitgliedsstaaten sorgen dafür, daß die notwendigen Voraussetzungen für die Wettbewerbsfähigkeit der Industrie der Gemeinschaft gewährleistet ist". Das Problem besteht darin, daß in Europa (in einem bestimmten Gegensatz zu Japan) Industriepolitik in erster Linie als eine staatliche finanzielle Förderung angesehen wird. Die stark zersplitterte europäische Industrie leidet aber vor allem unter dem Mangel an Zukunftsvisionen, an wissenschaftlich begründeten Prognosen. Die Erarbeitung derartiger Prognosen gemeinsam mit der Industrie hat nichts Protektionistisches an sich, würde aber der Industrie die notwendige Zuversicht verleihen, die bestehenden Probleme meistern zu können.

Die EG wird eine klare Position zu den amerikanischen Forderungen gegenüber Japan beziehen müssen. In einer Gratwanderung zwischen Bekämpfung unfairen Wettbewerbs und Protektionismus haben die USA eine Reihe von Maßnahmen gegenüber Japan vorgeschlagen. Zusätzlich zu ihrer Forderung nach einer Interessenbalance, die von der Vorstellung ausgeht, ein „ausgewogenes Verhältnis" innerhalb der einzelnen Warengruppen durchzusetzen, und nach einem geregelten Außenhandel („managed trade") werden die USA auf dem Tokioter Treffen der führenden Industrieländer im Juli 1993 neue Vorschläge einbringen. Demnach soll das Aktiv bzw. Passiv der Leistungsbilanz 1% bzw. der Zahlungsbilanz 3% des Bruttoinlandprodukts (BIP) nicht überschreiten (diese Zielgrößen sollen innerhalb von 3 Jahren erreicht werden). Speziell von Japan wird gefordert, den Anteil der Importe im Verhältnis zum BIP zu erhöhen und dazu die innere Nachfrage zu stärken und die Inlandmärkte weiter zu liberalisieren. Das würde beträchtliche innenpolitische Veränderungen erfordern, zu denen sich auch die Regierung Hosokawa, die nach der Wahlniederlage der seit 1951 ununterbrochen alleinregierenden konservativen Liberaldemokratischen Partei im Sommer 1993 die Regierungsgeschäfte übernommen hat, bekannt hat. Eine größere Betonung der Lebensqualität für die japanische Bevölkerung könnte dazu beitragen, Japan zu einem gleichberechtigten und gleichverpflichteten Partner im internationalen Wettbewerb werden zu lassen.

Freihandel durch protektionistische Maßnahmen erzwingen zu wollen, wird dagegen stets entsprechende Gegenaktionen hervorrufen, wodurch keines der anliegenden Probleme gelöst wird. Schwerlich läßt sich beispielsweise die EG-Verordnung über Schraubenzieherfabriken und local content (60% der Zulieferungen für japanische Transplants in Europa müssen von europäischen Unternehmen erfolgen) anders als protektionistisch bezeichnen. Auch ist zu befürchten, daß zwar die bisher praktizierte Kontingentierung beende, aber immer häufiger durch erzwungene „Selbstbeschränkungen" ersetzt wird.

1991 erneuerte die EG die Selbstbeschränkung für japanische Autos, die 1983 zum erstenmal angewendet wurde, bis zum Jahre 1999. Der Marktanteil der japanischen Automobile darf in dieser Zeit von 11% auf maximal 16%

steigen. Dabei dürfen ab 1.1.93 die direkt aus Japan importierten Autos 7 Jahre lang 1,23 Mio. Einheiten nicht überschreiten. Zusätzlich wird eine Reduzierung der Exporte um weitere 5% verlangt. Außerdem dürfen in europäischen Transplants nicht mehr als 1,2 Mio. Autos jährlich hergestellt werden.

Viele EG-Länder praktizierten schon früher eine Quotenregelung für japanische Pkw (Großbritannien begrenzt den japanischen Marktanteil seit 1980 auf 11%, Frankreich auf 3% seit 1978) oder eine zahlenmäßige Beschränkung (Italien in Höhe von 2550 Pkw jährlich, Spanien 2000, Portugal 10.000). In Dänemark und Griechenland gibt es dagegen auf Grund der progressiven Verkaufssteuer eine indirekte Begünstigung für den Import preisgünstiger japanischer Modelle.

Lediglich der Markt der BRD war beständig ungeschützt gegen die japanische Konkurrenz. Der japanische Marktanteil erreichte hier 15% gegenüber 11,5% für Westeuropa insgesamt und 9,6% für den EG-Markt. Der höhere japanische Marktanteil in Deutschland wurde jedoch aufgewogen durch die Vorteile, die die deutschen Hersteller dafür sowohl auf dem japanischen Markt als auch dem Markt der europäischen Nachbarländer erhielt, die sich gegen die japanische Konkurrenz abschotteten.

3. Die deutsch-japanischen Wirtschaftsbeziehungen Ende der 80er/Anfang der 90er Jahre

Das Niveau der deutsch-japanischen Wirtschaftsbeziehungen entspricht nicht der ökonomischen Stärke der beiden Industrie- und Außenhandelsländer. Eine Ursache ist zweifellos die große geographische Entfernung zwischen ihnen. Wichtiger aber ist noch, daß für beide der andere als ein schwieriger Markt gilt, wobei auf die kulturelle Unterschiedlichkeit verwiesen wird. Allerdings ist festzustellen, daß die Anstrengungen der Japaner bedeutend größer sind, um die unterschiedlichen Markt- und Kulturprobleme in Deutschland zu lösen, was sich am besten an der Zahl der Mitarbeiter der Wirtschaft zeigt, die im anderen Land stationiert sind, sowie an der Zahl derjenigen, die die Sprache des anderen Landes sprechen.

Insgesamt waren im 1.Halbjahr 1992 in Deutschland insgesamt 1099 japanische Unternehmen ansässig, die 75.000 Mitarbeiter (10% davon japanische Arbeitnehmer) beschäftgten und 1991 einen Umsatz in Höhe von 90-100 Mrd. DM erzielten. Etwa ein Drittel der japanischen Unternehmen ist erst nach 1989 gegründet worden. Über die Hälfte (51,1%) ist in Nordrhein-Westfahlen tätig.

Einteilung der in Deutschland ansässigen japanischen Unternehmen nach Branchen	
Computer-Elektronik, Audio, Video	17,7%
Groß- und Einzelhandel	14,9%
Elektrotechnik, Feinmechanik, Optik	11,3%
Zuordnung der japanischen Unternehmen zu Bereichen:	
Konsumgüterbereich	33,5%
Investitions- Produktionsgüter	19,1%
Dienstleistungsbereich	19,1%
sonstige Tätigkeitsfelder	18,3%

(Handelsblatt 24.5.1993)

In Japan sind etwa 400 deutsche Unternehmen vertreten, allerdings mit einem bedeutend geringeren personellen Aufwand.

Eine der Hauptursache dieses Ungleichgewichts ist offensichtlich darin zu suchen, daß der Erfolg auf dem deutschen Markt für die japanische Industrie als von strategischer Bedeutung verstanden wird: für die Globalität ihrer wirtschaftlichen Aktvitäten wird eine ausgewogene Präsens in der EG und speziell in Deutschland als dem ökonomisch stärksten Land der EG und dem Haupthandelspartner Japans in Europa als unabdinglich angesehen. Demgegenüber ist die deutsche Industrie nach wie vor hauptsächlich auf Europa sowie den nordamerikanischen Markt orientiert. Obwohl die deutschen Exporte nach Japan bis 1990 jährliche Steigerungsraten von über 10% aufwiesen, entsprachen die Bemühungen der deutschen Industrie noch nicht der strategischen Bedeutung des japanischen Marktes, der sich durch hohe Dynamik, hohe Anforderungen an Qualität und technologischen Stand und Wettbewerbsdichte auszeichnet sowie durch seine zentrale Stellung in der expandierenden asiatisch-pazifischen Region.

Ein Vergleich der gegenseitigen Import- und Exportzahlen zeigt, daß die japanische Industrie in Vorbereitung auf die Bildung des Gemeinsamen Marktes und durch Nutzung der Sonderkonjunktur in den neuen Bundesländern nach der deutschen Einigung eine sprunghafte Erhöhung ihrer Anstrengungen gegenüber dem deutschen Markt vorgenommen hat, wodurch sich das sowieso schon für Deutschland ungünstige Bild weiter verschlechterte. Demgegenüber sind auf deutscher Seite nur gering erhöhte Bemühungen festzustellen, diesem Vordringen der japanischen Unternehmen in Deutschland wirksam durch eigene Aktivitäten auf dem japanischen Markt zu begegnen.

Seit 1980 übertrifft der japanische Export nach Deutschland den deutschen Export nach Japan mit Ausnahme von 1990 um das Zwei- bis Zweieinhalbfache. Da auch zuvor Japan höhere Exportleistungen aufwies, hat sich von 1949-92 ein kumuliertes Negativsaldo von 200 Mrd. DM angesammelt.

Entwicklung des Außenhandels der Bundesrepublik Deutschland mit Japan 1970-1992, in Mio DM

Jahr	Ausfuhr	Einfuhr	Jährl.Saldo
1970	1.956,7	2.051,8	-95,1
1975	2.350,5	4.294,9	-1.944,3
1980	3.960,0	10.434,3	-6.474,3
1985	7.888,4	20.719,8	-12.831,4
1986	8.706,7	24.030,4	-15.323,7
1987	10.544,5	25.245,1	-14.700,5
1988	13.111,1	28.365,7	-15.254,6
1989	15.267,8	32.143,3	-16.875,4
1990	17.415,5	32.871,1	-15.455,6
1991	16.494,5	39.663,6	-23.169,1

Ein Blick auf die Warenstruktur zeigt, daß über 90% der japanischen Exporte nach Deutschland aus Fertigwaren bestehen: elektrotechnische Erzeugnisse, Kraftfahrzeuge (sind 1991 sogar an die erste Stelle vor der Elektrotechnik gerückt), Erzeugnisse des Maschinenbaus, der Chemie sowie der Feinmechanik/Optik, wobei allein die ersten drei Gütergruppen dreiviertel aller japanischen Lieferungen ausmachen.

Ebenso wie die japanischen bestehen auch die deutschen Exporte zu über 90% aus Fertigwaren, wobei die BRD 1990 mit einem Marktanteil von knapp 10% den zweiten Platz nach den USA (28,3% 1991) erreichen konnte. Wie auch die japanischen Fertigwarenexporte nach Deutschland, setzten sich diese in der Hauptsache (zu 85%) aus fünf Warengruppen zusammen: Kraftfahrzeuge, die mit Abstand dominieren, chemische Erzeugnisse, Erzeugnisse des Maschinenbaus, der Elektrotechnik und der Feinmechanik/Optik.

Wenn man die Warengruppen miteinander vergleicht, zeigt sich, daß Japan doppelt soviel Kraftfahrzeuge nach Deutschland liefert, wie Deutschland nach Japan. Während japanische Pkw in Deutschland einen Marktanteil von 15% erzielen, erreichen die deutschen Exporte nur um die 2,5%. (Allerdings erzielten die deutschen Automobilexporteure in Japan einen höheren Gesamtwert als die japanischen in Deutschland.)

Toyota eröffnete im Dezember 1992 in Großbritannien ein PKW-Werk, Honda hatte bereits die Produktion im August aufgenommen. LKW-Hersteller Isuzu bereitet sich ebenfalls auf die Aufnahme der örtlichen Produktion in Europa vor. Die Vereinigung der Europäischen Automobilhersteller mahnte Zurückhaltung der japanischen Automobilunternehmen an. Nissan, das bereits 1986 mit der PKW-Produktion in Großbritannien begonnen hatte, wird 1993 300.000 Stück in Europa herstellen. Toyota und Honda dagegen werden frühestens in drei Jahren eine Jahresproduktion von 100.000 erreichen.

Elektrotechnische Erzeugnisse lieferten japanische Anbieter 1991 in Höhe von 11 Mrd. DM nach Deutschland, deutsche Hersteller dagegen nur für 1,2

Mrd. Für die deutsche und europäische Büromaschinen-, EDV- und Mikroelektronik-Industrie ist die europäische Integration bereits zu spät gekommen. Der technologische Abstand ist immens. Die japanischen Anbieter entwickeln sich auch immer mehr zu bestimmenden OEM (Original Equipment Manufacturer – Auftragsproduzenten)-Anbietern für Komponenten in diesen Industriebranchen, sodaß ein Wiedereinstieg noch schwerer wird.

Bei den Werkzeugmaschinen ist Deutschland zwar noch immer der größte Lieferant (der Marktanteil betrug 1991 27,8%) vor den USA (25%) in Japan, jedoch im deutschen Export nach Japan ist der Anteil der Werkzeugmaschinen am Japangeschäft in den letzten 20 Jahren stetig von 40 auf 15% zurückgegangen. Im Gegensatz dazu stiegen die japanischen Exporte nach Deutschland überdurchschnittlich stark an. Über die Hälfte nahmen dabei Lieferungen von Büromaschinen ein (1991 im Umfang von 4,4 Mrd. DM). Die Stärke der japanischen Anbieter beruht in der konsequenten Weiterführung des bereits in den 70er Jahren erkannten Trends, daß sich der Maschinenbau in Richtung einer „mechatronischen" Industrie entwickelt, d.h. der Zusammenführung der traditionellen Maschine (die Stärke der deutschen Maschinenbauer) mit der Mikroelektronik und Software. Sie konnten die Bereiche des Werkzeugmaschinenhandels für sich nutzen, die am stärksten expandierten: Präzisionswerkzeuge und Prüfmaschinen, Maschinen und Geräte für die „factory automation". Es ist zu erwarten, daß die japanischen Maschinenbauer auch in die deutsche Spezialmaschinenbranche eindringen werden.

Bei Chemieerzeugnissen erzielt Deutschland einen leichten positiven Saldo, was auf die intensive Marktarbeit der Chemieunternehmen zurückzuführen ist, verbunden mit erheblichen Direktinvestitionen. Bei pharmazeutischen Erzeugnissen nimmt die BRD mit einem Lieferanteil von 25% die Spitze in der japanischen Importstatistik vor den USA ein.

Im Gegensatz zu den japanischen Unternehmen in Deutschland haben die deutschen Unternehmen ihre Handelsaktivitäten nur im geringen Maße durch Direktinvestitionen abgestützt. Die Exporterfolge zeigten sich folgerichtig in den Branchen am deutlichsten, wo am stärksten investiert wurde – durch die Chemie- und Automobilunternehmen. Während die bis 1991 kumulierten Direktinvestitionen der Japaner in Deutschland (seit 1951) 5,8 Mrd. Doll. betragen, (1,6% aller getätigten Auslandsinvestitionen), investierten deutsche Unternehmen nur 1,122 Mrd. US-Doll. in Japan (allerdings ein Anteil von 4,9%).

Dabei kann der technologische Abstand, der in Bereichen wie Mikroelektronik oder Werkzeugmaschinenbau besteht, am besten durch eine unmittelbare Präsens der deutschen Industrie in Japan verringert werden. Damit solch eine Differenz gar nicht erst aufkommt, errichtet Bayer, das bereits seit Ende des vergangenen Jahrhunderts auf dem japanischen Markt präsent ist, 1995 in Osaka ein Forschungszentrum.

Japanische Direktinvestitionen in der BRD; in Mio Doll.

	1988	1989	1990
Anzahl	67	119	134
Summe	409	1083	1242
Anteil	0,9%	1,6%	2,2%

BRD-Investitionen in Japan; in Mio. Doll.

	1988	1989	1990
Anzahl	239	365	345
Summe	195	144	259

(Quelle: JETRO)

4. Die Beziehungen Japans zur ehemaligen DDR

Anfang der 70er Jahre kamen japanische Industrie- und Handelskreise zur Auffassung, daß zwar das gesellschaftliche System in Ostdeutschland, von der Sowjetunion aufgezwungen und für Deutschland schwerlich anwendbar, nur mit Vorbehalten akzeptiert werden könne, letztlich aber auch die DDR ein deutscher Staat sei. So kam es 1971 zur Bildung eines Wirtschaftsausschusses Japan-DDR, an dem sich alle Handelshäuser, führende Industrieunternehmen und Banken beteiligten An der Spitze der Enthusiasten für die Entwicklung von Wirtschaftsbeziehungen zur DDR stellten sich Persönlichkeiten, die seit ihren Jugendjahren eng mit der deutschen Kultur verbunden waren.

Masao Anzai, Präsident des Chemieunternehmens Showa Denko, das selbst keine Beziehungen zu Ostdeutschland unterhalten hatte, war der erste Vorsitzende des Wirtschaftsausschusses auf japanischer Seite. Nach seinem Tod 1974 übernahm diese Funktion der Präsident des Stahlkonzerns Nippon Steel Corporation (NSC), Yoshihiro Inayama, später Präsident des Unternehmerverbandes Keidanren.

Auch Inayama, genauso wie dessen Nachfolger als Präsident der Nippon Steel Corporation und des Keidanren, Eishiro Saito, hatte keinen unmittelbaren wirtschaftlichen Nutzen aus den Beziehungen zur DDR, wenn man von der Lieferung einiger Tausend Tonnen Stahl absieht.

Für die DDR waren Wirtschaftsbeziehungen zu Japan äußerst wichtig, um neben dem Aufbau von Konkurrenzpositionen gegenüber der BRD und anderen westeuropäischen Ländern Zugang zu einem wichtigen Markt für modernste Technologien zu erhalten.

Die in Japan erstandene Technologie, die sich durch hohe Zuverlässigkeit auszeichnete, spielte eine große wirtschaftliche Rolle für die DDR (auch im

Sinne eine größeren Unabhängigkeit von der Sowjetunion). Andererseits erhielten die japanischen Unternehmen eine günstige Gelegenheit, ihre Leistungskraft mitten im Herzen Europas zu demonstrieren.

Die wichtigsten Investitionsobjekte waren:

- eine Harnstoffanlage in Piesteritz (in der Nähe von Halle)
- eine moderne Crack-Anlage sowie einen Aromaten-Komplex im Petrolchemischen Kombinat Schwedt
- ein hochproduktives Glaswerk in Weißwasser
- ein Bildröhrenwerk in Berlin
- eine Graugießerei in Leipzig für Fahrzeuggroß- und Kleinguß
- Errichtung des Internationalen Handelszentrums in Berlin
- Hotelbauten in Leipzig (Merkur), Berlin (Grand Hotel) und Dresden (Bellevue).

Diese Investitionsprojekte wurden durch Kredite abgedeckt, für die die führenden Privatbanken Konsortien bildeten.

1981 kam es zum Abschluß eines Handels- und Schiffahrtsabkommens. Die gegenseitige Meistbegünstigung räumten sich beide Seiten bereits im Jahre 1975 vertraglich ein.

Allerdings gelang es der DDR auch nicht mit Hilfe des japanischen Wirtschaftsausschusses, die Investitionsvorhaben mit Exportgeschäften zu koppeln (Countertrade) und so durch eine aktive Handelsbilanz freie Devisen zu erwirtschaften. Die Zahlungsbilanz erwies sich als durchgängig negativ.

In Japan konnte in den 60er Jahren Rohstahl abgesetzt werden, gefolgt in den 70er und 80er Jahren von Chemieprodukten (Düngemitteln) und Hopfen, Glas, Porzellan und auch einigen Bauelementen der Mikroelektronik sowie Werkzeugmaschinen, polygraphischen Maschinen und Präzisionsgeräten (Mikroskopen). Importiert wurden neben Investitionsgütern Erzeugnisse der Elektrotechnik und Elektronik, des Werkzeugmaschinenbaus und Baumaschinen, in beschränkter Anzahl auch Pkw („Mazda").

Außerordentlich bedeutsam waren die Beziehungen zu den japanischen Bankhäusern, die es ermöglichten, die Struktur der Schulden zu verbessern (Ablösung kurz- und mittelfristiger Kredite durch langfristige) und die Liquidität zu gewährleisten.

5. Haltung Japans zu Investitionen in den neuen Bundesländern

Wohl kaum anderenorts außerhalb Deutschlands wurde die Vereinigung des bis dahin gespaltenen Deutschland so enthusiastisch gefeiert wie in Japan. In Japan war die schließliche Wiedervereinigung Deutschlands nie angezweifelt worden. Im drastischen Gegensatz dazu stand (und steht noch heute) die deutliche Zurückhaltung der japanischen Industrie hinsichtlich Investitionen in den neuen Bundesländern.

Von den rund 800 an ausländische Investoren verkauften ehemaligen staatlichen Unternehmen gingen nur drei kleinere (zwei Glasbetriebe und ein Abschleppdienst) in japanischen Besitz über, zur großen Verwunderung der Treuhandgesellschaft. Auch ein Besuch der Präsidentin der Treuhandgesellschaft, Birgit Breuel, Anfang 1992 in Japan und die Eröffnung eines Treuhandbüros in Toikio konnten an dieser Situation nichts ändern. Die japanischen Industriellen, die sich selbst mit einer verschlechterten Konjunkturlage konfrontiert und ihrer bisherigen Möglichkeit beraubt sahen, billig Kredite in beliebiger Höhe aufnehmen zu können, klagten über zu geringe Anreize für ausländische Investoren. Zusätzlich äußerten sie Besorgnis über die schnell steigenden Lohnkosten in den neuen Bundesländern und die nach ihren Vorstellungen zu starre deutsche Tarifpolitik. Sie betrachten den Standort Deutschland überhaupt gefährdet und von der „englischen Krankheit" infiziert.

Als weitere Ursache für das geringe japanische Engagement kann angesehen werden, daß die Dislozierung von Kapazitäten in Europa in Vorbereitung auf die Bildung des Gemeinsamen Marktes bereits im wesentlichen abgeschlossen war. Es wurde zudem bezweifelt, ob eine mechanische Zusammenführung zweier unterschiedlicher Wirtschaftssysteme ohne größere Erschütterungen überhaupt möglich sei und daher wurde das Risiko als zu hoch für Investitionsgeschäfte veranschlagt. Die japanische Zurückhaltung wurde bestärkt durch die Verlautbarungen über die voraussichtlich hohen Kosten der Vereinigung, die langfristig zu hohen Zinsraten und Steuererhöhungen und damit einer Verschlechterung des Produktionsstandortes Deutschland führen würden. Nicht ohne Einfluß auf das Verhalten der japanischen Unternehmen war und ist die anhaltende Ausländerfeindlichkeit, die sich nicht selten auch gegen Japaner richtet.

Bemängelt wurden zugleich fehlende Steuervorteile, die zu hohen Bodenpreise (im Gegensatz etwa zu England) sowie die oft ungeklärten Eigentumsverhältnisse, wodurch eine Investition wenig lukrativ erschien.

Einige Unternehmen beklagten auch das Gefühl, als Investor nicht unbedingt gewünscht zu sein, ungeachtet gegenteiliger Beteuerungen verantwortlicher Politiker. Außerdem empfanden sie Unsicherheit für die Perspektive eventueller Investitionsobjekte auf Grund mangelnder Infrastruktur in den neuen Bundesländern, der wenig entwickelten Service-Industrie sowie des Fehlens deutlicher Perspektiven für die Entwicklung der Industrie. Ausgehend von den Erfahrungen des wirtschaftlichen Aufschwungs in Südkorea wird damit gerechnet, daß dieser in Ostdeutschland in etwa 15 Jahren eintreten könnte.

Bisher kam es vor allem zur Schaffung von Absatzorganisationen in den neuen Bundesländern, insbesondere durch die japanischen Automobilhersteller und Elektrokonzerne.

Durch die japanischen Automobilhersteller wurden 1989 in Ostdeutschland 195.000 Autos verkauft, 1990 sogar über 300.000. In vier bis fünf Jahren rechnen diese mit einem jährlichen Absatz in Höhe von voraussichtlich 600.000.

Nissan verfügt bereits über ein Vertriebs- und Reparaturnetz an 36 Orten, Toyota beabsichtigt ein Händlernetz von 100 Zweigstellen und jährlich 10.000 Neuwagen zu verkaufen.

Mazda und Fuji Heavy sieht ein Händlernetz von jeweils 50 Stützpunkten vor.

Auch Mitsubishi Motors ist sehr aktiv, besonders mit seinen VAN, aber auch Pkw. Keiner der Automobilhersteller hat seine Absicht bekannt gegeben, eine örtliche Produktion zu beginnen, da die Nachfrageentwicklung noch unübersichtlich ist und eine over presence befürchtet wird.

Besonders aktiv zeigten sich vor allem die japanischen Handelshäuser, die mit dem Aufbau von Vertriebsnetzen begonnen haben. Mit den Handelshäusern erfolgte auch der Einstieg in die High-Tech-Bereiche, wie z.B. den Telecom-Markt.

Befragung der 250 größten Industrieunternehmen und 50 Finanzinstitutionen durch die Nihon Keizai Shimbun im April/Mai 1990 erbrachte die Meinung, daß sich auch im vereinigten Deutschland vor allem die traditionellen Industrien entwickeln werden, wie der Schwermaschinenbau (nach Meinung von 29,3% der Befragten), die Automobil- (28,4%) und Chemieindustrie. Nur 16,4% erwarteten Entwicklungen auf dem Gebiet der Hochtechnologie, ein Hauptinteresse japanischer Investoren.

Als erste japanische Bank errichtete die Bank of Tokyo im Juni 1990 ein Büro in Ostberlin. Es folgten die Sumitomo Bank, Sanwa Bank und die Taiyo Kobe Mitsui Bank. In Abhängigkeit von der Geschäftsentwicklung war eine Umwandlung in Zweigstellen beabsichtigt. Allerdings meldete die Nihon Keizai Shimbun Anfang 1993 einen zunehmenden Abbau der japanischen Bankpräsens in Ostberlin.

Auch die Wertpapierunternehmen, angefangen mit Nomura Securities, richteten Büros in Berlin ein, und Versicherungsgesellschaften, wie Tokyo Marine&Fire Assurance Comp., begannen mit dem Exportversicherungsgeschäft in den neuen Bundesländern.

Der Grad des Engagements der japanischen Industrie in den neuen Bundesländern ist nicht ohne Bedeutung für die weitere Entwicklung des Standortes Deutschland.

Grundsätzlich hat der Standort Deutschland nach der Bildung des Gemeinsamen Marktes und der deutschen Vereinigung an Bedeutung gewonnen. Die Handelshäuser erwogen, ihre Europa-Zentralen, die bisher vorrangig in London stationiert sind, nach Berlin, Frankfurt und Düsseldorf zu verlegen, um dem Zentrum ihrer ökonomischen Aktivitäten näher zu kommen. Eine besondere Bedeutung spielte dabei die Überlegung, daß Deutschland zukünftig eine Schlüsselrolle für die Beziehungen Westeuropas zu Rußland und den anderen Ländern Osteuropas spielen würde.

Anfang 1992 erwogen bereits wieder 137 befragte japanische Unternehmen, zukünftige Investitionen in der BRD vorzunehmen gegenüber 107 in Großbritannien. Sie wiesen auf einen höheren Ausbildungsstand sowie die gut ausgebaute Infrastruktur und hohe Arbeitsproduktivität in Deutschland hin.

Obwohl sich Deutschland durch ein niedriges Niveau protektionistischer Maßnahmen gegenüber Japan auszeichnet, was von japanischer Seite anerkannt wird, gibt es doch Unzufriedenheit über die deutsche Haltung. Erstens wird die deutsche Einflußnahme auf die Gesamtposition der EG zu Japan als zu gering eingeschätzt. Trotz geringer deutscher mengenmäßiger Beschränkungen in der Vergangenheit hat doch Deutschland die neuen EG-Beschränkungen, beispielsweise gegen die japanischen Automobile, alle mitgetragen.

Zweitens sah sich Japan für eine lange Zeit (1989-92) seitens Deutschlands auf Grund dessen Probleme mit der Vereinigung des Landes vernachlässigt, was sich als nicht förderlich für die Wirtschaftsbeziehungen erwies. Zeitweilig gab es auch Konfusion auf seiten japanischer Geschäftskreise, die eine besondere Herausforderng für ihre Positionen angesichts des eventuellen Entstehens einer neuen Großmacht Deutschland sahen und teilweise heute noch sehen.

Drittens gibt es Unsicherheit darüber, wie sich die Zukunft Deutschlands als wirtschaftliche Macht darstellt. So ist es für viele japanische Unternehmer ein Phänomen, wenn

— die Arbeitszeit in Deutschland extrem kurz (um fast 500 Stunden jährlich weniger als in Japan), die Arbeitsproduktivität dagegen sehr hoch ist,
— die Überalterung der Bevölkerung bedeutend höher als in Japan ist, dennoch aber ein höheres Niveau der staatlichen Sozialleistungen aufrechterhalten werden kann.

Andererseits sind die Erwartungen Japans in das vereinigte Deutschland groß, daß Deutschland seinen Einfluß ausüben wird und es nicht zu einem protektionistischen Europa kommt. Zumal es in den letzten Jahren auf beiden Seiten verstärkte Anstrengungen gegeben hat, eine Verbesserung der Handelsbeziehungen sowie des gegenseitigen Verständnisses zu erreichen.

Durch die japanische Regierung wurden eine Reihe von Importförderungsprogrammen verabschiedet, die aktiv von der deutschen Industrie genutzt werden sollten. Die Schaffung von „foreign access zones" soll ausländischen Unternehmen den Einstieg in den schwierigen japanischen Markt erleichtern.

Über den japanischen Vorschlag, unter dem Motto „techno globalism" gemeinsam Grundlagenforschung zu betreiben und Technologien für die Entwicklungsländer zu entwickeln, sollte seitens der deutschen Industrie nachgedacht werden.

Japan erwartet auch, daß Deutschland angesichts seines zunehmenden Defizits des Staatshaushalts und des ebenfalls eingetretenen Defizits der Zahlungsbilanz für langjähriges Kreditgeld japanisches Kapital benötigen wird, um seinen hohen Verpflichtungen beim Aufbau Ost entsprechen zu können.

Hervorzuheben ist das deutsch-japanische Forum „Deutschland und Japan – Wettbewerbsfähige Partner in der Weltwirtschaft", das im März 1992 unter Beteiligung der Wirtschaftsministerien, der Unternehmerverbände und der Industrie beider Länder in Stuttgart stattfand und der Suche nach kooperativen Wegen zur Beilegung der Wirtschaftskonflikte gewidmet war. Die Teilnehmer waren sich darin einig, daß derartige Diskussionen intensiv weitergeführt werden müssen.

Durch das japanische Außenministerium wurde 1992 eine Arbeitsgemeinschaft für wirtschaftliche Zusammenarbeit zwischen Japan und der EG ins Leben gerufen, die interessierten deutschen Unternehmen zweckdienliche Informationen über den japanischen Markt zur Verfügung stellt und Vorschläge für die Lösung der Probleme erarbeitet.

Begonnen wurde mit Gesprächen zwischen deutschen und japanischen Regierungsvertretern und Politologen über Auswirkungen, die die Beendigung des Kalten Krieges für die deutsch-japanischen Beziehungen mit sich bringen.

Stark differenzierende Positionen gibt es in der Frage der wirtschaftlichen und finanziellen Hilfe für die Länder der ehemaligen Sowjetunion. Während von deutscher Seite auf die eventuellen chaotischen Folgen hingewiesen wird, die ein Versinken dieser Länder in ein wirtschaftliches und politisches Chaos bedeuten würde, wird japanischerseits betont, daß ökonomische Hilfe wirkungslos bleibt, solange keine eindeutige Hinwendung zur Marktwirtschaft in diesen Ländern festzustellen ist. Außerdem wird von Japan nach wie vor die Priorität der Lösung seines Territorialstreits mit Rußland (Rückgabe von vier Kurilen-Inseln an Japan) hervorgehoben.

Eine Rolle bei der Lösung der deutsch-japanischen Widersprüche spielen auch die in den letzten Jahren verstärkt entstandenen Allianzen zwischen deutschen und japanischen Unternehmen, beispielsweise zwischen Daimler-Benz und vier Mitsubishi-Unternehmen, die, konsequent betrieben, zu einem gegenseitigen Verstehen und zum Abbau von Animositäten beitragen werden. Allerdings ist die Zahl solcher Allianzen noch außerordentlich gering und völlig unzureichend, wenn man sie mit der Vielzahl bestehender Kooperationen, Joint Ventures und Allianzen vergleicht, die zwischen japanischen und amerikanischen Unternehmen in den letzten Jahren gebildet wurden.

Verzeichnis der verwendeten Literatur

Arbeitsgemeinschaft für wirtschaftliche Beziehungen zwischen Japan und der EG: Wirtschaftliche Beziehungen zwischen Japan und der EG, Vorschlag für die Zukunft – Echte Partner sind das Ziel, Dezember 1992

Autorenkollektiv (Hrsg.): Die DDR und Japan, Berlin 1983

Berndt, Enno: Der Trend der japanischen Auslandsdirektinvestitionen zum Ende der achtziger Jahre/Beginn der neunziger Jahre und sein makroökonomischer Hintergrund, Nomura Research Institut, Februar 1993

Bundesministerium für Wirtschaft: Deutschland und Japan – Wettbewerbsfähige Partner in der Weltwirtschaft, Forumsveranstaltung vom 17.März 1992, Bonn, 1992

Ernst, Angelika, Carsten Hefeker, Reinhard Hild, Hanns Günther Hilpert, Silvia Martsch: Schutz von Technologien bei Unternehmenskooperationen in Japan, Endbericht, München, November 1992

K. Ashida, Sumitomo Corp. Japan: Japan auf dem Weg in den europäischen Binnenmarkt – Strategien der japanischen Unternehmen, 1992

Maull, Hanns (Hrsg.): Japan und Europa: Getrennte Welten? Campus Verlag Frankfurt/New York, 1993

Pohl, Manfred (Hrsg.): Japan 1991/92, Institut für Asienkunde Hamburg, 1992

Preyss, Daniel von: Unternehmensaquisition durch Ausländer in Japan – Möglichkeiten und Grenzen, Universität zu Köln, 1990

Seitz, Konrad: Die japanisch-amerikanische Herausforderung, München, 1991

Sung Jo Park: Economic Activities of Japanese Companies in the Former GDR, FU Berlin, December 1990,

Zeitungen/Zeitschriften:
Handelsblatt 1992/1993
Nihon Keizai Shimbun 1991-93
Sekai Shuho 1991-1993
Süddeutsche Zeitung 1992/93

Hans-Georg Ehrhart

Die Japan-Politik Frankreichs

1. Einleitung

Frankreich ist die viertgrößte Handelsmacht und eine der führenden Industriestaaten der Welt. Es ist zudem ständiges Mitglied im UNO-Sicherheitsrat, drittstärkste Nuklearmacht und geographisch wie militärisch weltweit präsent. Verkürzt könnte man also sagen, daß Frankreich (zumindest im Selbstverständnis) sicherheitspolitisch eine Großmacht und wirtschaftlich eine Mittelmacht ist; es denkt und handelt sicherheitspolitisch global, wirtschaftlich eher regional. Japan ist die größte Finanzmacht der Welt sowie die drittgrößte Industrie- und Handelsmacht. Es ist ein ökonomischer Riese, aber ein militärischer Zwerg. Es verfügt über keinen ständigen Sitz im UNO-Sicherheitsrat, es darf keine ABC-Waffen besitzen und ihm sind hinsichtlich des Aufbaus einer nationalen Armee rigide verfassungsrechtliche Schranken auferlegt.

Japan ist deshalb sicherheitspolitisch (noch) von den USA abhängig, wirtschaftlich agiert es selbständig. Frankreich wiederum ist wirtschaftlich von der EG abhängig, sicherheitspolitisch agiert es alleine und/oder im multilateralen Rahmen. Die revolutionären Veränderungen im internationalen System werden diese holzschnittartig skizzierte und scheinbar komplementäre Machtstruktur von Frankreich und Japan nicht unberührt lassen. Während das Jahr 1989 für das Ende des Ost-West-Konflikts und für gravierende sicherheitspolitische Verschiebungen steht, symbolisiert das Jahr 1992 die Herausbildung von regionalen Wirtschaftsräumen in Westeuropa (EG-Binnenmarkt), Nordamerika (NAFTA) und Südostasien (AFTA).

Da Japan ein zentraler Akteur in Asien ist und Frankreich ein Hauptakteur in Europa, ergibt sich die Frage nach den Beziehungen dieser beiden Länder eigentlich zwangsläufig. Um so erstaunlicher ist es, daß sie bislang in der wissenschaftlichen Literatur kaum thematisiert worden ist.[1] Dieser Beitrag ist als ein erster Einstieg zu verstehen, den es zu erweitern und zu vertiefen gilt. Obwohl in der Praxis eng miteinander verwoben, werden aus analytischen

---

1   Bislang gibt es zur französischen Japan-Politik nur zwei Aufsätze. Sie sind bezeichnenderweise aus der Feder eines anonymen hohen Beamten (Les relations franco-japonaises, in: Relations Internationales et Stratégique, N°8, Hiver 1992, S. 117-125, zit. Hoher Beamter) und eines Diplomaten (Guy Feaux de la Croix, Die Japan-Politik Frankreichs, in: Hanns W. Maull (Hrsg.), Japan und Europa: Getrennte Welten? Frankfurt/New York 1993, S. 305-321).

Gründen die Themen Politik, Wirtschaft und Sicherheit als getrennte Untersuchungsbereiche behandelt.

2. Politische Beziehungen

2.1 Rahmenbedingungen

Das mangelnde Forschungsinteresse an der französischen Japan-Politik ist wahrscheinlich darauf zurückzuführen, daß sich die französisch-japanischen Beziehungen erst in der vergangenen Dekade allmählich zu intensivieren begannen. Im Vergleich etwa zu Großbritannien war die Kommunikationsdichte auf Regierungs – wie auf gesellschaftlicher Ebene äußerst schwach, was hauptsächlich auf zwei Faktoren zurückzuführen ist: die jeweilige Ausrichtung bzw. Interessendefinition im internationalen System und politisch-kulturelle Spezifika. Damit fehlten aber wichtige Voraussetzungen für ein besseres wechselseitiges Verstehen.

Während des auf alle Weltregionen ausstrahlenden Ost-West-Konfliktes war der politische Handlungsspielraum durch die Dominanz der miteinander konkurrierenden Weltmächte USA und UdSSR stark eingeschränkt. Während sich Japan als Verlierer des Zweiten Weltkrieges und in der UNO-Charta mittels der Feindstaatenklausel (Artikel 107) gebrandmarker Paria ganz auf den politischen und wirtschaftlichen Wiederaufbau unter amerikanischer Vormundschaft konzentrierte, definierte die verspätete Siegermacht Frankreich ihre Interessen nach dem Zusammenbruch des Kolonialreiches in Indochina und Afrika sowie dem 1965 erfolgten Rückzug aus der South East Asian Treaty Organization (SEATO)[2] in erster Linie europäisch. Obwohl Paris mit Neu Kaledonien, den Terres australes et antartiques, Französisch Polynesien und Wallis et Futuna über Territorien im Pazifik verfügt, betrachtete es diesen Raum und insbesondere Japan als „chasse gardée" der USA. Diese Einschätzung spiegelte nicht nur die machtpolitischen Realitäten wider, sie entsprach auch der japanischen Sicht einer „special relationship" mit der pazifischen Vor- und Schutzmacht Amerika.

Begünstigte die Entwicklung des Ost-West-Konfliktes die Aufrechterhaltung der politischen Distanz zwischen Paris und Tokio, so hätten eigentlich die durchaus festzustellenden „Seelenverwandtschaften" eine gute Grundlage für ein besseres Verständnis sein können. Dazu gehören etwa das Ideal von der Homogenität der Gesellschaft und ihrer Wertvorstellungen oder die Ambitioniertheit des Nationalstaates, die zugleich mit einem ausgeprägten Be-

---

2   Das Militärbündnis SEATO wurde im Jahre 1954 auf amerikanische Initiative hin gegründet, also im Jahre der französischen Kapitulation in Dien-Bien-Phu, welche das Ende des Kolonialreiches in Indochina bedeutete.

wußtsein eigener Verwundbarkeit und der Neigung gekoppelt ist, in „worst-case"-Kategorien zu denken. Ähnlichkeiten zeigen sich auch in der merkantilistischen Orientierung des Wirtschaftens, der elitistischen Ausrichtung des Bildungssystems und dem pragmatischen, an der jeweiligen Definition des nationalen Interesses ausgerichteten Verständnis von Idealismus.³

2.2 Historische Entwicklung

Trotz dieser „Seelenverwandtschaften" blieben die bilateralen Beziehungen unterentwickelt. Das trifft bereits auf ihre Vorgeschichte zu, wenngleich es im Rahmen der jeweiligen Kolonialpolitik durchaus Überschneidungen gab. Die diplomatischen Beziehungen wurden 1858 nach der erzwungenen Öffnung Japans durch die USA und die europäischen Mächte aufgenommen.⁴ Die nach den 1868 eingeleiteten Meiji-Reformen verfolgte imperialistische Außenorientierung ließ Japan, das sich nach militärischen Erfolgen gegen China neben Frankreich und anderen Großmächten als gleichberechtigter Partner an der Niederwerfung des Boxeraufstandes beteiligte, zu einer anerkannten Vormacht in Ostasien werden. Während des Ersten Weltkrieges kämpfte Japan auf Seiten der Entente und Frankreich verlieh daraufhin dem Kronprinzen und künftigen Tenno Hirohito 1917 die Medaille der Ehrenlegion.

Nach der Zwischenkriegszeit trafen Frankreich und Japan erst wieder im Zweiten Weltkrieg aufeinander, und zwar als „Gegner" und „Verbündete". „Gegner" waren beide Staaten insofern, als Japan seit 1940 mit den Achsenmächten Deutschland und Italien verbunden war, das von de Gaulle geführte „Freie Frankreich" den größten Teil der Kolonialgebiete hinter sich vereinigen konnte und Japan im März 1945 die französischen Garnisonen in Indochina (Vietnam, Kambodscha, Laos) angriff. „Verbündete" waren sie, als das Vichy-Frankreich in Indochina mit den Aggressoren kollaborierten.⁵ So schlossen Vichy und Tokio am 22. September 1940 (Konvention von Hanoi) und am 29. Juni 1941 (Vertrag über die gemeinsame Verteidigung Indochinas) Abkommen, die einerseits die französische Souveränität über Indochina bestätigen sollten, andererseits Japan die Einrichtung militärischer Brückenköpfe zur weiteren Expansion im Pazifik erlaubten und schließlich bis 1945 de facto zu einem Regime „de plus en plus franco-japonais" führten.⁶

Nach dem Ende des Zweiten Weltkriegs sollte es dreißig Jahre dauern, bis ein französisches Staatsoberhaupt, Valéry Giscard d'Estaing, erstmals Japan

---

3 Vgl. William Pfaff, France and Japan: Soul Mates?, in: International Herald Tribune, 8.5.1981.
4 Vgl. dazu W.G. Beasley, The Meiji Restoration, Stanford, Calif., 1972; ders., Japanese Imperialism: 1894-1945, Oxford 1987.
5 Vgl. Xavier Yacono, Les étapes de la colonisation française, Paris 1975, S. 45 – 63.
6 Ebenda.

besuchte.[7] Es handelte sich dabei jedoch nicht um einen offiziellen Staatsbesuch. Anlaß des kurzen Aufenthaltes war vielmehr der erste Weltwirtschaftsgipfel der fünf größten Wirtschaftsmächte (USA, Japan, Bundesrepublik Deutschland, Großbritannien und Frankreich) in Tokio. Er symbolisierte gewissermaßen die Rückkehr Japans in die Weltpolitik. Während weitsichtige Beobachter in Frankreich den künftigen politischen Stellenwert Japans bereits in den sechziger Jahren erkannten,[8] schlug Giscard den mehrfach geäußerten japanischen Wunsch nach einem Staatsbesuch aus. Der langjährige Korrespondent von Le Monde in Tokio, Robert Guellain, warf der französischen Japan-Politik am Ende des Septenats von Giscard deshalb „mangelndes Interesse" und „Ignoranz" vor. Frankreich habe keine Japan-Politik gehabt, „weil wir nicht gesehen haben, daß das, was sich zur Zeit in Japan abspielt, uns am Ende des Jahrhunderts wahrscheinlich viel mehr betreffen wird, als das, was in China passieren könnte".[9] Im Fahrwasser der amerikanischen Diplomatie hatte sich die Giscard'sche Fernostpolitik ganz auf China konzentriert, was u.a. durch zwei Staatsbesuche im Reich der Mitte dokumentiert wurde und Guellain zu der Feststellung führte: „Wir haben auch keine Asien-Politik gehabt, denn von einer Asien-Politik kann nur dann gesprochen werden, wenn sie auf zwei Pfeilern aufbaut: Japan und China."[10]

2.3 Mitterrands Japan-Politik

Der Wahlsieg François Mitterrands im Mai 1981 leitete in Frankreich einen Wandlungsprozeß ein, in dessen Verlauf die sozio-ökonomischen Strukturen und die politischen Konzepte eine neue Prägung erhielten. Der gesellschaftspolitischen Offensive der Regierung Mauroy entsprachen neue Akzentsetzungen in der Außenpolitik. Auch in der Japan-Politik wollte Paris einen offensiveren Kurs einschlagen. Es suchte ein neues kooperatives Verhältnis zu einem Land, mit dem einerseits die Beziehungen durch die von Giscard verordneten vielfältigen einseitigen Handelsbeschränkungen äußerst unterkühlt geblieben waren, dem aber andererseits gerade durch den neuen Staatspräsidenten ob der ökonomischen Leistungsfähigkeit Bewunderung entgegengebracht wurde.

Bis zum ersten Besuch eines französischen Staatsoberhauptes in Japan überhaupt schien die Qualität der politischen Beziehungen vor allem eine Funktion der permanent negativen Handelsbilanz zu sein. Angesichts des un-

---

7   In der Zwischenzeit wurden folgende Verträge unterzeichnet: erstes Handelsabkommen (1952), Kulturabkommen (1953), Wissenschaftsabkommen (1954), Briefwechsel über Nuklearfragen (1965), Vertrag über nukleare Zusammenarbeit (1972). Vgl. Hoher Funktionär, a.a.O., S. 122.
8   Vgl. Jean-Jacques Servan-Schreiber, Die amerikanische Herausforderung, Hamburg 1968. Vgl. auch Jean-Jacques Servan-Schreiber, Die totale Herausforderung, Wien 1980.
9   Robert Guillain, Une stratégie pour le Japon, in: Le Monde, 8.2.1981.
10 Ebenda.

übersehbaren wirtschaftlichen Großmachtstatus von Japan hatte der Staatspräsident wohl keine andere Wahl, als die politischen Versäumnisse seiner Vorgänger abzubauen.[11] Doch, so das Resümee eines französischen Beobachters, „das Erwachen ist schmerzhaft gewesen, nicht nur für die Handelsbilanz, sondern auch für den Nationalstolz."[12]

Mitterrand ging es in erster Linie darum, die politischen Beziehungen zu Japan auf eine neue Grundlage zu stellen. Anknüpfungspunkte für eine engere Zusammenarbeit sah er in der Ost-West- und in der Drittwelt-Politik, bei der Entwicklung neuer Technologien und in einer gemeinsamen Frontstellung gegenüber der amerikanischen Hochzinspolitik. Da die politischen Beziehungen aber nicht losgelöst sind von ökonomischen und kulturellen Fragen, strebte er auch nach handelspolitischen Konzessionen und dem Ausbau der kulturellen Beziehungen. Einerseits konzedierte der Staatspräsident, daß eine Hauptursache für die handelspolitischen Probleme im mangelnden französischen Engagement auf dem japanischen Markt liege. Andererseits drohte er mit EG-Sanktionen, „wenn wir keine Fortschritte bei den Handelsfragen machen".[13] Bemerkenswert war dabei, daß Mitterrand von EG-Sanktionen sprach, was wohl daran gelegen haben mag, daß französische Sanktionen angesichts der umfassenden nationalen Importbarrieren für japanische Produkte wenig bedrohlich gewesen wären. So bemerkte denn auch ein leitender japanischer Diplomat süffisant: „We have nothing to fear from France. The french market is already closed to us".[14]

Die Ergebnisse des Gipfels standen in keinem angemessenen Verhältnis zum protokollarischen Pomp. Im politischen Bereich bestanden grundsätzliche Übereinstimmungen in der Einschätzung der Ost-West- und der Nord-Süd-Beziehungen sowie der weltwirtschaftlichen und der energiepolitischen Risiken. Sie mündeten jedoch nicht in konkrete Initiativen. Insbesondere gelang es Mitterrand nicht, Japan im Vorfeld des Versailler Weltwirtschaftsgipfels in eine gemeinsame „Front" gegen die USA einzubinden. Dafür, so der Generaldirektor für Europäische Angelegenheiten im japanischen Außenministerium, sei die Zeit noch nicht reif.[15] Abweichende Einschätzungen gab es zu China, wo Japan einer Verschlechterung der amerikanisch-chinesischen Beziehungen bzw. eine Annäherung zwischen Peking und Moskau befürchtete, und in der Indochina-Frage. Während Paris seine Beziehungen zu Vietnam ausbaute, verurteilte Tokio ebenso wie die ASEAN-Staaten die vietnamesische Politik in Kambodscha.

---

11 Diese Kritik gilt nur eingeschränkt für Staatspräsident Pompidou, der vor seinem geplanten Japan-Besuch verstarb.
12 Roland-Pierre Paringaux, Les rapports franco-nippons: absences et retards, in: Le Monde, 10.4.1982.
13 Zitiert nach Gebhard Hielscher, Mitterand appelliert an Tokio, in: Süddeutsche Zeitung, 17.4.1982.
14 Zitiert nach Steve Lohr, Mitterrand can't sway Japan on trade issues, in: International Herald Tribune, 19.4.1982.
15 Vgl. Roland-Pierre Paringaux, Tokyo: Un premier pas, in: Le Monde, 20.4.1982.

Im wirtschaftlichen Bereich blieben die französischen Bemühungen um handelspolitische Zugeständnisse weitgehend ergebnislos. Als kleine Geste sagten die Japaner zwar eine Reduktion der Importabgaben für Cognac zu, doch verpflichteten sie sich in den von Paris favorisierten Exportfeldern Airbus, Helicopter, Nickel und angereichertes Uran zu nichts. Ob die wechselseitigen Stereotypen abgebaut werden konnten, ist zweifelhaft. So wurde der französische Staatspräsident in der japanischen Presse als „Hubschrauberhändler" apostrophiert, was als späte Revanche für eine Äußerung von Charles de Gaulle zu verstehen ist. Er hatte den japanischen Ministerpräsidenten Ikida nach einer Frankreich-Visite im Jahre 1963 als „Transistorenhändler" abqualifiziert. Bleibt als positives Ergebnis dieses „historischen" Besuches festzustellen, daß damit ein erster Schritt in Richtung Intensivierung des politischen Dialogs und des kulturellen Austauschs gemacht worden ist. Waren die kurzfristigen Resultate unbefriedigend, so hoffte man in Paris auf die langfristigen Wirkungen des durch den Staatsbesuch ermöglichten Neubeginns.

In den folgenden zehn Jahre blieben die bilateralen Beziehungen jedoch insgesamt geprägt von einem zunehmendem Spannungsverhältnis zwischen dem beiderseits erklärten Wunsch nach Verbesserung der politischen Beziehungen und permanenten handelspolitischen Querelen. Einerseits nahmen die politischen Kontakte auf der Arbeitsebene zu.[16] Japan schien aus politisch-strategischen Gründen an intensivierten Beziehungen zu den westeuropäischen Staaten und an einer Stärkung des „dritten Pfeilers" der atlantisch-pazifischen Gemeinschaft interessiert. Ferner schmeichelte Tokio Paris, indem es Respekt vor der französischen Führungsrolle in Europa bekundete. Übereinstimmungen in internationalen Fragen wie der kritischen Beurteilung der sowjetischen Politik oder der Befürwortung einer intensiveren Entwicklungspolitik standen Divergenzen wie etwa in der Frage der Strategischen Verteidigungsinitiative (SDI) der USA oder des freien Welthandels (GATT) gegenüber.[17]

Andererseits schliefen die 1963 vereinbarten jährlichen Konsultationen allmählich ein. An ihre Stelle traten zunehmend multilaterale Strukturen wie die G7 oder die EG und unregelmäßige bilaterale Kontakte auf ministerieller Ebene, wenn sich gerade eine günstige Gelegenheit bot. Diese Entwicklung illustriert sowohl die zunehmende Einbindung Frankreichs in internationale Strukturen als auch, so die kritische Bewertung eines Insiders, „die Leere im politischen Dialog".[18] Schwach strukturierte politische Beziehungen, oberflächliche Konsensbekundungen in weltpolitischen Fragen, politische Nadel-

---

16 Vgl. Robert-Pierre Paringaux, Le dialogue politique s'est développé entre Paris et Tokyo, in: Le Monde, 29.4.1983.
17 Vgl. Neue Zürcher Zeitung, 17.7.1985.
18 Hoher Funktionär, a.a.O., S. 122.

stiche wie das 1986 erfolgte japanische UN-Votum für die Entkolonialisierung Neukaledoniens, rhetorische Ausrutscher und die zweijährige Phase außenpolitischer Agonie während der Cohabitation zwischen dem bürgerlichen Ministerpräsidenten Chirac und dem sozialistischen Staatspräsidenten 1986 bis 1988 ließen die politischen Beziehungen wieder gegen den Nullpunkt tendieren.[19]

Erschwerend kam hinzu, daß die handelspolitischen Beziehungen nicht grundsätzlich verbessert werden konnten. Im Gegenteil: Bereits acht Monate nach dem Staatsbesuch Mitterrands in Japan wurde Außenminister Abe zu verstehen gegeben, daß das Handelsdefizit (ca. 12 Mrd. Francs 1982) nicht länger tragbar sei und daß man es lieber durch eine Ausweitung der französischen Exporte als durch eine Bremsung japanischer Importe reduzieren möchte. Zudem wies Paris abermals darauf hin, daß die handelspolitischen Probleme nicht bilateraler, sondern multilateraler Natur seien und daß die EG erforderlichenfalls entsprechende Maßnahmen treffen müsse.[20] Die EG-Rhetorik hinderte Paris aber nicht, durch weitere einseitige Importhemmnisse Druck auf Japan auszuüben. Das wohl bekannteste Beispiel ist die französische Verordnung von 1982, gemäß der die Importe aller japanischen Magnetbänder über die kleine Zollstation in Poitier abgewickelt werden mußten.

Nach der Phase der Cohabitation schienen die bilateralen Beziehungen allmählich wieder etwas aufwärts zu tendieren. Zuvor war von japanischer Seite eine zunehmende „Nippophobie" und die mangelnde politische Unterstützung japanischer Anliegen wie z.B. hinsichtlich der territorialen Ansprüche auf die Kurilen oder des Wunsches nach einer Beteiligung an westlichen Sicherheitsinstitutionen moniert worden.[21] Zugleich war Tokio wegen der sich konkretisierenden Perspektive des EG-Binnenmarktes an einer Verbesserung der Beziehungen zu einem Land sehr interessiert, daß die Kreise der japanischen Wirtschaft in Europa nicht unerheblich zu stören vermochte. Zwei Japanbesuche von Premierminister Rocard im Juli und im November 1990 sorgten vorübergehend für eine Klimaverbesserung. Frankreich schien Japan, das im Juni seine Indochina-Politik mit einer Konferenz über Kambodscha reaktiviert hatte, endlich auch als politischen Partner wahrzunehmen.[22] Diese Entwicklung wurde unterstützt durch eine leichte Entspannung in den Wirtschaftsbeziehungen und japanische Konzessionen in der Frage von Nickelimporten aus Neukaledonien.[23]

---

19 Im Vorfeld und während des Weltwirtschaftsgipfels 1986 in Tokio wurde nicht die französische Japan-Politik thematisiert. Im Mittelpunkt des Interesses stand vielmehr die Frage der Machtverteilung zwischen Premierminister Chirac und Staatspräsident Mitterrand. Vgl. etwa The Financial Times, 29.3.1986.
20 Vgl. Neue Zürcher Zeitung, 8.1.1983.
21 Vgl. Philippe Pons, Détérioration du climat entre Paris et Tokyo, in: Le Monde, 19.7.1990.
22 Vgl. ders., La France a pris conscience que Tokyo est également un partenaire politique, in: Le Monde, 24.7.1990.
23 Vgl. Le Monde, 24.7.1990.

Doch eine Schwalbe macht bekanntermaßen noch keinen Sommer. Die im Frühjahr 1991 Michel Rocard als Ministerpräsidenten ablösende Edith Cresson wirkte wie ein Hagelschlag auf die gerade wieder keimende Frucht französisch-japanischer Beziehungen. Die dem Lager der „Protektionisten" zuzurechnende neue Ministerpräsidentin hatte bereits als Europa- und als Außenhandelsministerin ihrem Ruf als „world-class protectionist" alle Ehre gemacht und sich insbesondere bei verbalen Attacken gegen Japan wenig Zurückhaltung auferlegt.[24] Bereits ihre Antrittsrede ist wohl in Japan mit Unbehagen aufgenommen worden, unterstrich sie doch die Notwendigkeit des Binnenmarktprojektes und einer engeren europäischen Industrie- und Technologiepolitik zur Erhaltung der Unabhängigkeit gegenüber den USA und Japan.[25] Die in den folgenden Tagen geführten massiven Attacken gegen Japan – so beschimpfte sie die Japaner als „arbeitswilde Ameisen", als nach der Weltherrschaft strebender „Aggressor", der seine eigenen Bürger dazu zwinge, über hohe Preise im Innern billige Exporte zu finanzieren und gleichzeitig den eigenen Binnenmarkt für die ausländische Konkurrenz zu sperren[26] – ließen das Faß für die ansonsten äußerst bedächtigen Japaner überlaufen. Entsprechend harsch reagierte die japanische Diplomatie: „Wir können nicht anders, als unsere Schockierung über die Worte der Premierministerin zum Ausdruck zu bringen, (...) und glauben, daß diese Bemerkungen einen bedauerlichen Effekt auf die freundschaftlichen Beziehungen zwischen Frankreich und Japan haben".[27]

Es oblag Wirtschaftsminister Bérégovoy, die tiefgreifenden Störungen wieder abzubauen und die wirtschaftlichen Beziehungen zu verbessern. Erste Erfolge konnte er während seines Japan-Besuches vom 16. bis zum 21. Januar 1992 erzielen. In einer gemeinsamen Erklärung vereinbarten beide Seiten, sich künftig regelmäßig einmal pro Jahr zu Konsultationsgesprächen über Fragen von beiderseitigem Interesse zu treffen. Des weiteren beschlossen sie eine Zusammenarbeit zwischen dem MITI und dem französischen Wirtschaftsministerium, insbesondere zur Förderung der Kooperation zwischen japanischen und französischen Unternehmen bei der Konversion der Rüstungsindustrie in der GUS. Am Ende des Besuches äußerte Bérégovoy schließlich, daß die Mißverständnisse ausgeräumt seien und die französisch-

---

24 Hubard Rowen, Madam seems a World-class Protectionist, in Word at Least, in: International Herald Tribune, 23.5.1991.
25 Vgl. die Regierungserklärung von Premierministerin Edith Cresson, in: Frankreich-Info, Nr. 91-15, 28. Mai 1991.
26 Vgl. Die Tageszeitung, 20.7.1991; Neue Zürcher Zeitung, 22.7.1991; International Herald Tribune, 30. und 31.5.1991.
27 Zitiert in: Georg Blume, Die Japaner können auch äußerst unhöflich werden, in: Die Tageszeitung, 31.5.1991.

japanische Zusammenarbeit künftig auf allen Gebieten einen neuen Elan gewinnen würde.[28]

Der einige Wochen später erfolgte Wechsel des „Freihändlers" Bérégovoy ins Palais Matignon wurde in Japan mit Erleichterung und in der Hoffnung aufgenommen, daß die französische Politik wieder an Kohärenz gewinnt.[29] Das Klima der Paris-Visite von Premierminister Miyazawa im April wurde von französischer Seite als „herzlich" bezeichnet.[30] Während Paris dem japanischen Wunsch nach einem Beobachterstatus in der KSZE entgegenkam, fand Tokio in der Kurilen-Frage nicht die erbetene Unterstützung Frankreichs und zeigte seinerseits wenig Bereitschaft, dem französischen Drängen nach einem stärkeren Beitrag für die GUS nachzugeben.[31] Ein zartes Entgegenkommen erfolgte erst auf der dritten und letzten Hilfskonferenz der westlichen Industriestaaten für die GUS in Tokio.

Das Klima in den französisch-japanischen Beziehungen hat sich mit dem Wechsel von Cresson zu Bérégovoy sicherlich gebessert. Paris ist selbstkritischer geworden, der gegenüber Japan angeschlagene Ton moderater. Dadurch und durch die Intensivierung des politischen Dialogs sind wichtige kommunikative Voraussetzungen für bessere Beziehungen zwischen beiden Staaten geschaffen worden. Doch sollte bedacht werden, daß es sich um Mindestvoraussetzungen handelt und daß das Ausgangsniveau sehr niedrig gewesen ist.

3. Wirtschaft

3.1 Zur nationalen Wirtschaftsstrategie

Die Außenwirtschaft umfaßt alle Wirtschaftsbeziehungen des Inlandes mit dem Ausland (Waren-, Dienstleistungs-, Kapital- und sonstiger Wirtschaftsverkehr). Außenwirtschaftspolitik ist die Gesamtheit aller staatlichen Maßnahmen zur Steuerung der Außenwirtschaft. Sie ist Bestandteil der allgemeinen Wirtschaftspolitik, die nach Maßgabe der vorherrschenden Wirtschaftsauffassung auf bestimmte gesellschaftliche Ziele hin ausgerichtet ist. Das wirtschaftpolitische Denken in Frankreich wird seit jeher stark beeinflußt durch „colbertistische" bzw. staatsinterventionistische Traditionen. Die wirt-

---

28 Vgl. Erik Izraelewicz, Les malentendus entre la France et le Japon sont dissipés, in: Le Monde, 21.1.1992.
29 Philippe Pons, Le „pion sur du dernier recours", in: Le Monde, 4.4.1992.
30 Vgl. Neue Zürcher Zeitung, 1.5.1992.
31 Philippe Pons, Les entretiens avec M. Miyazawa se dérouleront dans un climat plus paisible, in: Le Monde, 29.4.1992.

schaftspolitische Strategie seit Beginn der achtziger Jahre läßt sich in drei Phasen gliedern.[32]

Ziel der ersten sozialistisch-kommunistischen Regierung der V. Republik war eine grundlegende Gesellschaftsreform, die wiederum eine stärkere Kontrolle via Verstaatlichung der wirtschaftlichen und finanziellen Machtzentren erforderte.[33] Diese Politik knüpfte an die Verstaatlichungen von 1936 und 1945/46 an und stellte auch deshalb keinen Kontinuitätsbruch französischer Wirtschaftsstrategie dar, als Paris in diesem Jahrhundert durchgehend das Land mit dem größten nationalisierten Sektor in der westlichen Welt gewesen ist. War der Kernpunkt „merkantilistischer" Politik die Förderung des Außenhandels mit dem Ziel der Vergrößerung des gesellschaftlichen Reichtums, so sollten die 1981/82 durchgeführten Verstaatlichungen die inneren Voraussetzungen dafür verbessern. Einerseits sollten die im Niedergang befindlichen alten Industrien (Kohle, Stahl, Auto etc.) aufgefangen, andererseits neue Arbeitsplätze in den Zukunftsindustrien (Elektronik, Luft- und Raumfahrt, Kommunikationstechnologie etc.) geschaffen werden.[34]

Die 1983/84 eingeleitete Wende von einer nachfrage- zu einer angebotsorientierten Wirtschaftspolitik erfolgte unter dem Druck „äußerer Zwänge" (Außenhandelsdefizit, mehrmalige France-Abwertungen, zu hohe Inflationsrate), die wiederum Reflex innerer Schwäche bzw. mangelnder Konkurrenzfähigkeit waren.[35] Modernisierung und Liberalisierung hießen die neuen wirtschaftlichen Fixpunkte von Premierminister Fabius und Wirtschafts- und Finanzminister Bérégovoy. Ihre Politik wurde durch die bürgerliche Regierung Chirac mittels eines radikaleren Deregulierungs- und eines umfassenden Privatisierungsprogramms intensiviert, ohne daß Frankreich seinen Spitzenplatz als Land mit dem größten öffentlichen Sektor aber verloren hätte.

Mitterrand knüpfte nach seiner Wiederwahl im Mai 1988 an diese liberalisierte Form der „Mischwirtschaft" an und erhob sie zur offiziellen Lehre. Demgemäß gilt es die internationale Expansion der vergleichsweise schwach ausgeprägten kapitalistischen Strukturen Frankreichs während ihres Anpassungsprozesses an die Erfordernisse der dritten industriellen Revolution staatlicherseits zu unterstützen und sie zugleich vor unerwünschten ausländischen Übernahmen zu schützen. Hat in Japan die enge Verbindung zwischen

---

32 Vgl. Christian Stoffaes, Verstaatlichungen, Privatisierungen, Mischwirtschaft: Die Metamorphose französischer Industriepolitik, in: Dokumente, Heft 6, 1989, S. 477 – 483.

33 Vgl. das Programme Commun von PCF und PS aus dem Jahre 1972 und das 110-Punkte-Wahlprogramm Mitterrands von 1981.

34 Die Alternative dazu wäre gewesen, daß „die Zierden unserer Produktion in amerikanische oder japanische Abhängigkeit geraten wären". François Mitterrand, Réflexions sur la politique extérieure de la France, Paris 1986, S. 16.

35 Vgl. zur Wechselbeziehung zwischen innenpolitischem Wandel und äußeren Zwängen Henrik Uterwedde, Internationalisierung und politischer Wandel in Frankreich 1974-1986, SWP-S 340, Ebenhausen 1987 und Christian Deubner, Mitterrands Reformpolitik in Westeuropa. Die Relevanz der „contrainte extérieure", SWP-S 335, Ebenhausen 1986.

Industrie und Banken eine entscheidende stabilisierende Funktion für die Leistungs- und Innovationsfähigkeit der nationalen Wirtschaft, so übernahm in Frankreich der Staat diese Rolle. Die Analogie zu Japan in der strategischen Herangehensweise ist ungeachtet aller rhetorischer Ausfälle augenfällig. Mit der Zusammenlegung des Wirtschafts- und des Finanzministeriums sollte ein leistungsfähigerer, dem MITI vergleichbarer Verwaltungsapparat geschaffen werden, der dem (japanischen) Gedanken entspricht, „daß die Finanzsphäre dem Produktionsapparat dienlich sein muß", mit der Vorgabe, „die nötigen Synergien zu schaffen, die Entscheidungen zu beschleunigen und die Finanz- und Industriepolitik besser aufeinander abzustimmen".[36] Durch die staatlich gesteuerte Bildung von Industriegiganten sollten wiederum leistungs- und konkurrenzfähige wirtschaftliche Einheiten geschaffen werden. Bekanntestes Beispiel ist die versuchte Umstrukturierung von Thomson SA, Thomson-CSF und CEA Industrie zu einem neuen, zu 50% direkt vom Staat kontrollierten Konzern Thomson CEA Industries. Die Zusammenfassung der Spitzentechnologien der Unterhaltungs- und Haushaltselektronik, der zivilen Halbleitertechnik und des Nuklearbereichs sollte, wie Premierministerin Cresson stolz vermerkte, „dem Modell des japanischen Riesen Toshiba" entsprechen.[37]

3.2 Europäisierungsstrategie und Japan-Politik

Mit zunehmender regionaler und globaler Vernetzung der Ökonomien haben sich die nationalen Handlungsspielräume merklich reduziert. Die durch die Globalisierung der Wirtschaft hervorgerufenen „externen Zwänge" veranlassen die Nationalstaaten zu integrativen Handlungsstrategien, welche sich im Spannungsfeld zwischen nationaler Interessenbewahrung und internationaler Integrationsnotwendigkeit bewegen. Nach Norbert Elias führen die Verflechtungszwänge zur Herausbildung größerer wirtschaftlicher und letztlich auch politischer Einheiten.[38] Die gegenwärtig zu beobachtende Herausbildung von regionalen Wirtschaftsräumen kann als Bestätigung dieser These angesehen werden. Unmittelbares wirtschaftspolitisches Ziel der integrativen Handlungsstrategie ist jedoch, schwache Sektoren zu schützen, durch die Bündelung von Kräften zukunftsträchtigere Industrien aufzubauen und auf der Grundlage eines „sicheren" regionalen Binnenmarktes die globale Konkurrenzfähigkeit zu stärken.

Dementsprechend verfolgte das Frankreich Mitterrands eine gezielte Europäisierungsstrategie zur Absicherung und Unterstützung der übergeordne-

---

36 Rede des französischen Wirtschafts- und Finanzministers, Pierre Bérégovoy, vor dem Parlament am 11.6.1991, in: Frankreich-Info, 91-19, 29. Juni 1991, S. 4.
37 Zitiert nach Tagesspiegel, 21.12.1991.
38 Vgl. Norbert Elias, Über den Prozeß der Zivilisation, 2 Bde., Frankfurt/M. 1990, 15. Auflage.

ten und sich gegenseitig bedingenden politischen Ziele: die Modernisierung von Wirtschaft und Gesellschaft im Innern sowie die Erhaltung des internationalen Ranges und der Unabhängigkeit Frankreichs.[39] Bevorzugtes Aktionsfeld war Europa, wichtigster Ordnungsfaktor die EG. In seiner Rede vor dem Europäischen Parlament machte Mitterrand unmißverständlich klar, worum es geht: nicht ins Hintertreffen zu geraten. Ins Hintertreffen gerate aber jeder europäische Staat, wenn er eine eigene Antwort auf die amerikanische und die japanische Herausforderung zu geben versuche. Die daraus abgeleitete Alternative lautete: „Entweder wir überlassen anderen auf unserem Kontinent oder außerhalb unseres Kontinents die Entscheidung über alles, und somit auch über unser Schicksal, oder aber wir vereinigen alle Talente und Fähigkeiten, ... damit Europa ... endlich das wird, was es eigentlich ist."[40]

Parallel zu den Umstrukturierungsmaßnahmen im Innern versuchte Paris, durch entsprechende Initiativen wie z.B. die zur Wiederbelebung Europas (1981), zur Stärkung der handelspolitischen Instrumente der EG (1982), zur Schaffung eines gemeinsamen Raumes für Industrie und Forschung (1983), zur Bildung einer europäischen Technologiegemeinschaft (1985) oder zur Einbeziehung einer europäischen Industriepolitik in den Maastrichter Vertrag (1991) europäisches Terrain zu gewinnen, so daß sich einem deutschen Beobachter „das Bild von einer europäischen Version des Colbertismus" aufdrängte.[41] Doch ging es Paris nicht nur um Schutz nach außen, sondern im Hinblick auf die Herausforderung des Binnenmarktprojektes auch um eine Verbesserung seiner Konkurrenzfähigkeit innerhalb der EG. Während es also einerseits die auf nationaler Ebene verloren gegangenen wirtschaftlichen Steuerungskapazitäten auf EG-Ebene wiederzuerlangen bemüht war, suchte es andererseits auf tradiertem nationalem Wege außereuropäische Kooperationsbeziehungen zu knüpfen. Das gilt auch und gerade für Japan, wollte Frankreich nicht nur zum Markt für japanische Waren „Made in Europe" degenerieren, sondern an dem großen Kuchen Arbeitsplätze schaffender und Technologietransfer versprechender japanischer Direktinvestitionen partizipieren.[42]

Hauptinstrument französischer Japan-Politik bleibt aber die EG. Dafür sind insbesondere ordnungspolitische, protektionistische und verhandlungsstrategische Gründe maßgebend. Erstens bietet die EG den Rahmen für die Bereitstellung von Forschungsmitteln und für die Programmierung und Koordinierung von Forschungs- und Technologiepolitik. Sie leistet somit einen zu-

---

39 Vgl. François Mitterrand, Réflexions sur la politique extérieure de la France, a.a.O., S. 14 ff.
40 François Mitterrand, Rede vor dem Europäischen Parlament am 24.5.1984, in: Europa Archiv, Folge 12, 1984, S. D331-338.
41 Klaus-Peter Schmidt, Abschied von Colbert? Frankreich und der europäische Binnenmarkt, in: Deutsch-Französisches Institut (Hrsg.), Frankreich-Jahrbuch 1992, Opladen 1992, S. 75.
42 Vgl. dazu den folgenden Abschnitt.

nehmend wichtiger werdenden Beitrag, die technologische Lücke zu Japan zumindest nicht noch größer werden zu lassen. Wichtiger ist das ordnungspolitische Faktum, daß die außenhandelspolitischen Zuständigkeiten der EG durch den Binnenmarkt '92 gestärkt worden sind.

Zweitens bietet die EG Schutz vor übermächtiger Konkurrenz. Der langjährige Konflikt um japanische Autoimporte ist dafür ein markantes Beispiel. Bis 1991 war der japanische Marktanteil von Paris einseitig auf drei Prozent festgelegt worden. Zwar wurde im Sommer 1991 ein Einfuhrregime zwischen der EG-Kommission und der japanischen Regierung ausgehandelt. Allerdings ist die Formulierung der „Elemente des Konsenses" mit Rücksicht auf die „Protektionisten" in der EG[43] bewußt vage gehalten worden. Das Abkommen gewährt den EG-Staaten bis zur völligen Öffnung des Marktes eine Anpassungsfrist bis 1999. Bis dahin darf der japanische Marktanteil nicht über 16% steigen. Das Monitoring des japanischen Marktanteils liegt seit dem 1. Januar 1993 bei der EG. Dieser Ziel-Marktanteil gilt nur für den Durchschnitt der Gemeinschaft, so daß Rangeleien um den nationalen Anteil unausweichlich sind. So will Frankreich für sich nur einen Marktanteil von 8,5 Prozent dulden. Andererseits gibt es Auseinandersetzungen zwischen der EG und Japan über die Konkretisierung der Regelung, wonach Japan bei schrumpfendem Automobilmarkt in Europa seine Verkäufe zu drei Vierteln des prognostizierten Absatzrückgangs reduzieren muß.[44]

Schließlich verfügt nur die Gemeinschaft über einen adäquates politisches Gewicht, d.h. über eine glaubwürdige Verhandlungsmacht. Französische Alleingänge, die in der Vergangenheit öfter zu beobachten waren, sind zwar immer noch eine große Versuchung, doch letztlich wenig wirksam und – so die Schlußfolgerung des von der Regierung als programmatischer Rahmen übernommenen Berichts über eine französische Japanstrategie – „unrealistisch, weil sie von der Annahme ausgeht, daß zwischen Frankreich und Japan auf wirtschafts- und handelspolitischer Ebene eine Art Gleichheit besteht".[45] Frankreich laufe sogar Gefahr, als Papiertiger dazustehen und vor den Japanern das Gesicht zu verlieren. Die Konsequenz daraus lautet, ganz auf die EG zu setzen, d.h. einerseits die EG-Partner entsprechend zu beeinflussen und andererseits Regelungen im Rahmen eines Globalvertrages zwischen der EG und Japan anzustreben.[46]

---

43 In diesem Fall handelt es sich um Frankreich, Italien, Spanien und Portugal.
44 Vgl. Süddeutsche Zeitung, 12.2.1993.
45 Vgl. Conseil économique et social, Pour une politique européenne et française face au Japon, Séance du 3 juillet 1991, S. 163 f. (zit. Rapport „Pour une politique européenne et française").
46 Vgl. zum Inhalt des vorgeschlagenen „Globalvertrages" im einzelnen, ebenda, S. 154-162. In ordnungspolitischer Hinsicht empfiehlt der Rapport, daß sich die EG gegenüber Japan (und anderen Drittländern) „wie ein Staat" verhalten müsse, der die innere Entwicklung der EG absichert. Frankreich müsse die Notwendigkeit einer europäischen Industriepolitik verteidigen, die Unternehmenskooperation fördern, solide „europäische Pole" bilden und konkrete Lösungen wie etwa die Bildung einer „Europäischen Elektronikagentur" vorschlagen. Der koordinierende und initiierende, die Firmenstrategien bündelnde,

Die jüngsten Bemühungen der Gemeinschaft zur Strukturierung der bilateralen Beziehungen entsprechen denn auch weitgehend französischen Vorstellungen. Sie bestätigen die Aussage, daß Frankreich dank zunehmender merkantilistischer Tendenzen in den anderen westeuropäischen Staaten außenhandelspolitische Anpassungen der Gemeinschaft an seine Vorstellungen durchgesetzt hat.[47] Mit der am 18. Juli 1991 verabschiedeten „Gemeinsamen Erklärung über die Beziehungen zwischen der Europäischen Gemeinschaft und ihren Mitgliedsstaaten und Japan"[48] wurde eine breite, über den ökonomischen Bereich hinausgehende und vor allen Dingen institutionalisierte Grundlage für die künftigen Beziehungen geschaffen. Im Mai 1992 legte die EG-Kommission „Ein durchgängiges und umfassendes Konzept" für die Japan-Politik vor.[49] Es bildete die Grundlage für die erstmalige Verabschiedung von „Schlußfolgerungen" zu den Beziehungen zu Japan durch den Rat am 15. Juni, die in einem „global approach" makroökonomische Fragen, sektorale Probleme, strukturelle Hindernisse, industrielle Kooperationsfragen, Exportunterstützung, öffentliche Aufträge und andere Felder abdeckten.[50] Danach folgte das zweite Gipfeltreffen in London und das Ministertreffen im Januar 1993.[51] Die nächsten „high-level"-Konsultationen wurden auf den 19./20. April 1993 terminiert.[52]

3.3 Zur Struktur der Wirtschaftsbeziehungen

Acht Jahre nach der Umstellung seiner Wirtschaftspolitik erntet Frankreich heute die ersten Früchte. 1992 war die sonst chronisch defizitäre Handelsbilanz erstmals seit 1978 positiv, die Zahlungsbilanz ausgeglichen. Frankreich verzeichnete bei einer sehr niedrigen Inflationsrate das höchste Wachstum im OECD-Bereich, das Investitionsniveau konnte gegenüber 1991 trotz weltweiter Rezession gehalten, die Weltmarktanteile erhöht und Überschüsse im EG-Handel erzielt werden. Für den Erfolg der Modernisierungs- und Internationalisierungsstrategie spricht ferner, daß die Exporte 1992 zu 80% (1982: 70%) in OECD-Länder gegangen sind, die Wettbewerbsfähigkeit sich mithin erhöht hat.[53]

Ressourcen und öffentlich-private Synergien mobilisierende moderne Staat passe zu Europa ebenso wie zu den Mitgliedsstaaten (S. 155).
47 Vgl. Christian Deubner, Mitterands Reformpolitik in Westeuropa, a.a.O., S. 12 f.
48 Joint Declaration on Relations between the European Community and its Member States and Japan, EPC Press Release, P – 66/91, Brussels, 18 July 1991.
49 Kommission der EG, Ein durchgängiges und umfassendes Konzept. Die Beziehungen der Gemeinschaft zu Japan (Mitteilung an den Rat), KOM (92) endg., Brüssel, 21. Mai 1992.
50 Vgl. EC/ Japan Relations, MEMO 1/93 non attributable, Brussels, 14 January 1993, S. 1.
51 Vgl. Joint Press Statement, Second EC/ Japan Summit, London, 4 July 1992.
52 EC/ Japan Ministerial Meeting, Brussels, 15 January 1993, IP (93) 24.
53 Vgl. Bruno Durieux, Les leçons du redressement du commerce extérieur, in: Le Monde, 10.2.1993.

Trotz dieser von Außenwirtschaftsminister Durieux verkündeten relativen Verbesserungen ist noch nicht alles Gold was glänzt. Das gilt insbesondere für den Handel mit Japan, mit dem allerdings alle großen westlichen Industriestaaten wachsende Handelsdefizite zu verzeichnen haben. Einerseits konnte Frankreich Fortschritte erzielen, stiegen doch die Exporte nach Japan um 18% (1987), 15% (1988) und 27,1% (1989). Ferner wies Frankreich zwischen 1985 und 1990 mit + 473% von allen EG-Staaten die höchste Steigerungsrate bei den Japan-Exporten auf (Italien: + 377%, Deutschland: + 292%, Großbritannien: + 188%), allerdings bei einem niedrigeren Ausgangsniveau. Dennoch lag der viertgrößte Exporteur der Welt in Japan nur an 11. Stelle. Zwar konnte der Marktanteil in Japan von 2,5 auf drei Prozent erhöht werden, doch er blieb weiterhin unter dem Weltmarktanteil von sechs Prozent. Andererseits nahmen die Importe aus Japan drastisch zu, sodaß das Außenhandelsdefizit von damals als unakzeptabel bezeichneten sieben Mrd. FF (1981) auf 28 Mrd. FF (1990) stieg. Damit hatte Frankreich mit Japan (nach Deutschland und den USA) das drittgrößte Handelsbilanzdefizit. Es wurde aber teilweise kompensiert durch die positive Dienstleistungsbilanz von elf Mrd. FF (1990). Insgesamt blieb Japan ein „partenaire secondaire", da der Anteil an den französischen Importen bei nur 4,1% und an den Exporten bei nur 1,9% lag.[54]

Die Handelsstruktur blieb ebenfalls ungleichgewichtig. Frankreich verkaufte in erster Linie Konsumgüter (54% seiner Exporte), vor allem Nahrungsmittel, Kleidung, Parfum, Kunstgegenstände und Schmuck, gefolgt von industriellen Zwischenprodukten (23%) und angereichertes Uran. Es importierte vor allem (52%) hochwertige Ausrüstungsgüter und langlebige Konsumgüter. Während sich bei den Konsumgütern und den Zwischenprodukten die Deckungsrate verbesserte, verschlechterte sie sich bei den hochwertigen Ausrüstungsgütern seit 1980 trotz eines gestiegenen Investitionsbedarfs in Japan. Die strukturellen Gründe für diese insgesamt weiterhin negative Entwicklung sind die mangelhafte Qualität des französischen Angebots in den Bereichen Elektronik, Informatik und HiFi etc., sowie die mangelhafte Anpassung des französischen Angebots an die japanische Nachfrage.[55]

Die französische Präsenz in Japan hat noch einen großen Nachholbedarf. Vergleicht man die Summen der in Japan getätigten Investitionen Deutschlands, Großbritanniens und Frankreichs von 1951 bis 1989, so liegt Frankreich mit 227 Mio. Dollar und einem Anteil von 1,5% noch weit hinten (Deutschland: 690 Mio./4,4%; GB: 600 Mio./3,8%). Unter den ersten hundert

---

54 Vgl. Ministère de l'Economie, des Finances et du Budget/ Ministère du Commerce extérieur, Exporter au Japon, Atouts et défis, Rapport au premier ministre, La documentation française, Paris 1991 (zit. Rapport au premier ministre); Rapport „Pour une politique européenne et française face au Japon", a.a.O., S. 129 ff.
55 Vgl. Rapport au premier ministre, a.a.O., S. 21-27.

Gesellschaften in Japan mit mehr als 20% Auslandskapital befanden sich 1990 nur vier französische Firmen (Hennessy Japan, Alkohol, Rang 24; Louis Vuitton Japan, Modeartikel, Rang 34; Chanel, Modeartikel, Rang 64; Tisan, Chemieprodukte, Rang 68).[56] Einerseits hatte sich die Zahl der französischen Unternehmen in Japan im Vergleich zu Beginn der achtziger Jahre fast verdoppelt, andererseits ist die Zahl der in Japan lebenden Franzosen mit 3.000 immer noch sehr gering, verglichen mit den 30.000 in Frankreich lebenden Japanern.[57]

Die japanischen Direktinvestitionen in Frankreich haben in den letzten Jahren parallel zu dem größeren Engagement in Europa zugenommen. So stiegen sie in Europa von einigen hundert Millionen Dollar im Jahre 1980 bis 1989 auf über 14 Mrd. Dollar, wobei sie in Frankreich von ca. 100 Mio. (1984) auf ca. 450 Mio. Dollar (1988) anstiegen. Der Löwenanteil japanischer Direktinvestitionen floß nach Großbritannien (fünf Prozent BIP-Anteil) und in die Niederlande (4,1% BIP-Anteil), während in die anderen EG-Staaten weniger als ein Prozent BIP-Anteil flossen.[58] Die kumulierten japanischen Investitionen in Frankreich waren mit drei Milliarden Dollar mehr als zehnmal so hoch wie umgekehrt, wobei ca. 30% in den verarbeitenden und zwei Drittel in den Dienstleistungssektor flossen. Demgegenüber bevorzugt Frankreich aber wegen der Arbeitsplätze und des Technologietransfers japanische Investitionen im industriellen Bereich.

Die industrielle Kooperation konnte denn auch im Laufe der achtziger Jahre intensiviert werden. 35% der japanischen Investitionen wurden zusammen mit französischen Unternehmen getätigt, bis 1988 gab es 25 Joint Ventures. Die Zahl der industriellen Produktions- und Forschungsstätten erhöhte sich seit 1980 um das Zwölffache, wobei die Forschungskooperation bis 1989 mit nur vier Forschungszentren (davon drei als Joint Ventures) äußerst verhalten verlief.[59] Es ist anzunehmen, daß sich diese Zusammenarbeit weiterentwickelt hat, denn zum einen ist Japan mittlerweile zum drittgrößten Investor in Frankreich aufgestiegen und zum anderen dürfte der am 5. Juni 1991 von Tokio und Paris unterzeichnete Vertrag über wissenschaftliche und technische Kooperation eine wichtige Grundlage geschaffen haben.[60]

---

56 L'Office Franco-Japonais, Commerce extérieur, in: Japon: économie et société, N°. 242, 31 décembre 1990, S. 16-18.
57 L'Office Franco-Japonais, Les Francais au Japon, Bilan 1989-1991, in: Japon: économie et société, N°. 250, 15 novembre 1991, S. 1.
58 Vgl. Damien Neven/ Lars-Hendrik Röller, Japanese Foreign Direct Investment, L'Europe face aux investissements japonais, Colloque ENA-INSEAD, 4/5 avril 1991, hekt. Ms. Im Jahre 1991 flossen 40,8% der japanischen EG-Direktinvestitionen nach Großbritannien, 22,3% in die Niederlande, 12,7% nach Deutschland und 9,3% nach Frankreich. Ministry of Finance, Japan.
59 Vgl. Les investissements japonais en France, in: Problèmes économiques, N°. 2.157, 10 janvier 1990, S. 15-21.
60 Vgl. JETRO, White Paper on Foreign Investment 1992, March 1992, S. 49.

4. Sicherheit

4.1 Japan als französisches Sicherheitsproblem

Japan wurde in Frankreich zu keinem Zeitpunkt als unmittelbare militärische Bedrohung wahrgenommen; gleichwohl fühlte sich Paris durch die japanische Dynamik in Wirtschaft und Technologie bedroht. Gleichzeitig war gerade das japanische Modell anziehend, schien es doch einen Frankreich nicht unsymphatischen ökonomischen Nationalismus zu verkörpern, dessen Logik Robert B. Reich wie folgt beschreibt: „Only a modern economy could create and maintain a modern military; only an economy that was powerful relative to others could ensure the nations security. Education, industrial development and national security were seen as ticely interrelated".[61]

Betrachtet man den 10. Wirtschaftsplan und die beiden jüngsten Parlamentsberichte über die Militärprogrammierung, so wird die anhaltende Geltung dieses aus dem 19. Jahrhundert stammenden Denkansatzes deutlich. Während die Schwerpunkte in der wirtschaftlichen „Planification" insbesondere Modernisierung, Forschung und Wettbewerbsfähigkeit, Effizienzsteigerung des Bildungs- und Ausbildungssystems sowie des öffentlichen Dienstes hießen,[62] wurde in der militärischen „Programmation" die Verbindung zwischen militärischer und wirtschaftlicher Stärke beschrieben. Nur beide zusammen sicherten die nationale Unabhängigkeit.[63] Zudem wird auf den „unbestreitbar dualen Charakter" der militärischen und zivilen Forschung hingewiesen und auf Japan als Beispiel einer neuen Wirtschaftsmacht, welche die Möglichkeit unter Beweis gestellt habe, auf der Grundlage einer Spitzentechnologie eine wirtschaftlich beherrschende Stellung zu entwickeln, welche später zu politischer und militärischer Einflußnahme befähige.[64]

Wenn man die Entwicklung der französischen Konkurrenzfähigkeit in den acht Hochtechnologiebereichen (Mikroelektronik, Computer, Luft- und Raumfahrt, Telekommunikation, Werkzeugmaschinen und Robotik, wissenschaftliche und Präzisionsgeräte, Medizin- und Biotechnik, organische Chemikalien) betrachtet, werden die vielfach geäußerten Sorgen verständlich. War Frankreich 1980 noch in fünf Gruppen unter den ersten fünf Exporteu-

---

61 Norbert B. Reich, The Work of Nations, New York 1992, S. 30.
62 Vgl. Henrik Uterwedde, Der 10. Plan (1989-1992): im Zeichen des Binnenmarktes, in: Dokumente, Heft 6, 1989, S. 493-494.
63 Rapport fait au nom de la commission de la défense nationale et des forces armées sur le projet de loi de programmation (n° 733) relatif à l'equipement militaire pour les années 1990-1993 par M. Jean-Michel Boucheron, Assemblée nationale, n° 897, 1989, S. 128 ff.
64 Vgl. Rapport fait au nom de la commission de la défense nationale et des forces armée sur le projet de loi de programmation (n° 2877) relatif à l'équipement militaire et aux effectifs de la défense pour les années 1992-1994 par M. Jean Michel Boucheron, Assemblée nationale, N° 2935, 1992, S. 536-540.

ren vertreten, so 1989 nur noch in vier, und zwar mit fallender Tendenz (organische Chemie 3. Rang, Luft- und Raumfahrt 4. Rang, Medizin- und Biotechnologie 5. Rang, wissenschaftliche und Präzisionsgeräte 5. Rang). Demgegenüber gelang Japan, das 1980 in nur vier Gruppen auf unteren Rängen vertreten war, bis 1989 der Aufstieg in fünf Gruppen, wobei es in drei Gruppen die Spitzenposition errang (Telekommunikation, Werkzeugmaschinen und Robotik sowie im wirtschaftsstrategisch zentralen Bereich der Mikroelektronik).[65]

Doch bei allem Verständnis kann man sich des Eindrucks nicht erwehren, daß die (euro)nationalistischen Kräfte aus Politik, Wirtschaft und Medien um den Aufbau eines neuen Feindbildes bemüht waren, das von eigenen Versäumnissen ablenken, protektionistische Reflexe untermauern und nicht zuletzt eine mobilisierende Funktion haben sollte. Den „Erfolg" dieser Politik belegt das Ergebnis einer im Spätsommer 1991 veröffentlichten Umfrage für die Zeitschrift „Armées d'aujourd'hui". Gefragt nach den bedrohlichsten Staaten anworteten 34% der Befragten mit Japan, das damit weit vor dem Irak (22%), dem Iran (14%) und Algerien (13%) den ersten Rang belegte.[66]

Auch wenn von der Regierung Bérégovoy wieder eine moderatere und kooperativere Japan-Politik geführt wurde, so bleiben die im weiteren Sinne sicherheitspolitischen Sorgen bestehen. Sie stützen sich nicht nur auf die erkannten eigenen Schwächen, sondern auch auf die perzipierten japanischen Absichten. Japans Konzept der „globalen Sicherheitspolitik" definiert sich nach französischer Lesart durch vier Ziele: wirtschaftliche Stärke, Unverwundbarkeit gegenüber Wirtschaftssanktionen, militärische Unabhängigkeit, Isolierung der „Feinde" Japans durch diplomatische, ökonomische und kulturelle Initiativen. Tokio versucht demnach die einfachen Konzepte militärischer Sicherheit zu überwinden, um letztlich die internationalen Informations- und Kommunikationsnetze zu beherrschen und dadurch Krieg undenkbar zu machen.[67] Einerseits erkennt man die pazifistische und antimilitaristische Einstellung der japanischen Gesellschaft. Andererseits wird auf jüngste Entwicklungen in der japanischen Sicherheitspolitik (Verpflichtung zur Sicherung der Seewege in einem Radius von tausend Meilen im Jahre 1981, Vereinbarung mit den USA über Waffentechnologietransfers im Jahre 1983)[68] und auf die erstklassige militärisch-industrielle Basis hingewiesen. Bei aller Ungewißheit über die künftige Entwicklung sei bei der Analyse der Militärpolitik Japans eines klar: „Japan hat eine große Militärtradition und

---

65 Vgl. Paul Kennedy, In Vorbereitung auf das 21. Jahrhundert, Frankfurt/M. 1993, S. 201.
66 Vgl La nation et son armée, in: Armées d'aujourd'hui, N° 163, Septembre 1991, S. 22. Im Januar 1993 rutschte Japan mit 28% wieder auf den 3. Rang. Vgl. Le Monde, 23.1.1993.
67 Vgl. Rapport „Pour une politique européenne et française face au Japon", a.a.O., S. 140-143.
68 Vgl. dazu Hartwig Hummel, Japan: Schleichende Militarisierung oder Friedensmodell? Militärpolitik Dokumentation, Heft 88/89, Frankfurt/M. 1992. Vgl. auch Japan Defense Agency, Defense of Japan 1991.

exzellente Soldaten, erstklassiges Material, eine wettbewerbsfähige militärindustrielle Basis und die vielleicht beste zivil-industrielle Basis der Welt. Und Japan ist weder mit seiner momentanen Rolle noch mit seiner Beteiligung an den Übereinkünften in globalen Sicherheitsfragen zufrieden".[69] Japan wird zwar nicht die Absicht unterstellt, Atommacht werden zu wollen. Die französischen Befürchtungen gehen gleichwohl in eine ähnliche Richtung: Die verstärkte Hinwendung Japans zur Militärelektronik sowie zur Luft- und Raumfahrt könnten es letztlich in die Lage versetzen, „dank eines weltraumgestützen Abwehrschirms die eigene Sicherheit zu garantieren und das atomare Risiko zu überwinden".[70]

4.2 Japan als Sicherheitspartner

Der perzipierten japanischen Strategie der Beherrschung sicherheitsrelevanter Aktionsfelder versucht Frankreich mit einem kooperativen Ansatz der ausgewogenen Interdependenz zu begegnen. Wichtigster Bezugrahmen ist konsequenterweise die EG, denn Frankreich ist trotz seiner territorialen Präsenz wegen der beschränkten nationalen Mittel keine pazifische Macht mehr.[71] Die Gemeinschaft soll durch ihre Verhandlungsmacht nicht nur die gewünschte Reziprozität in den Beziehungen Westeuropas zu Japan herstellen. Darüber hinaus ist sie auch ein wichtiger Akteur für die Gestaltung der Beziehungen zum südostasiatischen Raum, insbesondere zu den ASEAN-Staaten. Dieser ist wegen der prosperierenden Wirtschaft nicht nur ökonomisch interessant. Auch sicherheitspolitisch bahnen sich nach dem Ende des Ost-West-Konflikts Veränderungen an, verlangen doch die durch die weltpolitischen Umwälzungen stärker konturierten regionalen Sicherheitsprobleme sowohl von den Staaten in der Region als auch von den an ihr interessierten Staaten nach neuen Antworten.[72]

Das sicherheitspolitische Interesse Frankreichs an der pazifischen Region wird dokumentiert durch Truppenstationierungen in Polynesien und Neukaledonien. Diese Vornestationierungen sollen seine Souveränität unterstreichen und seine Bürger, Interessen und Nachschublinien sichern. Zu diesen Interessen zählt insbesondere der Schutz der die Inseln umgebenden Wirtschaftszonen und die Sicherung des für die Aufrechterhaltung der nuklearen Abschreckungskapazität unverzichtbaren „Centre d'expérimentation du pacifique" auf dem Mururoa-Atoll.[73] Während letztgenanntes Sicherheitsinteresse mit jeder Verlängerung des von Frankreich initiierten internationalen Moratoriums für Nukleartests abnimmt, gewinnt die wirtschaftliche Nutzung der

---

69 Rapport „Pour une politique européenne et française face au Japon", a.a.O., S. 143.
70 ebenda S. 150.
71 Vgl. dazu Jean Chesneau/Nic Maclellan, La France dans le Pacifique, Paris 1992.
72 Vgl. Leszek Buszynski, ASEAN security dilemmas, in: Survival, N°4, Winter 1992/93, S. 90-107.
73 Vgl. Rapport sur le projet de loi de programmation 1990-1993, a.a.O., S. 334-341.

französischen Territorien im Pazifik an Bedeutung. Japan könnte dabei vor dem Hintergrund seines starken ökonomischen Engagements in der Region eine besondere Rolle spielen. Tourismus auf allen drei Inseln, Nickel-Abbau in Neukaledonien und gemeinsame Ausbeutung der Meeresressourcen in den französischen Wirtschaftszonen bieten entsprechende Anknüpfungspunkte.[74]

Paris geht es darüber hinaus aber auch um die Mitgestaltung der „neuen Weltordnung". Aus französischer Sicht steht Japan im Falle eines amerikanischen Disengagements vor wachsenden Sicherheitsproblemen (China, Nordkorea, Rußland). Obwohl die Allianz mit Washington auf absehbare Zeit das Fundament japanischer und asiatischer Sicherheit bleiben wird, sieht Paris den Augenblick für eine Neugewichtung im Sinne einer „gemeinsamen globalen Partnerschaft" gekommen, die Japan in Sicherheitsfragen eine größere Autonomie erlauben würde.[75] Durch die Stärkung der schwächsten Beziehungen innerhalb der Triade, d.h. derjenigen zwischen Japan und der EG, soll der politische Handlungsspielraum für beide erweitert werden, wobei politische und militärische Kooperation sowie wirtschaftliche und wissenschaftliche Zusammenarbeit als zwei Seiten derselben Medaille angesehen werden. Letztlich geht es Paris um eine bessere Gleichgewichtung innerhalb der Triade: Indem die Gemeinschaft auf allen Gebieten engere Beziehungen zu Japan und zum pazifischen Raum knüpft, wird Japan stärker eingebunden, das Risiko einer eventuell auf Kosten der EG gehenden japanisch-amerikanischen Allianz reduziert, die gemeinsame Außen- und Sicherheitspolitik der EG gestärkt und das amerikanische Gewicht in der Triade relativiert.

Parallel zu den jüngsten Bemühungen um einen intensiveren und strukturierteren wirtschafts- und außenpolitischen Dialog zwischen EG und Japan reaktivierte Paris (und Brüssel)[76] seine Indochinapolitik. Die Übernahme des Ko-Vorsitzes (mit Indonesien) der Pariser Kambodscha-Konferenz von 1991 war ein erster großer Schritt. Dieser erscheint als Fortsetzung der früheren Bemühungen Japans, die Kambodscha-Frage zu regeln.[77] Bemerkenswert ist zudem, daß der Japaner Yasushi Akashi zum Leiter der UNO-Übergangsverwaltung für Kambodscha (UNTAC) bestellt wurde. Der zweite Schritt erfolgte im Februar 1993 mit den Staatsbesuchen Mitterrands in Vietnam und Kambodscha. Die Rückkehr Frankreichs nach Indochina fand in Japan nicht zuletzt mit Blick auf China ein sehr positives Echo.[78] Bereits 1992 hatte Tokio die Hilfe für das von Wirtschaftssanktionen betroffene Vietnam wieder

---

74 Vgl. Rapport „Pour une politique européenne et française face au Japon",a.a.O., S. 149.
75 Vgl. Rapport sur le projet de loi de programmation 1992-1994, a.a.O., S. 139-141.
76 Vgl. Philippe Lemaitre, Retour en Indochine. La Communauté s'interesse de nouveau à l'Asie longtemps oubliée, in: Le Monde, 31.1.1993.
77 Vgl. Le Monde, 24.7.1990.
78 Vgl. Philippe Pons, La visite de M. Mitterrand au Vietnam et au Cambodge „peut contribuer à un nouvel équilibre" regional, in: Le Monde, 16.2.1993.

aufgenommen. Mitterrand kritisierte in Hanoi die amerikanische Embargopolitik und versprach eine Verdoppelung der Wirtschaftshilfe.

Indem Paris an historische Bindungen anknüpfte und sich als westlicher Vorreiter präsentierte, versuchte es zum einen, sich gegenüber den europäischen und amerikanischen Mitkonkurrenten einen ökonomischen Startvorteil zu verschaffen, eine „japanische Übernahme" seines früheren Einflußgebietes zu verhindern und den Grundstein zu legen für die künftige Rolle Vietnams als Sprungbrett Frankreichs in Indochina und Asien.[79] Zum anderen ist Vietnam von geopolitischer Bedeutung. Insbesondere nach der scheinbar abrupten Abkühlung der französisch-chinesischen Beziehungen infolge französischer Waffenlieferungen an Taiwan gilt es neue Freunde zu finden.[80] Das potentiell reiche Vietnam, das devisenreiche Taiwan und die Handels- und Technologiemacht Japan kristallisieren sich als die neuen Adressaten Frankreichs in der Region heraus.

Es ist allerdings noch nicht absehbar, wie die globale Partnerschaft im Sicherheitsbereich konkret gestaltet werden soll. Zu schwach sind noch die gemeinsamen Berührungspunkte, zu groß die strukturellen Hindernisse. Dennoch scheint eine neue Entwicklung eingesetzt zu haben. Japan hat mittlerweile einen Beobachterstatus in der KSZE, die EG ist an der asiatisch-pazifischen Zusammenarbeit im Rahmen der Asian-Pacific Economic Cooperation (APEC) und zusammen mit Japan in der Post-Ministerial-Conference (PMC) der ASEAN-Staaten beteiligt. Die G7 entwickelt sich zu einem Koordinierungsinstrument, das auch im weiteren Sinne sicherheitspolitische Fragen behandelt. Die Stellung Japans in den Sonderorganisationen der UNO ist mit französischer Unterstützung merklich verbessert worden. Dem japanischen Wunsch nach einem ständigen Sitz im UNO-Sicherheitsrat kann Paris hingegen nichts abgewinnen. Frankreich wird folglich darum bemüht bleiben, die Büchse der Pandora einer UN-Reform zumindest solange geschlossen zu halten, wie Japan die verfassungsrechtlichen Voraussetzungen für eine Beteiligung an friedensbewahrenden und -schaffenden Maßnahmen der Weltorganisation nicht geschaffen hat.[81]

5. Schlußfolgerungen

Dem pazifischen Raum gehört ökonomisch die Gegenwart und politisch die Zukunft. Die Sicherheit in der Region wird von der Fähigkeit der Staaten abhängen, flexible und verläßliche Kooperationsmuster zu entwickeln.[82] Aus

---

79 Vgl. William Branigin, Criticizing Embargo, Mitterrand Raises Hope in Hanoi, in: International Herald Tribune, 10.2.1993.
80 Vgl. Francis Deron, La Chine et l'Occident: le temps des frictions, in: Le Monde, 24.12.1992.
81 Vgl. Guy Feaux de la Croix, a.a.O., S. 317f.
82 Vgl. Susanne Feske, ASEAN: Ein Modell für regionale Sicherheit, Baden-Baden 1991.

französischer Sicht kommt Japan dabei eine zentrale Rolle zu. Es ist der Katalysator Asiens.[83] Als global operierende Wirtschaftsmacht sucht es nach dem Ende des Ost-West-Konflikts eine neue politische Rolle.[84] Folglich ist es höchste Zeit, Tokio bei diesem Prozeß gemäß der 1991 entworfenen Japan-Strategie zu begleiten. Ihr Erfolg wird einerseits davon abhängen, inwieweit es Paris gelingt, seine EG-Partner von der Notwendigkeit einer gemeinsamen Japan-Politik zu überzeugen und diese in konkrete Schritte umzusetzen. Andererseits wird es aber auch von der Bereitschaft Westeuropas abhängen, auf das japanische Konzept der „allumfassenden Sicherheit" einzugehen. Für eurozentristische Nostalgie ist künftig ebenso wenig Platz wie für nationalen Provinzialismus. Die anstehenden Probleme des 21. Jahrhunderts verlangen von beiden Seiten neue Antworten. Darum ist die Notwendigkeit eines politischen Dialogs zwischen Europa und Japan ein, so der frühere japanische Ministerpräsident Miyazawa, „Imperativ von immer größerer Dringlichkeit".[85] Dieser Dialog sollte auf der Erkenntnis aufbauen, daß im Informationszeitalter regionale Integration und globale Kooperation zwei Seiten einer Medaille sind, zu deren Glanz allerdings jeder etwas beitragen muß.[86]

---

83 Vgl. Philippe Pons, Tokyo, catalysateur de l'Asie, in: Le Monde, 19.1.1993.
84 Vgl. Yukio Satoh, Le nouveau courant de la diplomatie japonaise. A la recherche d'une identité japonaise au sein de la communauté internationale, in: Politique étrangère, No. 3, 1991, S. 663-670.
85 Entretien avec Kiichi Miyazawa, Du monde en général et du Japon en particulier, in: Politique internationale, dossier spécial: Japon, N°56, été 1992, S. 9.
86 Vgl. Joseph S. Nye/Kurt Biedenkopf/Motoo Shiima, Globale Kooperation nach dem Ende des Kalten Krieges: eine Neueinschätzung des Trilateralismus, Bonn 1992.

Thomas Noetzel

Großbritannien und Japan

Die englisch-japanischen Beziehungen haben seit der Mitte des 19. Jahrhunderts erfolgten Öffnung des fernöstlichen Inselreiches für beide Seiten eine besondere Bedeutung. So orientierte sich die japanische politische Elite der Meiji-Ära ab 1868 bei ihrer Modernisierung der ökonomischen und politischen Strukturen des Landes deutlich an Großbritannien.[1] Der vor allem England zugeschriebene imperialistische Penetrationsversuch, wie er etwa in den sog. „unequal treaties" Gestalt annahm, konnte diese japanische Ausrichtung nur kurzfristig stören. Zumal Großbritannien nicht nur 1894 seine Verhältnis zu Japan auf das Fundament gleichberechtigter Beziehungen stellte, sondern dem japanischen Ausgreifen gegenüber China – im Gegensatz zu Frankreich, Deutschland und Rußland – freundlich gegenüberstand. Ausdruck fand diese gegenseitig wahrgenommene Nähe schließlich im britisch-japanischen Allianzvertrag von 1902, der bis Anfang der zwanziger Jahre bestand und das Strukturmuster der internationalen Beziehungen in Ostasien vorgab.[2] Die Vorteile dieser Partnerschaft lagen für beide Seiten neben der politisch-militärischen Stabilisierung spezifischer Einflußzonen im ökonomischen Bereich. Konnte Japan vom industriellen Know How Britanniens profitieren, so brachte insbesondere das massive japanische Flottenbauprogramm einen Auftragsboom für die Schwerindustrie des Vereinigten Königreiches mit sich.[3]

Erst das politische Auftreten der USA, die in den Washingtoner Verhandlungen zur Festlegung maritimer Rüstungsquoten (1921-1923) ihre pazifischen Interessen definierten, beendete die anglo-japanische Allianz.[4] Es kennzeichnet den Machtverlust Großbritanniens, das es in Südostasien nach dem Ersten Weltkrieg eigenständige außenpolitische Absichten kaum durchsetzen konnte. Mit dem Aufstieg der USA zur pazifischen Ordnungsmacht verloren auch die anglo-japanischen Beziehungen an Bedeutung. Im Zweiten Weltkrieg manifestierte sich deutlich dieser ökonomische, politische und mi-

---

1 Olive Checkland, Britains encounter with Meiji Japan, 1868-1912, Basingstoke 1989
2 Ian H. Nish, The Anglo-Japan Alliance. The Diplomacy of Two Island Empires, 1894-1907, 2. Aufl. London 1985
3 Marie Conte-Helm, Japan and the North East of England. From 1862 to the Present Day, London 1989, 20ff, 79ff
4 Clarence B. Davies, Partners and Rivals. Britain's Imperial Diplomacy Concerning the United States and Japan in China, 1915-1922, New York/ London 1987

litärische Macht- und Bedeutungsverlust.[5] Auch nach 1945 änderte sich an dieser Konstellation zunächst nichts. Japan orientierte sich ökonomisch, politisch und militärisch an den Vereinigten Staaten, die wiederum als japanische Schutzmacht fungierten.

Diese Nachkriegsordnung erhielt ihre Legitimation durch die bipolarisierende Strukturkraft des Ost-West-Konfliktes. Doch verzeichneten die jeweiligen Lager dieser dominanten Konfliktstruktur vielfältige Brüche, Widersprüche, Interessenkonflikte. Insbesondere der ökonomische Niedergang der westlichen Vormacht und das Widererstarken Europas und Japans veränderte die Binnenbeziehungen im „westlichen" Lager nachhaltig. Gerade der ökonomische Erfolg Deutschlands und vor allem Japans wird zum wirtschaftlichen Störfaktor der eingeschliffenen politischen Hierarchien. Die Vorherrschaft des „nordatlantischen Dreiecks" der „special relationships" zwischen den USA, Kanada und Großbritannien wird ersetzt durch die drei Säulen „EG – USA – Japan"[6]. Mit dem Zusammenbruch des sowjetischen Sozialismus erhalten die einzelnen Akteure des neuen, gleichschenkligen Dreiecks größere Handlungsmöglichkeiten. Wobei die realen Handlungschancen vor allem ökonomisch bestimmt sind. Allein durch seinen wirtschaftlichen Erfolg ist Japan zu einer der drei „Säulen" des internationalen Systems nach dem Ost-West-Konflikt geworden. Dieser ökonomische Erfolg hat auch den anglo-japanischen Beziehungen eine neue Qualität verliehen. Mitte der achtziger Jahre blieb die Feststellung des US-Botschafters in Japan, Mike Mansfield, die amerikanisch-japanischen Beziehungen seien die wichtigsten bilateralen Beziehungen der Welt, weder in London noch in Tokyo unwidersprochen[7].

Die drei Säulen

Die Außenpolitik Japans ist am Ende des 20. Jahrhunderts durch den Versuch bestimmt, eine politische Rolle im neuen Weltgefüge zu finden. Beispielhaft beschreibt der japanische Botschafter in London, Kazuo Chiba, das Ende der „Ordnung von Jalta": „Japan is now emerging, together with Europe and the United States, as one of the three pillars of the Free World. What is the Free World? What are the, I will say Unfree but Other Worlds doing at this time?

---

5   R. John Pritchard, Far Eastern Influences upon British Strategy Towards the Great Powers, 1937-1939, New York/ London 1987; Kyozo Sato, Japan and Britain at the Crossroads, 1939-1941 – A study in the dilemmas of Japanese diplomacy, Tokyo 1986; John J. Sbrega, Anglo-American Relations and Colonialism in East Asia, 1941-1945, New York/London 1983
6   Gustav Schmidt, Vom Nordatlantischen Dreieck: Großbritannien – USA – Kanada zum Trilateralismus: EG – USA – Japan. Der Strukturwandel der westlichen Welt und die politische Gestaltung der Dreiecksbeziehungen im Überblick, in: Geschichte und Gegenwart, 1988, Heft 7, Nr. 1, S. 3-39
7   Für die britische Kritik: Hugh Cortazzi, A Former British Ambassador Speaks Out, in: Japan Quarterly (Japan), 1986, Jg. 33, Nr. 2, S. 196-201. Cortazzi war von 1980 bis 1984 britischer Botschafter in Japan.

Very bluntly, they are all sorting themselves out. We are all sorting ourselves out, because the order which was established after the end of the Second World War has come to a great turning point. ... All of these changes, all of these challenges for the 1990s bring us to Japan, which suddenly is being propelled blinking into the light out of the warm, nice, dark corner in which she had been sitting and growing slowly but steadily fat and big in the past 40 years. Japan, whether she likes it or not, will have to behave like a great power."[8]

Fundiert wird die neue Ordnung der „drei Säulen" in dieser Wahrnehmung vornehmlich durch ihre ökonomische Potenz. Die USA, die EG und Japan (plus der sog. „newly industrialised countries" Südkorea, Singapur, Hongkong, Taiwan) wickeln rund die Hälfte des gesamten Welthandels ab und finanzieren zu einem großen Teil internationale Organisationen, von der UNO und ihren Unterorganisationen bis zur Weltbank, wobei der japanische Anteil an der Finanzierung der UNO 1986 mit 12,2% fast den Beitrag der USA (14%) erreichte und über dem Beitrag der UdSSR (10,4%), der Bundesrepublik Deutschland (9,8%), Frankreichs (7,6%) und Großbritanniens (5,4%) lag.

Daß Japan 45 Jahre nach Ende des Zweiten Weltkriegs zum zweitgrößten Finanzier der UNO geworden ist, verweist nachdrücklich auf seinen (export-)wirtschaftlichen Erfolg. Der gerade in den siebziger und achtziger Jahren zu beobachtende Siegeszug japanischer Güter auf dem Weltmarkt korrespondiert dabei mit einer tiefreichenden Veränderung der industriellen Kernstruktur Japans. Erinnert sei in diesem Zusammenhang daran, daß die ersten Exporterfolge Japans in den späten fünfziger und in den sechziger Jahren durch billige Textilwaren und durch vom Westen kopierte, qualitativ eher mangelhafte Konsumgüter erzielt wurden.[9] Absatzmärkte waren vor allem Südostasien und Lateinamerika. Diese Billigwaren konnten sich auf den Märkten hochindustrialisierter Volkswirtschaften kaum durchsetzen.

Noch 1970 erzielte Japan im Handel mit Großbritannien ein Defizit von 14 Millionen £. Allerdings wurde schon 1971 aus diesem Defizit ein Überschuß, der zwischen 1971 und 1990 von 44 Millionen £ auf 4,2 Mrd. £ stieg. Im Durchschnitt vergrößerte sich der Wert der nach Großbritannien importierten japanischen Waren in diesem Zeitraum jährlich um 23,9%; sie stiegen von 134 Millionen £ (1970) auf 6,762 Mrd. £ (1990). Im selben Zeitraum stiegen die britischen Exporte nach Japan von 148 Millionen £ (1970) auf

---

8   Kazuo Chiba, Japan's Role in Europe and the World, An Adress given to the UK Pension Fund Seminar, 17. 10. 1989, in: Ders., Japan's changing role in the world: Looking towards the 21st century. Speeches by H. E. Kazuo Chiba, Ambassador of Japan to the Court of St James's March 1988-January 1991, London 1991, S. 1
9   Diese Produktionsausrichtung korrspondierte mit entsprechenden Auslandsinvestitionen. Eine gute Übersicht über die Veränderungen in: Economist, 09/07/1983, S. 17ff

2,631 Mrd. £ (1990); das ist eine durchschnittliche Zunahme um 16,2%.[10] Japanische Exporte nach Großbritannien steigen also beträchtlich schneller als britische Ausfuhren nach Japan. Eine Umkehrung dieses Trends ist nicht in Sicht.

Besondere Dramatik erhält diese Entwicklung dadurch, daß Japan mit solchen Gütern Exporterfolge feiert, die zu den industriellen Kernprodukten der hochindustrialisierten, westlichen Volkswirtschaften gehören. So machten 1990 Kraftfahrzeuge und Kraftfahrzeugteile, Telekommunikation und Audiotechnik, Büromaschinen und Datenverarbeitungsanlagen, andere elektrische/elektronische Maschinen, verschiedene Konsumgüter wie Tonbänder, Spielwaren, Sportartikel etc., Optische Geräte, Industrielle Anlagen, Spezieller Anlagenbau, Maschinen zur Energieerzeugung und Werkzeugmaschinen für die metallverarbeitende Industrie 85% der japanischen Exporte nach Großbritannien aus. Allein Kraftfahrzeuge und Kraftfahrzeugteile erreichten mit einem Volumen von 1,47 Mrd. £ einen Anteil am Gesamtexport von 21,7%. Demgegenüber exportierte England im selben Jahr für 237 Mill. £ Kraftfahrzeuge nach Japan; das waren 9% des gesamten britischen Exports dorthin.[11] Diese Handelsbilanzstruktur zwischen Japan und Großbritannien ist typisch für die Handelsströme zwischen allen westlichen Industriestaaten und Japan. Typisch sind dann auch die ökonomischen und politischen Probleme, die mit diesem Siegeszug japanischer Technologie verbunden sind.

Probleme des japanischen Erfolgs

Für die westlichen Volkswirtschaften stellen die japanischen Exporterfolge ein doppeltes ökonomisches Problem dar. In zentralen industriellen Bereichen gelingen den EG-Staaten und den USA keine eigenen Exporte auch nur im annähernden Umfang der Einfuhren aus Japan, darüberhinaus verlieren sie auf ihren Binnenmärkten erhebliche Marktanteile an die japanische Konkurrenz. Zwar verringert sich rechnemäßig die Überlegenheit der japanischen Position, wenn man die „sichtbaren" Handelsbilanzen um den sog. „unsichtbaren Handel" von Dienstleistungen, Transferzahlungen, Tourismus usw. erweitert, aber auch diese Relativierung des japanischen Handelsguthabens ändert nichts an der überlegenen industriellen Position und drückt sich in den Zahlungsbilanzdefiziten der USA und der EG gegenüber Japan aus.

Die westlichen Volkswirtschaften haben auf diese Exportoffensive unterschiedlich reagiert. Während etwa Frankreich und Italien vielfältige Zoll-

---

10 John H. Dunning, Japanese Participation in British Industry, London 1986; Nick Oliver/ Barry Wilkinson, The Japanization of British Industry, London 1988; Peter Dicken, Japanese industrial investment in the UK, in: Geography, Vol. 76, Nr. 326, Januar 1990, S. 351-354; The Japanese Economic Institute, Britain and Japan 1991. An Economic Briefing, London 1991, S. 4
11 Ebd., S.3; eigene Berechnungen

schranken, nicht-tarifliche Einfuhrschranken, sonstige administrative Beschränkungen gegen japanische Waren errichtet haben, insbesondere gegen die Einfuhr elektronischer Konsumgüter und Kraftfahrzeuge vorgehen und dafür auch die Unterstützung der EG gefunden haben, hat Großbritannien – vor allem in der Ära Thatcher – freihandelspolitisch „liberal" reagiert.[12] In den Vereinigten Staaten wiederum ist die Frage des japanischen Handelsbilanzüberschusses in einen politischen Rahmen gestellt worden, der weit über engere ökonomische Fragen hinausgeht. Im folgenden soll die britische Antwort auf das japanische „Wirtschaftswunder" mit der amerikanischen Reaktion kontrastiert werden, um so zur Beschreibung zweier möglicher Wege der zukünftigen internationalen ökonomischen und politischen Verflechtung zu gelangen.

Das Kalifornien Europas

Schon während der ersten Phase der japanischen Exportoffensive in den sechziger Jahren prägte sich ein Muster heraus, wonach japanische Firmen und Banken gerade in solchen Ländern Direktinvestitionen vornahmen, die sie schon erfolgreich mit ihren Exportwaren penetriert hatten. Bis Ende 1990 betrugen die japanischen Direktinvestitionen in Nordamerika (USA, Kanada) 122,315 Mrd. US$ (43,4% am gesamten Investitionsvolumen), in Europa 51,593 Mrd. US$ (18,3 %), in Asien 44,019 Mrd. US$ (15,6%), in Lateinamerika 38,748 Mrd. US$ (13,7%), in Ozeanien 15,843 Mrd US$ (5,6%), in Afrika 5,631 Mrd. US$ (2%), dem Mittleren Osten 3,425 Mrd. US$ (1,2%)[13].

Dabei gibt es spezifische Verbindungen zwischen Regionen sowie Formen und Zielen der Direktinvestitionen. So stehen bei Direktinvestitionen in Ozeanien und Lateinamerika Investitionen im Dienstleistungsbereich, im Finanzierungs- und Versicherungswesen und in Immobilien im Vordergrund. Die japanische Industrie schafft hier offensichtlich die weiteren infrastukurellen Voraussetzungen für dann folgende Investitionen im Sektor industrieller Produktion. Während in den schon infrastrukturell erschlossenen Regionen Direktinvestitionen im produzierenden Gewerbe größeren Raum einnehmen.

Gleichwohl muß festgestellt werden, daß der Hauptteil der japanischen Investitionen in Europa im Bereich Finanzdienstleistungen und Versicherungen stattfindet, während ca. 20% in industrielle Produktion fließen. Dieser Anteil liegt für Direktinvestitionen in die USA bei knapp 30% und bei Investitionen in den asiatischen Raum bei knapp 40%. Die japanischen Unter-

---

12 Obwohl auch Thatcher zuweilen aus innenpolitischen Gründen ungeachtet aller freihandelspolitischen Semantik den Schutz des „managed trade" der EG gesucht hat: David Allen, British Foreign Poicy and West European Co-operation, in: Peter Byrd (Ed.), British Foreign Policy under Thatcher, Deddington 1988, S. 49
13 Britain and Japan 1991, S. 13; eigene Berechnungen

nehmen nutzen also konsequent Lohnkosten- und andere Standortvorteile, wenn es um Produktionsentscheidungen geht. Demgegenüber ist Europa vor allem mit seinem tertiären Sektor interessant. Trotzdem werden die Investitionen im produzierenden Gewerbe noch lange Zeit für die Wachstumsstruktur, den Arbeitsmarkt, Einnahmen der öffentlichen Hand wichtig bleiben. Blickt man nur auf diese industriellen Direktinvestitionen, dann ergibt sich folgende Rangliste der 10 wichtigsten Empfängerländer.

Tabelle 1: Empfängerländer japanischer Direktinvestitionen im produzierenden Gewerbe, Finanzjahr 1989[14]

Land	Summe/US$mill.	% der gesamten Inv.
USA	8,874	54,5
England	1,174	7,2
Thailand	789	4,8
Kanada	712	4,4
Singapur	678	4,2
Niederlande	572	3,5
Deutschland	530	3,3
Malaysia	471	2,9
Frankreich	305	1,9
Taiwan	302	1,9

Deutlich wird hier nicht nur die immer noch herausgehobene Stellung der japanisch-(us)amerikanischen Wirtschaftsbeziehungen. Europa spielt demgegenüber eine geringere Rolle; Osteuropa taucht – mit der Ausnahme Polens und Ungarns[15] – nicht auf. Allerdings steigen die japanischen Direktinvestitionen in Länder der EG seit 1985 stärker als der Kapitalexport in die Vereinigten Staaten.

Deutlich lassen sich an der Streuung der Direktinvestitionen auch handelspolitische Implikationen herauslesen. Es ist wohl kein Zufall, daß mit Frankreich und Italien genau jene zwei Staaten bei den japanischen Auslandsinvestitionen relativ weit zurückfallen, die ihre Binnenmärkte gegen die fernöstliche Konkurrenz vehement abschirmen und strenge Importquoten für japanische KFZ eingeführt haben (Frankreich 3% der heimischen Produktion/Jahr; Italien sogar nur 1%). Es paßt in dieses Bild, daß demgegenüber Großbritannien den Hauptteil der nach Europa fließenden japanischen Investitionen erhält. Wobei allerdings festgestellt werden muß, daß Direktinvestitionen der Vereinigten Staaten nach Großbritannien immer noch über den japanischen liegen. Bis 1990 betrugen japanische Direktinvestitionen nach Eu-

---

14 Ebd.
15 Bisher hat Japan in Ungarn und Polen ca. 2 Mrd. US$ investiert. Insgesamt profitieren die hochentwickelten Volkswirtschaften: Regional Development in Europe: The Japanese Factor. Summary of a conference by the Anglo-Japanese Economic Institute, Edinburgh, 13/03/1992

ropa nur 25% der amerikanischen.[16] Gleichwohl wird Japan für das Vereinigte Königreich immer wichtiger.

Tabelle 2: Japanische Direktinvestitionen in EG-Europa, 1951-1990, US$mill.[17]

Großbritannien	18.402
Niederlande	11.749
Luxemburg	5.481
Deutschland	4.016
Frankreich	3.617
Spanien	1.664
Belgien	1.468
Italien	0.798
Irland	0.600
Portugal	0.160
Griechenland	0.096
Dänemark	0.050

Japan ist am Ende des 20. Jahrhunderts der größte (Netto)Kapitalexporteur der Welt.[18] Wobei die erheblichen Steigerungsraten der Auslandsinvestitionen seit Anfang der achtziger Jahre paradoxerweise die exportwirtschaftlich prekäre Lage Japans deutlich machen. So unterliegt die Einfuhr japanischer Waren in den USA und Europa häufig bestimmten Quotenregelungen, Zoll- und anderen Diskriminierungen. Für die EG gilt etwa eine Beschränkung des Kraftfahrzeugimports aus Japan, der bis 1998 bis auf 17% der EG-Automobilproduktion steigen darf.

Für Japan stellen Direktinvestitionen ein Instrument dar, um solchen protektionistischen Behinderungen des japanischen Exports zu entgehen. Ein Großteil der eigentlichen Exportproduktion wird in die jeweiligen Zielregionen verlegt und als „lokale" Produktion deklariert. Ein Kraftfahrzeug gilt beispielsweise dann als EG-Erzeugnis, wenn mindestens 60% der Teile aus EG-Staaten stammen. Nach anfänglichen Schwierigkeiten erreicht die japanische Automobilproduktion in Großbritannien jetzt einen Anteil an „local parts" von ca. 80%. Direktinvestitionen sind ein Instrument, um einen Teil der japanischen Industrieproduktion ins Ausland zu verlagern. Und diese Verlagerung wird auch die Zukunft der ökonomischen Verflechtungen bestimmen. Zwischen 1985 und 1990 nahmen die Direktinvestitionen nach EG-Europa um jährlich 167,3% zu (in die USA im gleichen Zeitraum um 157,7%).

Hinzu kommt, daß die japanische Industrie ihre heimischen Kostenvorteile zu verlieren beginnt. Die Lohnstückkosten steigen und das exorbitante

---

16 Stephen Thomsen/ Phedon Nicolaides, The Evolution of Japanese Direct Investment in Europe, London 1991, S. 175; Geoffrey Bownas, Japan and the New Europe, London 1991
17 Britain and Japan 1991, S. 15
18 Rikizo Komaki, Japan's net overseas assets, in: Asian Finance, Juni 1985, S. 23-25

Preisniveau für Grund und Boden macht neue Fabrikansiedlungen in Japan unverhältnismäßig teuer. Darüberhinaus wird durch den industriellen Strukturwandel zu „leichten" halbleiterbasierten Produktionsformen und Produkten Industrieansiedlung mobil. Schon jetzt beginnen einige japanische Automobilhersteller, aus ausländischen Produktionsorten bestimmte KFZ-Typen nach Japan zu exportieren[19].

Mit einer solchen Verlagerung der Produktion auf die Auslandsmärkte begann die japanische Industrie Anfang der siebziger Jahre im nordamerikanischen Kalifornien; Großbritannien soll nun für Japan das „Kalifornien Europas" werden[20]. Für Großbritannien als Industriestandort spricht in der japanischen Wahrnehmung neben der Funktion der englischen Sprache als *lingua franca*, die auch den Zugang zu anderen europäischen Regionalmärkten gestattet, ein mäßiges Lohnniveau, eine gut ausgebildete Facharbeiterschaft und „billige" Randbelegschaften, durch den Thatcherismus disziplinierte Gewerkschaften und eine gute infrastrukturelle Anbindung an Kontinentaleuropa. Der wichtigste Faktor ist aber die EG-Mitgliedschaft des Vereinigten Königreichs. Letztlich ist Großbritannien als Industriestandort interessant, weil es zum größten Binnenmarkt der Welt gehört.[21]

Exkurs I: Samurai und Gentleman

Neben diesen ökonomischen Überlegungen existiert aber eine kulturelle Affinität zwischen der japanischen und der britischen Gesellschaft, die solche politischen und wirtschaftlichen Entscheidungen über Investitionen und Industrieansiedlungen grundiert. Daß Samuel Smiles' Bestseller „Self Help" (London 1859), welcher zur Mitte des 19. Jahrhunderts Biographien der „großen" Erfinder- und Unternehmergestalten der industriellen Revolution beschreibt und als Vorbilder individueller Aufstiegshoffnungen beschwört, im Meiji-Japan in kurzer Zeit eine Million mal verkauft wurde (bei einer Gesamtbevölkerung von 30 Millionen), mag noch mit der Dynamik des sich modernisierenden Japan erklärt werden können. Doch am Ende des 20. Jahrhunderts wiederholt sich dieses Phänomen mit den ins Japanische übersetzten Briefen Lord Chesterfields an seinen Sohn. Chesterfields „Letters to his Son" begleiten die Jahre 1739-1773 und versuchen, dem Sohn die Bedeutung von Individualität und Führungsstärke zu vermitteln, wobei die sozialen und politischen Veränderungen Großbritanniens im 18. Jahrhundert die Reflexionsfolie abgeben.

---

19 Peter Dicken, Japanese Penetration of the European Automobile Industry – The Arrival of Nissan in the United Kingdom, in: TESG – Tijdschrift voor economische en sociale geografie, 1986, Nr. 5, S. 94-107; Nissan exports cars to Japan, Times, 02/08/1991, S. 2
20 Chiba, Japan's changing Role, S. 6
21 Ebd., S. 32: „...Britain in economic term is more part of the EC than nation state to us."

1988 wurde das frisch übersetzte Buch zu einem der japanischen Bestseller des Jahres, in kurzer Zeit konnten 400.000 Exemplare abgesetzt werden. Für Botschafter Chiba erklärt sich dieser Erfolg aus der Übereinstimmung des japanisch-britischen Zivilisationsbegriffes. Es geht um Modernität, Individualität und Führungsstärke in einer Welt, die aus den Fugen zu geraten droht: „Whether Lord Chesterfield's rules for civilised living are better observed in modern Japan than in modern Britain is not an easy question to answer, if only for diplomatic reasons; but my gut reaction is that there is no difference in either country. We are both modern, industrial states of the late 20th century, and even though historically and culturally there is a lot of difference, I think we share the notion of what constitutes civilised life. According to Takeuchi (dem Übersetzer Chesterfields, d. Verf.) ... the loss of this spirit is one of the elements of ‚British decline' ... Maybe it is so written; but I do not think this spirit is lost in this country. Certainly, the esteem and the appreciation for the sayings of Chesterfield are happily alive and well in both Britain and Japan, and I am sure we will be keeping this way."[22]

Nicht nur die japanische Gesellschaft hat sich in den britischen Eliteidealen der „benevolent leadership" und des Gentleman als Verkörperung moderner Ritterlichkeit wiedererkannt. Auch zahlreiche britische Japanbeobachter haben in den dortigen Führungsidealen eine Art fernöstliche „englishness" erkannt. In diesem Zusammenhang kann an die Verehrung Admiral Togos (des, wie es bis heute heißt, „japanischen Nelson") während des russisch-japanischen Kriegs von 1905 genauso erinnert werden, wie an die in England immer wieder artikulierte Fasziniertheit durch die Samurai-Tradition[23].

Beispielhaft soll in diesem Zusammenhang die Japan-Perzeption von Beatrice und Sidney Webb skizziert werden, die mit ihren Veröffentlichungen das englische Japanbild in der britischen Öffentlichkeit von der Jahrhundertwende bis zum Zweiten Weltkrieg nachhaltig prägten. Da wird in einem Reisebericht aus dem Jahr 1898 die „extraordinary energy" der Japaner gelobt, ihre „persistency" und „concentration of purpose": „What has made these wonderful achievements possible is the character of the Japanese people; its extraordinary idealism or mysticism which manifests itself in its all-pervading reverence – reverence for the parent, reverence for the teacher, reverence for the local landed-proprietor, reverence for the official, above all reverence for the Emperor: which is seem in the amazing patriotism and self-sacrifice for Japan; and which is accompanied by a remarkable capacity for

---

22 Ders., Lord Chesterfield – Elegant Tutor to Young Japanese, in: Ders., Japan's changing Role, S. 51. Auch das Buch des Kanadiers G. Kingsley Ward, Mark my Words: Letters of a Businessman to his Son, ist 1989 in Japan zum Bestseller geworden.

23 Zur Produktion dieser Wahrnehmungsweisen Hugh Cortazzi/ Gordon Daniels (Ed.), Britain and Japan 1859-1991. Themes and Personalities, London 1992. Vergleichbar ist etwa die deutsche Rede von den Japanern als den „Preußen" Ostasiens.

deliberate plan, persistent effort and the subordination of the present to the future."[24]

Japan gilt hier als Ideal einer modernen, industriellen Massengesellschaft, welche gleichwohl die allgemeine Dynamik nicht mit sozialen Pathologien erkauft. Immer wieder wird die glückliche Hierarchisierung Nippons beschrieben, die die Elite mit ihrer Führungsethik des *bushido* zu ihrem Recht kommen läßt. Japan wird schließlich zum Vorbild für eine als dekadent wahrgenommene britische Gesellschaft. Mit der Diagnose der eigenen Schwächen verbinden sich dann zahlreiche Prognosen über den zukünftigen Aufstieg Japans zur Weltmacht.

Solche Artikulationen der Erwartung eines „japanischen Jahrhunderts" rufen in Großbritannien auch Gegenstimmen hervor, die die Dynamik Japans als Bedrohung englischer Interessen wahrnehmen und vor „yellow peril" und „japanese imperialism" warnen. In den dreißiger Jahren verändert sich der Perzeptionsrahmen in Richtung umfassender Bedrohungswahrnehmung. Gegen Ende ihres Lebens warnen dann auch die Webbs vor japanischem Rassismus und Expansionismus.

Die Dichotomie von Bewunderung für den japanischen Erfolg, für die hohe gesellschaftliche und politische Stabilität, und Furcht vor japanischem Expansionismus prägt nach wie vor heute den Japan-Diskurs in Großbritanien. Dabei kommt dem britischen Trauma der im Zweiten Weltkrieg erlittenen Niederlage im Fernen Osten besondere Bedeutung zu. Die *Far Eastern Prisoner of War Association* gehört bis heute zu den lautstarken Kritikern einer Öffnung gegenüber Japan. Andererseits gilt Japan als Vorbild; insbesondere die Qualität seiner Eliten scheint sehr viel größer zu sein als die europäischer Gesellschaften. Nicht zufällig propagierte Margaret Thatcher eine „Japanisierung" der britischen Gesellschaft als Heilmittel gegen Dekadenz und Schwäche. In Japan stieg sie mit dieser positiven Bezugnahme zu einer der beliebtesten westlichen Politiker(innen) auf.[25] „Education and Leadership" heißt dann auch eine der neuesten vergleichenden sozialwissenschaftlichen Studien zum Verhältnis von Erziehung und politischem Führungswillen in den Vereinigten Staaten, in Großbritannien und Japan[26]; und der Prince of Wales beschwor den japanischen Unternehmerverband *Keidanren* und das englische Business Leaders Forum, sich im Kampf gegen die ökologischen Katastrophen offen zu den Werten der Samurai zu bekennen: „Somehow we

---

24 Zitiert nach Colin Holmes, Sidney Webb (1859-1947) and Beatrice Webb (1858-1943) and Japan, in: Cortazzi/ Daniels, Britain and Japan, S. 169. Ders./ A. H. Ion, Bushido and the samurai: images in British public opinion, 1894-1914, in: Modern Asian Studies, 14, 1980
25 Smitten Japan breaks gush barrier for Thatcher, Times, 23/08/1991, S. 11
26 Benjamin C. Duke, Education and Leadership for the Twenty-First Century. Japan, America and Britain, London/ New York 1991. Japanische Schüler sind danach besonders mutig, führungsbereit, konsensorientiert (S. 145ff).

have to rediscover as it were, the concept of the knight in search of a life of service and value."[27]

Prozesse und Institutionen

Diese vorsichtige, auf ökonomischer Logik und einer spezifischen gemeinsamen Semantik politischer und wirtschaftlicher Führung fußende Nähe findet ihren Ausdruck in zahlreichen Organisationen und Institutionen, die sich dem Ausbau der britisch-japanischen Beziehungen widmen.

Zu nennen sind hier die traditionsreiche *Japan Society (of London)*, die 1984 gegründete *UK-Japan 2000 Group*, der hochrangige Politiker, Wissenschaftler, ‚elder statesmen‘, Unternehmer angehören und die jährliche Konferenzen zu einschlägigen Themen organisiert und die *British Association of Japanese Studies*, welche den universitären Ausbau von Japan-Studien betreibt. In diesem Zusammenhang fällt dem *Institute For Japanese-European Technology Studies (JETS)* eine wichtige Funktion zu. Aber auch das von Japan ins Leben gerufene *Human Frontiers Program* und das *International Exchange Educational Forum* unterfüttern die britisch-japanischen Beziehungen.[28] Insgesamt überwiegen Institutionen, die sich mit der Erschließung japanischer und britischer Ressourcen an Humankapital beschäftigen. Hierher gehören auch die britisch-japanischen Festivals, Schüler- und Studentenaustauschprogramme und das 1987 erfolgreich abgeschlossene Projekt, einen anglo-japanischen Satelliten zur Messung interstellarer Radioaktivität in den Orbit zu schicken.

Daneben ist auch die Arbeit regionaler Entwicklungsgesellschaften erwähnenswert; erfolgreich hat es die *North of England Development Company* verstanden, den größten Teil der japanischen Firmen zur Ansiedlung in den strukturschwachen Norden/Nordwesten Großbritanniens zu veranlassen.[29]

Zieht man eine Zwischenbilanz der britisch-japanischen Beziehungen, so ist auf der ökonomischen Ebene – ungeachtet des großen englischen Handelsbilanzdefizits – ein beiderseitiger Gewinn festzustellen. Seit Mitte der siebziger Jahre haben sich in Großbritannien ca. 1000 japanische Firmen niedergelassen; insgesamt sind dadurch 50.000 Arbeitsplätze geschaffen worden, und die britische Zulieferindustrie hat insbesondere durch die Japanisierung der britischen KFZ-Produktion hohe Wachstumsraten erzielt. Dabei haben sich Produktivität, Qualität und Termingenauigkeit der britischen Zulieferfirmen erhöht[30]. Gegen Ende des Jahrhunderts wird durch die Niederlas-

---

27 Japanese go green with the prince, Times, 15/11/1990, S. 29
28 Times Higher Educational Supplement, 28/09/1990, S. 4 und 20/03/1992, S. 6
29 Keith Clarke, Japan in Wales, in: Contemporary Review, Jg. 118, Januar 1983, S. 177-181
30 Times, 20/03/1990, S. 6 über Produktivitätsgewinne der britischen Zulieferindustrie

sung japanischer Automobilproduzenten Großbritannien Deutschland als Europas führenden KFZ-Hersteller ablösen.[31]

Japan nutzt die Kostenvorteile der Produktion in Großbritannien; dort etwa liegen die Lohnstückkosten inzwischen unter dem japanischen Binnenniveau.[32] Die Ansiedlung neuer Fabrikationsanlagen findet zumeist in strukturschwachen Regionen statt und wird von der britischen Regierung durch steuerliche Vorteile, Investitonshilfen usw. unterstützt. Darüberhinaus findet die japanische Industrie über die Britisierung ihrer Produktion Zugang zum europäischen Markt.

Doch stellt die Unausgeglichenheit dieser Wirtschaftsbeziehungen ein Problem für die britische Politik dar. Bisher hat das britische *Department of Trade and Industry* zwei Kampagnen *(Opportunity Japan)*[33] zur Steigerung der englischen Ausfuhren nach Japan geführt. Die Erfolge waren aber eher gering. So gelang es bezeichnenderweise vor allem der schottischen Brauerei- und Destillationsindustrie, in Japan Fuß zu fassen. Auch der Kunst- und Antiquitätenhandel floriert. In Zusammenhang mit diesem relativen Scheitern übt die britische Regierung Kritik an den diskriminierenden Handelspraktiken Japans. Für viele Märkte bestehen dort strenge staatliche Regulierungen (insbesondere Nahrungsmittel, Lederwaren, Schuhe); im wichtigen und für britische Banken und Versicherungen potentiell lukrativen Bereich der Finanzdienstleistungen, des Aktienhandels und des Versicherungswesens hat es eine grundlegende Öffnung Japans noch nicht gegeben[34]. Hinzu kommt, daß, in den Augen der britischen Unternehmer, die japanische Regierung zu wenig gegen die spekulativ überhöhten Immobilienpreise unternimmt. Insbesondere genießen auch kleinste Reisplantagen staatlichen Schutz, so daß zusammenhängende Landflächen für Industrieparks etc. kaum neu angelegt werden können. Die Ansiedlung von ausländischen Unternehmen scheitert oft an diesem Kostenfaktor. Darüberhinaus gelingt es der japanischen Regierung nur sehr langsam, die Ausschreibungsregeln der öffentlichen Hand so zu ändern, daß ausländische Firmen sich beteiligen können. Noch 1985 trat

---

31 Japan may push UK to top of European car-makers, Times, 24/03/1990, S. 6
32 Zum Lohnkostenvergleich: The Anglo-Japanese Economic Institute, Britain and Japan. Partners for Prosperity, London 1988, S. 9; Tadaaki Abe, Internationalisation of the Japanese Economic company: the boost to European industry, in: Anglo-Japanese Economic Institute, The Quality of Japanese Investment: How good for Britain, the EC and the North East, Summary Report of the Conference Held on 13 March 1990, Newcastle-upon-Tyne, London 1990, S. 10 weist auf „multi-skilled flexible workforce" als Standortvorteil hin.
33 Dazu: Hugh Cortazzi, Britain and Japan, in: Jounal of Japanese Trade and Industry, November/ Dezember 1983, S. 45ff und Trade figures speak more eloquently than words – An Interview with Sir Sydney Giffard, Britain's Ambassador to Japan, in: Tokyo Report, vol. 30, Nr. 8, August 1985. Giffard beschreibt den Anti-Protektionismus als Axiom britischer Politik.
34 Dazu: Economist, 17/11/1984, S. 81f. und 21/09/1985, S. 20; Banker, Vol. 136, Nr. 723, Mai 1986, S. 7f über ein UK-Japan Agreement zur Öffnung in diesem Bereich, das nicht funktioniert hat. Da Großbritannien aber zunehmend zur Dienstleistungsgesellschaft wird, treffen es Beschränkungen im tertiären Sektor besonders stark.

der Vorsitzende der Nippon Telegraph&Telephone (NTT) aus Protest gegen eine solche Beteiligung ausländischer Firmen zurück.[35] Niederlagen britischer Anbieter bei ökonomisch lukrativen und politisch symbolträchtigen Projekten, wie etwa dem Bau einer Brücke über den Bosporus, massive Immobilienkäufe japanischer Firmen in England und ihr Engagement im britischen Versicherungs- und Rentenwesen (pension funds) belasten darüberhinaus die anglo-japanischen Beziehungen, weil hier öffentlichkeitswirksam über den Ausverkauf Großbritanniens und das Ausgeliefertsein an Unternehmensentscheidungen in Japan geklagt werden kann.

Dabei setzt die Kritik an dem bisher eher geringen Technologietransfer zwischen Japan und Großbritannien die Londoner Regierung unter Handlungsdruck. Das Argument, bei den japanischen Industrieansiedlungen handele es sich um reine Montagearbeiten (sog. „screwdriver production" oder „transplants") ohne langfristigen Know-How-Gewinn für die britische Volkswirtschaft, ist populär und verbindet sich mit Forderungen nach stärkerer Abschottung gegen japanische Produkte[36].

Exkurs II: Konfliktorientierung der USA

Die Vereinigten Staaten stehen in ihren wirtschaftspolitischen Beziehungen zu Japan vor ähnlichen Schwierigkeiten. Sie verzeichnen ein seit Jahren steigendes Zahlungsbilanzdefizit mit Japan, sehen sich in den kernindustriellen Bereichen mit großen japanischen Exporterfolgen konfrontiert und sind in der zukunftsträchtigen Halbleiterproduktion weit zurückgefallen. Auch der Rückfluß japanischer Gewinne in Form von Direktinvestitionen kann protektionistische Stimmen im amerikanischen Diskurs über die Zukunft der Beziehungen zu Japan nicht reduzieren. Dem Versuch, Importe aus Japan zu erschweren, entspricht die Absicht, den japanischen Markt zu öffnen. Seit Ende der siebziger Jahre *(Jones-Report, 1979)* verfolgen die USA das Ziel, die bestehenden Zollschranken, die nicht-tariflichen Einfuhrhindernisse und die Bevorzugung heimischer Anbieter im öffentlichen Sektor in Japan aufzuheben.

Politische Gestalt haben diese Gravamina der Vereinigten Staaten in der *Structural Impediments Initiative (SII)* angenommen. Schon während des Weltwirtschaftsgipfels in Toronto 1988 sahen sich die USA und Japan aufgefordert, ihre bilateralen Wirtschaftsprobleme zu lösen. Als Ergebnis wurde SII ins Leben gerufen, „to identify and solve the structural problems in both

---

35 Economist, 30/03/1985, S. 85
36 Übersicht über die Debatten in: Stephanie Jones, Working for the Japanese: Myths and Realities. British Perceptions, London 1991; Karel Williams, Factories or Warehouses?, London 1991; Japanese sunrise plants ‚nothing but warehouses', in: Times Higher Educational Supplement, 21/02/1992, S. 5; Unions attack ‚alien' style of Japanese companies, Times, 07/09/1991, S. 7

countries that stands as impediments to trade and balance of payments adjustment with the goal of contributing to the reduction of payments imbalances".[37] Zwischen September 1989 und Juni 1990 fanden fünf Plenarsitzungen verschiedener Arbeitsgruppen statt. Ihr Abschlußbericht stellt die amerikanisch-japanischen Wirtschaftsbeziehungen auf eine neue Grundlage.

Die Vereinigten Staaten kritisierten dabei die hohe japanische Sparquote, die Restriktion der öffentlichen Ausgaben, das hohe Preisniveau bei Immobilien und die strengen Baugesetze, die Struktur des Einzelhandels, der kaum große Supermarktketten kennt, das inländische Preisniveau, das für japanische Waren in Japan bis zu 40% höher liegt als für japanische Waren im Ausland (Exportdumping), die marktbeherrschende Rolle der großen japanischen Konzerne *(Keiretsu)* und die Untätigkeit der japanischen Regierung gegenüber diesen Trusts.

Japan beanstandete demgegenüber das nur auf kurzfristigen Gewinn orientierte Investitionsverhalten amerikanischer Firmen, die geringe private Sparrate, die schuldenfinanzierte private Überkonsumtion, das Haushaltsdefizit der öffentlichen Hand, die niedrigen Ausgaben für Forschung und Entwicklung und die Vernachlässigung der betrieblichen und außerbetrieblichen Ausbildung und Bildung in den Vereinigten Staaten.

Beide Seiten verständigten sich schließlich auf eine Erhöhung der Investitionen der japanischen öffentlichen Hand, die Reform des japanischen Einzelhandels und auf eine Reduzierung des Haushaltsdefizits der US-Bundesregierung, Erhöhung der Sparquote und steuerliche Anreize für Investitionen im Bereich Forschung und Entwicklung. Als wichtigstes Ergebnis kann wohl die Institutionalisierung von SII angesehen werden. Eine *SII Working Group* überprüft drei- bzw. zweimal jährlich die Verwirklichung der gesetzten Ziele. 1994 soll eine neue Runde weitere Handelshemmnisse diskutieren.

Die bilaterale Wirtschaftspolitik wird durch SII politisiert und aus der Logik der individuellen ökonomischen Gewinnmaximierung herausgelöst. Analog zu Konzepten einer Regulierung des Ost-West-Konfliktes als gemeinsames Sicherheitsprojekt der Konfliktparteien, kann auch die Wirtschaftspolitik des ausgehenden 20. Jahrhunderts sinnvoll nur kooperativ organisiert werden. Der große Zahlungsbilanzüberschuß ist eben nicht nur für die Defizitstaaten ein Problem, sondern stellt auch für Japan selbst ein Hindernis der weiteren ökonomischen und politischen Entwicklung dar. Denn auf Dauer kann es eine weitere weltwirtschaftliche Durchdringung bei den derzeitigen Ungleichgewichten in der Triade USA-EG-Japan nicht geben. Das wird auch in Japan gesehen *(Maekawa Report, 1985)*.

Doch die Vereinigten Staaten verfolgen auch andere Strategien, um die japanische Exportüberlegenheit zu reduzieren. Insbesondere im Kongreß sind

---

37 The Anglo-Japanese Economic Institute, Structural Impediments Initiative: Opening Doors to Japan, London 1991, S. 10

protektionistische Maßnahmen populär. Der Kongreß hat in seinen *Articles 301* und *„Super" 401* des *US Trade Act* die rechtlichen Bedingungen für „mangaged trade" und „Japan-bashing" geschaffen. Und seit den späten siebziger Jahren übt die US-Regierung erheblichen Druck auf Japan aus, durch ganz unterschiedliche Maßnahmen seine industrielle Investitionskraft zu schwächen. Dazu gehört der Hinweis, Japan müsse mehr für seine Landesverteidigung ausgeben und die Begrenzung seiner Militärausgaben auf unter 1% des BSP aufgeben.[38] Einen „free ride" der japanischen Sicherheitspolitik, die bisher unter dem (atomaren) Schutzschild der USA stand, wird es nicht mehr geben. Darüberhinaus soll sich Japan noch stärker an der Finanzierung internationaler Organisationen beteiligen; auch eine Beteiligung an militärischen Einsätzen der UNO ist gewünscht. Stehen dem (noch) Verfassungsverbote entgegen, so wird Japan (wie im UNO-Einsatz gegen den Irak) zur Finanzierung herangezogen. Daneben existiert ein ständiger Druck, den Yen aufzuwerten, um die japanischen Exporte zu verteuern.[39]

Letztlich zielen beide Strategiemuster, der eher konsensualen SII und der Versuche, direkten Zwang auszuüben, nicht nur auf eine Reduzierung des amerikanischen Zahlungsbilanzdefizits, sondern auch auf eine Beteiligung am japanischen Technologievorsprung. Exportchancen sollen gegen Know-How-Gewinne getauscht werden.[40]

SII und Großbritannien

Die USA haben in den SII-Verhandlungen auch europäische Interessen artikuliert, denn die europäischen Handelspartner Japans tragen ähnliche Beschwerden wie die USA vor, und auch Japans Kritik an den Vereinigten Staaten kann auf die Schwächen vieler EG-Staaten übertragen werden. Das *Anglo-Japanese Economic Institute* sieht in dieser Form der Regulierung die Zukunft weltwirtschaftlicher Organisation: „... SII was overwhelmingly a discussion between Japan and the United States. But the consequences of SII will affect business throughout the world. For by discussing matters in the SII talks that go far beyond the usual topics of trade discrimination, SII began to alter the vocabulary to be used in future discussions where trade differences reflect fundamental distinctions in history, culture and value rather than unfair tariff restrictions imposed, or interpreted differently, by the Mini-

---

38 Erstmals überstieg 1988 der Verteidigungsetat die 1% Grenze: Tsuneo Akaha, Japan's Security Policy after US Hegemony, in: Kathleen Newland (Ed.), The International Relations of Japan, London 1990, S. 160
39 Dazu: US urges Japan to review yen, European, 18-21 Febr. 1993, S. 37
40 Jill Hills, Foreign Policy and Technology: The Japan-US, Japan-Britain and Japan-EEC Technology Agreements, in: Political Studies, Vol. 31, 1983, S. 205-233

stries of different countries. So, SII will affect future business between Britain and the rest of Europe and Japan."⁴¹

Gleichwohl hat sich diese neue Form des wirtschaftspolitischen Diskurses in den europäisch-japanischen Beziehungen noch nicht durchgesetzt. Die EG-Kommission steuert einen eher vorsichtigen protektionistischen Kurs und das *EC-Japan Trade Expansion Committee* ist von umfassenden SII-Regelungen weit entfernt.⁴²

In der EG votiert Großbritannien für eine weitgehende Öffnung gegenüber Japan und für eine nicht-konfrontative Handelspolitik. England gilt in diesem Zusammenhang als „trojan horse" Japans. Wobei die allein aufgrund japanischer Investitonen erstarkte britische Automobilproduktion zum Streitfall geworden ist, wollen doch vor allem Frankreich und Italien eine Anrechnung der in England produzierten japanischen KFZ auf die allgemeine japanische Importquote. Wogegen sich die britische Regierung vehement wehrt; ähnliche Konflikte gibt es im Bereich Telekommunikation/ Freizeitelektronik.⁴³ Ausdruck hat diese „weiche" englische Linie schon zu Beginn der achtziger Jahre in einem *Technology Agreement* gefunden, der die Partizipation Großbritanniens an japanischen Technologievorsprüngen sichern soll. Das Abkommen sieht eine Kooperation in solchen Bereichen vor, in denen auch Japan bestimmte Rückstände aufzuholen hat und dafür Vorsprünge tauschen kann, wie z. B. in der Computerherstellung, bei der Japan als führender Hardware-Produzent auftritt, aber gleichzeitig hinter der internationalen Software-Entwicklung herhinkt. Weitere Bereiche der Zusammenarbeit beziehen sich auf die Telekommunikation und Energietechnologien. Ob diese Kooperation die gewünschten Resultate erzielt hat und die britische Industrie von den japanischen Anstrengungen im Bereich Forschung und Entwicklung profitiert, kann hier nicht untersucht werden⁴⁴. Skespis scheint angebracht zu

---

41   Structural Impediments Initiative, S. 21
42   Vgl. Brussels warns Japan over trade surplus time bomb, European, 18-21. Feb. 1993, S. 33; Paul Kevenhörster, Der fremde Partner verdient mehr Aufmerksamkeit. Japan sieht sich als Teil eines 'gleichschenkligen Dreiecks' zwischen Amerika und Europa, in: FAZ, 12/02/1993, S. 10
43   Britain and France clash on Japanese car export barriers, Times 06/03/1990, S. 23; EC chief set to oppose UK on Japanese car exports, Times, 07/03/1990, S. 25. Damit ergab sich das Problem, daß, gegenüber der Anrechnung von in England produzierten KFZ auf die Importquote, japanische KFZ, die in den USA hergestellt wurden, ungehindert in die EG importiert werden konnten. Mitte 1991 ist dieser Konflikt zugunsten Englands gelöst worden. Eine Anrechnung findet nicht statt, dafür wird die Importquote bis 1998 festgeschrieben: EC deal lets Japanese expand car plants, Times 27/07/1991, S. 2
44   Nach Ian Gow, Raiders Invaders or simply good traders?, in: Accountancy, Vol. 97, Nr. 1111, März 1986, S. 66ff haben japanische Firmen erhebliche Probleme, ihr Engagement in Großbritannien profitabel zu gestalten. Die japanischen Investitionen sind langfristig orientiert; die Firmen planen Verlustjahre ein. Von den 22 untersuchten Firmen lagen im Untersuchungszeitraum bis zu 33% in der Verlustzone. Positiv: Britain still has a great deal to gain from Japanese transplants, Times, 06/05/1991, S. 30. Neben neuen Produktionsformen spielen moderne Managementtechniken eine große Rolle für den japanischen Erfolg: Peter Doyle, Why Japan Out-Markets Britain, in: Management Today, Mai 1985, S. 62-69; Anita van de Vliet, What Japan is teaching Britain, Management Today, April 1986, S. 68-75, 132-134; Malcolm Trevor, Japanese Industrial Knowledge: Can it help British industry? Policy Studies Institute

sein. Doch auch wenn die handelspolitsch liberale Linie der britischen Politik große Modernisierungsgewinne nicht erzielt hat und erst wenig zum Strukturwandel in Großbritannien beitragen konnte, ist sie ohne Alternative. Großbritannien verfügt nicht über ökonomische Handlungsmöglichkeiten, einen härteren Kurs gegenüber Japan durchsetzen zu können. Auch der „managed trade" der EG liegt nicht im britischen Interesse, denn immerhin erhält Großbritannien 40% aller japanischen Direktinvestitionen und kann vom Rückzug in die „Festung Europa" nicht genügend profitieren, weil europäische Partner den Ausfall japanischer Investitionen nicht kompensieren werden.

Ausblick

Bezeichnenderweise werden die anglo-japanischen Beziehungen vor allem durch ökonomische Interessen bestimmt. Andere politische Fragen treten demgegenüber zurück. Da Großbritannien seine globale außenpolitische Handlungsstärke nach 1945 weitgehend verloren hat, sind die Vereinigten Staaten gerade auch im pazifischen Raum die wichtigste Ordnungsmacht. Japans Außenpolitik orientierte sich deshalb vor allem an den Entscheidungen der USA. Allerdings gibt es seit Beginn der siebziger Jahre auch vorsichtige Abgrenzungen, so z. B. in der Politik gegenüber China, in der Japan die amerikanische Annäherung eher skeptisch registriert hat, als auch in der Politik gegenüber Israel und den arabischen Staaten, in der Japan eher pro-arabische Positionen einnimmt.[45] Doch mehr als leichte Irritationen gingen von solchen „Sonderwegen" nicht aus. Ähnlich gering profiliert sind dann auch die anglo-japanischen Beziehungen. Als größter (nicht ökonomisch fundierter) Streitpunkt kann bezeichnenderweise die Walfangpolitik Japans und der Verbrauch tropischer Hölzer gelten.[46]

Report, Aldershot 1985 verweist auf die innovative Funktion von Qualitätszirkeln und Just-In-Time Verfahren; auf überlegene Marketingtechniken weisen Veronica Wong et. al., Japanese Marketing Strategies in the United Kingdom, in: Long Range Planning, Vol. 20, Nr. 6, Dezember 1987, S. 54ff hin. Zur Hoffnung auf Technologiegewinn und der noch recht geringen Basis von japanischer Forschung und Entwicklung in Großbritannien siehe jetzt die erste empirische Studie: Janet Lauchlan, Does UK Plc benefit from Japanese Laboratories in Britain, Institute for Japanese-European Technology Studies (JETS Paper No 7), Edinburgh 1992. Etwa 30 japanische Firmen betreiben danach Forschungsabteilungen in Großbritannien, dabei hält Lauchlan das öffentlich diskutierte Problem des „brain drain" britischen Know-Hows und die „vacuum cleaner" Funktion japanischer Technologiekooperation für gering. Gleichwohl ist ein gewisses Mißtrauen gegen das „Aufsaugen" britischer Fähigkeiten durch japanische Firmen unübersehbar: Times, 17/09/1991, S.2 „Japanese borrow British ingenuity".

45 Dazu: Roy Licklider, Political Power and the Arab Oil Weapon – The Experience of Five Industrial Nations, Berkely/ London 1988, S. 145ff
46 Times 13/01/1990, S. 7; dazu: The Anglo-Japanese Economic Institute, Japan and the Environment, London o. J.

Fungiert Großbritannien ökonomisch als Brückenkopf Japans in Europa, so unterstützt Japan das Vereinigte Königreich in seiner Ostasienpolitik. Die Hongkong-Politik Englands gegenüber China wird dabei allerdings nur soweit gebilligt, wie die friedliche Übernahme der Kolonie durch China 1997 nicht gefährdet wird. Dementsprechend hat die im März 1993 von der britischen Regierung durchgeführte verfassungsmäßige Stärkung demokratischer Mitwirkungsrechte der Bevölkerung Hongkongs in Peking und Tokyo Kritik ausgelöst. Die massive und erzwungene Rückführung von vietnamesischen „boat people" aus der Kronkolonie wird in Japan begrüßt.

Andererseits unterstützt Großbritannien Japans Forderung an Rußland nach Rückgabe von vier Kurilen-Inseln. Wobei Japan ein deutlich distanzierteres Verhältnis zu den Nachfolgestaaten der UdSSR unterhält als Großbritannien. Entsprechend restriktiv wird auch die Vergabe von Krediten an sie gehandhabt.

Ähnlich wie die Vereinigten Staaten fordert auch die britische Regierung Japan auf, sich stärker an internationalen Ordnungsaufgaben – etwa im Rahmen der UNO-Missionen – zu beteiligen. So wurde die in Japan 1992 hart umkämpfte Verfassungsänderung[47], die überhaupt erst die Möglichkeit geschaffen hat, japanische Truppen an überseeischen UN-Aktionen zu beteiligen, von der britischen Regierung begrüßt.

Daß größere anglo-japanische Kooperationen oder Konflikte nicht zu registrieren sind, liegt auch an den (noch) undeutlichen Konturen einer japanischen Außenpolitik, die ihren Status als „global player" bisher nicht in politische Planungen hat einfließen lassen. Bezeichnenderweise argumentiert der japanische Botschafter in London, Kazuo Chiba, vornehmlich mit ökonomischen Kategorien, wenn er die Rolle Japans als globale Macht beschreibt: „If we do not have a strong economy we will really have to worry about security. If we have a strong economy not only will we not have to worry about it but we will be able to provide security for others and right now the Uruguay Round is the most important work at hand. If we cannot achieve something there, then we cannot achieve anything by fine talk of the Three Pillars. ... Security depends on economics and vice versa and in order to go into the 21st Century in good shape we have to start with the economics right now."[48] Folgerichtig wird die japanische Rolle in der Epoche „post Pax-Americana"[49] bei der Organisierung internationaler Hilfe – von der UNO über den IMF, der Weltbank, bis zur globalen Steigerung der Entwicklungshilfemittel der

---

47 Hiroshi Mizuguchi, Japan's Peace-keeping Role: the Battle of the Bill, in: Insight Japan, November 1992, S. 5-8
48 Chiba, Japan's changing Role, S. 17
49 Ebd., S. 37

„Three Pillars" – gesehen.[50] Überlegungen zur militärischen Fundierung dieser neuen Weltordnung treten demgegenüber zurück. Dabei erwartet die japanische Regierung von Großbritannien (und von den USA) die Erhaltung eines globalen Interventionsinstrumentariums und entsprechender politischer Bereitschaft[51]. Aber auch an diesem Punkt werden mögliche Konflikte zwischen den drei „Säulen" kaum antizipiert. So könnte die militärische Handlungsfähigkeit der USA (und Großbritanniens) durch die japanische quasi-Monopolisierung der Mikrochiptechnologie gefährdet werden. Gäbe Japan hier aus politischen Gründen Know-How weiter, wären damit gleichzeitig ökonomische Nachteile verbunden. Eine neue „triadische" Weltordnung, in der Japan seine Rolle als führende Exportnation uneingeschränkt behält oder noch weiter ausbaut, kann es nicht geben. Das verweist aber auf ein weiteres Paradox, das auch die anglo-japanischen Beziehungen bestimmt. Einerseits soll Japan ökonomisch erfolgreich sein und u. a. durch heimische Konjunkturprogramme globale „Anschubfinanzierung" leisten, andererseits soll Japan aber seine ökonomische Überlegenheit abbauen und zur Importnation werden. 1990 hat Japan Waren im Wert von 235 Mrd. US$ eingeführt; seit 1985 ist das ein Anstieg um 84%. Schon jetzt liegt der Import pro Kopf in Japan mit 1.900 US$ nur knapp unter dem pro Kopf-Import der USA (2.050 US$).[52] Doch der Druck auf Japan hält an.

Schon heute ist deutlich, daß sich die westlichen Hoffnungen auf eine Vitalisierung der Weltwirtschaft durch Japan nicht erfüllen. Die binnenwirtschaftliche Rezession, unter der Japan leidet, reduziert auch seine Rolle als Finanzexporteur; 1991 und 1992 gab es erhebliche Einbrüche[53]. Langfristig sprechen insbesondere demographische Trends gegen eine ungeschmälerte Fortsetzung der globalen Investitionen. Am Ende des ersten Drittels des 21. Jahrhunderts wird Japan über die älteste Bevölkerung aller Industriestaaten verfügen und erhebliche Mittel für Alters- und Gesundheitsversorgung aufwenden müssen.[54]

Die japanische Außenpolitik am Ende des 20. Jahrhunderts ist bei allen Mitwirkungsansprüchen, bei der gewünschten Reduzierung der amerikanischen Rolle auf einen „primus inter pares" und dem Ausbau der Beziehungen zur EG, harmonieorientiert. Geht der Konsens verloren, nehmen etwa protektionistische Kurzschlußhandlungen zu[55], so kann Japan in den dann folgen-

---

50 In diesen Bereichen ist es auch schon zu einer engeren anglo-japanischen Zusammenarbeit gekommen, wobei Japan die britischen Beziehungen im Commonwealth, insbesondere in Afrika, zur effektiven Verwendung seiner Entwicklungshilfemittel nutzt.
51 Chiba, Japan's changing Role, S. 35f
52 Economist, 11/01/1992, S. 13
53 Economist, 27/04/1991, S. 34ff
54 Economist, 14/05/1983, S. 88ff und Takashi Inoguchi, Japan's International Relations, London 1991, S.172f
55 Es existiert im Westen eine publizistische und wissenschaftliche Gattung der „Japan Number One"-Apokalypsen, die protektionistische Stimmungen verstärkt.

den Konflikten nicht bestehen (alle anderen verlieren aber auch). Ein regionaler Verbund des „pazifischen Beckens" steckt noch in den Anfängen und kann den möglichen Verlust des europäischen oder amerikanischen Marktes nicht ersetzen.[56] Das japanische Druckmittel besteht im Hinweis auf die Selbstschädigung jener, die die weltwirtschaftliche Durchdringung verkleinern wollen. In dieser paradoxen Mischung aus Stärke und Schwäche, aus globalen Funktionen und Machtdefiziten sind sich Japan und Großbritannien sehr ähnlich. Während die einen allerdings ihren „imperial overstretch" schon hinter sich haben, stehen die anderen noch vor ihm.

---

56 Inoguchi, Japan's International Relations, S. 30

II.

Japan und die weltpolitisch wichtigen Regionen

Ernst-Otto Czempiel

Die Beziehungen zwischen Japan und den Vereinigten Staaten von Nordamerika

Nach einem Wort des früheren amerikanischen Botschafters in Tokio Mansfield sind die amerikanisch-japanischen Beziehungen die „most important bilateral association in the world, bar none".[1] Um diese Verbindung ist es im Jahr 1993 nicht gut bestellt. Zwar sind die amerikanisch-japanischen Beziehungen in der Substanz besser, als sie aussehen; sie können aber in der Zukunft so degenerieren, daß sie erheblich schlechter werden, als sie es heute sind. Man muß daher nach den Ursachen dieser Entwicklung fragen, um Möglichkeiten aufzuzeigen, sie zu verbessern. Die Probleme liegen nicht nur in der wirtschaftlichen Konkurrenz, sie liegen vor allem in der Entwicklung der politischen Konstellation in Asien nach dem Ende des Ost-West-Konflikts, für deren Beherrschung der von den Vereinigten Staaten bisher bevorzugte Bilateralismus nicht mehr ausreicht. Die Clinton-Administration ist offenbar bereit, sich stärker multilateralen Verfahren zu öffnen, die auf zahlreichen Konferenzen des Jahres 1993 erörtert worden sind.

Nach dem Ende des Zweiten Weltkrieges boten sich den USA bilaterale Verfahren gegenüber Japan geradezu an. Von 1945 bis 1952 waren sie die Besatzungsmacht in Japan, das ihnen während des Weltkrieges als einziger asiatischer Gegner gegenübergestanden hatte. Japan vertrug nicht nur, es verlangte geradezu eine singularisierte Beziehung zu den USA. Im Sicherheitsvertrag von 1951 vertraute Japan seinen Außenschutz geradezu vollständig den Vereinigten Staaten an, die dafür Militärbasen und Zugangsrechte in Japan erhielten. Die Revision von 1960 paßte den Vertrag den veränderten Bedingungen an, behielt aber seine Grundstruktur bei. Japan blieb bis zur Mitte beziehungsweise dem Ende der achtziger Jahre „im Schatten des Siegers".[2]

Derart von der Sicherheits- wie der Außenpolitik entlastet, wandte sich Japan nach der Phase des wirtschaftlichen Wiederaufbaus der Verstärkung der ökonomischen Macht und der Entfaltung der Außenwirtschaftspolitik zu. 1957 erschien das erste Weißbuch, mit dem sich Japan auf eine Politik der Steigerung des Lebensstandards und der Entwicklung wirtschaftlicher Stärke

---

1 Mike Mansfield: The U.S. and Japan: Sharing our Destinies, in: Foreign Affairs 68, 2, Frühjahr 1989, S. 15.
2 Vgl. den Titel der von Ulrich Menzel herausgegebenen vier Bände: Im Schatten des Siegers: Japan. Frankfurt 1989.

festlegte.³ Diese – nach dem ersten gewählten Nachkriegs-Ministerpräsidenten benannte – Yoshida-Doktrin bestimmte jahrelang die politische Orientierung des Landes. 1964 in die OECD aufgenommen, blieb Japan dennoch vorwiegend auf den südostasiatischen Raum konzentriert.

Erst die Ölkrise von 1973 konfrontierte Japan mit den globalen Perspektiven seiner Bedürfnisse. Da die vorwiegend amerikanischen Ölmultis sich hauptsächlich um die Energieversorgung der Vereinigten Staaten und Westeuropas kümmerten, kamen sich die Japaner erstmals von ihrem großen Alliierten verlassen vor. Das Gefühl verstärkte sich, als nach 1975 die USA aus Indochina und damit auch aus Ostasien abzogen. Zwar blieb der Schutz Japans erhalten; doch hatte die Nixon-Doktrin auch Japan darauf aufmerksam gemacht, daß sich das Engagement der Vereinigten Staaten zurückzubilden begann. Die Diskussion unter Carter über einen möglichen Rückzug aus Südkorea belebte die Furcht.

Der sowjetische Einmarsch in Afghanistan belehrte Japan, das die sowjetische Bedrohung zuvor stets relativ gering veranschlagt hatte, über die Notwendigkeit eines stärkeren eigenen Beitrags. Von Präsident Reagan getrieben und vom japanischen Ministerpräsidenten Nakasone geführt, stockte Japan in den achtziger Jahren sein Verteidigungsbudget knapp über die traumatische Grenze von 1% des Bruttosozialproduktes auf; es übernahm auch den Schutz des Landes in einem Umkreis von 1000 Seemeilen. Die Harmonie währte allerdings nicht lange. Mit dem Amtsantritt Gorbatschows 1985 und dem beginnenden Wandel der amerikanisch-sowjetischen Beziehungen von der Konfrontation hin zur Entspannung, wuchs in Japan erneut die Sorge über die Verläßlichkeit des amerikanischen Schutzes. Tokio fürchtete, daß seine Interessen an der Rückgewinnung der Südlichen Kurilen der allgemeinen Entspannung zum Opfer fallen könnte, und versteifte seine Sowjetunionpolitik.

Als nunmehr schon bedeutender Beiträger zur eigenen Sicherheit, begann Japan aus dem „Schatten des Siegers" herauszutreten und seinen Eigenwert stärker zu betonen. Gleichzeitig trat in den achtziger Jahren seine Wirtschaftsmacht deutlich zutage: Es war in dieser Periode, daß Japan seinen Überschuß im Amerikahandel deutlich vergrößerte und auch als Finanzier des amerikanischen Haushaltsdefizits auftrat, das durch Reagans Steuer- und Rüstungspolitik geradezu dramatisch vergrößert worden war.

Eine Neuordnung wurde unerläßlich, nachdem mit dem Ende des Ost-West-Konfliktes seit 1989 die Beziehungsfigur und mit dem Untergang der Sowjetunion 1991 auch die Machtfigur Asien grundlegend verändert worden

---

3 Reinhard Drifte: Japan's Foreign Policy, London 1990, S. 8.

war.[4] Zunächst verlor der Sachbereich der militärischen Sicherheit an Bedeutung. Das Ende der sowjetischen Bedrohung verminderte die Relevanz des amerikanischen Schutzes für Japan. Seine Abhängigkeit von Washington verringerte sich. Die gleichzeitige Zunahme der Bedeutung des Sachbereichs der wirtschaftlichen Wohlfahrt steigerte die politische Macht Japans erheblich. Zur größten Finanzmacht der Welt aufgestiegen, konnte Japan im Sachbereich der wirtschaftlichen Wohlfahrt eine ganz andere Stellung reklamieren als in dem der militärischen Sicherheit.

Davon wurden die amerikanisch-japanischen Beziehungen unmittelbar betroffen. Sie konnten bilateral bleiben, mußten aber die veränderten Machtfiguren reflektieren. Gegenüber Europa, das von der Ökonomisierung und Regionalisierung der Weltpolitik gleichfalls zu profitieren begann, hatten die Vereinigten Staaten die Wende mit der Atlantischen Erklärung vom November 1991 schon vollzogen. Präsident Bush hatte zuvor der Bundesrepublik Deutschland „partnership in leadership" angeboten, um den größten Profiteur des Konfliktendes unter den veränderten weltpolitischen Bedingungen erneut einzubinden. Diese Aufgabe wurde den USA in Europa dadurch erleichtert, daß in Gestalt der NATO eine multilaterale Militärallianz zur Verfügung stand, die den amerikanischen Einfluß transportieren und kanalisieren konnte; daß in der Europäischen Wirtschaftsgemeinschaft, in den sich ausbildenden Wirtschafts- und Währungsunionen (Maastricht) und schließlich sogar in der alten Westeuropäischen Union europäische Institutionen zur Verfügung standen, die den Bedeutungsanstieg der Bundesrepublik – vor allem nach der Wiedervereinigung – auffangen und einhegen konnten.

Unter den gänzlich anderen Konstellationen in Asien, wo es weder internationale Organisationen noch Militärallianzen gab, mußten die Vereinigten Staaten diese Anpassungsaufgabe bilateral mit Japan lösen. Dazu sollte die Tokio-Deklaration dienen.

Die Tokio-Deklaration

Sie wurde von der Rede Außenminister James Baker am 11. November 1991 vorbereitet.[5] Weil das Rahmen- und Rankenwerk der Militärallianz fehlte, trat in der Tokio-Deklaration sehr viel deutlicher als in dem atlantischen Pendant zutage, daß die Vereinigten Staaten auf die eingetretenen Veränderungen nicht mit einer grundlegenden Änderung, sondern nur mit einer verbalen Anpassung ihrer bisherigen Politik reagieren wollten. Die Tokio-De-

---

4 Zu den weltpolitischen Veränderungen, die das Ende des Kalten Krieges heraufgeführt hat, vgl. Ernst-Otto Czempiel: Weltpolitik im Umbruch. Das internationale System nach dem Ende des Ost-West-Konflikts, München 1993 (2).

5 Eine quasi schriftliche Version der Rede bietet James A. Baker, III: Amerika in Asia: Emerging Architecure for a Pacific Community, in: Foreign Affairs 70, 5, Winter 1991/92, S. 1ff.

klaration[6] stand unter dem unglücklichen Stern, der den gesamten Staatsbesuch Präsident Bushs im Januar 1992 überschattete. Die Reise war nicht nur mehrfach verschoben und zeitlich außerordentlich unglücklich geplant worden; sie wurde vor allem von Präsident Bush einseitig inhaltlich verändert. Während Japan auf die Tokio-Erklärung wartete und von ihr das erneute Angebot gleichberechtigter Partnerschaft erwartete, funktionierte Präsident Bush seine Reise in einen Werbefeldzug für amerikanische Arbeitsplätze um. Tokio war verbittert und enttäuscht; seitdem fand das ‚America bashing' Zugang selbst in die Regierungskreise.

Die Tokio-Deklaration selbst brachte inhaltlich nichts Neues. Das Angebot einer „politischen Partnerschaft" war schon ein Jahr früher erfolgt, wurde von der Erklärung nur wiederholt. Zwar war sie von Außenminister Baker auf die gleiche Stufe gehoben worden wie die Atlantische Erklärung; sie blieb aber in institutioneller Hinsicht weit dahinter zurück. Während die Vereinigten Staaten der Europäischen Gemeinschaft mit den regelmäßigen Konsultationen von der Präsidenten- bis hinab zur Arbeitsebene eine wirkliche Gleichberechtigung anboten, blieb die Tokio-Deklaration in dieser Hinsicht stumm. Sie erwähnte lediglich das japanisch-amerikanische Sicherheitskomitee, eine alte Einrichtung, die schon 1990 auf das Ministerniveau gehoben worden war. Sonst erwähnte sie nichts. Weder wurden neue Gruppen geschaffen, noch regelmäßige Zusammenkünfte der Staatsoberhäupter und Regierungschefs vereinbart. Das Defizit mußte besonders auffallen, weil die USA, wie erwähnt, ihre Beziehung zu Japan als die wichtigste bilaterale Verbindung in der ganzen Welt ausgegeben hatten. Es wäre mehr als angemessen gewesen, sie zu institutionalisieren.

Dazu waren die Vereinigten Staaten nicht bereit. Außenminister Baker hatte in seiner vorhergehenden Rede in Tokio den Gedanken an festere Bindungen ausdrücklich verworfen; er hatte statt dessen die Vorzüge des „flexible construct" hervorgehoben. Präsident Bush nutzte diese Flexibilität bereits, als er bei seinem Staatsbesuch nicht etwa über die Zusammenarbeit bei den Problemen der Weltführung sprach, sondern statt dessen vornehmlich die Wirtschaftsbeziehungen zwischen den beiden Ländern in den Vordergrund schob.

Japan wurde von den USA weiterhin als bedeutender Staat der asiatischen Region behandelt, aber nicht als Partner der Vereinigten Staaten. Weder Baker noch Bush räumten ein, daß in der durch das Ende des Ost-West-Konflikts grundsätzlich veränderten internationalen Konstellation die Lage und Bedeutung Japans sich radikal verändert hatte. Beide wollten die bisherige Struktur ihrer Asienpolitik, den hegemonialen Bilateralismus, mit etwas geminderten Aufwand beibehalten. Diese Politik entsprach weder dem gewach-

---

6   USPIT 005, 13. Januar 1992, S. 15.

senen Selbstverständnis Japans noch den verringerten Einflußmöglichkeiten der Vereinigten Staaten.

Insofern müssen der Staatsbesuch Präsident Bushs und die Tokio-Deklaration in die Kategorie der verpaßten Gelegenheiten eingeordnet werden. Hätte Präsident Bush nach Tokio ein reales Partnerschaftsangebot mitgebracht, das die eingetretene Lastenteilung mit der Bereitschaft honoriert haben würde, auch die Macht zu teilen, dann hätten sich zwar die amerikanisch-japanischen Differenzen auf dem Gebiet der Wirtschaft nicht ohne weiteres erledigt. Die Voraussetzungen einvernehmlicher Lösungen hätten sich aber erheblich verbessert, wenn Bush in Tokio das offeriert hätte, woran dem einstigen Gegner, der erst vom kleinen zum wichtigsten Alliierten der USA aufgestiegen war, am meisten gelegen war: Akzeptanz und Respekt.

Die Beziehungen im Sachbereich der wirtschaftlichen Wohlfahrt

Die asymmetrischen Außenhandelsbeziehungen zwischen den USA und Japan sind seit dem Ende der siebziger Jahre ein Dauerbrenner. 1979 belief sich das amerikanische Handelsdefizit gegenüber Japan auf 8,6 Mrd. USD; 1986 war es auf 54,3, 1987 auf 56,9 Mrd. USD angestiegen.[7] Die Lage verbesserte sich zum Ausgang der achtziger Jahre, weil der japanische Außenhandelsüberschuß praktisch halbiert wurde. Zu Beginn der neunziger Jahre aber stieg er wieder an, betrug am 31. März 1993 126 Mrd. USD insgesamt;[8] der größte Teil entstand gegenüber den USA. Das Defizit mit Japan macht praktisch drei Viertel des gesamten amerikanischen Außenhandelsdefizits aus, während die amerikanisch-europäische Handelsbeziehungen seit dem Anfang der neunziger Jahre für die USA positiv verliefen.

Dennoch sind Japan und die Vereinigten Staaten wirtschaftlich sehr stark miteinander verbunden. Für Japan sind die USA der wichtigste Handelspartner, der fast ein Drittel seiner Exporte aufnimmt und ein Viertel der japanischen Importe liefert. Berücksichtigt man die Investitionen, so zeigt sich die Interdependenz noch deutlicher. 1990 hatte Japan 136 Mrd. USD in Nordamerika investiert – fast genau die Hälfte der 310 Mrd. USD, die am 31. März 1991 die japanischen Auslandsinvestitionen ausmachten. Im Bereich der Investitionen drückt sich zudem die Asymmetrie der Wirtschaftsbeziehungen besonders drastisch aus. Während die Japaner 1990 in der amerikanischen Wirtschaft 26,1 Mrd. USD investierten, brachten es die Amerikaner in Japan nur auf 664 Mio. Insgesamt hatte Japan in der Zeit von 1951 bis 1990 in den USA 130,5 Mrd. USD investiert, die Amerikaner hingegen in ihrem früheren Besatzungsland nur 8,5 Mrd. USD.

---

7 Keizai Koho Center: Japan 1992, An International Comparison, Tokio, 20. 12. 1991, S. 37.
8 International Herald Tribune, 21. 5. 1993.

Der große Kapitalexport der Japaner war den USA andererseits nicht unlieb. Von 1986 bis 1988 exportierte Japan jährlich ungefähr 130 Mrd. USD in die USA, die damit das große und wachsende Haushaltsdefizit deckten, das die Reagan-Administration mit ihrer Politik der Steuersenkungen und Ausgabenerhöhungen im Verteidigungsbereich geschaffen hatte. Japans Finanzhilfe war in den USA umso mehr willkommen, als sie auf einem sehr niedrigen Zinsniveau gegeben wurde.[9]

Die in den USA schmerzlich gefühlte Asymmetrie der Handelsbeziehungen konnte dadurch nicht ausgeglichen werden. Japan besitzt mit 18,1% den größten Anteil an allen amerikanischen Importen; es ist, mit 12,3% der zweitgrößte Markt amerikanischer Exporte. Austauschbeziehungen einer solchen Bedeutung lassen sich nicht auf Dauer in jener drastischen Asymmetrie halten, die zwischen Japan und den Vereinigten Staaten in der zweiten Hälfte der achtziger Jahre vorherrschte und zu Beginn der neunziger Jahre sich wieder so deutlich bemerkbar macht.

Die USA waren nicht untätig gewesen. Sie setzten drei Strategien ein, um den japanischen Markt für amerikanische Produkte mehr zu öffnen. Die Market Oriented Sector-Selected (MOSS)-Verhandlungen versuchten, japanische Handelsbeschränkungen fallweise abzubauen. Der Omnibus Trade and Competitiveness Act of 1988 mit seiner berühmt gewordenen „Super 301"-Bestimmung übte Druck auf Japan (und andere Staaten) aus, um ihre unfairen Handelspraktiken zu beeinflussen.

Die wichtigste – und interessanteste – Strategie stellte die „Structural Impediments Initiative" dar.[10] Die USA hatten sehr richtig erkannt, daß eines der größten Importhindernisse Japans in seiner Wirtschafts- und Gesellschaftsstruktur enthalten war, die den Konsum und die Bedürfnisse der Bevölkerung niedrig, die Preise hoch hielt. Zwar ist Japan und sind die japanischen Unternehmen außerordentlich reich, aber der japanische Verbraucher ist es nicht. Obwohl die Stundenlöhne in der Industrie Japans höher sind als die in den Vereinigten Staaten, bleibt der Lebensstandard weit hinter dem in den Vereinigten Staaten zurück. Der Grund dafür ist das Preisniveau, das in Japan 30 bis 70% höher in Japan als in den Vereinigten Staaten ist. Die politische Kultur tut ein übriges dazu. Der Japaner identifiziert sich sehr schnell mit seiner Firma und mit seinem Land; eine hohe Sparrate – bis zu 45% – war in Japan keine Seltenheit.

Hier versuchte die amerikanische Strategie einzusetzen. Tokio wurde aufgefordert, mehr für die Infrastruktur und für die Lebensqualität, für die Bedürfnisse der Japaner zu tun und damit den internen Verbrauch zu steigern.

---

9   Japan-U.S. Relations: A Briefing Book, Congressional Research Service, Washington 1991, S. 41.
10 William H. Cooper: Japan-U.S. Trade: The Structual Impediments Initiative, Congressional Research Service, Washington 1990. Vergl. auch: United States Congress, 101/1+2, Committee on Finance, Senate: United States-Japan Structural Impediments Initiative (SII), Hearings, 3 pts., Washington 1990.

Die Notwendigkeit staatlicher Intervention wurde ausgangs der achtziger Jahre um so größer, als die „Luftblase" des Wirtschaftsbooms platzte und Japan in eine Rezession stürzte, die den internen Konsum noch weiter reduzierte. 1993 verstand sich der japanische Ministerpräsident Miyazawa dazu, dem internen Verbrauch mit einem Betrag von 185 Mrd. USD aufzuhelfen.

Wie das Ministerium für internationalen Handel und Industrie (MITI) im Frühjahr 1993 vermutete, wird sich die Asymmetrie in den kommenden Jahren von selbst abbauen. Japans Bevölkerung wird älter, arbeitet weniger, verbraucht mehr. Mit der wirtschaftlichen Erholung steigt der Anteil der Importe.[11]

Ob sich die Vereinigten Staaten unter Präsident Clinton darauf einlassen werden, ist zweifelhaft. Clinton hatte als Kandidat die wirtschaftliche Sanierung der USA zu seinem Programm erhoben; als Präsident führt er es aus. Da die Demokratische Partei traditionell den Gewerkschaften eng verbunden ist, teilt sie deren Sorge um den Export der Arbeitsplätze. Die Clinton-Administration hat sich daher einer Politik verschrieben, die dazu führen soll, daß Japan seinen Außenhandelsüberschuß bis 1997 um die Hälfte gesenkt haben wird. In den USA weiß man inzwischen, daß diese Ziele nicht nur durch Importbeschränkungen und quasi gewaltsame Marktöffnungen erreicht werden können, sondern daß dazu auch die Wettbewerbsfähigkeit der amerikanischen Wirtschaft verbessert werden muß. Erfolge haben sich bereits eingestellt. Computerchips, die in den USA erfunden, dann aber in Japan weiterentwickelt worden waren, sind inzwischen wieder zur Domäne der amerikanischen Elektronikindustrie geworden. Die Firma Mikrosoft und das Programm Windows sind 1993 dabei, den japanischen Markt zu erobern.

Mittelfristig wird die Spannung im Sachbereich der wirtschaftlichen Wohlfahrt hoch bleiben, wird die japanische Wirtschaftsmacht mit dem Machtanspruch der amerikanischen Wirtschaft, verstärkt durch die Regierung in Washington, kollidieren. In Japan vermehrt sich die Sorge, daß die Ausbildung einer nordamerikanischen Freihandelszone zu einem Wirtschaftsblock ähnlich dem des Gemeinsamen Marktes in Europa führen und Japan, das keinen Wirtschaftsblock um sich herum gebildet hat, zwischen den beiden zerrieben werden könnte.

Allerdings steht Japan in seiner Region weder isoliert noch hilflos da. Seine Investitionen in dieser Region sind mit 13 Mrd. USD dreimal so hoch wie die der amerikanischen Firmen. Mit 4,3 Mrd. USD überragte die japanische Auslandshilfe in der süostasiatischen Region ebenfalls die amerikanische. Zwar gelten die USA dort noch immer als der wichtigste und größte Markt, als die entscheidende Quelle wirtschaftlicher Dynamik der südostasiatischen Staaten. Andererseits ist man dort überzeugt, daß Japan mit der er-

---

11   International Herald Tribune, 21. 5. 1993.

folgreichen Ausweitung seiner Wirtschaftsbeziehungen bereits sehr viel von der Macht und dem Einfluß wiedererrungen hat, die es während des Zweiten Weltkrieges mit militärischer Macht so erfolglos angestrebt hatte.

Die amerikanisch-japanischen Handelsbeziehungen verdienen also nicht zuletzt deswegen so große Aufmerksamkeit, weil sie die politischen Beziehungen entscheidend beeinflussen können. Ein amerikanischer Bestseller zog schon die Parallelen zu den dreißiger Jahren, in denen die ökonomische Konkurrenz den Weg in den politischen Konflikt gepflastert hatte.[12] Diese These ist sicherlich überzogen und absurd. Die politischen Beziehungen zwischen Tokio und Washington sind gut und fest, auch die zwischen den Gesellschaften. Durch den Wandel in der Problemfigur des internationalen Systems aber haben die wirtschaftspolitischen Beziehungen an Bedeutung gewonnen, die sicherheitspolitischen an Relevanz verloren. Damit ist ein Ausgleichsmechanismus entfallen. Während zur Zeit des Kalten Krieges die sicherheitspolitische Kooperation zwischen Japan und den USA die außenhandelspolitischen Friktionen kompensierte, Japan als Alliierter stets wichtiger war als Japan, der Konkurrent, verblaßt jetzt die Allianzbeziehung hinter der des wirtschaftlichen Wettbewerbs. Die Wirkungen könnten um so größer sein, als sich auch im Sachbereich der Sicherheit, nämlich im Teilbereich der Rüstungskooperation und Rüstungsproduktion, der Wettbewerb zur Stelle gemeldet hat.

Der Sachbereich der Sicherheit

Die Lage im Sachbereich der Sicherheit ähnelt der der wirtschaftlichen Wohlfahrt. Beide Seiten sind aufeinander angewiesen, sind durch eine stark asymmetrische Interdependenz miteinander verbunden. Seit 1960 hat die Zusammenarbeit zwischen den Vereinigten Staaten und Japan auf dem Gebiet der Sicherheit die zentrale Verbindung zwischen beiden abgegeben. Der 1960 veränderte Sicherheitsvertrag bot Japan konventionelle und nukleare Sicherheit an (Art. V) und den Vereinigten Staaten den Zugang zu Militärbasen und Häfen (Art. VI). Dennoch war die praktische Zusammenarbeit sehr schwach ausgebildet. Erst 1978 wurden die „Guide Lines for Japan-U.S. Defense Cooperation" verabschiedet.[13] Die japanische Rüstung wie die Self-Defense Forces überhaupt verstanden sich stets nur als regionale, mit begrenztem Einsatzauftrag versehene Ergänzung der amerikanischen Streitkräfte.

---

12 George Friedman und Meredith LeBard: The Coming War with Japan, St. Martin's Press, New York 1991.
13 Department of Defense (Hg.): Defense of Japan 1991. Übersetzt von The Japan Times, Tokio 1991, S. 182.

Eine stärkere Rolle hat die japanische Regierung nicht gewollt, hätte auch die japanische Gesellschaft nicht toleriert. Für sie bedeutete der berühmte Artikel 9 der Verfassung, der den Verzicht auf Krieg und Militär festschrieb, eine dem Selbstverständnis korrespondierende Verpflichtung. Die Begrenzung der Rüstungsaufwendungen auf 1% des Bruttosozialprodukts blieb weitgehend erhalten. Auch die japanische Wirtschaft war lange Zeit an einer Rüstungsproduktion nicht interessiert. Sie hatte die Fehler des Westens vermieden und ihre Anstrengungen auf Produkte konzentriert, die vor allem in der Privatwirtschaft und erst dann für die Militärrüstung verwendet werden konnten.

Die Vereinigten Staaten waren mit diesem Arrangement zufrieden, solange Japan drei Forderungen erfüllte:

– Die Bewegungsfreiheit der amerikanischen Streitkräfte, die auf Okinawa und Yokusuka stationiert waren, nicht beeinträchtigte;
– einen Beitrag zu den Kosten der Stationierung amerikanischer Truppen in Japan leistete;
– amerikanische Waffen kaufte.

Die erste Bedingung wurde stets eingehalten. Obwohl die amerikanischen Truppen den Auftrag hatten, Japan zu beschützen, haben sie stets auch an weltweiten Operationen der USA teilgenommen, beispielsweise im Vietnam-Krieg und im Golfkrieg. Der strategische Wert der Basen für die USA hat zugenommen, nachdem sie die Philippinen verlassen mußten.

Auch die zweite Bedingung hat Japan mehr als erfüllt. Seit dem 20. Dezember 1990[14] trägt Japan 50% der Stationierungskosten der amerikanischen Truppen, das sind praktisch alle in Yen fakturierten Stationierungskosten. Unter diesen Bedingungen ist es für die Vereinigten Staaten jetzt billiger, ihre Truppen, Schiffe und Flugzeuge in Japan zu unterhalten als in Honolulu oder Kalifornien. Für Japan ist die andauernde Stationierung politisch wichtig. Sie dient jetzt nicht mehr dem Schutz des Inselreiches, sondern gegenüber seinen Nachbarn als amerikanische Garantiekarte japanischen Wohlverhaltens.

Die dritte Bedingung hingegen bereitete zunehmend Schwierigkeiten. Nach der Aufstockung des japanischen Verteidigungsbudgets bekam auch die japanische Wirtschaft wieder Appetit auf größere Rüstungsaufträge. 26 bis 28% des Verteidigungsetats fließen inzwischen dort hin.[15] Bei Großunternehmen wie Mitsubishi Heavy Industries und Kawasaki Heavy Industries macht die Rüstungsproduktion jetzt schon 10 bis 25% des Auftragsvolumens

---

14 International Herald Tribune, 21. 12. 1990.
15 R. J. Samuels: Reinventing Security: Japan Since Meiji, in: Daedalus, Herbst 1991, S. 47ff.

aus.¹⁶ Damit war Japan nun doch wieder zu einem Rüstungsproduzenten geworden, der den Vereinigten Staaten beim Waffenverkauf Konkurrenz machen und ihnen unter dem Siegel der Verteidigungskooperation Hochtechnologie entwinden konnte, mit der dann die japanische Industrie der amerikanischen Konkurrenz machte.

In den Augen des amerikanischen Handelsministeriums ragt inzwischen die Konkurrentenrolle Japans deutlich über die des militärischen Alliierten hinaus. In dem berühmten Streit über die Koproduktion des FSX-Jägers¹⁷ kollidierten die beiden Ansichten Japans direkt. Präsident Bush gab am 28. April 1989 ein neues Abkommen mit Japan bekannt, das den Vereinigten Staaten einen 40%igen Anteil an der Herstellung des Jägers und eine völlige Kontrolle über die Verwendung seiner sensitiven Hochtechnologien sicherte.¹⁸

An dieser Entwicklung Japans zu einer bedeutenden Militärmacht und zu einem kräftigen Rüstungsproduzenten, der auch im Waffenhandel den USA als Konkurrent entgegentritt, war Washington nicht unbeteiligt. Ohne den permanenten Druck der Reagan-Administration auf Tokio in den achtziger Jahren hätte diese Entwicklung nicht stattgefunden, jedenfalls nicht so schnell und nicht in diesem Ausmaß. Reagans Drängen war, wie einige Mitglieder seiner Administration heute zugeben, eine Fehlentscheidung.¹⁹

So aber hat Japan das sechstgrößte Rüstungsbudget der Welt, in Asien das größte. Seine Industrie wäre ohne weiteres in der Lage, im Falle des Bedarfs die noch fehlenden Offensiv- und Langstreckenwaffen, gegebenenfalls sogar Nuklearwaffen, herzustellen. Daran ist Japan nach wie vor nicht interessiert; die Öffentlichkeit würde es auch nicht akzeptieren. Solange die amerikanisch-japanische Zusammenarbeit im Sachbereich der Sicherheit weitergeht, gibt es dafür auch keinen Anlaß. Die Lage könnte sich aber ändern, wenn die Vereinigten Staaten ihre Präsenz im westlichen Pazifik weiter deutlich reduzieren.

Die sicherheitspolitische Zusammenarbeit zwischen Washington und Tokio war in der jüngsten Vergangenheit nach wie vor unproblematisch und eng. Zwar nahm Japan nicht am Golfkrieg teil, obwohl es von der Bush-Administration hart bedrängt worden war. Es finanzierte aber schließlich mit

---

16 Steven K. Vogel: Japan's Defense Industry, in: United States Congress 101/2, Joint Economic Committee: Japan's Economic Challenge. Study Papers, Washington Oktober 1990, S. 389.
17 United States Congress 101/1, Committee on Foreign Affairs, House: United States-Japanese Security Cooperation and the FSX Agreement, Hearings and Markup, Washington 1989, S. 347-353.
18 Zu den allgemeinen Aspekten vgl. Max Otte u. William W. Grimes: Die wichtigste Beziehung der Welt: Japans Beziehungen zu den Vereinigten Staaten, in: Hanns W. Maull (Hg.): Japan und Europa. Getrennte Welten?, Frankfurt 1993, S. 131ff. Helmut Volger: Japan – eine Weltmacht sucht ihre Rolle, in: Blätter für deutsche und internationale Politik, 1993, 4, April 1993, S. 445ff.
19 Richard Holbrooke: Japan and the United States: Ending the Unequal Partnership, in: Foreign Affairs 70, 5, Winter 1991/2, S. 47ff. Holbrooke war von 1977 bis 1981 Assistant Secretary of State for East-Asian and Pacific Affairs.

einem Scheck über 13 Mrd. USD praktisch ein Viertel der Kosten der gesamten Operation. Auch in einem anderen Punkt folgte Japan amerikanischen Wünschen. Der jahrelange innerjapanische Streit über die Beteiligung an Blauhelmeinsätzen der Vereinten Nationen wurde 1992 positiv entschieden. Seitdem sind japanische Truppen erstmals wieder in Kambodscha – als Mitglied einer UN-Friedensoperation, die einem Japaner untersteht.

Auf dem Gebiet der Auslandshilfe hat sich Japan seit langem als kooperationsbereiter Helfer der USA erwiesen. Es hat nicht nur – wie erwähnt – den Löwenanteil an der regionalen Auslandshilfe übernommen. Es hat, wiederum auf amerikanischen Wunsch, seine Hilfe weltweit verteilt. Für 29 Länder, 12 davon außerhalb Asien und sehr stark konzentriert in Afrika, ist Japan schon die größte bilaterale Quelle der Auslandshilfe.[20]

Das Ende des Ost-West-Konflikts hat auch hier wiederum die amerikanische Einschätzung verändert. Was zuvor als japanischer Beitrag zur gemeinsamen Sache interpretiert und begrüßt worden war, erscheint in den USA manchen jetzt als Vorzeichen einer neuen japanischen Großmachtpolitik. Die Macht, die Japan aufgrund seiner Leistungen hinzugewinnt, geht den USA verloren. Japanische Entwicklungshilfe wird in Washington häufig schon als Instrument angesehen, in der Region weitere Märkte für die japanische Wirtschaft zu öffnen.[21] Die Westküste Amerikas hat hier weniger Bedenken, weil sie über mehr Informationen verfügt. Sie begrüßt es, daß japanische Banken nach Hongkong gehen, wenn und weil die amerikanischen Banken die Stadt verlassen. Sie begrüßt eine engere japanisch-chinesische Zusammenarbeit, weil sie einen „Wirtschaftsraum" schaffen kann, von dem nicht nur die drei China, sondern auch die ASEAN-Staaten und der Westen profitieren können. Im Osten der USA hingegen wächst die Sorge, daß Japan, je mehr Lasten regionaler Führung es den USA abnimmt, desto mehr auch an ihrer Macht teilhaben will. Da sich in der Tokio-Deklaration beide Staaten verabredet hatten, in der Region den Wohlstand zu vermehren, Spannungen zu vermindern und die politische Zusammenarbeit zu verbessern, so könnte Japan versucht sein, sich die für eine solche Politik erforderliche Machtposition auf Kosten der USA zuzulegen.

---

20   Larry Q. Nowels: Japan's Foreign Aid Program, Adjusting to the Role of the World's Leading Donor, in: United States Congress 101/2, Joint Economic Committee: Japan's Economic Challenge, Study Papers, Washington Oktober 1990, S. 397ff. Juichi Inada: Japan's Aid Diplomacy: Economic, Political, or Strategic?, in: Kathleen Newland (Hg.): The International Relations of Japan, Millennium Publishing Group, Houndmills 1990, S. 100ff.
21   D.E. Sanger: Power of the Yen Winning Asia, in: The New York Times, 12. 12. 1991, S. D 1.

Der Sachbereich der Herrschaft

Die Sorgen der amerikanischen Ostküste sind unberechtigt. Als Folge des Krieges, als Folge der Umerziehung durch die USA, als Folge eigener Einsicht und als Folge gewandelter sozioökonomischer Verhältnisse ist die japanische Gesellschaft noch immer so pazifistisch eingestellt wie unmittelbar nach dem Krieg. Zwar hat inzwischen ein Generationswechsel stattgefunden. Die Älteren, die Hiroshima und Nagasaki, aber auch die amerikanische Hilfe beim Wiederaufbau Japans erfahren hatten, werden zunehmend abgelöst von den Jüngeren, die beides nur noch aus Geschichtsbüchern kennen. Sie fühlen sich stärker der japanischen Tradition verbunden, bewundern aber gleichzeitig die amerikanische Demokratie, bevorzugen den American way of life.

Hinzukommt die dezentrale Struktur des Regierungssystems. Der Streit zwischen westlichen Japanexperten, ob Japan nun ein von einem „Hauptquartier" straff gelenktes Regierungsunternehmen sei[22] oder vielmehr, ganz im Gegenteil, ein lockeres Konglomerat verschiedener wirtschaftlicher und politischer Machtzentren[23] wird wohl nie entschieden werden. Doch hat die zweite These die meiste Evidenz auf ihrer Seite. Zwar liegt in einer solchen zersplitterten Herrschaftsstruktur keine Gewähr dafür, daß die Politik Japans in der Zukunft der der Gegenwart gleichen wird. Von dem hohen Maß an Selbst- und Mitbestimmung, von dem die einzelnen Gruppen profitieren, könnte auch das Militär begünstigt werden. Aber es dürfte es schwer haben, ohne eine dramatische Bedrohung von außen – etwa durch ein wiedervereinigten Korea oder ein hochgerüstetes China – an die Schalthebel der Macht zurückzugelangen. Vorab steht es traditionell in sehr geringem Ansehen, sogar als Karriere.

Anzeichen für eine japanische Großmachtpolitik in der Region oder gar für eine Remilitarisierung dieser Politik gibt es also nicht; dafür fehlen sämtliche Voraussetzungen. Analysen der öffentlichen Meinung zeigen, daß die Gesellschaften in Japan und in den Vereinigten Staaten zwar ein kritisches, aber durchweg zutreffendes und positives Bild voneinander haben. Im Dezember 1991 zeigten sich beide Gesellschaften mehrheitlich davon überzeugt, daß die amerikanisch-japanischen Beziehungen „freundlich" sind und die Allianz zwischen Japan und den USA verläßlich ist.[24] Mehr als die Hälfte der Amerikaner hielten die Japaner für vertrauenswürdig; 66% der Japaner glaubten das von den Amerikanern. 1991 ordneten 59% aller befragten Amerikaner Japan gleich hinter Großbritannien als besten Freund und Alliierten der USA ein – auf einem Niveau mit Frankreich und Israel.[25]

---

22 Leon Hollermann: The Headquarters Nation, in: The National Interest, 25, Herbst 1991, S. 61ff.
23 Karel van Wolferen: No Breaks, No Compass, ebenda S. 26ff.
24 The New York Times, 3. 12. 1991, S. A 1.
25 The Japan Times, 4. 12. 1991.

Auch die wirtschaftliche Rivalität und die wechselseitige Beschimpfung wird von den Gesellschaften beider Seiten mit größerer Ruhe betrachtet als von den Politikern. Die meisten Amerikaner sind der Meinung, daß beide Seiten die gleiche Schuld an der Kalamität haben. Die Japaner teilen diese Meinung, sind jedoch geneigt, ihrem Land etwas mehr Anteil an der Verantwortung zuzuschieben. Nur 17% der Amerikaner votierten im Januar 1992 für einen stärkeren Druck zugunsten der Öffnung der japanischen Märkte.[26]

In diese durchweg positive Bilanz der zwischengesellschaftlichen Beziehungen mischt sich ein Störfaktor, dessen Langzeitwirkung man nicht unterschätzen sollte: die Anwesenheit amerikanischer Truppen in Japan. Sie sind nach wie vor willkommen, verändern aber ihren politischen Stellenwert. Da sie für den Schutz Japans nicht mehr gebraucht werden, kommt ihr Erinnerungswert – als Fortsetzung der amerikanischen Besetzung des Inselreiches – wieder deutlicher zum Vorschein. Das gilt insbesondere für die jüngere Generation der Japaner. Sie schätzen zwar das Herrschafts- und Wirtschaftssystem der USA sehr hoch, ebenso die Amerikaner selbst. Sie lesen aber in der andauernden, durch keine auswärtige Bedrohung mehr gerechtfertigten Anwesenheit amerikanischer Truppen in Japan eine Diskriminierung ihres Heimatlandes heraus. Mögen sie der japanischen Regierung willkommen sein, weil sie eine Wohlverhaltensgarantie gegenüber dem Ausland enthalten; die Jüngeren sehen darin ein Schwächezeichen der japanischen Demokratie, ein weiteres Anschauungsbeispiel für die andauernde Abhängigkeit Japan von den USA. Die Jüngeren kritisieren die japanischen Ministerpräsidenten dafür, daß sie regelmäßig nach Washington reisen und versuchen, den USA wohlgefällig zu sein. Viele Studenten unterstützen die politischen Absichten des Rechtsabweichlers Shintaro Ishihara einfach deswegen, weil er ein Buch über ein Japan geschrieben hatte, das gegenüber den Vereinigten Staaten auch „Nein" sagen kann.[27]

Sie teilen keinesfalls Ishiharas Antiamerikanismus; sie sind, im Gegenteil, amerikafreundlich eingestellt. Was sie kritisieren ist der Führungsstil der USA und wie Weigerung beziehungsweise Unfähigkeit Washingtons, sich auf die neue Machtfigur zwischen Japan und den Vereinigten Staaten einzustellen. In ihren Augen verdient Japan, allein schon weil es der Welt größte Finanzmacht ist, eine ganz andere Behandlung seitens der Vereinigten Staaten. Die jungen Leute sind erfüllt von „einem wachsenden Verlangen nach Respekt".[28]

26　Ebenda, 26. 1. 1992.
27　The Japan Times, 25. 11. 1991.
28　Time International, 10.2.1992, S. 11.

Die Machtfigur des pazifischen Subsystems

In diesem japanischen Wunsch nach Anerkennung und Respekt zeigen sich die Folgen der veränderten Machtfigur, auf die Washington Rücksicht nehmen muß. Japan als größte Finanzmacht, bedeutende Handelsmacht und tendenziell auch stärkste Militärmacht im nördlichen Pazifik will als Weltmacht gleichberechtigt behandelt werden. Nicht umsonst hat es seine Forderung nach einem ständigen Sitz im UN-Sicherheitsrat unmißverständlich angemeldet. Es ist nicht ausgeschlossen, daß die Vereinigten Staaten diese Anpassung im Rahmen des bisher von ihnen bevorzugten Bilateralismus vornehmen. Es müßte dann der Sicherheitsvertrag von 1951/60 in einen Freundschaftsvertrag umgewandelt werden, in dessen Institutionalisierung sich die japanische Gleichberechtigung ausdrückt. Erst dann wären die amerikanisch-japanischen Beziehungen aus der Fülle der weiteren bilateralen Kontakte, die die USA zu den anderen Pazifikstaaten unterhalten, hervorgehoben.

Eine solche Politik ist möglich, aber nicht einfach. Der Bilateralismus ist eine vormoderne Form der Staatsbeziehungen, zumeist ausgerichtet auf die Bedürfnisse einer hegemonialen Vormacht. Die Asymmetrie ist, sozusagen, dem Bilateralismus immanent. Die Vormacht kann in einem Ensemble von Zweierbeziehungen zu jedem Staat bessere Beziehungen unterhalten als er zu seinen Nachbarn. Das System reicht aus, wenn der Hegemon seiner Funktion nachkommt und für Ordnung und Sicherheit in der Region sorgt. Schwächt er diese Leistung ab, dann gleiten die Regionalstaaten in die Vereinzelung zurück. Von diesem Trend könnte Japan ausgenommen werden, wenn die Achse Washington-Tokio ausgebaut wird.

Geschieht dies nicht, dann wird sich auch in Japan wieder bemerkbar machen, wovon die anderen, einst dem amerikanischen Hegemonialbereich zuzurechnenden Staaten des pazifischen Raums ohnehin betroffen werden: die Rückkehr des Sicherheitsdilemmas. Wenn der Hegemon nicht mehr für Verläßlichkeit, Gewißheit und Sicherheit sorgt, müssen sich alle Staaten wieder auf das Unvorhersehbare als das Mögliche einrichten. Diese Furcht zwingt zur Verteidigungsvorsorge. Von allen Seiten betrieben führt sie alsbald zu Rüstungswettläufen, zu Krisen und Kriegen. Anzeichen einer solchen Entwicklung sind in Asien schon deutlich zu spüren. Japan hat Angst vor Korea, das nach seiner Wiedervereinigung Rache für die Besetzung nehmen könnte. Die ASEAN-Staaten haben Angst vor Japan, vor seiner wirtschaftlichen und militärischen Stärke. Alle haben Angst vor der Volksrepublik China, deren Aufrüstung zum Bilderbuchfall des Sicherheitsdilemmas wird. Obwohl es keineswegs gesichert ist, daß China seine Aufrüstung, die angeblich sogar einen Flugzeugträger umfassen soll, für eine expansive Politik in Asien nutzen will, könnte China eine solche Politik betreiben, muß Japan sich darauf vorbereiten.

In Tokio tritt zur Angst vor China eine neue Angst vor Rußland. Gewiß, Jelzin ist ein demokratischer Reformer, aber was kommt nach ihm? Rußland hat seine pazifische Flotte nicht sonderlich verringert, benutzt nach wie vor die Basen in Vietnam. Was läge also näher für Japan als die eigene Rüstung spätestens dann zu beschleunigen, wenn Rußland in eine autoritäre Herrschaft zurückfallen sollte?

Gegen eine solche Wiederkehr des Sicherheitsdilemmas wäre auch eine Achse Washington-Tokio machtlos. Beide könnten, wenn sie es wollten, eine mögliche militärische Bedrohung von außen erfolgreich abwehren. Beide können aber in dieser Formation nicht verhindern, daß sich, eben über das Sicherheitsdilemma, eine neue Bedrohung aufbaut. Der Bilateralismus stellt nicht nur eine vormoderne, sondern im Hinblick auf das Sicherheitsdilemma auch eine untaugliche Form zwischenstaatlicher Beziehungen dar.

Sehr viel moderner wäre die Alternative des Multilateralismus, also die Zusammenarbeit aller Staaten des Pazifik in einer internationalen Organisation. Die Gemeinsamkeit hebt die Isolierung auf; die ständigen Kontakte beseitigen die Angst, weil sie Informationen und Kenntnisse verbreiten; die kontinuierliche Zusammenarbeit schafft Vertrauen und Verlaß. Dies alles zusammen vermindert die Ungewißheit. Ein solches multilaterales Forum wäre auch der Ort, an dem die Emanzipation Japans als asiatisch-pazifische Vormacht nicht zu Lasten der amerikanischen Macht zu gehen brauchte. Washington und Tokio könnten gleichberechtigt bei der Führung einer solchen Organisation zusammenarbeiten, was die USA entlasten, aber eben nicht entmachten würde.

Glücklicherweise denkt man in Japan durchaus in diese Richtung. Der frühere japanische Außenminister Saburo Okita pries zwar zunächst die amerikanische Präsenz und den Bilateralismus, betonte aber dann zugunsten einer „neuerlichen Verbesserung in den interregionalen Beziehungen ... die Schaffung einer Konferenz für Sicherheit und Zusammenarbeit in Asien ... ähnlich der der KSZE in Europa".[29]

Tokio denkt aber noch in eine zweite Richtung, in die eines Großmächtekonzerts im asiatischen-pazifischen Raum. Die Rückkehr des Bürgerkrieges in Kambodscha, Nordkoreas Besitz von Kernwaffenanlagen, die divergierenden Machtansprüche im Südchinesischen Meer – solche konkreten Konflikte sollen konkret und vor Ort geregelt werden. Dabei sollen Japan, Rußland und die USA zusammenarbeiten. Im Herbst 1993 sollte ein asiatisches Dialogforum zum ersten Mal stattfinden. Freilich müßte an diesem Großmächte-Konzert auch China teilnehmen.

Die beiden Konzepte müssen sich nicht ausschließen. Wie im Sicherheitsrat der Vereinten Nationen, könnten die pazifischen Großmächte auch in der

---

29 International Herald Tribune, 5.1.1993.

geplanten KSZA, der Konferenz für Sicherheit und Zusammenarbeit in Asien, enger zusammenarbeiten. Wichtig ist, daß diese umfassende Organisation zustandekommt. Mächtekonzerte fallen leicht auseinander, weil sie auf Zweckbündnissen beruhen, die sich mit der Zeit ändern. Internationale Organisationen hingegen, deren Wirkungsfeld nicht nach außen, sondern nach innen gerichtet ist, bleiben bestehen. Als Mitglied einer aktiven multilateralen Organisation wird Japan sich eine ganz andere, sehr viel kooperativere Außenpolitik leisten können, als wenn es allein und isoliert einer durch Interessenkalküle auseinanderdriftenden Umwelt gegenübersteht.

Glücklicherweise hat auch die Clinton-Administration Interesse an einer solcher Neuorganisation der Beziehungen signalisiert. Sie ist bereit, sich multilateralen Verfahren stärker zu öffnen und sich daran zu beteiligen. Während die Bush-Administration jeden Versuch der ASEAN-Staaten, sich in irgendeiner Form mit Japan zusammenzuschließen und auch auf dem Sachbereich der Sicherheit zusammenzuarbeiten, mit ihrem Veto verfolgt und zerstört hatte, ist die Clinton-Administration offenbar zur Förderung solcher Zusammenschlüsse entschlossen. Einige von ihnen, etwa APEC, gibt es bereits. Wichtiger wäre aber die Weiterentwicklung der Pläne zu einer multilateralen Organisation, die von den ASEAN-Staaten immer lautstärker vertreten werden, vor allem von Malaysia.

Ob Präsident Clinton und seine Administration ihre Absicht, die amerikanische Pazifikpolitik vom Bilateralismus auf den Multilateralismus umzustellen, verwirklichen werden können, muß abgewartet werden. Der Widerstand in den Kanzleien und in der Bürokratie ist beträchtlich. Andernfalls würde die KSZE in Europa nicht die kümmerliche Existenz führen, die man ihr verordnet hat. Aber die Richtung stimmt. Eine multilaterale Organisation im asiatisch-pazifischen Raum würde den Kontext abgeben, in dem das amerikanisch-japanische Verhältnis von den Belastungen der Vergangenheit befreit und auf eine Zukunft vorbereitet werden könnte, in der die Supermacht USA mit der Großmacht Japan im Sachbereich der Sicherheit gleichberechtigt zusammenarbeitet; einen Kontext aber auch, in dem die Wirtschaftsmacht USA mit der Wirtschaftsmacht Japan sich leichter über das richtige Mischungsverhältnis von Kooperation und Konkurrenz austauschen kann.

Matthias Bauermeister

Die Japanpolitik der EG vor dem Hintergrund asymmetrischer Wirtschaftsbeziehungen

1. Einleitung

Die wirtschaftliche Entwicklung Europas und Japans wurde nachhaltig durch die machtpolitische Bipolarität der Nachkriegszeit beeinflußt. Die Vereinigten Staaten bildeten dabei den entscheidenden ökonomischen und sicherheitspolitischen Bezugsrahmen für Europa und Japan.

Im Ergebnis führte die Entwicklung zu den zwei bilateralen Beziehungsmustern Europa-USA und Japan-USA[1], die bis zum Ende des Kalten Krieges den kohärenten Handlungsrahmen für die Beziehungen zwischen der EG und Japan darstellten.

Seit dieser Zeit werden die Stimmen in der Literatur zahlreicher, die neomerkantilistische Handelskriege innerhalb der Triade USA-Japan-EG für möglich halten.[2] Im besonderen Verdacht, sich auf diese Weise zur wirtschaftlichen Supermacht zu entwickeln, steht Japan als die dynamischste aller Nachkriegsökonomien. In bezug auf Europa gipfelt dieser Verdacht in der Befürchtung zur „technologischen Kolonie"[3] Japans zu werden. Japan wird die Monopolisierung von Schlüsseltechnologien vorgeworfen, die für die zukünftige Wirtschaftsentwicklung weltweit von ausschlaggebender Bedeutung sind.[4]

---

1   So war die *EG* 1991 zu 5,3% (16,9%) aller ihrer Exporte in und zu 10,7% (18,1%) aller ihrer Importe aus Drittstaaten vom japanischen Markt (US-Markt) abhängig. *Japan* dagegen im gleichen Jahr zu 18,8% (29.3%) seiner Exporte und 13,5% (22,7%) seiner Importe vom EG-Markt (US-Markt) abhängig. Vgl. OECD, Monthly Statistics of Foreign Trade, Paris December 1992.
Sicherheitspolitisch schlossen sich die meisten europäischen Staaten seit 1948 unter Führung der USA im transatlantischen Bündnis der NATO zusammen, während Japan seit dem bilateralen Sicherheitsvertrag von 1954 mit den USA unter deren atomaren Schutzschirm steht.

2   Vgl. Thurow, Lester, Head to Head, The coming Economic Battle among Japan, Europe, and America, New York 1992; Nester, William R., Japanese Industrial Targeting, The Neomercantilist Path to Economic Superpower, New York 1991; Garten, Jeffrey, A Cold Peace, America, Japan and Germany and the Struggle for Supremacy, New York 1992; In Deutschland besonders Seitz, Konrad, Die amerikanisch-japanische Herausforderung, Deutschlands Hochtechnologie-Industrie kämpft ums Überleben, Bonn 1991.

3   Seitz, Konrad, Für eine Hochtechnologiepolitik der Bundesregierung, in: Wirtschaftsdienst, V, 1992, S.233.

4   Ermöglicht wird dies durch historisch bedingte politische und sozio-kulturelle Rahmenbedingen in Japan, die zu einer weltweit einmaligen und allen seinen Konkurrenten überlegenen quasi-korporatistische Struktur zwischen Staat und Wirtschaft geführt haben. Vgl. Bellers, Jürgen, Die Außenwirtschaftspolitik

So begründet im einzelnen die Befürchtungen auch sein mögen, läßt diese Argumentation doch zwei internationale Entwicklungstendenzen außer Acht:

Erstens den hohen ordnungspolitischen Entwicklungsstand der führenden Marktwirtschaften in der heutigen Welt, der notwendig das politische System der Demokratie zur konstitutiven Bedingung hat.

Zweitens den hohen Grad weltwirtschaftlicher Interdependenzen, der jede politische Ausübung wirtschaftlicher Macht der gleichen Logik wie die nukleare Abschreckung unterliegen läßt.[5]

Die ultima ratio der Zukunft kann folglich nicht in der Durchführung neomerkantilistischer Handelskriege zur Erlangung eines Status als wirtschaftliche Supermacht liegen. Dies würde letztlich den Eigeninteressen der beteiligten internationalen Akteure diametral entgegenlaufen, den wirtschaftlichen Interessenausgleich und die internationale politische Stabilität gefährden.

Vor diesem Hintergrund sollen in diesem Beitrag die bilateralen Beziehungen zwischen der EG und Japan und die Japanpolitik der EG untersucht werden. Dabei wird folgenden Fragestellungen nachzugehen sein: Welches sind die Hauptursachen für die bilateralen Konflikte? Hat sich das bilaterale Verhältnis beider Akteure nach Beendigung des Kalten Krieges grundlegend verändert? Gibt es Ansätze für eine konstruktive Konfliktregulierung in der Japanpolitik der EG und wie reagiert das offizielle Japan darauf?

2. Asymmetrische Wirtschaftsbeziehungen als Konfliktursache

Die asymmetrischen Wirtschaftsbeziehungen zwischen Japan und seinen Haupthandelspartnern USA und EG, d.h. der dem Wert und der Struktur nach unausgewogene Handel und langfristige Kapitalverkehr, bilden die Hauptursache für die bilateralen Konflikte. Sie belasten heute mehr als in der Vergangenheit die Beziehungen, da sie zunehmend nicht mehr als ein nachgeordnetes Problem der machtpolitischen Bipolarität des Kalten Krieges akzeptiert werden. Wie konnte es zu diesem asymmetrischen Austauschverhältnis kommen? Welche Bedeutung ist diesem Konfliktpotential beizumessen?

Japans, in: Jahrbuch zur Außenwirtschaftspolitik 1992 (Studien zur Politikwissenschaft Abt. C., Bd. 1), Münster 1992. S. 275-323.

5 Vgl. Schmiegelow, Henrik, Japans strategischer Pragmatismus: Bedrohung oder Modell?, in: Japan und Europa: Getrennte Welten?, Maull, Hanns W. (Hrsg.), Frankfurt u.a. 1993, S. 505.

2.1 Handel

Eine beispiellose Entwicklung in der Nachkriegszeit hat den industriellen Nachzügler Japan seit 1969 zur weltweit zweitstärksten Wirtschaftsmacht unter den westlichen Industrieländern nach den USA aufsteigen lassen[6].

In Verfolgung des prioritären Ziels, zu den westlichen Industrieländern aufzuschließen, legte Japan bis Mitte der 1980er Jahre den Schwerpunkt auf seine Außenwirtschaft und wurde zur weltweit drittstärksten Exportnation hinter den USA und der Bundesrepublik Deutschland.[7]

Im Unterschied zu den führenden Exportnationen USA und Deutschland ist die japanische Exportstruktur wesentlich weniger sektoral und regional diversifiziert. 1991 bestanden die japanischen Exporte zu mehr als 70 Prozent aus Fahrzeugen, elektrischen und elektronischen Geräten sowie Maschinenbauerzeugnissen mit einem hohen FuE-Anteil; die Hälfte aller Exporte gingen in die USA und die vier südostasiatischen Schwellenländer.[8] Weniger die absolute Höhe als die Konzentration der Exporte auf wenige sensible Produkte bilden die Ursache für die weltweiten handelspolitischen Schwierigkeiten Japans.[9]

Steigende strukturelle Handelsbilanzüberschüsse mit seinen Haupthandelspartnern waren die Folge und stellen seit Anfang der 1980er Jahre das handelspolitische Konfliktpotential auch in den bilateralen Beziehungen mit der EG dar.[10] So stieg 1992 das Handelsbilanzdefizit der Gemeinschaft gegenüber Japan erneut um 14% auf die Rekordhöhe von U$ 31,18 Mrd.[11]

Seit Ende des Zweiten Weltkrieges hat sich zwischen den Industrieländern der Handel strukturell vom inter- zum intra-industriellen Handel verlagert. Die Haupthandelsnationen tauschen heute überwiegend Güter vergleichbarer Verarbeitungsstufe wie z.B. Maschinen gegen Maschinen, Automobile gegen Automobile etc.

---

6   Vgl. Kurwan, Hans-Joachim, Vom Nachzügler zur Supermacht, in: Japan-Perspektiven: Wirtschaft, Gesellschaft, Markt, September 1990, S. 19.
7   Für eine differenzierte Darstellung und Analyse vgl. Ernst, Angelika; Hilpert, Hanns Günther; Laumer, Helmut, Japans Wirtschaft im strukturellen Wandel: Wettbewerbsposition, Ungleichgewichte, Reformbedarf, in: Japan und Europa..., a.a.O., S. 51-84. (Anm.5)
8   Vgl. ebd.
9   Vgl. ebd.
10 Die Beurteilung des Konfliktpotentials asymmetrischer Wirtschaftsbeziehungen ist wesentlich abhängig von den außenwirtschaftspolitischen Vorstellungen der beteiligten Akteure. In dieser Hinsicht ist die EG gespalten: Auf der einen Seite Dänemark, Deutschland, Großbritannien und Frankreich, die eine liberale Außenwirtschaftspolitik zur Wettbewerbs- und Wohlfahrtssteigerung in allen beteiligten Staaten bevorzugen. Auf der anderen Seite Frankreich und Italien, die in asymmetrischen Wirtschaftsbeziehungen eine Bedrohung ihrer nationalen Wirtschaft sehen und daraus die Notwendigkeit von außenwirtschaftspolitischen Schutzmaßnahmen ableiten. Die anderen EG-Staaten nehmen eine Zwischenposition ein, d.h. sie reagieren je nach wirtschaftlicher und politischer Opportunität.
11 Insgesamt erwirtschaftete Japan 1992 -bei sinkenden Importen- einen Rekordüberschuß von U$ 107,06 Mrd. Hauptdefizitär waren die USA, deren Handelsbilanzdefizit gegenüber Japan um 14% auf U$ 43,67 Mrd. anwuchs, gefolgt von den asiatischen Schwellenländern mit 31,6% auf U$ 41,76 Mrd. Vgl. SZ, 25.1.1993, S. 19.

Die folgende Tabelle 1 zeigt, daß für 1990 der intra-industrielle Handel Japans sowohl im Durchschnitt seines gesamten Außenhandels als auch im Bereich verarbeiteter Produkte bei nur knapp 30-50% der EG/EG-Länder und anderer führender Industrieländer lag.

International comparison of intra-industry trade (per cent)

	Average	Manufactured products
Japan	28	33
United States	55	60
Canada	66	73
EC:		
within regions	96	96
outside region	64	72
Germany	65	69
France	73	81
United Kingdom	78	81

Note: The calculation ot the intra-industry trade is made based on 2-digits SITC using the OECD Trade Statistics by Commodity. Intra-industry ist measured ba the following formula:

$$\frac{\sum_{i=1}^{n}(Xi+Mi) - \sum_{i=1}^{n}|Xi-Mi|}{\sum_{i=1}^{n}(Xi+Mi)} \times 100$$

Xi: Export value of i-th industry
Mi: Import value of i-th industry
Quelle: MITI, White Paper on Trade, 1990
Entnommen aus: OECD Economic Surveys, Japan 1990/1991, S. 68.

Nach Tabelle 2 setzten sich 1991 die Importe der EG aus Japan zu über 86% aus technologisch hochwertigen Produkten zusammen, während ihre Exporte nach Japan nur zu knapp 54% in diese Kategorie fielen. Lediglich bei chemischen Erzeugnissen erwirtschaftete die EG gegenüber Japan einen sektoralen Exportüberschuß.

2.2 Direktinvestitionen

Der kräftige Anstieg der japanischen Exportüberschüsse in den 1980er Jahren führte zu wachsendem internationalen Druck auf Japan, seine Exportpolitik zu ändern. In Verbindung mit der starken Yen-Aufwertung infolge des Plaza-Abkommens von 1985 sank zunächst die internationale Wettbewerbsfähigkeit Japans, was zu gravierenden Exporteinbußen führte. Die Folge war ein weltweit starker Anstieg der japanischen Direktinvestitionen zur Sicherung von Marktanteilen.

In Hinblick auf den Europäischen Binnenmarkt 1993 erhielt Europa erhebliche Kapitalzuflüsse aus Japan und wurde 1990 mit einem Anteil von

Im- und Exportprodukte im Außenhandel der EG mit Japan 1991

Produkte	Importe aus Japan Wert (U$ 1,000)	% Imp.	Exporte nach Japan Wert (U$ 1,000)	% Imp.
Gesamtimporte/-exporte	53,518,393	100	31,792,444	100
Nahrungsmittel	142,215	0,2	3,431,598	10,8
Leichtindustrie	5,549,779	9,4	-	-
Chemie	3,066,893	5,2	5,756,724	18,1
Maschinen	48,119,646	81,3	11,306,515	35,6
– Transportgüter	13,624,849	23,0	5,749,005	18,1
– PKW	9,379,262	15,9	4,320,526	13,6
– Elektr. Geräte	15,985,781	27,0	1,811,588	5,7
– Büromaschinen	6,926,699	11,7	361,844	1,1
– Präzisionsinstr.	4,565,948	7,7	525,842	1,7

Quelle: White Paper on International Trade Japan 1992, JETRO (Hrsg.), Tokyo 1992.

19,1% aller japanischen Direktinvestitionen nach den USA mit 42% zum weltweit zweitwichtigsten Standort für Japan.[12]

Das internationale Konfliktpotential der japanischen Direktinvestitionen liegt nicht in der absoluten Höhe und regionalen Verteilung, sondern in dem krassen Mißverhältnis zwischen japanischen Direktinvestitionen im Ausland und ausländischen Direktinvestitionen in Japan. So kamen 1990 22,1% aller weltweit getätigten Direktinvestitionen aus Japan (Europa 53,2%, USA 15,4%), von denen aber nur 1,1% nach Japan (Europa 52,8%, USA 23,4%) flossen.[13] Die kumulierten Direktinvestitionen des Auslandes in Japan zwischen 1951 und 1991 betrugen mit U$ 22,8 Mrd. nur 6,5% derjenigen Japans im Ausland von U$ 352,4 Mrd.[14]

Der Anteil der japanischen Auslandsproduktion am Bruttoinlandsprodukt betrug 1985 3% und verdoppelte sich bis 1990 auf 6,4%[15]. Das MITI geht für das Jahr 2000 von einem Anteil von 15% aus[16]. Obgleich die Branchen Transport- und Elektromaschinen mit einem ungefähren Auslandsproduktionsanteil von 12% schon nahe an die MITI-Projektion heranreichen, dürfte es noch einige Zeit dauern bis ein Internationalisierungsgrad vergleichbar dem der US-Wirtschaft von 24,9% (1988) erreicht ist.[17]

---

12 Vgl. Menzel, Ulrich, Japanische Auslandsinvestitionen, Probleme mit der Datenbasis, in: Japan 1991/92, Politik und Wirtschaft, Pohl, Manfred (Hrsg.), Hamburg 1992, S. 315.
13 Vgl. Kreft, Heinrich, Europa im Blickpunkt japanischer Investoren, in: Japan 1991/92, Politik und Wirtschaft..., a.a.O., S. 350.
14 Vgl. Japan 1993, An International Comparison, Keizai Koho Center, Tokyo 1992, S. 55 u. S.57.
15 Vgl. Kreft, Heinrich, Europa im Blickpunkt japanischer Investoren, in: Japan 1991/92, Politik und Wirtschaft..., a.a.O., S. 343. (Anm. 12)
16 Vgl. ebd.
17 Vgl. ebd.; Im Unterschied zu Westeuropa verstehen die Japaner unter wirtschaftlicher „Internationalisierung" und „Globalisierung" die internationale Produktion nationaler Unternehmen (vgl. Schulz, Sieg-

Sektoral flossen zwischen 1951 und 1991 77% (U$ 51,1 Mrd.) der japanischen Investitionen in Europa ins nichtproduzierende und 23% (U$ 15,23 Mrd.) ins produzierende Gewerbe.[18]

Im produzierenden Gewerbe bildeten die Sektoren elektrotechnische Erzeugnisse, Fahrzeugbau, Maschinenbau und Chemie den Schwerpunkt; genau die Sektoren, in denen Japan auch exportstark ist.[19]

Im nicht-produzierenden Gewerbe wurde überwiegend in den Sektoren Banken/Versicherungen, Handel, Immobilien und sonstige Dienstleistungen investiert.[20]

Die Direktinvestitionen in Europa dienen vor allem der Sicherung und Ausweitung von Marktanteilen gegenüber möglichen protektionistischen Bestrebungen einer „Festung Europa", insbesondere unter dem Druck der „local-content"-Bestimmungen der EG (vgl. Teil 3.1). Darüber hinaus besteht eine deutliche Tendenz zu einer von der übrigen Wirtschaft zum Teil getrennten japanischen Enklavenwirtschaft in Europa[21], also exklusiven Wirtschaftsbeziehungen unter japanischen Unternehmen. Dies sorgt für zusätzlichen Konfliktstoff in den Beziehungen zwischen der EG und Japan.

3. Festung Europa versus strukturelle Marktzugangsbeschränkungen in Japan

Ursachen für die asymmetrischen internationalen Wirtschaftsbeziehungen zwischen der EG und Japan liegen letztlich in den außenwirtschaftspolitischen Schutzmaßnahmen beider Akteure, die eine wirtschaftlich optimale Allokation der Produktionsfaktoren und somit der Waren-, Dienstleistungs- und Kapitalströme behindern. Eine Verzerrung der internationalen Wettbewerbsbedingungen ist die unmittelbare Folge.

Vergleiche japanischer tarifärer und nicht-tarifärer Marktzugangsbeschränkungen mit denen anderer Industrieländer kommen bis Mitte/Ende der 1980er Jahre zu keinem einheitlichen Ergebnis über den Grad des Protektionismus.[22]

---

fried; Volz, Joachim; Weise, Christian, Die Außenwirtschftsförderung der wichtigsten Konkurrenzländer Deutschlands, Deutsches Institut für Wirtschaftsforschung (Beiträge zur Strukturforschung, H. 124), Berlin 1991, S. 35f.)

18 Vgl. Kreft, Heinrich, Europa im Blickpunkt japanischer Investoren, in: Japan 1991/92, Politik und Wirtschaft..., a.a.O., S. 355. (Anm. 12)
19 Vgl. ebd., S. 356.
20 Vgl. ebd., S. 357.
21 Vgl. Green, Holger, Japanische Investitionen in Europa, in: Japan 1990/91, Politik und Wirtschaft, Pohl, Manfred (Hrsg.), Hamburg 1991, S. 306f.
22 Vgl. Balassa, Bela, Japan`s Trade Policies, in: Weltwirtschaftliches Archiv, Vol. 122, Nr. 4, 1986, S. 745-790; Corker, Robert, Der Wandel des japanischen Außenhandels, in: Finanzierung und Entwicklung,

Ein neuerlicher Vergleich des Öffnungsgrades der Volkswirtschaften der EG, USA und Japans durch die EG-Kommission ergab nur geringe Unterschiede zwischen den drei Staaten.[23] Das Problem bei diesem Vergleich liegt in dem üblicherweise angewendeten Indikator, der den Öffnungsgrad einer Volkswirtschaft als Durchschnitt der Warenausfuhren und -einfuhren im Verhältnis zum Bruttoinlandsprodukt definiert. Ein solcher Indikator kann zwar Auskunft über den Verflechtungsgrad einer Volkswirtschaft mit der Weltwirtschaft geben, aber nicht zwingend über deren Offenheit gegenüber ausländischen Waren-, Dienstleistungs- und Kapitalströmen.

Nimmt man dagegen den Unterschied zwischen dem japanischen Binnenmarktpreis und dem Weltmarktpreis als aussagekräftigeres Kriterium für den Öffnungsgrad an, ergibt sich für Japan -zumindest bis Ende der 1980er Jahre- ein erheblich größeres Maß an Protektionismus als für die EG und die USA.[24]

Unterschiede in den historischen, wirtschaftlichen und sozio-kulturelle Entwicklungsvoraussetzungen der EG und Japans führten zu Außenwirtschaftspolitiken beider Akteure, die einen qantitativen Vergleich ihrer Schutzmaßnahmen äußerst schwierig gestalten.

Im Unterschied zu Europa bestanden für Japan zunächst nur begrenzte Möglichkeiten, seine Außenwirtschaftsbeziehungen zu diversifizieren. In seinen Bemühungen, sich wirtschaftlich zu entwickeln, war das Land in ungleich größerem Maße als Europa auf den großen Exportmarkt der USA angewiesen. Gleichzeitig versuchte Japan, wie schon einmal in der zweiten Hälfte des 19. Jahrhunderts, wirtschaftlich von den USA unabhängig zu werden. Hierbei halfen Japan erneut seine sozio-kulturellen Spezifika, die heute in ihrer binnen- und außenwirtschaftspolitischen Ausprägung von Seiten der EG und anderer Handelspartner als strukturelle Marktzugangsbeschränkungen bezeichnet und für das asymmetrische wirtschaftliche Austauschverhältnis verantwortlich gemacht werden.[25] Diese Marktzugangsbeschränkungen sind in ihrer Wirkung derart effektiv, daß bisher auf eine rechtliche Kodifizierung weitgehend verzichtet wurde.

Im Unterschied zu Japan förderten die Intra-EG-Wirtschaftsbeziehungen sowohl symmetrische Verflechtungen innerhalb der Region als auch zwischen der EG und den USA. Im Vergleich zu Japan hat die EG ihre Binnen- und Außenhandelspolitik in einem mühevollen Abstimmungsprozeß verrechtlicht, um aus den divergierenden nationalen Wirtschaftsinteressen seiner

---

Juni 1991, S. 6-9; Lawrence, Robert Z., How Open ist Japan?, in: Tokyo Club Papers, No. 4, 1991, S. 11-38; OECD, Economic Surveys Japan 1988/1989, S. 83-102.

23 Vgl. Entwicklung des Öffnungsgrades der Volkswirtschaften der Gemeinschaft, der USA und Japans, in: Europäische Wirtschaft, Nr. 4, April 1992, Beiheft A.

24 Vgl. Hefeker, Carsten, Japans Handelspolitik und Position im GATT, in: Japan Analysen, Prognosen, Nr. 71, Mai 1992, S. 15.

25 Vgl. hierzu Bellers, Jürgen, Die Außenwirtschaftspolitik Japans..., a.a.O. (Anm. 4)

Mitgliedstaaten zu einer gemeinschaftlichen Außenhandelspolitik zu gelangen.

Seit 1970 fällt die Außenhandelspolitik nach Art. 113 EWG-Vertrag in den Zuständigkeitsbereich der EG[26]. Wesentliche Instrumente stellen heute die Antidumping- und Antisubventionsmaßnahmen, sogenannte local-content-Bestimmungen, Außenhandelskontingentierungen und nicht zuletzt die Industriepolitik dar. Die Anwendung dieser Maßnahmen in Hinblick auf die Realisierung des Europäischen Binnenmarktes trug der EG den Vorwurf ein, sie würde sich außenwirtschaftlich abschotten und zur „Festung Europa" werden.

3.1 Festung Europa

Vom Anti-Dumping zum local content

Das asymmetrische Austauschverhältnis zwischen der EG und Japan rückte Japan immer mehr in den Brennpunkt der Anwendung des vielfältigen Instrumentariums handelspolitischer Schutzmaßnahmen der EG. Hierunter sind die Anti-Dumping- und Antisubventionsinstrumente von besonderer Bedeutung. In einer Verordnung des Europäischen Rats vom Juni 1987 wurde die erweiterte Anwendung von Antidumpingmaßnahmen beschlossen und gleichzeitig eine sogenannte local-content-Bestimmung auf Gemeinschaftsebene eingeführt[27]. Hiernach können jetzt auch importierte Vorprodukte von mit Strafzöllen belegten Waren mit einem Anti-Dumping-Zoll belegt werden, wenn der importierte Bestandteil am Endprodukt mehr als 60% beträgt. Der Eindruck, daß sich diese Verordnung hauptsächlich gegen japanische Importe richtet liegt nahe: So stand Japan in den vergangenen fünf Jahren mit insgesamt 21 Anti-Dumping-Verfahren vor der Volksrepublik China (20), Südkorea (17) und der Türkei (15) an erster Stelle der von der EG eingeleiteten Untersuchungen.[28]

Die wettbewerbsfördernde Funktion von Anti-Dumping-Maßnahmen ist umstritten, da sie in aller Regel in einen Subventionswettbewerb einmünden und notwendige Anpassungsmaßnahmen verhindern.[29] Die pauschale Anwendung der local-content-Bestimmung der EG erscheint in dieser Hinsicht ebenfalls problematisch, da es letztlich nur auf den Technologiegehalt der

---

26 Die laufenden GATT-Verhandlungen über Agrarfragen verdeutlichen jedoch, daß einzelne Mitgliedstaaten (hier Frankreich) immer wieder versuchen, daß EG-Mandat zu unterlaufen (vgl. Oppermann, Thomas; Beise, Marc, GATT-Welthandelsrunde und kein Ende?, Die Gemeinsame EG-Handelspolitik auf dem Prüfstand, in: Europa Archiv, Folge 1, 1993, S. 1-11).
27 Vgl. VO (EWG) 2176/87 und VO (EWG) 1762/87, Abl. der EG, Nr. L 167/87.
28 Vgl. Zehnter Jahresbericht der Kommission an das Europäische Parlament über die Antidumping- und Antisubventionsmaßnahmen der Gemeinschaft, in: Kommission der Europäischen Gemeinschaften, SEK (92), 716 endg., Brüssel, 27.5. 1992, S. 40.
29 Vgl. Hager, Wolfgang, EC 1992 and Japan, in: Leuenberger, Theodor; Weinstein, Martin E. (Hrsg.), Europa, Japan and America in the 1990s, Cooperation and Competition, Berlin u.a. 1992, S. 33.

Vorprodukte ankommt, nicht aber auf den wertmäßigen Anteil am Endprodukt.[30]

Selbstbeschränkungsabkommen und der Spezialfall Autos

Ein weiteres bedeutsames Instrument gegenüber Drittländern ist die Anwendung von sogenannten Selbstbeschränkungsabkommen, deren GATT-Konformität umstritten ist.[31] Mengenmäßige Selbstbeschränkungsabkommen kommen in aller Regel durch die Drohung des Importeurs zustande, pauschal alle Importe mit Abgaben zu belegen, sollte sich der Exporteur nicht auf eine Kontigentierung seiner Exporte verpflichten lassen. Sie lassen also den Zwang des Importeurs zur Freiwilligkeit des Exporteurs werden. Dies wiederum provoziert unerwünschte Gegenmaßnahmen des Exporteurs wie z.B. Handelsumlenkungen und Direktinvestitionen zum Aufbau reiner Montagebetriebe. Eine Schwächung der Wettbewerbsposition des Importeurs ist letztlich die Folge, da erforderliche Strukturanpassungen verzögert werden.[32]

Bis 1989 unterlagen gut 40% aller japanischen Ausfuhren in die EG mengenmäßigen Beschränkungen, worauf die japanische Industrie mit einer Umstrukturierung auf qualitativ und preislich höherwertige Produkte (upgrading) reagierte.[33] Die EG provozierte dadurch einen verschärften Wettbewerb in Marktsegmenten, die zuvor wenig umstritten waren. Gleichzeitig auch Umgehungsversuche über die Belieferung der EG-Märkte aus freien Kapazitäten japanischer Unternehmen in Südostasien und den USA. Hierdurch erweiterte sich der Konflikt um die Frage nach dem Ursprung[34] der den local-content-Bestimmungen unterliegenden Importwaren und folglich um die Dimension der Auseinandersetzung mit weiteren Handelspartnern, insbesondere den USA.

Seit 1983 bestehen zwischen der EG und Japan Selbstbeschränkungsabkommen für eine Anzahl hochsensibler Handelsgüter. Hierzu gehören in besonderer Weise die Produkte der Automobilindustrie, die wirtschaftlich-technologisch für die europäische Industrie von herausragender Bedeutung sind. Darüber hinaus zählt dieser Industriezweig zu den sensibelsten Bereichen im Handelsaustausch mit Japan (vgl. Tabelle 1).

---

30   Vgl. ebd.
31   Vgl. Siebert, Christian; Svindland, Erik, Nationalstaat und Interdependenz, Kooperative Interaktionsmuster in der EG-Handelspolitik, in: Deutsches Institut für Wirtschaftsforschung, Sonderheft 147, Berlin 1992, S. 129.
32   Zum theoretischen Konzept und den möglichen empirischen Auswirkungen vgl. Preuße, Heinz Gert, Freiwillige Exportbeschränkungsabkommen und internationale Wettbewerbsfähigkeit der europäischen Automobilindustrie, Zu den potentiellen Auswirkungen der Vereinbarung der Europäischen Gemeinschaft mit Japan, in: Aussenwirtschaft, H. III, 1992, S. 361-388.
33   Vgl. Korte, Karl-Rudolf, Barrieren statt Wettbewerb, Die Wirtschaftsbeziehungen zwischen der Europäischen Gemeinschaft und Japan, in: Japan und Europa..., a.a.O., S. 265. (Anm.5)
34   Vgl. Yamazawa, Ippei, Japan, in: The European Community after 1992, Perspectives from the Outside, Borner, Silvio; Grubel, Herbert (Hrsg.), Basingstoke u.a. 1992, S. 331.

Ende Juli 1991 wurde der Streit über den Marktzugang für japanische Autos in die EG durch ein Selbstbeschränkungsabkommen beigelegt.[35] Für einen Übergangszeitraum von 1993 bis 1999 darf hiernach Japans Anteil am EG-Markt für PKWs und leichte Nutzfahrzeuge den Anteil von 16% (1990 ca. 10%) nicht überschreiten. Dies entspricht einem jährlichen Kontingent von etwa 1,23 Mill. Autos. Danach soll freier Wettbewerb herrschen. Da die im EG-Wirtschaftsraum hergestellten japanischen Autos nicht auf die Quote angerechnet werden, dürfte dieses Abkommen zu einer wesentlichen Steigerung der Autoproduktion in den japanischen „Transplantaten" innerhalb der EG führen. Aber auch hierdurch erwartet die EG-Kommission kein Überschreiten der 16%-Marke, da ihr von japanischer Seite informell zugesichert wurde, daß die EG-interne jährliche japanische Autoproduktion bis 1999 nicht 1,23 Mill. Einheiten überschreiten wird. Zusammen mit den Importen von außerhalb der EG würde das dann der vereinbarten Quote entsprechen.[36]

Ob die bis 1999 während Schonfrist zur Erhöhung der Wettbewerbsfähigkeit der europäischen Autoindustrie beitragen wird, ist unsicher. Erfahrungen in den USA deuten eher auf eine sich weiter verschlechternde Wettbewerbsposition gegenüber Japan aufgrund hinausgeschobener Anpassungsprozesse und auf eine Erhöhung der Anpassungskosten zu Lasten der Verbraucher hin.[37] Eine solche Entwicklung würde diejenigen Kräfte innerhalb der EG stärken, die eine Verlängerung der Schonfrist verlangen und somit den Handelskonflikt weiter verschärfen.

Darüber hinaus erfaßt das Selbstbeschränkungsabkommen nicht die Importe japanischer Autos aus Drittländern, was zu Ausweichreaktionen, z.B. über den amerikanischen Markt führen dürfte.[38]

Industriepolitik als handelspolitisches Instrument

Der Artikel 130, Abs. 1 des Maastrichter Vertragswerkes[39] von 1992 wird nach seiner Ratifizierung zur neuen rechtlichen Grundlage für die Industriepolitik der Europäischen Gemeinschaft. Neu hinzugekommen ist die wirtschaftliche und soziale Kohäsionspolitik und die Forschungs- und Technologiepolitik. Insbesondere von der Forschungs- und Technologiepolitik, die Schlüsseltechnologien ausmachen und die betreffenden Branchen und Unternehmen gezielt fördern soll, wird eine Steigerung der Wettbewerbsfähigkeit

---

35 Vgl. NZZ, 30. Juli 1991, S. 9.
36 Vgl. ebd.
37 Vgl. Preuße, Heinz Gert, Freiwillige Exportbeschränkungsabkommen ..., a.a.O. (Anm. 32)
38 Vgl. Klodt,Henning, Europäische Industriepolitik nach Maastricht, in: Die Weltwirtschaft, H. 3, 1992; S. 268.
39 Vgl. Vertrag über die Europäische Union, in: Amtsblatt der Europäischen Gemeinschaften: Mitteilungen und Bekanntmachungen, Nr. 35, 29. Juli 1992, C191.

der EG erwartet.[40] Zusammengefaßt in einer neuen Brüsseler Generaldirektion für Industriepolitik soll -vergleichbar dem japanischen Außenhandelsministerium MITI- in Zukunft die europäische Industriepolitik umgesetzt werden.[41]

Die hohen Entwicklungskosten, die zu immer enger werdenden Skalenerträgen führen, lassen eine Bündelung der vorwettbewerblichen Grundlagenforschung geboten erscheinen.

Weiterhin liefert die relativ homogene japanische Herausforderung gegenüber der durch divergierende Interessen ihrer Mitgliedstaaten geprägten EG die interne Rechtfertigung für eine stärkere industriepolitische Kooperation. So kommt eine grundlegende Studie japanischer Direktinvestitionen in Europa zu dem Ergebnis, daß diese nach einer „umfassenden Strategie" durchgeführt werden[42]. Ein vergleichbares strategisches Vorgehen wird in einer weiteren Untersuchung auch bezüglich der japanischen Forschungs- und Technologiepolitik festgestellt. Hiernach versucht Japan im Rahmen einer „sicherheitspolitischen Zielsetzung" weltweit wissenschaftlich-technologische Spitzenpositionen für die eigene Industrie zu besetzen und auszubauen[43].

Die neue Forschungs- und Technologiepolitik der EG, die rechtlich auf gleicher Ebene wie die gemeinschaftliche Handelspolitik steht, kann u.a. als Antwort auf die japanische „Herausforderung" verstanden werden. Sie wird allerdings von Anfang an Gefahr laufen, durch den Lobbyismus der Großindustrie als „industriepolitisch motivierten Handelspolitik"[44] zweckentfremdet zu werden und würde in diesem Fall zu einer Abschottung des EG-Binnenmarkts gegenüber Drittländern beitragen.

3.2 Strukturelle Marktzugangsbeschränkungen in Japan

Im Unterschied zur EG konzentriert sich die Außenwirtschaftspolitik Japans auf die Förderung von Importen und Direktinvestitionen und den Abbau struktureller Handelshemmnisse, um den großen Handelsbilanzüberschuß und die starken Asymmetrien bei den Direktinvestitionen abzubauen (vgl. Teil 2.2).

---

40 Vgl. EG-Kommission, Die Forschung nach Maastricht – Bilanz und Strategie. Mitteilung der Kommission an den Rat und das Europäische Parlament v. 9.4. 1992, SEK (92), 682.
41 Vgl. SZ, 23./24.1 1993, S. 33.
42 Vgl. Ernst, Angelika; Hilpert, Hanns-Günter, Japans Direktinvestitionen in Europa-Europas Direktinvestitionen in Japan, Ifo-Institut für Wirtschaftsforschung (Ifo-Studien zur Japanforschung, 4), München 1990, S. 152.
43 Vgl. Pohl, Manfred, Technologiekonkurrenz und strategische Allianzen in der Triade, in: Japan und Europa..., a.a.O., S. 404 (Anm.5).
44 Vgl. Vetterlein, Uwe, Die Industriepolitik der Europäischen Gemeinschaft, Implikationen der Maastrichter Beschlüsse, in: List Forum für Wirtschafts- und Finanzpolitik, Nr. 3, 1992, S. 211.

So beschloß die japanische Regierung während der 1980er Jahre acht Marktöffnungspakete[45]. Während diese Programme in der ersten Hälfte der 1980er Jahre die politische Funktion des Abfangens internationaler Kritik besaßen, zeigten sie seit 1985 zumindest zeitweise importsteigernde Wirkung.[46] Das bisher umfangreichste Marktöffnungspaket ist im Fiskaljahr 1990 angelaufen. Ungefähr 40% der zur Verfügung gestellten Mittel von insgesamt U$ 100 Mill. entfallen auf europaspezifische Maßnahmen.[47] Im einzelnen umfaßt das Paket:

– Strukturelle Maßnahmen zur Reform des japanischen Distributionssystems und den Abbau diskriminierender Geschäftspraktiken;
– Direkte Importförderungsmaßnahmen zur Erweiterung des zollfreien Imports von über 1000 Fertigwaren;
– Förderung ausländischer Direktinvestitionen in Japan über die Vergabe zinsvergünstigter Kredite.

Trotz dieser Maßnahmen stellen administrative Hindernisse,[48] vor allem aber das japanische Distributionswesen[49] mit seinen hierarchisch ausgeprägten Strukturen wie die von Erst-, Zweit-, Dritt- und Viertgroßhändlern auch weiterhin eine beträchtliche Marktzugangsbeschränkung für ausländische Unternehmen dar.

Dominiert wird das Distributionssystem durch die starke Stellung der japanischen Großhandelsunternehmen, den Sogoshosha, die nicht nur die Binnenwirtschaft dominieren, sondern Mitte der 1980er Jahre zweidrittel aller japanischen Exporte und dreiviertel aller japanischen Importe abwickelten[50].

Besonders problematisch aus wettbewerbspolitischer Sicht ist die hohe Oligopolisierung des Außenhandels in der Hand von neun Sogoshosha, die 1985 die japanische Gesamtausfuhr zu 45,6% und die Einfuhr zu 77,8% bestimmten.[51]

Sie sind darüber hinaus führende Mitglieder der wirtschaftlichen Verbundgruppen, den Kigyo Keiretsu,[52] und bestimmen damit die Entwicklung ganzer Industriezweige.

---

45 Vgl. hierzu im einzelnen Ernst, Angelika; Laumer, Helmut, Japan an der Schwelle zur globalen Wirtschaftsmacht, Ifo-Institut für Wirtschaftsforschung (Ifo-Studien zur Japanforschung, 3), München 1989, S. 170-182; Higashi, Chikara; Lauter, G. Peter, The Internationalization of the Japanese Economy, Boston u.a. 1992, S. 74-82.
46 Vgl. Ernst, Angelika; Laumer, Helmut, Japan an der Schwelle..., a.a.O., S. 170 u. 178.
47 Vgl. Neue Runde der Marktöffnung, in: Japan-Perspektiven: Wirtschaft, Gesellschaft, Markt, Frankfurt 1990, S. 84.
48 Vgl. ebd., S. 87.
49 Vgl. Kurwan, Hans-Joachim, Das Distributionswesen, in: Japan-Perspektiven..., a.a.O., S. 93-96 (Anm. 47); Bellers, Jürgen, Die Außenwirtschaftspolitik Japans..., a.a.O., S. 316-318. (Anm. 4)
50 Vgl. Kurwan, Hans-Joachim, Das Distributionswesen..., a.a.O., S. 96.
51 Vgl. ebd.
52 Vgl. z.B. die differenzierte Analyse von Nanto, Dick K., Japans Industrial Groups: The Keiretsu, in: CRS Report for Congress, November 5, 1990.

Von staatlicher Seite wird dieser Konsens im Bereich der Wirtschaftsverwaltung durch administrative Leitsätze, dem gyosei shido, umgesetzt. Das mächtige Außenhandelsministerium MITI setzt mittels dieses Verfahrens seine Industriepolitik durch, die im Vorfeld mit der Großindustrie abgestimmt wird.[53]

Nach einer Untersuchung des Deutschen Instituts für Wirtschaftsforschung von 1991 erlangt die japanische Außenwirtschaftsstrategie ihre durchschlagende Kraft durch einen „...nationalen Konsens, dessen Inhalt im Dialog von Politik und Wirtschaft definiert und als gemeinsame Leitlinie verwirklicht wird."[54] Das Problem für ausländische Exporteure und Investoren liegt in der informellen Struktur der innerjapanischen Abstimmungsprozesse, die ihre diskriminierende Qualität erst durch die historisch geprägten sozio-kulturellen Rahmenbedingungen der japanischen Gesellschaft erhalten. Diese bestehen u.a. in einer japanischen Mentalität, die allem Ausländischen tendenziell skeptisch gegenübersteht und dadurch fortwährend den innergesellschaftlichen Konsens in Japan gefährdet sieht.[55]

4. Handelspolitische Beziehungen und die gemeinsame EG-Politik gegenüber Japan

4.1 Handelspolitische Beziehungen

Die asymmetrischen Wirtschaftsbeziehungen zwischen der EG und Japan sind mittlerweile von beiden Seiten offiziell als Konfliktursachen anerkannt worden. Die wettbewerbsverzerrende Wirkung der dargestellten Marktzugangsbeschränkungen ist hierfür letztendlich verantwortlich zu machen. Ihre unterschiedliche Struktur macht sie qualitativ und quantitativ nur schwer vergleichbar. Folglich gibt es auch objektive Probleme in den Verhandlungen zwischen der EG und Japan über den sukzessiven Abbau der gegenseitigen Marktzugangsbeschränkungen, wenn man einmal den politischen Willen hierfür unterstellt.

Wie haben sich auf diesem Hintergrund die handelspolitischen Beziehungen entwickelt? Hat sich das bilaterale Verhältnis beider Akteure nach Beendigung des Kalten Krieges grundlegend verändert? Gibt es Ansätze für eine konstruktive Konfliktregulierung in der Japanpolitik der EG und wie reagiert das offizielle Japan darauf?

---

53 Zur Struktur und seinen Mechanismen vgl. Hilpert, Hanns Günther, Japanische Industriepolitik – Grundlagen, Träger, Mechanismen, in: Japan Analysen, Prognosen, Nr. 74/75, Aug./Sept. 1992.
54 Schulz, Siegfried; Volz, Joachim; Weise, Christian, Die Außenwirtschftsförderung..., a.a.O., S. 34. (Anm. 17)
55 Vgl. hierzu Bellers, Jürgen, Die Außenwirtschaftspolitik Japans..., a.a.O., S. 297 (Anm. 4).

Nationale Partikularinteressen in der Gemeinschaft haben dazu geführt, daß die in den 1960er Jahren von fast allen Mitgliedstaaten der EG mit Japan abgeschlossenen bilateralen Handelsvereinbarungen bis zur Vollendung des Europäischen Binnenmarkts 1993 ihre Gültigkeit behalten.[56] Erste gemeinsame Verhandlungen der EG mit Japan über einen Handelsvertrag Anfang der 1970er Jahre scheiterten 1971 aufgrund der restriktiven Haltung der EG-Kommission bezüglich der Aufnahme einheitlicher Schutzklauseln in den Vertrag.[57] Die japanische Seite konzentrierte sich daher weiterhin auf bilaterale Verhandlungen mit den einzelnen Mitgliedstaaten der EG, um diese gegeneinander auszuspielen.[58]

Trotz dieser Erfahrungen mit Japan dauerte es noch geraume Zeit bis die EG sich auf eine gemeinsame Politik gegenüber Japan einigen konnte. Zunächst wurden ab 1973 halbjährlich stattfindende Gespräche mit Japan auf „hoher Ebene" vereinbart.[59] Darüber hinaus unterzog die EG-Kommission ihre eigene Handelspolitik gegenüber Japan wiederholt einer Revision.[60]

Erst 1983, als die ersten Selbstbeschränkungsabkommen zwischen der EG und Japan ausgehandelt wurden, akzeptierten die nationalen Regierungen die EG-Kommission als ihre Vertretung in Verhandlungen mit Japan.[61]

Das wachsende Handelsbilanzdefizit der EG mit Japan und die stark ansteigenden Direktinvestitionen Japans in den Ländern der Gemeinschaft infolge des Inkrafttretens der Einheitlichen Europäischen Akte 1987 ließen innerhalb der EG die Einsicht in ein gemeinsames Vorgehen gegenüber Japan reifen. Dennoch konnte sich die EG noch nicht auf eine einheitliche Politik gegenüber Japan einigen, sondern überließ diese weiterhin einer stark zersplitterten Kompetenzverteilung innerhalb der EG-Kommission.[62] Dies wiederum entsprach den unterschiedlichen Interessen innerhalb der Gemeinschaft.[63]

---

56 Vgl. Korte, Karl-Rudolf, Barrieren statt Wettbewerb, Die Wirtschaftsbeziehungen zwischen der Europäischen Gemeinschaft und Japan, in: Japan und Europa..., a.a.O., S. 248 (Anm. 5).
57 Vgl. Korte, Karl-Rudolf, Nippons neue Vasallen? Die Japanpolitik der Europäischen Gemeinschaft, (Mainzer Beiträge zur Europäischen Einigung, 3), Bonn 1984, S. 47.
58 Vgl. ebd.
59 Vgl. Bulletin der EG, Nr. 6, 1973, Ziff. 2324.
60 So z.B. Mitte 1980 in einer Mitteilung der EG-Kommission an den Europäischen Rat (vgl. Die Handelspolitik der Gemeinschaft und Japan: Eine erneute Überprüfung, in: KOM (80) 444 endg.) und 1986 (vgl. The European Commission`s Analysis and Guidelines concerning Relations between the Community and Japan, abgedruckt, in: Europe Documents, No. 1393, 25.2. 1986).
61 Vgl. Korte, Karl-Rudolf, Barrieren statt Wettbewerb...a.a.O., S. 252 (Anm. 5).
62 Zu der starken Kompetenzaufsplitterung vgl. Nuttall, Simon J., Foreign Policy Making in European-Japanese Relations: EC Approches, Conference on European-Japanese Relations: The next Phase, Ebenhausen, November 26-28, 1989.
63 Vgl. Steinert, Marlis G., Japan and the European Community: An Uneasy Relationship, in: Ozaki, Robert S. u.a. (Hrsg.), Japan`s Foreign Relations – A Global Search for Economic Security, Boulder/Colo. 1985, S. 37f.

Nach Beendigung des Kalten Krieges war die Zeit für eine Neuordnung der bilateralen Beziehungen und für einen neuen europäischen Konsens in der Frage einer gemeinsamen Politik gegenüber Japan gekommen.[64]

Die veränderte geopolitische Konstellation erweiterte den Handlungsspielraum für die EG und Japan in den transatlantischen bzw. transpazifischen Beziehungen. Hierdurch ergab sich zum ersten Mal in der Nachkriegsgeschichte die Möglichkeit, eine substantielle politische Dimension in die bilateralen Beziehungen zwischen der EG und Japan einzuführen.[65] Das Ergebnis war die Gemeinsame Erklärung der EG und Japans vom Juli 1991.

4.2 Die Gemeinsame Erklärung

Am 18. Juli 1991 kam es zur Unterzeichnung einer Gemeinsamen Erklärung zwischen der EG und Japan[66]. Ausdrücklich wird die politische und sicherheitspolitische bilaterale und multilaterale Zusammenarbeit neben den Dialog über die wirtschaftspolitische Kooperation gestellt.[67] Wesentliche Punkte dieser Erklärung sind:

Politische Kooperation

In Zukunft wollen die EG und Japan bi- und multilateral kooperieren, um eine Lösung internationaler und regionaler Probleme auf dem Verhandlungswege zu erreichen. Hierdurch sollen die Vereinten Nationen und andere internationale Organisationen gestärkt und gemeinsame Anstrengungen zur Vermeidung der Proliferation von nuklearen, chemischen und biologischen Waffen, Raketentechnologie und konventionellen Waffen unternommen werden.

---

64 So hob der EG-Botschafter in Japan, Jean-Pierre Leng, im Januar 1991 hervor, daß die Zeit reif sei für einen politischen Dialog zwischen Japan und dem neuen Europa, der über die Diskussion von Handelsproblemen hinausgeht und eine engere Kooperation der Außen- und Sicherheitspolitik beider Partner miteinbezieht (vgl. Handelsblatt, 16.1. 1991, S. 9).

65 So resümieren William Wallace und John Roper noch im November 1987 auf der Europa-Japan-Konferenz zwischen Planungsstabsmitgliedern der Außenministerien, daß sie keine signifikante politische Dimension in den Beziehungen zwischen Westeuropa und Japan während der zurückliegenden 30 Jahre erkennen können (vgl. Wallace, William; Roper, John, Western Europe and Japan: The Political Dimension, in: Maull, Hanns W.(Hrsg.), Japan and Europe in an Interdependent World (The JCIE Papers, The Proceedings of the Ninth Europe-Japan Conference), West Berlin, November 1987, S. 3).
Die seit 1983 durchgeführten EPZ-Konsultationen mit Japan über außen- und sicherheitspolitische Themen waren ebenfalls nicht sehr substantiell und sind eher in die Kategorie von außenpolitischen goodwill-Bekundungen einzuordnen (vgl. Kevenhörster, Paul, Die außenpolitischen Beziehungen zwischen Japan und Europa, in: Japan und Europa..., a.a.O., S. 273 (Anm. 5).

66 Vgl. Beziehungen der Gemeinschaft und ihrer Mitgliedstaaten zu Japan, in: Bulletin der Europäischen Gemeinschaften, Nr. 7/8, 1991, Ziff. 1.4.8.

67 Anfänglich bestanden große Schwierigkeiten in den Verhandlungen, da die japanische Regierung nur Hauptprinzipien der politischen Kooperation in eine gemeinsame Erklärung hineinschreiben, während die Gemeinschaft darüber hinaus auch die Ziele und Modalitäten der Wirtschaftskooperation festlegen wollte (vgl. Joint Declaration on Relations between the European Community and its Member States and Japan, in: Europe, No. 1729, 2 August 1991).

Wirtschaftskooperation

Es wurde vereinbart, das offene multilaterale Welthandelssystem zu stärken, protektionistische Tendenzen und unilaterale Maßnahmen zurückzuweisen, und die Prinzipien des GATT und der OECD bezüglich Handel und Investitionen zu beachten.

Beide Seiten sind darüber hinaus entschlossen, sich auf der Basis vergleichbarer Möglichkeiten gegenseitig einen freien Zugang zu ihren Märkten zuzugestehen, strukturelle und andere Hindernisse zu beseitigen, die Handel und Investitionen behindern.

Weiterhin sollen die wissenschaftlich-technologische Projektkooperation und die industrielle Zusammenarbeit verbessert werden.

Konsultations- und Kooperationsmechanismen

Eine besonders positive Wirkung auf das bilaterale Verhältnis erhoffen sich beide Seiten von den vereinbarten, periodisch stattfindenden hochrangigen Treffen. Die Konsultations- und Kooperationsmechanismen sehen danach wie folgt aus:

— Als neues Element wurden jährliche Konsultationen in Europa oder Japan zwischen dem Präsidenten des Europäischen Rates, dem Präsidenten der EG-Kommission und dem japanischen Ministerpräsidenten vereinbart. Die bisher bestehenden Konsultationen bleiben erhalten:
— Zwischen der EG-Kommission und der japanischen Regierung auf Ministerebene (jährlich).
— Zwischen den Außenministern der EG-Staaten, der Troika und dem japanischen Außenminister (6-monatlich).
— Berichterstattung der japanischen Repräsentanten gegenüber dem Präsidenten der Europäischen Politischen Zusammenarbeit im Anschluß an deren Ministertreffen und Information der Repräsentanten der EG über die japanische Außenpolitik.

4.3 Die Japanpolitik der EG

Die Gemeinsame Erklärung stellte die Beziehungen zwischen der EG und Japan auf eine neue Grundlage, da hiermit zum ersten Mal in der Nachkriegsgeschichte gemeinsame außen- und sicherheitspolitische Vorstellungen und Rahmenvereinbarungen zur Wirtschaftskooperation auf bilateraler Ebene festgelegt wurden. Darüber hinaus wurden die bestehenden Konsultations- und Kooperationsmechanismen erweitert und festgeschrieben.

Gleichzeitig war die Gemeinsame Erklärung ein wesentlicher Anlaß für die Neuformulierung einer einheitlichen Japanpolitik der EG. Diese fand ihren Niederschlag in dem Konzeptvorschlag der EG-Kommission für eine Gemeinschaftspolitik gegenüber Japan vom 20. Mai 1992,[68] der am 15. Juni 1992 vom Europäischen Rat in seinen wesentlichen Teilen angenommen wurde:[69]

Neben den regelmäßig wiederkehrenden Forderungen der EG nach einer Öffnung der japanischen Märkte für europäische Waren, Dienstleistungen und Direktinvestitionen und einer effektiveren handelspolitischen Abstimmung wird hierin die volle politische und wirtschaftliche Integration Japans in das internationale System gefordert. Um dieses Ziel zu erreichen, soll die künftige Japanpolitik der EG den politischen Dialog qualitativ deutlich über die bisherigen Vereinbarungen hinaus erweitern.

Die Effizienz des Dialogs soll in Zukunft durch eine regelmäßig durchzuführende differenzierte statistische Analyse der Entwicklung des Handels mit Waren und Dienstleistungen (Monitoring) sichergestellt werden. Im Vergleich mit den Ergebnissen des Außenhandels der EG auf Märkten vergleichbarer Handelspartner sowie anderer Partner Japans sollen hierdurch rechtzeitig Behinderungen von EG-Unternehmen auf dem japanischen Markt festgestellt werden.

Entsprechend dem Konzeptvorschlag werden die Ergebnisse der Untersuchungen den EG-Mitgliedstaaten zur Stellungnahme vorgelegt, gemeinsam mit den japanischen Behörden ausgewertet und über die vorgesehenen Konsultationen zu Empfehlungen über notwendige Maßnahmen zur Verbesserung der Position der EG-Firmen auf den japanischen Märkten verdichtet. Diese Empfehlungen wiederum sollen dann den jährlich stattfindenden hochrangigen Konsultationen als Diskussionsgrundlage dienen, um den Dialog substantieller und verbindlicher zu gestalten.

4.4 Reaktionen in Japan

Der Konzeptvorschlag der EG-Kommission und der Entschluß des Europäischen Rats provozierten in Japan Gegenstellungnahmen des Außenhandelsministeriums MITI und des Außenministeriums[70]. Auffallend an diesen Stellungnahmen ist, daß sie sich nicht konstruktiv und detailliert mit dem Konzept, den Forderungen und der dort enthaltenen Bestandsaufnahme der EG auseinandersetzen.

Stattdessen werden seitens des MITI Gegenvorwürfe zur unfairen Handelspolitik der EG formuliert, die unter anderem Kritik an den gegenüber Ja-

---

68 Vgl. Die Beziehungen der Gemeinschaft zu Japan (Mitteilung der Kommission an den Rat), in: Kom(92) 219 endg., Brüssel, 21.5. 1992. Zur Analyse der wirtschaftlichen Teile vgl. Hilpert, Hanns Günther, Ein durchgängiges und umfassendes Konzept, Die Beziehungen der Gemeinschaft zu Japan, in: Japan Analysen, Prognosen, Nr. 72, Juni 1992, S. 37-47.
69 Vgl. Relations with Japan: Council Conclusions, in: Europe, No. 1792, 10 July 1992.
70 Vgl. Handelsblatt, 24.7. 1992, Nr. 119, S.11.

pan erzwungenen Selbstbeschränkungsabkommen, an der Diskriminierung japanischer Anbieter bei der Vergabe öffentlicher Aufträge und an den Anti-Dumping- und Ursprungserzeugnis-Regeln üben.

Das Außenministerium hebt darüber hinaus (ohne nähere Spezifizierung) tendenziell unumstrittene außen- und sicherheitspolitische Kooperationsfelder wie die gemeinsame Unterstützung für die GUS und die mittel- osteuropäischen Staaten und die Zusammenarbeit im Bereich der Nichtproliferation von Nuklearwaffen hervor. Es fordert die Öffnung der EG-Märkte für japanische Produkte, da dies den Wettbewerb innerhalb der EG intensivieren und zur Belebung der Volkswirtschaften der Gemeinschaft beitragen würde.

Vor diesem Hintergrund war es dann nicht überraschend, daß auf dem zweiten Gipfeltreffen zwischen der EG und Japan am 4. Juli 1992 in London[71] im Wesentlichen nur die Gemeinsame Erklärung von 1991 bestätigt und das asymmetrische wirtschaftliche Austauschverhältnis bedauert wurde. Darüber hinaus aber keinerlei substantielle Ansätze für eine Fortentwicklung und Neugestaltung der bilateralen Beziehungen vereinbart wurden.

5. Aktueller Stand der Beziehungen und Versuch eines Ausblicks

Seit der Gemeinsamen Erklärung und dem zweiten Gipfeltreffen zwischen der EG und Japan hat sich eine gewisse Ernüchterung bezüglich der Umsetzung der gemeinsamen Vereinbarungen eingestellt.[72] Stärker als zuvor dominieren die handelspolitischen Konflikte die bilateralen Beziehungen[73]. Die Ausfüllung der „politischen Dimension" der Vereinbarungen ist bisher nicht wesentlich über Proklamtionen hinausgediehen. Beide Seiten scheinen zu sehr mit den Problemen ihrer eigenen Region beschäftigt zu sein. So sind z.B. weder die GATT-Verhandlungen der Uruguay-Runde dem Abschluß wesentlich näher gebracht worden, noch konnte man sich auf ein gemeinsames Vorgehen gegenüber den Nachfolgestaaten der UdSSR und den mittel- und osteuropäischen Ländern einigen.

Die bilateralen Beziehungsmuster EG-USA und Japan-USA aus der Zeit des Kalten Krieges sind bisher nur wenig durch eine eigenständige bilaterale Politik beider Partner abgelöst bzw. ergänzt worden.

Die europäisch-japanischen Beziehungen scheinen sich immer noch, wenn auch nicht mehr kohärent wie zu Zeiten des Kalten Krieges, dem transatlanti-

---

71 Vgl. Joint Press Statement, in: Europe, No. 1792, 10 July 1992.
72 Vgl. u.a. Rodger, Ian, Evidence of growing goodwill, in: Financial Times, 13.11. 1992, S. 3.
73 So wird erneut zwischen Europa und Japan über die Verteilung von Autoquoten auf die einzelnen Mitgliedstaaten verhandelt und versucht, die in Europa produzierten japanischen Autos auf die Gesamtquote anrechnen zu lassen (vgl. SZ, 3.3. 1993, S.32).

schen und transpazifischen Handlungsrahmen unterzuordnen. Während die transatlantischen Beziehungen sich wirtschaftlich durch einen hohen Grad an substitutiver Handels- und Kapitalverflechtung auszeichnen, bestehen in den bilateralen Beziehungen der EG, aber auch der USA zu Japan erhebliche Asymmetrien. Hierin liegen auch weiterhin die Hauptursachen der bilateralen Konflikte. Die ihrer Struktur nach vergleichbaren wirtschaftlichen Konfliktkonstellationen in den Beziehungen EG-Japan und USA-Japan geben Anlaß zu folgenden Überlegungen:

Sowohl die Vereinigten Staaten als auch die EG haben ihren Interessenausgleich mit Japan stark bilateralisiert. Hierbei sind die USA den Europäern einen deutlichen Schritt voraus, indem sie im Juni 1990 mit Japan ein Abkommen in Form einer sogenannten „Structural Impediments Initiative" (SII) abschlossen, das den bilateralen Verhandlungen mehr Substanz verleihen soll[74]. Die EG befürchtet einseitige Diskriminierung ihrer bilateralen Beziehungen zu Japan[75] wie im Fall des Halbleiterabkommen von 1986[76] zwischen den USA und Japan. Zu überlegen wäre daher, ob nicht ein trilaterales SII einen angemesseneren Verhandlungsrahmen darstellen würde. Zentrale, über bilaterale Verhandlungen hinausreichende Probleme (z.B. Handelsumlenkung, transnationale Inter-Firmen-Beziehungen, trilaterale Technologiestrategien) könnten in diesem Rahmen behandelt und darüber hinaus könnte auch diskriminierenden Bilateralisierungen innerhalb der Triade vorgebeugt werden.

Einen ersten Schritt bzw. Zwischenschritt in diese Richtung könnte ein europäisch-japanisches SII im Rahmen der Vereinbarungen der Gemeinsamen Erklärung von 1991 darstellen. Dies würde vermutlich auch der japanischen Seite entgegenkommen[77] und einer Eskalation der bilateralen Konflikte entgegen wirken. Verbindliche Gespräche hätten darüber hinaus auch eine innenpolitische Funktion: Sie würden äußeren Druck für erforderliche Strukturanpassungen in Japan und Europa erzeugen, indem sie den betreffenden Politikern eine größere Legitimität nach innen verschaffen.

Der Vorschlag der EG-Kommission zum statistischen Monitoring der Entwicklung und des Vergleichs der Handelsbeziehungen sollte aufgegriffen

---

74 Im Rahmen der SII werden die Ursachen der Asymmetrien in den bilateralen Außenwirtschaftsbeziehungen beraten und konkrete Maßnahmen zur Verbesserung beschlossen, die nationale umgesetzt werden müssen.

75 Vgl. Die Beziehungen der Gemeinschaft zu Japan (Mitteilung der Kommission an den Rat), in: Kom (92) 219 endg., Brüssel, 21.5.1992.

76 Das Abkommen sichert den USA in Japan nach einer Übergangszeit von fünf Jahren einen Marktanteil bei Halbleiterchips von 20% zu. Dieser Anteil wurde Ende 1992 erreicht und verhinderte einen sektoralen Handelskonflikt (vgl. Schaffer, Jon, in: USIS Europe, Nr.52, 19.3. 1993, Item 513, S. 43).

77 Das MITI lehnte jedoch bisher ein europäisch-japanisches SII nach amerikanischem Vorbild mit dem Hinweis auf die seiner Meinung nach in ausreichendem Maße bestehenden Konsultationsebenen ab (vgl. Handelsblatt, 5.8. 1992, S. 7.)

und um die für die Wirtschaftsbeziehungen zentralen Bereiche Kapitalverkehr und Technologiebeziehungen erweitert werden.

Um den Gesprächen eine größere Substanz und Verbindlichkeit zu verleihen, bedarf es allerdings der politischen Entscheidung der EG-Staaten und Japans. In Anbetracht der rezessiven Wirtschaftsentwicklung kann hierfür derzeit wohl keine große Bereitschaft vorausgesetzt werden. Wenngleich der Zeithorizont seit 1991 sehr kurz ist, müssen sich die Entscheidungsträger in der EG und in Japan fragen lassen, ob sie bisher die neuen Möglichkeiten der Kooperation vor dem Hintergrund drängender internationaler Probleme wirklich genutzt haben. Die Fortsetzung der bilateralen Beziehungen nach dem Prinzip des „Learning by Crisis Management" würde die politischen und wirtschaftlichen Anpassungskosten nur unnötig erhöhen.

Joachim Glaubitz

Japan und sein russischer Nachbar

Rückschläge und neue Hindernisse

Es ist ein bemerkenswertes Phänomen, daß der Zusammenbruch der Sowjetunion das japanisch-russische Verhältnis im Kern nicht verbessert hat. Selbst die Form des Umgangs miteinander zeigt wenig Neues. So überrascht es nicht, daß die Territorialfrage, das Hauptproblem zwischen beiden Nachbarn, von einer Lösung noch weit entfernt ist. Noch eine zweite Beobachtung ist erwähnenswert: Rußland setzt die sowjetische Politik fort, Japan als einen zweitrangigen politischen Akteur in Asien zu betrachten und entsprechend zu behandeln.

Was bedeutet die Stagnation in den japanisch-russischen Beziehungen im größeren Rahmen der internationalen Politik? Wo liegen die Gründe für diese Stagnation? Wie wäre eine Lösung vorstellbar?

Es bedarf keiner näheren Ausführungen darüber, daß die Probleme Rußlands und der anderen GUS-Mitglieder überwältigend sind und ohne Unterstützung von außen die Reformen kaum eine Chance haben. Es ist eine weitere Trivialität, daß die Probleme, denen sich Rußland nach dem Zusammenbruch der Sowjetunion gegenübersieht, nicht auf das Territorium der GUS beschränkt bleiben, sondern internationale Dimensionen haben: die Konversion der Rüstung, die Sicherheit der Kernkraftwerke, die Proliferation von militärischen und nuklearen Spezialkenntnissen. Die Bewältigung dieser Probleme liegt auch im Interesse Japans. Darum wird mit Recht gefordert, daß der reiche Inselstaat sich an der Finanzierung der Problemlösungen beteilige. Doch Japans Regierungen halten in ihrer Politik gegenüber der Sowjetunion bzw. gegenüber Rußland seit mehr als zwei Jahrzehnten an der Doktrin von der Untrennbarkeit von Politik und Wirtschaft fest. Dies bedeutet, daß Japan staatlich geförderte Kredite und staatliche Wirtschaftshilfe in größerem Umfange nicht zur Verfügung stellt, solange das politische Problem mit Rußland, d.h. die Territorialfrage, nicht zufriedenstellend gelöst ist. Auf eine vorübergehende Lockerung dieser Doktrin wird noch eingegangen.

Es ist verständlich, daß alle japanischen Regierungen auf der Rückgabe der 1945 von der sowjetischen Armee besetzten vier Inseln am Südende der Kurilen-Kette bestehen. Diese Inseln waren historisch nie russisches Territorium. Sie wurden von Stalin als Kriegsbeute in das Sowjetreich einverleibt. Der historische Anspruch Japans steht außer Zweifel. Nach dem Zusammenbruch der Sowjetunion wurden im Baltikum und anderwärts in Europa die Reste stalinistischer Expansionspolitik beseitigt, nicht jedoch gegenüber Japan.

Während der Zeit der Ost-West-Konfrontation war die japanische Haltung in Washington und im Westen generell begrüßt worden. Sie fügte sich gut in die gegen die Sowjetunion gerichtete Politik. 1955/56 hatte der damalige Außenminister der USA, John Foster Dulles, Japan sogar damit gedroht, Washington würde die von den USA treuhänderisch verwaltete Insel Okinawa nie mehr an Japan zurückgeben, wenn die Regierung in Tokyo sich gegenüber Moskau in der Gebietsfrage kompromißbereit zeigen sollte. 35 Jahre danach aber kam das Ende des Kalten Krieges, das Sowjetimperium zerbrach, und die USA und ihre Verbündeten in Westeuropa verstanden sich zunehmend als Partner Rußlands, das auf dem Wege zu Demokratie und Marktwirtschaft Hilfe von außen braucht.

In diese politische Landschaft paßte die intransigente japanische Position „zuerst Territorium, dann Wirtschaftshilfe und gute Beziehungen" nicht mehr. Die Folge war, daß Tokyo in der Runde der sieben führenden Industrienationen immer weniger Verständnis für seine Rußland-Politik fand. Der Versuch von Premierminister Miyazawa, vor dem Gipfeltreffen der G-7 1992 in München die westlichen Regierungschefs für die Unterstützung des japanischen Junktims von Territorium und Kapital zu gewinnen, scheiterte. Zwar wurde das ungelöste Territorialproblem in der politischen Erklärung des G-7-Gipfels von München erwähnt, aber die Lösung des Problems war keine Bedingung für westliche Hilfszusagen an Rußland. Jelzin war – ebenso wie Gorbatschow in seiner späten Zeit – innenpolitisch zu schwach, um die Entscheidung über die Rückgabe der Inseln zu treffen; und der Westen war nicht interessiert, Jelzins ohnehin schwache Position wegen des im Grunde geringfügigen Inselproblems zu gefährden.

Zur Zeit des Münchener Gipfels der G-7 bereitete sich Tokyo auf den für Herbst 1992 vereinbarten Besuch des russischen Präsidenten in Japan vor. Am 13.September sollte Boris Jelzin seine Staatsvisite in Tokyo beginnen; nur drei Tage davor teilte der russische Präsident dem japanischen Premier telefonisch mit, der Besuch könne „interner Umstände" wegen nicht stattfinden. Die japanische Öffentlichkeit reagierte mit Enttäuschung und Verärgerung. Die Enttäuschung erklärt sich aus der Erwartung auf einen gewissen Fortschritt in der leidigen Territorialfrage, die Verärgerung hat mit den Umständen der Absage zu tun: Jelzin hatte am Abend des 9.September Premier Miyazawa informieren lassen, er wolle mit ihm ein Telefongespräch führen. Der japanische Regierungschef unterbrach daraufhin ein Abendessen, mußte dann aber noch geraume Zeit auf den Anruf aus Moskau warten. Jelzin hatte zunächst in einem 25-minütigen Telefonat dem südkoreanischen Präsidenten die Verschiebung seiner Reise mitgeteilt![1]

Nicht nur diese Reihefolge war eine Taktlosigkeit, sondern auch die so kurzfristige Absage eines bis ins Detail vorbereiteten Staatsbesuchs war protokollarisch präzedenzlos und nur in einem Katastrophenfall entschuldbar. Was die Sache aber zum diplomatischen Affront steigerte, war die Unverfrorenheit, mit der W.Kostikow, der Pressesekretär des Präsidenten, der japanischen Seite die Schuld für die Absage gab: Die Regierung in Tokyo und die LDP seien so schwach, daß sie den Besuch Jelzins für ihre wahltaktischen Ziele auszunutzen versuchten. Ferner habe „die starre, zuweilen ultimative Haltung" der japanischen Regierung in der Territorialfrage eine gewichtige Rolle für die Entscheidung der russischen Führung gespielt, den Besuch zu verschieben. Aber auch dies, so Kostikow, erkläre sich aus wahltaktischen Überlegungen der japanischen Seite.[2]

Da die Teilerneuerungswahlen für das japanische Oberhaus bereits im Juli stattgefunden hatten und dieser Termin nur in den Vorgesprächen zur Besuchsplanung eine Rolle gespielt hatte, mußte sich Kostikow darüber im klaren gewesen sein, daß er bewußt Falsches behauptete. Die unabhängige russische Presse ließ es an Deutlichkeit in ihrer Kritik nicht mangeln: „Unzivilisiert" und „grob" waren die Attribute, mit denen das Vorgehen der Regierung charakterisiert wurde. Dem Pressesekretär wurde vorgeworfen, er habe mit seiner Schuldzuweisung im Grunde den Präsidenten desavouiert, da dieser seine Absage gegenüber Miyazawa mit „internen Umständen" begründet habe. In russischen Presseberichten findet sich auch die Bemerkung, man habe schon seit Wochen fieberhaft nach einem Vorwand für eine Absage gesucht. Zunächst sei das Argument benutzt worden, die Sicherheit des Präsidenten könne nicht garantiert werden. Tatsächlich aber sei die Entscheidung über die Absage in einer Sitzung des Sicherheitsrates gefallen. Die Kräfte in diesem Gremium, das im Lande bereits „neues Politbüro" genannt werde, seien wohlbekannt; ihr Standpunkt – von Jelzin lange Zeit ignoriert – habe sich durchgesetzt. Der russische Kommentator kommt zu dem Schluß: Die Geschichte der nicht zustandegekommenen Besuche des russischen Präsidenten in Japan und Südkorea beweise die unsichere Position Jelzins und die Schwächung des demokratischen Flügels der russischen Führung.[3]

Diese Deutung entsprach der russischen Wirklichkeit. Wenn man unter Erfolg größere japanische Finanzhilfe und umfassende Unterstützung der Umgestaltung der Wirtschaft versteht, dann war Jelzin politisch zu schwach, um seinen Besuch in Japan mit Erfolg absolvieren zu können. Dafür hätte er sich in der Territorialfrage in Richtung auf eine einvernehmliche Lösung be-

---

1 Izvestija, 10.9.1992
2 Izvestija, 10.9.1992
3 Izvestija, 11.9.1992

wegen müssen. Diesen Spielraum aber besaß und besitzt er nicht. Die konservativen Kräfte in seiner Umgebung erlauben in dieser Frage keine Zugeständnisse.

Natürlich gibt es auch Grenzen des japanischen Spielraums. Über Jahrzehnte hatte die japanische Führung die Paketlösung der Territorialfrage („vier Inseln auf ein Mal" – yonto-ikkatsu) vertreten. Im April 1992 aber modifizierte Tokyo seine Forderung: Rückkehr zum sowjetischen Angebot von 1956 (also zunächst Rückgabe von Habomai und Shikotan, den beiden südlichsten Inseln) und gleichzeitige Anerkennung japanischer Souveränität über Kunashiri und Etorofu. Unter diesen Umständen lasse Japan über den Zeitpunkt der Rückgabe dieser beiden größeren Inseln mit sich reden.[4]

Der Leiter des Präsidialamtes, Juri Petrow, der in Tokyo die vorbereitenden Gespräche für den Besuch Jelzins führte, bestätigt, daß dies bis zuletzt die japanische Position gewesen sei. Man habe allerdings, so Petrow, der japanischen Seite erklärt, daß die Verknüpfung des Territorialproblems mit allen anderen Fragen die russisch-japanischen Beziehungen nicht voranbringen werde.[5]

Für den unvoreingenommenen Beobachter stellt sich hier in der Tat die Frage, ob die japanische Regierung gut beraten ist, wenn sie das Territorialproblem zur Voraussetzung für Fortschritte auf allen anderen Kooperationsfeldern erklärt, in Wirklichkeit aber diesen Grundsatz immer wieder durchbricht; denn es gibt bereits offizielle Hilfe in Milliardenhöhe und Zusammenarbeit auf den verschiedensten Gebieten. Vielleicht wäre es glaubwürdiger und am Ende wirksamer, wenn die Regierung in Tokyo ihre dogmatische Position fallen ließe und durch Formulierung einer neuen, den Realitäten angepaßten Politik allmählich einen Umschwung in der Atmosphäre der Beziehungen einzuleiten versuchte, um dann auf einer besseren Grundlage das Kernproblem Schritt für Schritt zu lösen.

Ein Blick zurück in die erste Jahreshälfte 1992 läßt erkennen, daß im Verlaufe der beiderseitigen vorbereitenden Gespräche und diplomatischen Kontakte im Hinblick auf den Besuch Jelzins keine wesentlichen Fortschritte erzielt werden konnten. Dies gilt sowohl für die Konsultationen der Arbeitsgruppen der beiden Außenministerien, als auch für die Gespräche auf Außenministerebene. Das Treffen der Arbeitsgruppen zur Vorbereitung des Inhalts eines Friedensvertrags im Juli 1992 endete „ohne irgendwelche neue Ideen oder Initiativen" zur Lösung des Territorialstreits.[6]

Ende Juli erklärte A.Jakowlew, einer der Berater Jelzins, in Tokyo, die Erstarkung der patriotischen Strömung in Rußland habe im Vergleich zum Vorjahr für Jelzin die Bedingungen zur Lösung der Territorialfrage verschlech-

---

4 Sankei, 29.4.1992
5 Izvestija, 11.9.1992
6 Izvestija, 16.7.1992, Nihon Keizai, 17.7.1992

tert. Die Lage sei schwieriger als beim Besuch Gorbatschows 1991. Je länger sich eine Normalisierung der Beziehungen zwischen beiden Ländern hinausschiebe, umso größer würden die Schwierigkeiten.[7] Zur gleichen Zeit empfahl Rumjanstew, Exekutivsekretär der konservativen Verfassungskommission Rußlands, die Japanreise des Präsidenten zu verschieben, bis ein Verfahren für die Lösung des Territorialproblems festgelegt ist.[8] Diese Empfehlung wurde im Rahmen einer nichtöffentlichen Debatte des russischen Parlaments über die Kurilen-Frage vorgetragen. In der teilweise stürmischen Auseinandersetzung sollen die Konservativen, unterstützt von Militärs, Jelzin aufgefordert haben, seinen Japan-Besuch aufzuschieben. Das Militär habe sich klar gegen jegliche Zugeständnisse in der Territorialfrage ausgesprochen. Ein Dokument des Generalstabs verlangte sogar die vorübergehende Einstellung der einseitigen Truppenreduzierungen auf den Inseln und sprach sich dagegen aus, die Möglichkeit einer Rückgabe der Inseln im diplomatischen Verkehr weiterhin zu erwähnen. Das zentrale Argument des Militärs: Konzessionen in der Kurilen-Frage würden die strategischen Interessen des Landes gefährden.[9]

Auch in Tokyo verstärkte sich das Gefühl wachsender Schwierigkeiten im Hinblick auf den Besuch Jelzins. Nach einer Einschätzung aus dem japanischen Außenministerium (Gaimusho) handelte es sich um einen Machtkampf in der russischen Führung, wo „Leute, die vom Territorialproblem nichts verstehen, ebenso wie diejenigen, die es verstehen, gegen eine Lösung sind".[10] Trotz dieser Einsicht hielt Tokyo kompromißlos an seiner Forderung nach Anerkennung der japanischen Souveränität über Kunashiri und Etorofu fest. Jedenfalls gab es nicht die geringsten Anzeichen für Flexibilität in diesem Punkte. Hier drängt sich dem ausländischen Beobachter die Frage auf, ob man in Tokyo die Bewegungsmöglichkeiten Jelzins nicht falsch eingeschätzt hat. Durfte man zu dieser Zeit noch auf einen Durchbruch im Sinne der japanischen Forderung rechnen?

Sollte es dennoch auf japanischer Seite noch einen Rest optimistischer Erwartungen gegeben haben, so dürfte er spätestens mit den Gesprächen von Außenminister Watanabe in Moskau knapp zwei Wochen vor dem geplanten Besuch Jelzins verschwunden sein. Watanabes Moskau-Reise war für die japanische Seite nicht nur eine Enttäuschung, sie war für Watanabe, der immerhin auch den Rang eines stellvertretenden Premiers innehatte, eine persönliche Kränkung. Jelzin hatte für ihn gerade noch 40 Minuten Zeit – ein japanischer Diplomat sprach sogar nur von 30 Minuten. Dabei erklärte der russische Präsident, er habe zwölf Varianten für eine Lösung des Territorial-

---

7   Sankei, 30.7.1992
8   Nihon Keizai, 28.7.1992
9   Neue Zürcher Zeitung, 30.7.1992; International Herald Tribune, 30.7.1992
10 Nihon Keizai, 31.7.1992

problems parat, werde diese aber nur Premier Miyazawa vortragen. Trotz dieses Affronts äußerte abschließend der Vertreter des Gaimusho, Seiji Morimoto, man könne von dem Besuch nicht sagen, er sei ohne jeden Fortschritt gewesen. Für besonders wichtig hielt er die Tatsache, daß die japanische Seite dem russischen Präsidenten die Änderung ihrer Politik in der Wirtschaftshilfe für Rußland nahegebracht und „die große Flexibilität in der Haltung zur Territorialfrage" erläutert habe.[11]

Worin bestand diese „große Flexibilität"? Nach Morimoto werde die japanische Regierung in bezug auf Zeitraum, Bedingungen und Form der Rückgabe der Inseln äußerst flexibel sein, sobald Rußland die Souveränität Japans über die vier Inseln anerkannt habe.[12] Die Anerkennung der Souveränität war zum Kernpunkt des gesamten Problems geworden.

Diese japanische Forderung wurde nur wenige Wochen vor Jelzins Besuch klar zurückgewiesen. Der Vorsitzende der Höchsten Kommission für Internationale Fragen und Außenwirtschaftsbeziehungen, Ambartsumow, formulierte als Rat an Jelzin: „Die Anerkennung der Souveränität Japans über irgendeinen Teil russischen Territoriums in irgendeiner Form ist in der gegenwärtigen Lage außerordentlich gefährlich." [13] Abgesehen von nationalistischen oder patriotischen Strömungen gegen die eine Abtretung von Territorium zur Zeit nicht durchsetzbar wäre, ist zumindest in den konservativen Kreisen der russischen Führung durchaus auch die Sorge vorhanden, durch einen Kompromiß mit Japan ein Präzedens für andere noch ungelöste Gebietsfragen mit den Mitgliedern der GUS, mit China oder anderen Nachbarn zu schaffen. In diesem Zusammenhang ist die Übereinkunft zwischen Jelzin mit dem finnischen Präsidenten Koivisto im Juli 1992 zu sehen, in der beide sich einigten, in bezug auf Karelien, das Ende der 30er Jahre von Finnland abgetrennt worden war, keine Gebietsforderungen zu erheben.[14]

Wahrscheinlich ist der Eindruck richtig, daß am Vorabend des Japan-Besuchs des russischen Präsidenten die Aussichten auf ein beide Seiten befriedigendes Ergebnis des japanisch-russischen Gipfelgesprächs außerordentlich gering waren. Beide Seiten waren aus unterschiedlichen Gründen zu einer Lösung des zentralen Problems noch nicht in der Lage. Angesichts dieser Situation gewinnt das Argument an Gewicht, daß die Verschiebung des Besuchs der Sache besser diente, als ein ergebnisloses Treffen.

---

11 Izvestija, 3.9.1992
12 Izvestija, 3.9.1992
13 Nihon Keizai, 26.8.1992
14 Nihon Keizai, 12.7.1992

Anpassung an die neue Lage

Trotz spürbarer Verärgerung bemühten sich beide Seiten, den Schaden zu begrenzen. Als einen Versuch in diesem Sinne muß der ebenso ungeschickte wie unrealistische Vorschlag des russischen Vizepräsidenten Poltoranin gewertet werden, Jelzin könnte seine für Mitte November 1992 geplante Reise nach Südkorea am 12. und 13.November auf Okinawa unterbrechen, um dort – also auf japanischem Territorium – mit Premier Miyazawa zusammenzutreffen. Man könne sich dann bei dieser Gelegenheit über einen neuen Zeitpunkt für den verschobenen offiziellen Besuch des russischen Präsidenten verständigen.[15] Tokyo reagierte mit Recht abweisend auf diesen törichten Versuchsballon. Nach der Besuchsabsage war es eine unfaßbare Taktlosigkeit des Kreml, ohne vorherige Konsultation einen Vorschlag für ein russisch-japanisches Gipfelgespräch mittels eines Interviews zu machen. Allein dieses Vorgehen offenbarte, wie unkoordiniert und orientierungslos Entscheidungen in der russischen Führung getroffen wurden.

Der wichtigste Schritt zu einer Beruhigung der Lage war das Treffen von Außenminister Watanabe mit seinem russischen Amtskollegen Kosyrew am Rande der Generalversammlung der UNO am 23.September 1992 in New York. Es war die erste Begegnung der Außenminister seit der Besuchsabsage. Beide Politiker verständigten sich darüber, die Gespräche auf der Ebene der Vizeminister und die gegenseitigen Besuche der Außenminister wiederaufzunehmen, ohne jedoch konkrete Termine für die nächsten Begegnungen zu vereinbaren. Man einigte sich allerdings darauf, daß zunächst der russische Außenminister nach Tokyo kommen solle. Ferner verständigte man sich über eine thematische Ausweitung der Gespräche der Vizeminister. Man wollte sich auf dieser Ebene nicht mehr auf die Erörterung des Territorialproblems und des Abschlusses eines Friedensvertrags beschränken, sondern auch Fragen der Wirtschaft, der Sicherheit im asiatisch-pazifischen Raum und den Gesamtkomplex der bilateralen Beziehungen und internationale Probleme in die Gespräche einbeziehen. Die Arbeitsgruppe Friedensvertrag wird sich hingegen weiterhin auf die Territorialfrage konzentrieren.

Die Verschiebung des Besuchs von Jelzin wurde nur insofern berührt, als Watanabe die Tatsache als solche bedauerte und darauf verwies, daß ungeachtet der inzwischen verbreiteten widersprüchlichen Meinungen über die Ursachen der Absage nur der vom russischen Präsidenten in seinem Telefongespräch mit dem Premierminister genannte Grund („interne Umstände") auf japanischer Seite für zutreffend gehalten werde. Im übrigen verzichtete Watanabe darauf, den Wunsch nach einem Japan-Besuch des Präsidenten zu wiederholen; auch Kosyrew berührte die Aussichten auf eine Japan-Reise

---

15 Sankei, 15.9.1992

Jelzins mit keinem Wort. Die Begegnung wurde beiderseits als konstruktives Bemühen verstanden.[16]

Das einstündige Gespräch der beiden Außenminister steht am Anfang eines noch mühevollen Weges. Wenn man bedenkt, daß im Januar 1992 Premierminister Miyazawa nach seiner Begegnung mit Präsident Jelzin in New York mit Optimismus von einer „günstigen Gelegenheit in der Territorialfrage" sprach und damit übertriebene Erwartungen im Hinblick auf den Japan-Besuch des russischen Präsidenten weckte, dann markiert das Treffen der Außenminister einen realistischen Neubeginn. Watanabe sprach danach von einer Kluft zwischen Japan und Rußland, die noch überwunden werden müsse. Dies ist die Wirklichkeit, vor der die japanische Öffentlichkeit in der Vergangenheit nur zu oft die Augen verschlossen hat.

Die Kluft sollte sich immer wieder auftun. Mitte April 1993 äußerte der russische Präsident unvermittelt die Absicht, im Mai Japan besuchen zu wollen. Tokyo ging darauf ein, die Vorbereitungen liefen, doch wieder sagte Jelzin seinen Besuch ab; diesmal zwar etwas früher, aber die Umstände waren dennoch für Japan kränkend: das offizielle Tokyo erfuhr von der neuerlichen Absage zunächst aus dem Fernsehen, anstatt auf diplomatischem Wege informiert zu werden.[17] Es bedarf wenig Phantasie, um sich den Zustand der japanisch-russischen Beziehungen nach dieser weiteren Leistung russischer Diplomatie auszumalen.

Wie unübersichtlich die innerrussische Lage ist und wie wenig Einfluß Moskau in Teilbereichen hat, wird an vielen Vorgängen im Umgang miteinander erkennbar. Geradezu provozierend wirkte die Nachricht wenige Tage nach Jelzins Besuchsabsage von 1992, Rußland beabsichtige, auf Shikotan, einer der vier umstrittenen Inseln, Land an ausländische Firmen zu verpachten. Es handelte sich um eine Fläche von 278 Hektar, die für 200 Mio Rubel ausländischen Interessenten für die Anlage von Freizeiteinrichtungen auf 50 Jahre zur Nutzung überlassen werden sollte. Als Vermittler wurde eine dubiose Hongkonger Firma namens Carlson & Kaplan Co.Ltd. – ein nur auf dem Papier existierendes Unternehmen, wie sich bald herausstellte – genannt. Die Nachricht von der Absicht der Verpachtung verbreitete das russische Fernsehen am 13.September 1992, an dem selben Tage, an dem Jelzin ursprünglich in Tokyo eintreffen sollte. Aus der Meldung ging hervor, daß Nikolai Pokidin, der Chef der Verwaltung des Bezirks Jushnokurilsk und ein gewisser Yo Bunko, ein Vertreter der genannten Hongkonger Firma, bereits am 4.September den Pachtvertrag unterzeichnet hatten. Die Aktion war streng geheim gehalten worden.[18]

---

16 Asahi, 24.9. und 25.9.1992
17 Nihon Keizai, 8.5.1993; International Herald Tribune, 7.5.1993
18 Izvestija, 14.9.1992. Der in diesem Zusammenhang genannte Yo Bunko ist von russischer Seite als ein gewisser Yang (jap.Lesung Yo) Bunko identifiziert worden. Er habe einen japanischen Paß aus der Prä-

Als geradezu skandalös ist das Vorgehen der Verantwortlichen im Gebiet Sachalin zu bezeichnen. Zwei Tage nachdem er den Vertragsabschluß insgeheim bestätigt hatte, nahm Viktor Sirenko, ein angeblich besonders ergebener Stellvertreter des Gouverneurs von Sachalin, an einer Fernsehdiskussion über die Kurilenfrage und die Gründe der Besuchsabsage von Jelzin teil, ohne auch nur mit einem Wort den Vertragsabschluß zu erwähnen. Von der „Iswestija" darüber befragt, bezeichnete er die ganze Angelegenheit als nicht besonders wichtig. Als der Korrespondent der Zeitung ihm entgegenhielt, was für eine „politische Bombe" in Tokyo explodiert wäre, wenn die Japaner während des Besuchs des russischen Präsidenten von dieser „Überraschung" erfahren hätten, entgegnete Sirenko: „Was für Ansprüche haben die Japaner? Bislang untersteht die gesamte Kurilen-Kette unserer Rechtsprechung, und wir, die Administration des Gebiets und des Bezirks, sind frei, streng nach russischen Gesetzen über dieses Territorium zu verfügen; diesen Gesetzen zufolge ist es uns aber nicht untersagt, Land an ausländische Partner zu verpachten. Ich würde nicht anfangen, diesen rein ökonomischen Vorgang mit der Politik zu verknüpfen....Die Kurilen brauchen Investitionen bereits jetzt, heute, um die Infrastruktur zu entwickeln und die sozialen Probleme zu lösen. Die russische Regierung gibt kein Geld, und die Japaner lehnen es ab, sich an gemeinsamen wirtschaftlichen Aktivitäten auf den Inseln zu beteiligen; und, offen gesagt, bei jeder Gelegenheit unterstreichen sie unsere Abhängigkeit von ihrer Wohlgeneigtheit. Also haben wir gezeigt, daß es andere Länder gibt, die außerordentlich interessiert sind, zu beiderseitigem Nutzen mit uns zusammenzuarbeiten."[19]

Am 15.September protestierte das Gaimusho offiziell in Moskau wegen des Pachtvertrags. Die Protestnote wies darauf hin, daß gemäß der Gemeinsamen Erklärung von 1956 die Frage der Zugehörigkeit der Insel Shikotan zu Japan bereits entschieden worden sei; dies bedeute, daß die japanische Seite keine mit einer Verpachtung zusammenhängenden Eigenmächtigkeiten, die außerdem noch Drittstaaten berühren, dulden werde. Japan verlangte von Moskau die Aufklärung der Angelegenheit und entsprechende Maßnahmen.[20]

Fast gleichzeitig wurde bekannt, daß mit einer österreichischen Firma in bezug auf Sachalin und Kunashiri Pläne zur Anlage zweier Golfplätze im

---

fektur Saitama und sei chinesischer Abstammung. Sein Vater sei mit der Familie nach dem Ende des Pazifischen Krieges von Taiwan nach Japan übergesiedelt, habe 1972 die japanische Staatsbürgerschaft erworben und sich als kleiner Geschäftsmann, Restaurantbesitzer und Betreiber von Spielautomaten betätigt. Sein Sohn absolvierte eine Privatuniversität in Japan. Obwohl er als Direktor der väterlichen Firma figurierte, hatte er weder feste Adresse noch festen Arbeitsort. Dies ging auch aus folgender Tatsache hervor: Für den Kontakt mit den russischen Vertretern richtete Yang in einer internationalen japanischen Telefongesellschaft leihweise eine Telexverbindung unter der Rubrik „postlagernd" ein; die Eintragung „Arbeitsplatz" war durchgestrichen.(Izvestija 16.9.1992) Zu Einzelheiten des dubiosen Vertrags siehe auch AERA, Tokyo, No.39, 29.9.1992, S.13-15

19 Izvestija, 15.9.1992
20 Izvestija, 16.9.1992

Werte von je 4,5 Mio US$ auf verpachtetem Land bestehen. Im Zusammenhang damit protestierte das Gaimusho am 18.September beim russischen Botschafter in Japan in scharfer Form.[21]

Diese im einzelnen undurchsichtigen Vorgänge machen zumindest eines deutlich: Die Führung unter Jelzin ist nicht in der Lage, Eigenmächtigkeiten von Gebietsverwaltungen wirkungsvoll zu kontrollieren und Schritte zu verhindern, die selbst die außenpolitischen Interessen Rußlands nachhaltig belasten können. In der weiteren Behandlung der Angelegenheit geriet allerdings auch die russische Führung in ein Gestrüpp von Widersprüchen. Zunächst hatte es durchaus den Anschein, als stellte sich Moskau gegen das selbständige Vorgehen der Verantwortlichen in Sachalin. Der russische Justizminister sprach davon, daß dem Staat durch diesen Vertrag Schaden erwachsen sei, deutete seine Unrechtmäßigkeit an und gab zu verstehen, daß er für ungültig erklärt werden könne.[22] Dann jedoch erfuhr der irritierte Beobachter aus einem Interview des Gouverneurs von Sachalin, Valentin Fyodorow, Präsident Jelzin werde bald ein Dekret zur sozialen und wirtschaftlichen Entwicklung der Kurilen erlassen. Danach werde es den Kurilen erlaubt sein, joint ventures zu vereinbaren, andere Geschäfte auf den Inseln zu betreiben und über den Vertrieb ihrer eigenen Produkte selbst zu entscheiden.[23]

Im Laufe der Zeit verdichtete sich der Eindruck, daß auch der russische Präsident dazu neigt, die Kurilen einschließlich der umstrittenen Inseln für ausländische Investoren zu öffnen. Von einer Annullierung des dubiosen Vertrags mit Carlson & Kaplan war bald nicht mehr die Rede. Aus der Umgebung Jelzins verlautete vielmehr, man erwäge im Rahmen eines Freien Wirtschaftsgebiets Fernost die gesamte Kurilen-Kette zu einer Sonderzone zu machen. Ausdrücklich wurde hierzu festgestellt, daß die Befugnisse bei den regionalen Verwaltungsorganen lägen. Ein Berater des russischen Präsidenten, Alexander Granberg, zuständig für die Entwicklung der Region Fernost, verwies in diesem Zusammenhang auf Jelzins 5-Stufen-Plan zur Lösung der Inselfrage, in dem auf Stufe 2 die Errichtung einer freien Wirtschaftszone in dem umstrittenen Gebiet vorgesehen sei.[24]

Anfang Dezember 1992 berichtete schließlich die russische Wochenzeitung „Kommersant", Jelzin habe einen Erlaß unterzeichnet, demzufolge die Kurilen zu einer Sonderwirtschaftszone erklärt werden sollen, in der die regionalen Verwaltungsorgane Grund und Boden an ausländische Investoren für maximal 99 Jahre verpachten dürfen. Weiter sei vorgesehen, Importe und Exporte steuerlich freizustellen und einheimischen Firmen keine Abgaben

---

21 Sankei, 19.9.1992. Hier wird irrtümlich von einer „australischen" statt österreichischen Firma gesprochen.
22 Sankei, 19.9.1992
23 Asahi Evening News, 21.9.1992
24 Nihon Keizai, 7.11.1992

aufzuerlegen.[25] Der Zustimmung des Parlaments eilte der Gouverneur von Sachalin voraus, als er im Oktober auf einem internationalen Treffen in Hongkong, das europäische Investoren für Ostasien interessieren sollte, für ausländisches Kapital auf den Kurilen völlige Freiheit versprach. Fjodorow erklärte, formell gebe es in Rußland zur Zeit 15 freie Wirtschaftszonen, doch nicht eine einzige „arbeite". Die Wirtschaftszone Kurilen müsse unter allen Umständen funktionieren; erstmals in ihrer Geschichte würden die Kurilen frei sein und die gesamte Industrieproduktion sei dann wirtschaftlich von Moskau unabhängig.[26]

Sollte der Erlaß in die Tat umgesetzt werden, dann steht Japan vor der Wahl, entweder zuzuschauen, wie auf den von ihm beanspruchten Inseln wirtschaftlich vollendete Tatsachen geschaffen werden, oder aber sich kräftig zu engagieren, um auf diese Weise einen gewissen Einfluß auszuüben. Alexander Granberg hob hervor, daß japanische Unternehmen bei den Ausschreibungen die Oberhand gewinnen könnten, fügte aber hinzu, daß es – wenn sich die Japaner nicht beteiligen – in ausreichendem Maße Unternehmen aus Hongkong und Südkorea gebe.[27]

Eines läßt sich wohl festhalten: der zitierte Erlaß des russischen Präsidenten trug nicht dazu bei, die Beziehungen zwischen Moskau und Tokyo zu entspannen. Diese Entwicklung zeigte ebenfalls, wie Jelzin Schritt für Schritt dem Druck der konservativen Kräfte nachgeben mußte. Er sah sich hier sogar durch die Stimmung in der Bevölkerung bestätigt. Nach einer gemeinsamen japanisch-russischen Umfrage Anfang November 1992 wiesen 72,2 % der befragten Russen den japanischen Anspruch auf die umstrittenen Inseln zurück, nur 12,3% unterstützten ihn. Unter den befragten Japanern unterstützten 84% den Anspruch auf die Inseln.[28] Auch dieses Ergebnis verdeutlicht die weite Kluft zwischen beiden Seiten.

Ansätze zur Zusammenarbeit

Das Bild vom gegenwärtigen Zustand der japanisch-russischen Beziehungen wäre unvollständig ohne einige Bemerkungen zu den aktuellen wirtschaftlichen Aspekten. Obwohl Art und Intensität der Wirtschaftsbeziehungen zwischen Japan und der Sowjetunion bzw. Rußland stets von den herrschenden politischen Bedingungen abhängig waren, entschloß sich Mitte 1992 die Bank von Tokyo zur Eröffnung einer Niederlassung in Moskau. In Japan war die Einsicht gewachsen, daß nach dem Zusammenbruch der Sowjetunion die

---

25 Nach AP zitiert in International Herald Tribune und Süddeutsche Zeitung, 3.12.1992
26 Izvestija, 16.10.1992
27 Nihon Keizai, 7.11.1992
28 International Herlad Tribune, 30.11.1992

Abwicklung normaler Handels- und Wirtschaftsbeziehungen ohne Repräsentanz vor Ort nicht mehr möglich sei. Ironischerweise hat die Unfähigkeit der russischen Seite, den Zahlungsverpflichtungen gegenüber Japan nachzukommen, in Bankkreisen die Entscheidung über eine Präsenz in Moskau nicht verzögert, sondern beschleunigt. Die vorrangige Aufgabe der Vertretung der Bank von Tokyo ist das Sammeln umfassender Informationen über die politische, wirtschaftliche und finanzielle Lage Rußlands und der benachbarten GUS-Staaten.[29]

Offizielle Kreditmittel stellte Japan auch nach der Besuchsabsage zur Verfügung: Ende September 1992 unterzeichneten beide Seiten ein Abkommen, demzufolge Rußland einen Kredit der Exim-Bank im Umfange von 100 Millionen US$ erhält. Dieser Kredit, der 0,2% unter dem üblichen Zinssatz von 5,7% liegt, hat eine Laufzeit von drei Jahren mit einem zweijährigen Rückzahlungsaufschub. Der Kredit war ursprünglich Ende 1990 als Teil der humanitären Hilfe gewährt, später aber zurückgehalten worden, als Rußland nicht in der Lage war, Zinsen an Japan zu zahlen. Mit den nun freigegebenen 100 Millionen Dollar darf die russische Handelsbank den Import folgender Waren aus Japan finanzieren: Arzneimittel und medizinische Einrichtung, Verpackungsmaterial für Lebensmittel und Zigaretten, Zigarettenfilter und Ersatzstoffe für Kakaobutter.[30]

Ferner entschloß sich Japan Mitte April 1993 unter dem Druck der übrigen Mitglieder der G-7 bei einem Treffen der Außen- und Finanzminister in Tokyo, 1,82 Mrd. Dollar zur Rußlandhilfe der Siebenergruppe der westlichen Industrienationen beizusteuern. Aus dieser Summe sind 320 Millionen Dollar Schenkungen, die sich wie folgt aufteilen: 100 Millionen für humanitäre Hilfe (Lebensmittel und Medikamente), 100 Millionen zur Denuklearisierung in Rußland und anderen Republiken der GUS, 120 Millionen für technische Hilfe und Austauschprogramme. Im übrigen sollen die Garantien zur Absicherung der Exportrisiken um 1,1 Mrd. Dollar aufgestockt werden und 400 Millionen Dollar an Exportkrediten für den Energiesektor und die Förderung von Klein- und Mittelbetrieben zur Verfügung stehen.[31] Mit dieser Entscheidung hat Japan seine gegenüber Moskau bislang eisern verfochtene Doktrin von der Untrennbarkeit von Politik und Wirtschaft zumindest gelockert. Aus Tokyo war allerdings bald zu vernehmen, daß dies nur vorübergehend geschehen und das Territorialproblem damit keineswegs von der Tagesordnung verschwunden sei.[32]

Voraussetzung für eine Wiederbelebung der japanisch-russischen Wirtschaftsbeziehungen ist in erster Linie die Stabilisierung der wirtschaftlichen

---

29 Izvestija, 8.6.1992
30 Asahi, 29.9.1992
31 Neue Zürcher Zeitung, 16.4.1993
32 Izvestija, 26.5.1993

Lage Rußlands. Daneben ist jedoch auch ein gemeinsames Diskussionsgremium erforderlich. Dieses Gremium, das Japanisch-Russische Wirtschaftskomitee (Nichiro-keizai-iinkai), Nachfolger des früheren Gemeinsamen Japanisch-Sowjetischen Wirtschaftskomitees, trat vom 2. bis 4.Juni 1993 in reorganisierter Form in Moskau zusammen. Unter den Themen, mit denen sich das Komitee beschäftigte, stand die rasche Lösung des Problems der Zahlungsverzögerung gegenüber japanischen Unternehmen an erster Stelle. Geplant war ferner die Erörterung japanischer Hilfe bei der Konversion von Rüstungsgut und beim Übergang zur Marktwirtschaft. Die während der sowjetischen Ära erforderliche Zusammenarbeit der Regierungen bei Großprojekten wie der Erschließung von Bodenschätzen in Fernost und Ostsibirien, der Anlage von Häfen u.ä. soll aufgegeben werden. Diese Thematik könnte von einem Gremium erörtert werden, das der japanisch-amerikanischen Konferenz von Persönlichkeiten aus der Finanzwelt vergleichbar wäre und das getrennt je nach Industrie- und Themenbereich konferiert.[33] Wie weit man sich davon eine Belebung der wirtschaftlichen Zusammenarbeit versprechen darf, bleibt abzuwarten.

Auch auf dem sensitiven militärischen Feld scheint sich allmählich eine gewisse Zusammenarbeit anzubahnen. Anfang Mai 1992 vereinbarten die Außenminister Watanabe und Kosyrew, einen Dialog über Sicherheitsfragen zwischen Militärs beider Seiten einzuleiten.[34] Mitte Juni fand dann das erste japanisch-russische Gespräch über policy planning im Außenministerium in Moskau statt. Es war das erste Mal überhaupt, daß Japan und Rußland die militärische Lage in Ostasien unter Beteiligung von Offizieren in Uniform erörterten. Auf japanischer Seite nahm u.a. ein General des Joint Staff Council der Selbstverteidigungsstreitkräfte (SDF) teil.[35] Als Ergebnis der Gespräche besuchten im September 1992 mehr als zwanzig Beamte, z.T. ehemalige Offiziere der SDF, für sieben Tage die Städte Chabarowsk, Ussurisk und Wladiwostok und inspizierten dort russische Militäreinrichtungen. Noch vor wenigen Jahren wäre das unvorstellbar gewesen.[36]

Der Gedankenaustausch erwies sich als nützlich und wurde fortgesetzt. Ende Februar 1993 kamen drei Mitglieder des russischen Verteidigungsministeriums im Generalsrang (zwei Heeresoffiziere und ein Marineoffizier) an das National Defense College in Tokyo und eröffneten ein zweitägiges Seminar über japanische und russische Verteidigungsprobleme. Im Mittelpunkt der Diskussion standen die Verteidigungspolitik Rußlands und die militärische Planung.[37] Den Ausführungen von Generalmajor Inwanow, Professor

---

33 Nihon Keizai, 8.11.1992; ibid. 31.5. und 3.6.1993
34 Kyodo, 4.5.1992, Japan Times, 5.5.1992
35 Kyodo, 16.6.1992
36 Jiyushinpo, 22.9.1992
37 Nihon Keizai, 25.2.1993

am russischen General Staff College, denen zufolge die Halbierung der Streitkräfte seines Landes in der Fernost-Region während der vergangenen fünf Jahre auf nunmehr 120 000 Mann erfolgt sei, begegnete die japanische Seite mit Skepsis. Man wisse nicht, wo diese Reduzierungen vorgenommen worden seien. Das japanische Verteidigungsweißbuch für 1992 erwähnt zwar, daß 1990 erstmals die Streitkräfte östlich des Baikalsees verringert worden seien, führt aber als verbliebene Stärke immerhin noch 38 Divisionen, mithin etwa 340 000 Mann, an.[38] Während die Mannschaftstärken offenbar zurückgehen, ist gleichzeitig eine dramatische Zunahme der Waffensysteme im asiatischen Rußland zu beobachten. Der Raum entwickelt sich zu einem Lager für die aus dem europäischen Landesteil abgezogenen Waffen. Nach Inkrafttreten des Vertrags über die Reduzierung konventioneller Streitkräfte in Europa 1990 wurden nach russischen Angaben 50% der Rüstung, überwiegend moderne Panzer, für die Umrüstung der Einheiten in Zentralasien und dem Fernen Osten benutzt. Der Rest sei eingelagert worden.[39]

Es ist positiv zu bewerten, daß die japanische Seite begonnen hat, den Meinungsaustausch mit Rußland auch auf die militärische Ebene auszudehnen. Dies ist psychologisch wichtig. Das Militär gehört in Rußland zum konservativen, meist reformkritischen Teil der Gesellschaft. Nach allem, was wir wissen, lehnen Teile des russischen Militärs eine Lösung der Territorialfrage ab. Erst im Mai 1992 sorgte der russische Verteidigungsminister, Marschall Gratschew, in Tokyo für einen Schock, als er kurzerhand erklärte, die Streitkräfte auf den von Japan beanspruchten Inseln würden nicht abgezogen. Jelzin hingegen hatte kurz zuvor gegenüber dem japanischen Außenminister den Abzug (ausgenommen einige Grenztruppen) während der nächsten ein bis zwei Jahre zugesichert.[40] Es ist also umso dringender, daß die japanische Seite die Initiative ergreift, um Schritt für Schritt eine Atmosphäre des Vertrauens zu schaffen.

Diese Atmosphäre kann jedoch nicht allein Japan herstellen. Die russische militärische Führung sieht ihr Land in der asiatisch-pazifischen Region heute als strategisch außerordentlich verletzbar an. Die USA und Japan werden noch immer als hypothetische Feinde verstanden. Das heißt es wird gemeinsamer amerikanisch-japanischer Anstrengungen bedürfen, um diese Perzeption zu ändern. In der gegenwärtigen Lage haben der russische Generalstab und das Marinekommando den Schluß gezogen, daß es völlig unsinnig wäre, die Inseln an Japan zu übergeben, solange die herrschende strategische Lage andauert. Dies gilt trotz der inzwischen auch russischerseits eingestandenen militärischen Bedeutungslosigkeit der südlichen Kurilen. Erst eine radikale

---

38 Nihon-no boei, Juli 1992, Tokyo 1992, S.48
39 Far Eastern Economic Review, 26.11.1992, S.26-28
40 Izvestija, 21.5.1992

Umgestaltung der strategischen Beziehungen mit den USA und Japan würde die Voraussetzungen für eine Lösung schaffen.[41]

Wie stellt sich für den ausländischen Beobachter die weitere Entwicklung der japanisch-russischen Beziehungen dar? Voraussagen sind schwierig, aber eines ist kaum widerlegbar: die bisherige Politik der Regierungen in Tokyo hat nicht zu einer Lösung des jahrzehntealten Problems geführt. Daß das nicht nur an der japanischen Seite liegt, ist dargelegt worden. Daß aber die japanische Seite für diesen Mißerfolg mitverantwortlich ist, muß offen ausgesprochen werden. Es läßt sich darüber streiten, ob die Verknüpfung von Politik und Wirtschaft während der sowjetischen Ära klug war; wahrscheinlich war sie die richtige Antwort auf die Arroganz und Machtdemonstration der Sowjetunion. Nach dem Zerfall des Sowjetreiches und nach dem Ende des Kalten Krieges erscheint diese Verknüpfung jedoch überholt und unrealistisch. Sie beschränkt nicht nur die Handlungsmöglichkeiten Japans, sondern sie enthält die Gefahr, daß Japan sich im Kreis der anderen Industriestaaten isoliert. Darüber hinaus dient sie den Interessen Chinas und Koreas. Beide scheinen nicht an einer japanisch-russischen Entspannung interessiert, die den außenpolitischen Spielraum Japans spürbar erweitern würde.

Japan hat zwar die Verknüpfung von Politik und Wirtschaft auf Druck von außen hin ein wenig gelockert, aber sie nicht prinzipiell fallen gelassen. Der Westen hat wenig Verständnis dafür, daß Japan ein umfassendes, staatlich abgesichertes Engagement für Rußland an die Lösung eines Problems knüpft, das selbst in japanischen Augen mehr mit Prestige zu tun hat als mit einer zentralen politischen Frage der Nation.

Müßte es nicht auch die führenden japanischen Politiker nachdenklich stimmen, daß 61,2% der Bevölkerung der Meinung sind, die Regierung sollte eine flexiblere Haltung in der Behandlung der Territorialfrage an den Tag legen? Nur eine Minderheit von 32,7% fordert eine harte Position gegenüber Rußland, d.h. unterstützt die Forderung „ohne Territorium keine Hilfe". Dieselbe Umfrage vom September 1992 zeigt auch, daß eine Mehrheit (42,1%) mit der Rückgabe von zwei Inseln zufrieden wäre, gegenüber einer Minderheit (29,9%), die alle vier Inseln fordert. Und ein nicht geringer Anteil (22,1%) ist gar der Auffassung, Rußland brauche überhaupt nichts an Japan zurückzugeben.[42] Es ist bemerkenswert, daß diese Meinungen wenige Tage nach der Absage des Jelzin-Besuchs im September 1992 geäußert wurden, also aus einer Zeit stammen, in der Enttäuschung und Verärgerung über das russische Verhalten besonders stark waren.

Die Regierung in Tokyo vertritt die Meinung, sie erweise sich bereits als flexibel, da sie nur noch die Anerkennung der Souveränität über die vier In-

---

41 Vgl. dazu die interessante Analyse in: New Times, Moskau, No.43, 1992, S.24-25
42 Izvestija, 29.9.1992 unter Bezug auf eine Ende September von der Nihon Keizai veröffentlichten Meinungsumfrage.

seln fordere, Zeitpunkt und Modalitäten der Rückgabe aber erst später vereinbaren wolle. Doch dies ist eine Schein-Flexibilität. In Wirklichkeit ist Japan unverändert hart in seinem Anspruch auf alle vier Inseln. Erst wenn es bereit wäre, diesen Anspruch selbst zu diskutieren, also wenn es beim Umfang dieses Anspruchs Kompromißbereitschaft zeigen würde, erst dann könnte man von wirklicher Flexibilität sprechen.

Erkennbar ist auch, daß wir es in Japan mit zwei Linien in der Rußland-Politik zu tun haben: mit der Linie der LDP und der der Regierung. Der Generalsekretär der LDP, Seiroku Kajiyama, erklärte auf einem Seminar der Partei im April 1993, er empfinde gegenüber Rußland nur Mißtrauen und Haß. Der Vorsitzende des Exekutivkomitees der Partei, Sato, formulierte seine Haltung politischer: Die japanische Sichtweise der russischen Probleme unterscheide sich von der der westlichen Länder erstens dadurch, daß diese kein Territorialproblem mit Rußland hätten und zweitens, daß die Japaner die Sorge des Westens über das Schicksal Jelzins nicht teilten. Sato plädierte entschieden dafür, Rußland nicht zu helfen, solange das umstrittenen Territorium nicht zurückgegeben worden sei.[43]

Die Regierung ist vorsichtiger, zumal sie das Land nach außen, und das heißt vor allem im Rahmen der Siebenergruppe der westlichen Industrienationen, vertreten muß. Sie spricht von Flexibilität, auch wenn sie darunter keine Kompromißbereitschaft versteht. Ihre Entscheidungen dürfen allerdings die Stimmung in der Partei nicht außer acht lassen. Der Zustand der politischen Beziehungen zwischen Japan und Rußland Mitte 1993 ist schlecht, was nach der zweiten Besuchsabsage Jelzins innerhalb von neun Monaten nicht verwundert. Ob die Teilnahme des russischen Präsidenten als Gast am Gipfeltreffen der G-7 im Juli 1993 in Tokyo an der Atmosphäre etwas ändern wird, ist eher zu bezweifeln, denn dieser Besuch hat eine andere Funktion und wird für bilaterale Fragen wenig Raum lassen. Ob schließlich der von russischer Seite für Herbst 1993 ins Auge gefaßte offizielle Japan-Besuch Jelzins zustande kommt, ist ungewiß.

Wahrscheinlich sind auf beiden Seiten grundsätzliche Haltungsänderungen erforderlich. Es widerspricht jeder politischen Erfahrung, davon auszugehen, daß zunächst eine russische Leistung erbracht werden müsse, bevor sich das Klima in den beiderseitigen Beziehungen erwärmen könne. War nicht die offizielle Anerkennung der Existenz des Problems und die namentliche Erwähnung der vier umstrittenen Inseln im Kommuniqué anläßlich des Besuchs von Gorbatschow ein wichtiger Schritt der russischen Seite? Hat sich seitdem das Klima der Beziehungen verbessert? Es erscheint viel eher vernünftig, wenn Japan die Reihenfolge umkehren würde; wenn es also da-

---

43 Izvestija, 22.4.1993

von ausginge, daß nur eine entspannte Atmosphäre die Voraussetzung für die Lösung der anstehenden Probleme bildet.

Der erste Schritt beider Seiten müßte die Bemühung um eine allmähliche Verbesserung der Atmosphäre, um den Aufbau gegenseitigen Vertrauens sein. Die erwähnten Kontakte der Militärs sind ein ermutigender Beginn; ebenso wäre eine starke Beteiligung Japans beim Aufbau einer Sonderwirtschaftszone auf den umstrittenen Inseln zu begrüßen. Der Abbau des gegenseitigen Mißtrauens wird viel Zeit erfordern. Rasche Lösungen sind angesichts der gegenwärtigen Lage in Rußland unwahrscheinlich. Mit Rückschlägen ist jederzeit zu rechnen. Sprunghafte Reaktionen und unerwartete Entscheidungen Moskaus werden Tokyo immer wieder schockieren; gerade deshalb sollte Japan als der stärkere Akteur die international überzeugendere Politik betreiben. Am Ende muß allerdings jede Lösung so beschaffen sein, daß sie auf beiden Seiten von breiten Mehrheiten getragen wird und nicht den Keim für neuen Streit enthält. Da die Zeit dafür noch nicht reif ist, wäre es wohl am vernünftigsten, die Territorialfrage selbst einige Jahre auf sich beruhen zu lassen und an der Schaffung der Rahmenbedingungen zu arbeiten, die eine Lösung erleichtern.

III.

Japan in internationalen Organisationen

Markus Tidten

Japans Gipfeldiplomatie – ein mühsamer Weg zur internationalen Anerkennung

I. Die japanischen Positionen in der Gipfeldiplomatie

Im Folgenden sollen zunächst in einem chronologischen Durchgang durch die achtzehn Gipfel die Schwerpunkte japanischer Positionen kurz skizziert werden. Hierbei soll vor allem auf den politischen Aspekt Rücksicht genommen werden, wenngleich eine scharfe Trennung zwischen wirtschaftlichen und politischen Aspekten nicht immer möglich sein wird. In einem zweiten Teil soll versucht werden, eine Systematik zu beschreiben, wie sich Japan vom „stillen Teilnehmer" zum fordernden und seine eigenen – vor allem politischen – Interessen zunehmend energischer vertretenden Teilnehmer entwickelt hat.

Tabelle 1/1-3: Die Gipfel von Rambouillet bis London 1

	Ort	Datum	Schwerpunktthemen/japanische Positionen
1	Rambouillet Frankreich	1975 Nov.	*Allgemeine Schwerpunkte*: Steigende Arbeitslosigkeit, Inflation und Energieproblem. Absichtserklärung Tokyo-Runde bis 1977 abzuschließen. *Japan:* (nicht besonders hervorgetreten)
2	Puerto Rico USA	1976 Juni	*Allgemeine Schwerpunkte:* Anhaltende Arbeitslosigkeit und Inflation, Einrichtung einer multinationalen Kreditquelle, evtl. innerhalb IWF, zur Hilfe für Entwicklungsländer bei Zahlungs- und Energieproblemen. *Japan:* (nicht besonders hervorgetreten)
3	London 1 England	1977 Mai	*Allgemeine Schwerpunkte:* wirtschaftliche Wachstumsziele festgesetzt (USA: 5,8%, Deutschland: 5%). Forderung nach größtmöglicher Zollsenkung, Abbau nicht-tarifärer Handelsschranken (NTB), Ausbau der Kernenergie, Aufstockung der Entwicklungshilfe. *Japan:* Wachstumsziel: 6,7%,

Nach einer zunächst relativ stillen Teilnahme Japans an den Weltwirtschaftsgipfeln schälen sich, parallel mit Japans Aufstieg zu einer, auch vom „Westen"[1] anerkannten und letztlich auch gefürchteten Wirtschaftsmacht, allmählich greifbare Positionen heraus.

Eine deutliche Positionsbeschreibung Japans findet sich erst beim dritten Gipfel in London 1977, der in seinen Dokumenten erstmals konkrete Zielvorgaben nennt, die sich die Gipfelteilnehmer gegenseitig zusagen[2]. Bei einer der Hauptvereinbarungen, nämlich der Angabe von Wachstumszielen, steht Japan mit 6,7% (vor den USA mit 5,8% und Deutschlands mit 5%) an der Spitze. Auch dies kann als deutlicher Hinweis gewertet werden, daß Japan seinen „Take-off" in der Weltwirtschaft als abgeschlossen betrachtet und sich ein Mithalten mit den anderen Industrienationen durchaus zutraut. Sowohl die auf diesem ersten Londoner Gipfel vereinbarte Aufstockung der Entwicklungshilfe wie auch der beabsichtigte Ausbau der Kernenergie bereitete Tokyo keinerlei Schwierigkeiten, wenn es um die innenpolitische Durchsetzung ging.

Tabelle 1/4: der Gipfel von Bonn 1

4	Bonn 1 Deutschland	1978 Juli	*Allgemeine Schwerpunkte:* länderspezifische Aktionsprogramme; Kanada: Produktionsanstieg um bis zu 5%, Deutschland: Regierung schlägt gesetzgebenden Körperschaften zusätzliche, quantitativ substantielle Maßnahmen um bis zu 1% des BSP vor, Frankreich: Haushaltsdefizit 1978 nur um 0,5% steigern, Italien: Steigerung des Wirtschaftswachstums 1979 um 1,5% gegenüber 1978, England: Kampf gegen die Inflation wird fortgesetzt, USA: Verpflichtung auf verschiedene anti-inflationäre Maßnahmen Weiterentwicklung der Kernenergie soweit unerläßlich. *Japan:* Steigerung des Wirtschaftswachstums 1978 um 1,5%, Verdoppelung der staatlichen Entwicklungshilfe in drei Jahren.

Der erste Bonner Gipfel von 1978 zeigte dann bereits deutlich das gewachsene Selbstvertrauen Tokyos. Ähnlich wie beim letzten Gipfel in London wurden länderspezifische Aktionsprogramme vorgelegt. So sah man keine Schwierigkeit, den anderen Gipfelteilnehmern ein Wirtschaftswachstum für

---

1 Der Terminus „Westen" meint hier vor allem den politisch zu verstehenden Westen, also die Gruppe der führenden Industrienationen (G 7) ohne Japan.
2 Die Angabe konkreter Ziele bezogen auf einzelne Länder blieb in der Gipfeldiplomatie eher die Ausnahme dieses und des Folgegipfels in Bonn.

1978 zuzusagen, das noch um 1,5% über dem des Vorjahres liegen sollte. Besonders aber bei der Entwicklungshilfe zeigte Japan, daß es seine Hausaufgaben aus dem letzten Gipfel gemacht hatte und kündigte eine Verdoppelung der staatlichen Entwicklungshilfe (ODA) für die nächsten drei Jahre an. Gerade der Bereich der Entwicklungshilfe wird sich später bei der Suche nach einer neuen Rolle Japans als Hauptaktionsfeld außenpolitisch relevanter Initiativen herausstellen. Japans ODA sollte später schlagartig ein Thema in und außerhalb Japans werden, als 1989 die USA als Geberland überholt wurden. Die Regierung hatte den 6. Oktober zum „Tag der internationalen Kooperation" erklärt. An diesem Tag (1954) hatte sich Japan dem Colombo Plan angeschlossen und war zum Status eines „Geberlandes" avanciert[3]. Die Hauptpunkte bisheriger Kritik an Japans ODA (übermäßig großer Anteil an gebundenen Krediten, auffällig großer Anteil japanischer Unternehmen an den Großprojekten in Entwicklungsländern) wurden weitgehend entkräftet. 1991 waren beispielsweise 89,8% der japanischen ODA Kredite ohne Bindung, 1990 bekamen japanische Firmen lediglich 27% aller ODA relevanten Aufträge (1984 waren es noch 75%).

Tabelle 1/5: der Gipfel von Tokyo 1

5	Tokyo 1 Japan	1979 Juni	*Allgemeine Schwerpunkte:* sg. „Energie-Gipfel", Reduzierung des Ölkonsums, Förderung der Kernenergie und der Forschung nach alternativen Energien. *Japan:* Reduzierung des Ölkonsums für Japan: zwischen 6,3 und 6,9 Millionen Barrel pro Tag bis 1985, AM Sonoda reist im Anschluß zusammen mit AM Vance zum Dialog-Treffen mit den ASEAN Staaten.

Nach der für Tokyo diskriminierenden Entscheidung, einen Sondergipfel in Guadeloupe ohne japanische Beteiligung zu machen (vgl. hierzu die Ausführungen unter Abschnitt II), ergab sich mit dem fünften Gipfel (und dem ersten in Tokyo) eine gute Gelegenheit, der Welt sozusagen in einem Heimspiel vorzuführen, wie Japan seine Rolle im Konzert der Industrienationen versteht und auch zu welchen Leistungen es mittlerweile sowohl diplomatisch als auch finanziell in der Lage ist. Auf diesem „Energiegipfel" ging es vor allem um die Reduzierung des Ölkonsums, die Förderung der Kernenergie und um Forschungen nach alternativen Energien. Aufgrund der unterschiedlichen Interessenlage der Teilnehmer, was besonders in der energiepolitischen Debatte deutlich wurde, stand der japanische Gastgeber, Minister-

---

3 Vgl. Gendai Yogo No Kisochishiki (Grundbegriffe der Gegenwart), hrsg. vom Verlag Jiyu Kokuminsha, Tokyo 1992, S. 321

präsident Ohira, vor einer schwierigen Aufgabe. Der „Geist von Guadeloupe" war wieder deutlich geworden[4]. Ohira war es allerdings gelungen, Japans Ölimporte auf einem akzeptablen Niveau zwischen 6,3 und 6,9 Millionen Barrel pro Tag bis 1985 durchzusetzen[5]. Einen großen Erfolg hatte auch Außenminister Sonoda, der seinen amerikanischen Kollegen Vance überreden konnte, im Anschluß an den Gipfel eine gemeinsame Reise zu einem ASEAN Dialog Treffen zu bewegen. Tokyo war damit im Sinne seiner „Twin-track diplomacy"[6] eine Verknüpfung von Gipfeldiplomatie und dem Dialog mit den ASEAN Staaten gelungen.

Tabelle 1/6: der Gipfel von Venedig 1

6	Venedig 1	1980	*Allgemeine Schwerpunkte:*
	Italien	Juni	Inflationsbekämpfung, Versuch Wirtschaftswachstum von Ölkonsum zu entkoppeln, Afghanistanfrage, Geiselnahme von US Diplomaten in Teheran.
			Japan:
			(plötzlicher Tod von PM Ohira unmittelbar vor Gipfel, Japan vertreten durch seinen AM Okita). Zurückhaltung bei Afghanistandebatte und amerikanischem Maßnahmenkatalog gegen Teheran, Versuch AM Okitas, die Aufmerksamkeit der Gipfelteilnehmer auf das Kambodschaproblem zu leiten.

Wegen des plötzlichen Todes von Ministerpräsident Ohira wurde Japan auf diesem sechsten Gipfel durch seinen Außenminister Okita vertreten. Erstmals in der Geschichte der Gipfel nahm Japan intensiv teil an Diskussionen zu politischen Fragen. Japan vermied während der Diskussionen eine definitive Zustimmung zur Position der USA und Englands, die den Teilrückzug der sowjetischen Truppen aus Afghanistan für nicht ausreichend hielten. Bei der Frage der amerikanischen Geiseln – hier präferierte Präsident Carter militärische Maßnahmen zur Befreiung der Geiseln – lag Japans Position näher bei der europäischen Zurückhaltung. Tokyo schloß sich dann aber der gemeinsamen Erklärung an, die einen vollständigen Rückzug sowjetischer Truppen

---

4   Vgl. Yoichi Funabashi „Summit no shiso" (die Idee der Gipfeltreffen), Asahi Shinbun, Tokyo 1980; S.26; Es hatte wieder ein informelles abendliches „Big Four"-Treffen gegeben, bekannt geworden unter der Bezeichnung „Tokyo Guadeloupe". Das hatte Präsident Giscard d'Estaing offensichtlich zu dem mit den USA, England und Deutschland abgestimmten Vorschlag veranlaßt, länderspezifische Ölimportquoten zu beschließen. Eine zu drastische Reduzierung der Ölimporte hätte aber negative Folgen auf Japans Wirtschaftswachstum gehabt.

5   Vgl. Istituto Affari Internazionali, Rome; on the occasion of the 1987 Venice Economic summit; Economic Summits 1975 – 1986 Declarations; S.52

6   Der Journalist Shiro Saito versteht in seinem Buch „Japan at the Summit" (vgl. Fußnote 8) unter „Twin-track diplomacy" das beharrliche Bestreben Tokyos, Japan als asiatische Wirtschaftsnation verstanden zu wissen. Tokyo versteht seine Position auch im Sinne eines Vertreters allgemeiner asiatischer Interessen.

aus Afghanistan verlangte und allgemein die Geiselnahme in Teheran verurteilte[7]. Außenminister Okita versuchte noch, die Aufmerksamkeit der Gipfelteilnehmer auch auf das Kambodscha-Problem zu lenken, was er für ebenso bedrohlich für den internationalen Frieden hielt wie der Westen die sowjetische Afghanistanpolitik, aber, so schreibt Saito in seinem Buch: „...virtually no one showed any concern"[8]. Diesen Gipfel zusammenfassend und damit die wachsende Interdependenz der führenden Industrienationen bei wirtschaftlichen und politischen Fragen skizzierend formulierte Außenminister Okita diese Erkenntnis in dem bekannt gewordenen Satz: „We are all in the same gondola".[9]

Tabelle 1/7: Der Gipfel von Ottawa

7	Ottawa	1981	*Allgemeine Schwerpunkte:*
	Kanada	Juni	Konjunkturfördermaßnahmen, Bekämpfung von Inflation, Arbeitslosigkeit und internationalem Terrorismus, Nord-Süd Problem (v.a. vom Gastgeber betont)
			Japan:
			Betonung der Entwicklungshilfe, ODA in fünf Jahren verdoppeln, Hilfen besonders für Thailand, Pakistan und Türkei, Kambodschaproblem wird in Schlußdokument erwähnt.

Bereits der nächste Gipfel in Ottawa verdeutlicht in besonders eindrucksvoller Weise, daß Japan sich zusehens erfolgreich gegen den Vorwurf eines nur produzierenden und die Weltmärkte mit seinen Produkten überschwemmenden „economic animal" wehren kann und gezielt mit der mittlerweile für Japan typischen Betonung auf Nord-Süd Dialog und Entwicklungshilfe auf den siebten Gipfel vorbereitet.

Ministerpräsident Suzuki hatte auf seiner Rückreise von Washington im Mai 1981 seinen Amtskollegen Trudeau aufgesucht und man war übereingekommen, daß das Nord-Süd-Problem auf dem kommenden Gipfel höchste Priorität haben müsse. Für Trudeau, aber auch für Suzuki war dieser Gipfel insofern ein persönlicher Erfolg, als es trotz der amerikanischen (Präsident Reagan) und englischen (Mrs. Thatcher) Zurückhaltung gelang, mit französischer (Präsident Mitterrand) und deutscher (Bundeskanzler Schmidt) Unterstützung zur Frage von globalen Verhandlungen mit den Entwicklungslän-

---

[7] Vgl. Istituto Affari Internazionali, Rome; on the occasion of the 1987 Venice Economic summit; Economic Summits 1975 – 1986 Declarations; S.70
[8] Vgl. Shiro Saito , „Japan at the Summit", Routledge, London and New York, for The Royal Institute of International Affairs; S.68
[9] Ebd., S.69

dern in der Nord-Süd-Problematik einen Kompromiß zu finden[10]. Um die Ernsthaftigkeit seiner Verantwortung besonders für die asiatischen Entwicklungsländer zu unterstreichen hatte Japan beschlossen, seine offizielle Entwicklungshilfe in fünf Jahren zu verdoppeln. Dies war nach dem Gipfel von Bonn 1979 bereits die zweite entwicklungspolitische Initiative Tokyos. Auch Suzukis Zusage an die westlichen Partner, japanische Entwicklungshilfe vor allem auch für Thailand, Pakistan und die Türkei zu erhöhen (also Regionen, die nach Reagans Auffassung gegenüber der drohenden Gefahr durch den Kommunismus besonders gefördert werden müssen), ist ein deutliches Zeichen für die japanische Art, den „Westen" gegenüber dem (kommunistischen) „Osten" zu unterstützen. Bezüglich der Kambodscha-Frage war Suzuki ebenfalls erfolgreicher als noch Okita in Venedig. In der politischen Abschlußerklärung des Vorsitzenden heißt es unter Punkt 8: „Believing as we do that the Kampuchean people are entitled to self-determination, we welcome and support the Declaration of the International Conference on Kampuchea."[11] Der abschließende „Trudeau Report" unterstrich die von Trudeau und Suzuki vertretene Kompromißlinie: gegenüber der Sowjetunion eine Kombination von westlicher Stärke (um Reagans harte Linie zu unterstützen) und Dialogbereitschaft (mit Rücksicht auf europäische und japanische Positionen gegenüber der Sowjetunion). Gleichzeitig widerstand Suzuki westlichem Druck nach Aufstockung des japanischen Verteidigungshaushaltes[12].

Beim achten Gipfel kam es über den Falkland Krieg zu einer Kontroverse zwischen Mrs. Thatcher und Ministerpräsident Suzuki. Bezüglich der UN Resolution, die einen sofortigen Waffenstillstand und den Rückzug aller Truppen forderte, legten die USA (nach anfänglichem Zögern) und England ihr Veto ein.

Tabelle 1/8: Der Gipfel von Versailles

8	Versailles Frankreich	1982 Juni	*Allgemeine Schwerpunkte:* Weltwährungssystem, Inflation, Beschäftigungsstand, Nord-Süd Problem *Japan:* Kontroverse mit England wg. Falklandkrieg, Technologiezusammenarbeit auf Entwicklungsländer ausdehnen, weitreichende Senkung von Importzöllen.

---

10 Vgl. Catherine Schneider: Südwestfunk Termindokumentation, Referat Recherchen und Information: Die Weltwirtschaftsgipfel 1975 bis 1985, Baden-Baden 1985; S.28
11 Vgl. Istituto Affari Internazionali, Rome; on the occasion of the 1987 Venice Economic summit; Economic Summits 1975 – 1986 Declarations; S.85, vgl. ebenso: „Jiji Almanac 1982", hrsg. von Masatsune Moriya, Verlag Jiji Press, Tokyo 1981; S. 603
12 Vgl. Shiro Saito, „Japan at the Summit", Routledge, London and New York, for The Royal Institute of International Affairs; S.72

Japan dagegen stimmte für die Resolution in Übereinstimmung mit seiner konsequenten Haltung, daß diese Kontroverse durch die Vereinten Nationen geregelt werden müsse.

Ein französischer Vorschlag, höheres internationales Wirtschaftswachstum durch verstärkte Technologiezusammenarbeit zu erreichen, fand volle Zustimmung bei Japan. Suzuki forderte darüber hinaus sogar, diese Kooperation nicht nur zwischen den Industrienationen sondern auch mit den Entwicklungsländern zu fördern. Kritisch wurde Japans Lage, als es zur Diskussion über Handelsfragen und drohenden Protektionismus kam. Das „Japan Problem" (unproportional hoher Handelsbilanzüberschuß, relative Abgeschlossenheit seiner Märkte) wurde von den USA und den Europäern angesprochen. Die von Tokyo geschickt auf diesen Gipfel terminierte Ankündigung eines Maßnahmenpaketes zur Reduzierung von Importzöllen bei über 200 Posten verhinderte offensichtlich, daß Japan namentlich während des Gipfels kritisiert wurde.[13]

Der neunten Gipfel 1983 in Williamsburg gilt als der bisher erfolgreichste politische Gipfel in der Reihe der Weltwirtschaftsgipfel. Zwar gab es drängende Wirtschaftsthemen, wie die gebotene Abwehr protektionistischer Tendenzen oder die Notwendigkeit einer Strategie wirksamer Anpassungs- und Entwicklungspolitik der Schuldnerstaaten, aber das Gefühl der Bedrohung (etwa durch die sowjetischen SS-20 Raketen) war offensichtlich das beherrschende Thema und machte den Gipfel zu einem sicherheitspolitischen Forum für die westlichen Industrienationen.

Tabelle 1/9: Der Gipfel von Williamsburg

9	Williamsburg USA	1983 Mai	*Allgemeine Schwerpunkte:* inflationsfreies Wachstum, Protektionismus, Entwicklungspolitik und Schuldenproblem der Entw.-Länder, Zusammenarbeit bei Umweltschutz und Gesundheitsforschung, 1993 Stationierung amerikanischer Systeme in Europa falls kein Erfolg bei Rüstungskontrolle. *Japan:* PM Nakasone betont Verbindung zwischen NATO- und japanisch-amerikanischen Sicherheitskonzepten.

Daß Japan trotz seiner traditionellen Zurückhaltung bei politischen und vor allem sicherheitspolitischen Fragestellungen sich bei diesem Gipfel besonders kooperativ darstellte, ist mit Sicherheit auch auf seinen Ministerpräsidenten auf diesem Gipfel zurückzuführen.

---

13   Ebd., S.76

Mit Nakasone Yasuhiro kam ein neuer Typ eines japanischen Regierungschefs in die Runde der Sieben. In starkem Kontrast zu den sterilen Diskussionen über Wirtschafts- und Finanzpolitik der meisten bisherigen Gipfel nahmen Gespräche zu sicherheitspolitischen Fragen einen breiten Raum ein. Mit Nakasones Hilfe war es Präsident Reagan gelungen, den NATO-Flügel der Sieben mit Frankreich und Japan konzeptionell zu verbinden. Frankreich hatte im Vorfeld schon befürchtet, daß Reagan den Gipfel umfunktioniert in einen von den USA dominierten Super-NATO-Gipfel.[14] Nakasone war mit der festen Absicht nach Williamsburg gekommen, den Teilnehmern zu versichern, daß Japan nicht nur ein „economic animal" sei sondern auch bereit ist, Verantwortung für das Wohlergehen der Globalgemeinschaft zu übernehmen. Besonders eine von Japan eingebrachte Formulierung in der gemeinsamen Erklärung, „the security of our countries is indivisible and must be approached on a global basis"[15], war die praktische Bestätigung dieser konzeptionellen Verbindung des japanisch-amerikanischen Sicherheitsvertrages mit der NATO-Strategie. Auslöser für diese wichtige Wende in Japans sicherheitspolitischer Perzeption – traditionell im wesentlichen verstanden als die unmittelbare Sicherheit und Verteidigungsfähigkeit des eigenen Territoriums – dürfte die sowjetische Ankündigung vom Januar 1983 gewesen sein, die SS-20 Raketen von der europäischen zur asiatischen Region zu verlagern. Zwar wurde Nakasone in Japan selbst erwartungsgemäß heftig von der Opposition kritisiert, historisch betrachtet war aber dieser Schritt nichts anderes als die konsequente Fortsetzung von Japans „Twintrack diplomacy" in den Bereich der Sicherheitspolitik.

Tabelle 1/10: Der Gipfel von London 2

10	London 2	1984	*Allgemeine Schwerpunkte:*
	England	Juni	Rüstungskontrolle im Ost-West Verhältnis, gemeinsame Anstrengungen gegen internationalen Terrorismus, Erklärungen zum Iran-Irak Konflikt.
			Japan:
			unterstützt Vorschlag Reagans, jederzeit und an jedem beliebigen Ort Verhandlungen zum Abbau von Kernwaffen aufzunehmen. Inner-japanische Kritik an Nakasone wesentlich geringer als bei Williamsburg.

Bei diesem zehnten Gipfel legte Japan einen ausführlichen Bericht über die von der Japan Foundation im März 1984 ausgerichtete Konferenz über Lebenswissenschaften und Menschenfragen vor. Tokyo unterstützte das Londoner statement, worin die Sowjetunion aufgefordert wurde, das Angebot der

---

14 Ebd., S.79
15 Ebd., S.79

Reagan Administration anzunehmen, Verhandlungen zum Abbau von Kernwaffen ohne Vorbedingungen jederzeit und an jedem Ort wieder aufzunehmen. Wenngleich eine Fortsetzung der Williamsburg Position, gab es diesmal wesentlich weniger Kritik an Naksone in Japan selbst, denn es wurden auch diesmal keine konkreten Verpflichtungen, etwa zu erhöhten Verteidigungsanstrengungen, eingegangen.

Dank der Kontroverse zwischen Frankreich und den USA über eine neue GATT Runde war kein Raum mehr, das enorme Handelsbilanzdefizit Japans mit den USA und Europa, und damit das „Japan-Pproblem" zur Sprache zu bringen[16]. Erst nach Abschluß der offiziellen Gespräche kritisierte Mrs. Thatcher Japan heftig mit den Worten:

„„... a very real trade war, with its attendant political and diplomatic consequences, could break out between East and West"[17].

Tabelle 1/11: Der Gipfel von Bonn 2

11	Bonn 2 Deutschland	1985 Mai	*Allgemeine Schwerpunkte:* Inflationsfreies Wachstum, SDI (Ablehnung Frankreichs, Skepsis bei den Europäern[18]) *Japan:* Japans Handelsbilanzüberschuß wird von England heftig kritisiert, allerdings erst außerhalb der offiziellen Gipfelgespräche. Erstmals wird Europa und Asien (Deutsche Wiedervereinigung und koreanische Wiedervereinigung) zusammen in einem Gipfeldokument genannt[19].

Die latente Spannung sowohl im Bereich der Handels- wie auch der Sicherheitspolitik, die zwischen den Gipfelteilnehmern in Bonn herrschte, wurde auch durch eine Formulierung von Präsident Mitterand auf einer Pressekonferenz in Paris deutlich:

„In spite of differences at the Bonn summit, Europeans will recognize that they need to be strong, united and coordinated in the face of the United States and Japan ... In the face of this enormous industrial and economic power represented by the United States and, at the other end, Japan, Europe must exist."[20]

Ein eher indirekter Erfolg für Japan als Vertreter Asiens war die Parallele zwischen europäischer und asiatischer Politik, die durch die Erwähnung der

---

16 Vgl. „Jiji Almanac 1986", hrsg. von Masatsune Moriya, Verlag Jiji Press, Tokyo 1985; S. 84
17 Vgl. Shiro Saito, „Japan at the Summit", Routledge, London and New York, for The Royal Institute of International Affairs; S.84
18 Vgl. „Jiji Almanac 1986", hrsg. von Masatsune Moriya, Verlag Jiji Press, Tokyo 1985; S. 84
19 Vgl. Shiro Saito, „Japan at the Summit", Routledge, London and New York, for The Royal Institute of International Affairs; S.85-86
20 Vgl. Times vom 06.05.85

zu erhoffenden Wiedervereinigung Deutschlands und Koreas in der politischen Erklärung gegeben war. Erstmals in der Geschichte der Gipfeldokumente erfuhren Europa und Asien eine gemeinsame Erwähnung an so prominenter Stelle.[21]

Tabelle 1/12: Der Gipfel von Tokyo 2

12	Tokyo 2 Japan	1986 Mai	*Allgemeine Schwerpunkte:* Reaktion auf G-5 Plaza Agreement. USA stimmen konzertierter Intervention in die Devisenmärkte zu. *Japan:* Dollar fällt stark gegenüber Yen. Vorlage des Maekawa Reports, Nakasone wird ausdrücklich als Gastgeber des bisher besten Gipfels gelobt[22].

Nakasone hatte diesen zweiten Tokyoter Gipfel gut vorbereitet. Ähnlich wie Ministerpräsident Ohira 1979 ausgedehnte Vorbereitungsgespräche mit Präsident Carter führte, trug auch diesmal Nakasones guter Kontakt zu Präsident Reagan und die Einrichtung eines hochrangigen Beratergremiums für den Ministerpräsidenten unter Leitung des ehemaligen japanischen Notenbankchefs Haruo Maekawa (das Resultat war der berühmte „Maekawa Report") dazu bei, daß die amerikanischen und europäischen Teilnehmer diesen Gipfel als den besten der bisherigen lobten.[23] Der Preis für Japan war allerdings auch beträchtlich. Zum einen war die durch den Maekawa Report ausgelöste Erwartung, nämlich die japanische Wirtschaft fundamental umzustrukturieren von einer exportorientierten zu einer mehr ausbalancierten importorientierten und die Inlandsnachfrage steigernden Wirtschaft sehr hoch. Am letzten Gipfeltag schnellte der Yen gegenüber dem Dollar auf einen Rekordwert von 165,20. Ebenso stand Japan von jetzt ab unter starkem Druck, seine Handelsbilanz zu korrigieren, die 1985 mit 50 Milliarden Dollar eine neue Rekordmarke erklommen hatte. Die frühere Warnung eines amerikanischen Beamten,

„Japan is playing a very dangerous game in the conduct of international trade. A nation cannot be all exports and no imports"[24],

hatte nach wie vor Gültigkeit und erinnerte an Mrs Thatchers harte Worte von dem vorherigen Bonn 2 Gipfel. Die zukünftige Entwicklung der internationalen Wechselkurse war ebenfalls voller Unsicherheiten. Auch der Verlauf der politischen Diskussionen, die schließlich in einer namentlichen Nennung

---

21 Vgl. Shiro Saito, „Japan at the Summit", Routledge, London and New York, for The Royal Institute of International Affairs; S.85-86
22 Ebd., S.89
23 Ebd., S.89
24 Vgl. Masaru Ogawa, our times: a successful summit, Japan Times vom 26.07.81

von Libyen gipfelten, bedeutet für Japans bisherige vorsichtig zurückhaltende „Neutralitätspolitik" gegenüber den Öllieferanten in Nah-Ost eine drastische Wende. Mit der Zustimmung zu diesem statement war offiziell Japans politischer Schulterschluß mit den westlichen Gipfelnationen zementiert. Nakasone beeilte sich dann auch deutlich zu machen, daß dieser Schritt ausdrücklich nur Libyens konkrete terroristische Aktionen betraf und nicht als eine allgemeine japanische Frontstellung gegenüber der arabischen Welt interpretiert werden dürfe.[25] Die Formulierung, „Nations surrounding the Pacific are thriving dynamically through free exchange, building on their rich and varied heritages"[26], in der Tokyoter Erklärung war für Nakasone ein Beweis, daß es Japan erneut gelungen war, einen Bogen internationaler Kooperation vom Atlantic zum Pazifik zu schlagen.

Tabelle 1/13: Dr Gipfel von Venedig 2

13	Venedig 2 Italien	1987 Juli	*Allgemeine Schwerpunkte:* Bemühungen aller Handelsbilanzüberschußländer um verstärkte Inlandnachfrage, Abbau von Haushaltsdefiziten besonders bei Ländern mit Handelsbilanzdefiziten, entsprechend eines UNO Beschlusses sollen als Zielvorgabe 0,7% des BSP als Entwicklungshilfe gewährt werden[27]. Die politischen Erklärungen fordern konstruktive Fortschritte bei den Abrüstungsverhandlungen, sichere Schiffahrtswege im Persischen Golf, Maßnahmen gegen den internationalen Terrorismus[28]. *Japan:* Maßnahmenpaket zu Abbau von Handelsbilanzüberschüssen und Ankurbelung der Inlandnachfrage, Kambodscha als zusätzlich Krisenregion genannt

Da wieder Kritik an Japan wegen seines Handelsbilanzüberschusses zu erwarten war, schnürte Tokyo vor diesem dreizehnten Gipfel in Venedig ein Maßnahmenpaket zum Abbau des Bilanzüberschusses sowie zur Ankurbelung der Inlandsnachfrage, das während des Gipfels erläutert und von den Teilnehmern offenbar positiv aufgenommen wurde.[29] Ebenfalls geht die Erwähnung der asiatischen und pazifischen Regionen in der Zusammenfassung

---

25 Vgl. Shiro Saito, „Japan at the Summit", Routledge, London and New York, for The Royal Institute of International Affairs; S.88
26 Vgl. Istituto Affari Internazionali, Rome; on the occasion of the 1987 Venice Economic summit; Economic Summits 1975 – 1986 Declarations; S.146
27 Vgl. „Jiji Almanac 1988", hrsg. von Masatsune Moriya, Verlag Jiji Press, Tokyo 1987; S. 118
28 Vgl. Shiro Saito, „Japan at the Summit", Routledge, London and New York, for The Royal Institute of International Affairs; S.91
29 Vgl. „Jiji Almanac 1988", hrsg. von Masatsune Moriya, Verlag Jiji Press, Tokyo 1987; S. 119-120

des Berichtes des Vorsitzenden offensichtlich auf einen ausführlichen Bericht der japanischen Teilnehmer über diese Region zurück.[30] Neben Südafrika und Afghanistan wird auch Kambodscha wieder als Krisenregion in der Zusammenfassung des Vorsitzenden erwähnt[31], was, verglichen mit den erfolglosen Bemühungen von Außenminister Okita beim sechsten Gipfel 1980 und dem ersten Venediger Gipfel nicht zuletzt auch auf Tokyos stetige Hinweise auf die Situation in Asien zurückzuführen ist.

Tabelle 1/14: Der Gipfel von Toronto

14	Toronto Kanada	1988 Juni	*Allgemeine Schwerpunkte:* Feststellung unerwartet guter Konjunkturdaten der Weltwirtschaft, positive Ergebnis bisheriger Abstimmungen innerhalb der G7 konstatiert. Stabilisierung des US-SU Verhältnisses. *Japan:* Erste Erwähnung der Nordterritorienfrage

Das für Japans Teilnahme an diesem Gipfel besonders bemerkenswerte Ereignis war das gemeinsame Abendessen am 19. Juni. Zum ersten Mal war es Tokyo gelungen, im Zusammenhang mit der Entspannungsdiskussion auf das spezielle japanisch-sowjetische Problem der südlichen Kurileninseln[32] hinzuweisen. Sowohl Präsident Reagan als auch Ministerpräsident Takeshita wiesen auf dieses „Nordterritorien"-Problem hin als eines der letzten großen Hürden für wirklich globale Entspannung zwischen der Sowjetunion und dem „Westen".

Nach den im Allgemeinen sehr positiven Eindrücken, welche die Ministerpräsidenten Ohira (5. und 6. Gipfel), Suzuki (7. und 8. Gipfel) und vor allem Nakasone (9. bis 13. Gipfel) und Takeshita (14. Gipfel) bei den anderen Regierungschefs hinterlassen hatten, hatte der „Ministerpräsident für zwei Monate"[33], Sousuke Uno, auf dem fünzehnten Gipfel in Paris einen sehr schweren Stand.

---

30 Ebd., S. 120
31 Ebd., S. 120
32 Die in Japan immer „Nordterritorienproblem" genannte offene Frage zwischen der japanischen und der sowjetischen (russischen) Regierung bezieht sich auf eine Gruppe kleinerer Inseln nordöstlich von Hokkaido. Diese von den Russen „südliche Kurilen" genannten, ehemals von Japanern bewohnten Inseln wurden in den letzten Kriegstagen von sowjetischen Truppen besetzt und schließlich annektiert. Heute sind sie noch eines der größten Hindernisse für den Abschluß eines Friedensvertrages zwischen Tokyo und Moskau und der Normalisierung der Beziehungen zwischen beiden Staaten. Erst auf der jüngsten G 7 Konferenz der Außen- und Finanzminister im April im Tokyo hat sich Japan erstmals bereit erklärt, in Zukunft die Gewährung von Rußlandhilfe nicht mehr abhängig zu machen von der Lösung des Territorialproblems.
33 Sousuke Uno war erst seit dem 03. Juni 1989 Vorsitzender der regierenden Liberaldemokratischen Partei (LDP) und damit automatisch Ministerpräsident. Gerüchte über Beziehungen zu einer Geisha waren bereits im Umlauf und führten schon im August 1989 zu seinem Rücktritt. Sein Nachfolger wurde der „Saubermann" Toshiki Kaifu, der das Amt immerhin bis November 1991 innehatte, mußte aber dann vor

Tabelle 1/15: Der Gipfel von Arche

15	Arche Frankreich	1989 Juli	*Allgemeine Schwerpunkte:* Wirtschaftshilfen für Osteuropa, Schuldenproblem der Entwicklungsländer, globale Umweltzerstörung, internationaler Terrorismus. *Japan:* versucht Mäßigung bei Haltung gegenüber China

Zwar war der Gipfel geprägt von der übereinstimmenden Absicht aller Industrienationen, vor allem den Ländern Polen und Ungarn weitreichende Wirtschaftshilfen zu gewähren, wurde aber auch überschattet von steigenden protektionistischen Tendenzen in den USA und Europa und dem brutalen Vorgehen der Machthaber in Peking gegen die Demonstranten auf dem „Platz des himmlischen Friedens" vom 4. Juni 1989. Dem auch in Japan als führungsschwach geltenden Ministerpräsidenten Uno war es nicht gelungen, in der kontroversen Diskussion über das weitere Vorgehen gegenüber Peking, die von Japan gewünschte mäßigende Haltung gegenüber China ausreichend und überzeugend zu vertreten. Während die Amerikaner und Europäer sich einig waren, als Antwort auf die Menschenrechtsverletzungen durch das Pekinger Regime strenge Sanktionsmaßnahmen zu ergreifen, warnte Japan vergeblich vor einer Isolierung Chinas[34]. Es kam zu vier politischen Erklärungen der Gipfelteilnehmer zum Ost-West Verhältnis, zum Terrorismus, zu Menschenrechtsfragen und zu einer besonderen Erklärung zu China, worin speziell das Vorgehen auf dem „Platz des himmlischen Friedens" verurteilt wurde. Der fünfzehnte Gipfel stellt so gesehen einen gewissen Bruch in Japans bisheriger „Twin-track Diplomacy" dar. Japan war es vor allem aufgrund der Führungsschwäche seines Regierungschef nicht gelungen, bei den Gipfelteilnehmern ein ausreichendes Verständnis für die besondere Situation in Asien zu erzeugen. Die ohnehin angespannte Diskussion über den steigenden Protektionismus und Japans eigener Handelsbilanzüberschuß, wie auch die Furcht, wieder eine Diskussion zum „Japan Problem" zu provozieren, ließ es ratsam erscheinen, die mühsam erzielte Einigung zu den wichtigen Ost-West Fragen, zu Ökologie und zur positiven Bewertung der Perestroika-Politik Gorbatschows nicht durch zu eigenwilliges Pochen auf die Besonderheit Asiens zu gefährden. Der „Westen" war sich im Prinzip einig und Japans Beitrag zu diesem Gipfel erschöpfte sich durch seine bloße Anwesenheit.

---

allem wegen des PKO Gesetzes und der mißglückten politischen Reformen in Japan seinen Rücktritt einreichen

34 Vgl. „Jiji Almanac 1990", hrsg. von Masatsune Moriya, Verlag Jiji Press, Tokyo 1989; S. 75-76

Tabelle 1/16: Der Gipfel von Houston

16	Houston USA	1990 Juli	*Allgemeine Schwerpunkte:* Ende des Kalten Krieges, Haltung zu China ein Jahr nach Tiananmen, Uruguay Runde, Wirtschaftshilfen für die Sowjetunion. *Japan:* Wiederaufnahme der Entwicklungshilfe für China, Nordterritorienfrage aufgenommen.

Mit Toshiki Kaifu (Ministerpräsident seit August 1989) war Japan beim sechszehnte Gipfel in Houston, Texas, durch einen Ministerpräsidenten vertreten, der sehr viel erfolgreicher als sein Vorgänger wieder den Faden der „Twin-track diplomacy" aufgreifen konnte. Dies zeigte sich sowohl bei seiner mutigen Ankündigung, die japanischen Entwicklungshilfekredite für China wieder aufzunehmen, wie auch bei seinem Hinweis, daß Gorbatschows viel gepriesene neue Perestroika Politik in Asien und in der Pazifik-Region noch zu keiner greifbaren Entspannung geführt hat. Für Japans konziliante Chinapolitik fand er Verständnis sowohl bei den Amerikanern als auch bei England. Allerdings war es nicht gelungen, die gegensätzlichen Meinungen über eine Wiederaufnahme der Entwicklungshilfe für China wie auch über die Hilfen für die Sowjetunion völlig auszugleichen. Trotzdem führten die Erläuterungen Kaifus über die Problematik der Beziehungen Tokyos zu Moskau, die durch das ungelöste Territorialproblem überschattet werden, letztlich zur Aufnahme des „Nordterritorienproblems" in die offiziellen Gipfeldokumente, was allgemein als der größte diplomatische Erfolg Kaifus gewertet wird. Zum ersten Mal war es Tokyo gelungen, für ein spezifisch japanisches Problem zumindest Verständnis bei allen Gipfelteilnehmern zu erreichen. In der Wirtschaftserklärung des Gipfels von Houston heißt es: „Wir betrachten eine friedliche Lösung des Streits mit der Sowjetunion über die Frage der Nordterritorien als besonders wichtig für die japanische Regierung"[35].

Tabelle 1/17: Der Gipfel von London 3

17	London 3 England	1991 Juli	*Allgemeine Schwerpunkte:* Ende des Kalten Krieges, Neue Weltordnung, Golfkrieg, Stärkung der UNO, Gorbatschow nach Abschluß eingeladen zum „G 7 plus 1". *Japan:* Internationalen Waffenhandel durch UNO registrieren, Nordterritorienfrage aufgenommen

---

35 Vgl. „Jiji Almanac 1991", hrsg. von Masatsune Moriya, Verlag Jiji Press, Tokyo 1990; S. 80

Der siebzehnte Gipfel, von der japanischen Presse als „Sowjet-Gipfel" bezeichnet[36], wurde beherrscht von Fragen, wie nach der Beendigung des Kalten Krieges eine neue internationale Ordnung zu schaffen sei. Die Gipfelteilnehmer waren sich einig über die Notwendigkeit der Stärkung der UNO, stimuliert auch durch den gerade erfolgreich beendeten Krieg gegen den Irak, wie auch über die Notwendigkeit, die Reformpolitik Gorbatschows und vor allem seine Bemühungen bei der Etablierung marktwirtschaftlicher Strukturen in der Sowjetunion zu unterstützen. Der neben anderen auch aus Japan stammende Vorschlag, innerhalb der UNO ein System zur Registrierung von internationalen Waffentransfers zu etablieren, wurde in der „Erklärung zum Transfer und zur Nichtverbreitung konventioneller, biologischer und chemischer Waffen" aufgenommen.[37] Wie bereits beim Gipfel in Houston im Vorjahr, fand auch diesmal die Nordterritorienfrage Eingang in die Schlußerklärung des Vorsitzenden: „Die vollständige Normalisierung der sowjetisch-japanischen Beziehungen einschließlich der Lösung der Nordterritorienfrage wird einen wichtigen Beitrag zur Verwirklichung des Geistes der internationalen Kooperation in Asien erbringen."[38] Dieser erneute diplomatische Erfolg Japans gewinnt vor allem vor dem Hintergrund der wachsenden Anteilnahme des Westen an der weiteren Entwicklung innerhalb der Sowjetunion und die allgemein gestiegene Bereitschaft, mit weitreichenden finanziellen und technischen Hilfen den Reformprozeß in der Sowjetunion zu fördern, an Bedeutung. Japan, daß aus historischen und innenpolitischen Gründen am wenigsten bereit sein kann, sich intensiv für die Sowjetunion zu engagieren, war gezwungen, seine passive Haltung zu erläutern und zu begründen. Wenngleich die zögerliche Haltung Tokyos im Westen vermehrt zu Irritationen führte und vor allem ein starker Kontrast zur massiven Hilfe Deutschlands darstellte, war der beharrliche Hinweis Tokyos auf die Besonderheit des sowjetisch-japanischen Verhältnisses indirekt auch eine wichtige Warnung vor zu viel Euphorie angesichts der vielen Ungewißheiten bezüglich der weiteren Entwicklung innerhalb dieser ehemaligen Supermacht. Im Gegensatz zu der vollzogenen deutschen Lösung seines Verhältnisses zur Sowjetunion, die ohne Grenzkorrekturen stattfand, würde die Lösung der „japanischen offenen Frage" unter den gegebenen Umständen nur durch eine Grenzkorrektur möglich sein. Das aber könnte gerade aus europäischer und besonders aus deutscher Sicht sehr heikel werden.[39] Es ist daher das Ver-

---

36 Vgl. „Jiji Almanac 1992", hrsg. von Masatsune Moriya, Verlag Jiji Press, Tokyo 1991; S. 75-76
37 Allein die Tatsache, daß die fünf ständigen Mitglieder des UNO Sicherheitsrates zusammen mit Deutschland über 90% des internationalen Waffenhandels bestreiten, verlieh der Forderung nach einer besseren Kontrolle der Waffenlieferungen durch die UNO eine hohe Akzeptanz. Vgl. hierzu ebenfalls „Jiji Almanac 1992", hrsg. von Masatsune Moriya, Verlag Jiji Press, Tokyo 1991; S. 75
38 Vgl. „Jiji Almanac 1992", hrsg. von Masatsune Moriya, Verlag Jiji Press, Tokyo 1991; S. 76
39 Vgl. „Der Gipfel in München, Analysen aus dem Forschungsinstitut der Deutschen Gesellschaft für Auswärtige Politik", Bonn 1992, S. 38

dienst der vorsichtigen und bedächtigen Haltung Tokyos, bei der weiteren Entwicklung nicht nur die Interessenlage des „Westens", sondern auch die Gesamtheit der internationalen Beziehungen der Sowjetunion und seiner Nachfolgestaaten gebührend zu berücksichtigen.

Tabelle 1/18: Der Gipfel von München

18	München Deutschland	1992 Juli	*Allgemeine Schwerpunkte:* Allgemeine Konjunkturschwäche der Weltwirtschaft, Hilfen für die GUS Staaten, besonders für Rußland, nach Abschluß Jelzin eingeladen zum „G 7 plus 1". *Japan:* Nordterritorienfrage in politischer und wirtschaftlicher Erklärung aufgenommen

Japans Hauptinteresse war auch beim Münchener Gipfel, wie schon bei den vorhergehenden Gipfeln in London und Houston, wieder die Frage, inwieweit die Gruppe der G 7 bei ihrer Absicht, der Sowjetunion beziehungsweise Rußland weitreichende finanzielle Hilfen zu gewähren, die besondere Situation Japans gegenüber Rußland, dessen Kernstück die Nordterritorienfrage ist, zu berücksichtigen bereit ist. Die hartnäckige Haltung Japans, daß es sich – im Gegensatz zur Argumentation Jelzins, der die Nordterritorienfrage als rein bilateral zu behandelndes Problem betrachtet und auch eine Koppelung der Wirtschaftshilfe aus Japan an die Lösung dieser Frage strikt ablehnte – eben nicht um eine rein bilaterale Frage zwischen Japan und Rußland handelt, wurde letzendlich auch von den anderen Gipfelteilnehmern geteilt. Im Verlauf dieses Gipfels, an dessen Ende auch Jelzin eingeladen worden war, weshalb er auch als „G 7 plus 1"- Gipfel bezeichnet wurde, kam es offenbar im Zusammenhang mit der Formulierung zu harten Auseinandersetzungen zwischen der japanischen Delegation und der russischen Vertretung, die eine Aufnahme dieser Frage an so prominenter Stelle um jeden Preis zu verhindern suchte.[40] Das für Japan wichtigste Ergebnis des Münchener Gipfels war dann auch der Erfolg, der darin bestand, daß diese Nordterritorienfrage sowohl in die Wirtschaftserklärung als auch in die politische Erklärung aufgenommen wurde.[41]

---

[40] Vgl. Masaaki Hibino: „Myunhen samitto to Shinsekaishitsujo" (der Münchener Gipfel und die neue Weltordnung), in „Kokubo" (Nationale Verteidigung), Oktober 1992, Asagumo Shinbunsha, Tokyo 1992, S. 8-22

[41] Vgl. „Jiji Almanac 1993", hrsg. von Masatsune Moriya, Verlag Jiji Press, Tokyo 1992; S. 77

II. Die Entwicklungsphasen japanischer Positionen

Für Japans Regierungen ist die Suche nach einer angemessenen internationalen Rolle und die Bestätigung, als Mitglied der westlichen Wertegemeinschaft akzeptiert zu werden, nicht erst seit dem Ende des Kalten Krieges ein wichtiges Thema. Wenngleich die Diskussion über Tokyos neue globalpolitische Rolle – nach dem bekannten Muster, erst im „Westen", dann auch in Japan selbst – seit dem Zusammenbruch der Sowjetunion neue Aufmerksamkeit erfuhr, war es schon immer allen Regierungen seit Yoshida Shigeru (der erste japanische Ministerpräsident nach dem Krieg[42]) ein Bedürfnis, der eigenen Nation gegenüber deutlich zu machen, wo die japanische Regierung ihren Einfluß hat geltend machen können, beziehungsweise „dem Westen" gegenüber zu unterstreichen, wie wichtig Japan ist. Diese aus westlicher Sicht oft naiv anmutende Suche nach Anerkennung hat ihre Gründe sowohl in der historischen Nachkriegsentwicklung Japans als ein im Prinzip bündnisfreies Land (dem einzigen Bündis mit den USA kommt eine Sonderrolle zu, da es eher einseitig die Verpflichtung der USA als Garant der japanischen Sicherheit festlegt und keine Bündnispartner nennt, denen Japan im Verteidigungsfalle beistehen müßte), sie ist aber auch aus der Tatsache herzuleiten, daß es als einziges asiatisches Land im Kreise der „reichen westlichen Industrienationen" immer auch seine Verantwortung bei der Wahrnehmung asiatischer Interessen sehr ernst genommen hat.

Shiro Saito spricht in diesem Zusammenhang daher mit Recht von einer „Twin-track diplomacy"[43], die schon mit der frühen Kishi Regierung (1957-1960) deutlich wurde[44] und seit 1975 auf allen Gipfeln kontinuierlich von Tokyo entwickelt wurde. Erkennbare Spuren einer Teilnahme Japans an den Gipfeln sind erst gegen Ende der dritten außenpolitischen Phase (Saito nennt diese Phase den „diplomatischen Multilateralismus") feststellbar.

Der eigentliche Eintritt Japans in die internationale Gemeinschaft fand streng genommen erst mit Beginn der dritten Phase des Saito'schen Multilateralismus statt. Zwar fand sich Japan in der zweiten Phase seiner Außenpolitik als wichtigster Stützpunkt der USA für deren Eingreifen in den Vietnamkrieg, eine wirtschaftlich maßgebliche Rolle spielte Japan aber noch nicht. Bekannt war es höchstens als Imitator westlicher Produkte, die es billiger, aber auch in schlechterer Qualität, ins Ausland exportierte. Den eigentlichen „Take-off" als Wirtschaftsmacht setzt Saito Mitte der 1960-er Jahre an.

---

42 Vgl. *Keizai Koho Center*, Japan. An International Comparison 1992, Tokyo 1991, S. 98
43 Vgl. Shiro Saito, „Japan at the Summit", Routledge, London and New York, for The Royal Institute of International Affairs; S.23 f
44 Unmittelbar nach Amtsübernahme von seinem Vorgänger Ishibashi Tanzan, dem einzigen Sozialisten unter Japans Nachkriegs-Ministerpräsidenten, startete Kishi eine 6-Länder Tour nach Süd-Ost und Südasien, bevor er sich nach Washington begab.

Tabelle 2: Japans Phasen in der Außenpolitik[45]

Periode	Japan	Welt
1. Phase: Anfang 1950-er bis Mitte 1960-er Jahre	Ausrichtung zum Westen, begrenzte Alternativen in Asien	Kalter Krieg in Europa und Asien
2. Phase: Mitte 1960-er bis Anfang 1970-er Jahre	„Take-off" als Weltwirtschaftsmacht	US-Eingreifen im Vietnamkrieg
3. Phase: Anfang 1970-er bis Ende 1970-er Jahre	diplomatischer Multilateralismus	Ost-West Entspannung, Annäherung zwischen USA und China, Ölkrise
4. Phase: Anfang 1980-er bis Ende 1980-er Jahre	Politische Reife bei Gipfeltreffen	Neuer Kalter Krieg, relative Schwächung der Supermächte, Wirtschaftskrisen
5. Phase: seit 1989	Suche nach neuer Rolle und selbständiger Außenpolitik	Ende des Kalten Krieges, Wiedervereinigung Deutschlands, Zerfall der Sowjetunion

Eine gewisse Zäsur bei Japans Verhalten auf den Gipfeln ist zu Beginn der vierten außenpolitischen Phase, nämlich zwischen dem fünften Gipfel in Tokyo und dem sechsten in Venedig feststellbar. Während man sich 1979 in Tokyo noch vorwiegend mit wirtschaftlichen Fragestellungen beschäftigte, kam mit Venedig zu den Energiefragen eine deutliche politische Note in die Gipfeldiplomatie, der sich auch Japan stellen mußte. Neben diesen Energiefragen waren die Reaktionen auf die sowjetische Invasion in Afghanistan und die Geiselnahme der amerikanischen Diplomaten in Teheran die Hauptthemen. Dieser Gipfel gilt als der wichtigste Wendepunkt in der Gipfeldiplomatie im Sinne einer Abkehr von rein wirtschaftlichen Diskussionen zu mehr umfassender Behandlung wirtschaftlicher *und* politischer, vor allem auch sicherheitspolitischer Fragen.

Mit dem ersten Weltwirtschaftsgipfel im November 1975 in Rambouillet in Frankreich, an dem übrigens der jetzige Ministerpräsident Kiichi Miyazawa bereits als Außenminister beteiligt war, begann eine Serie von Regierungskonsultationen auf höchster Ebene zwischen den einflußreichsten Industrienationen des Westens. Daß Japan von Anfang an Teilnehmer in diesem Gremium war, geschah zunächst nur aufgrund seiner wirtschaftlichen Potenz,

---

[45] übernommen aus: Saito Shiro, „Japan at the Summit", Routledge, London and New York, for The Royal Institute of International Affairs; S.44. Saito konstatiert vier Phasen bis Ende 1980. Durch das Ende des Kalten Krieges und den Zerfall der Sowjetunion läßt sich im Schema Saitos noch eine fünfte Phase angliedern.

denn zumindest bis Venedig (1980), waren die Gipfel vor allem Welt – *Wirtschafts* – Gipfel. Hatte man Japan zwar als Mitbegründer zum Start der Serie von Weltwirtschaftsgipfeln hinzugezogen, so ging es den Initiatoren offensichtlich vor allem darum, die allmählich im „Westen" Aufmerksamkeit erzeugende Wirtschaft Japans früh genug in die allgemeinen Überlegungen einzubeziehen beziehungsweise wohl auch einzubinden. Wenn es um wirklich ernste und gravierende Probleme ging, war man lieber unter sich, wie der später so bezeichnete *Sunshine Summit* der „Big Four" auf Guadeloupe in der französischen Karibik gezeigt hat. Abstimmung die vier beteiligten Staaten USA, England, Frankreich und Deutschland zur Reaktion auf die Entwicklung in Iran, einer der wichtigsten Öllieferanten für die Industrienationen war das wichtigste Thema. Präsident Carter ging es vor allem um die NATO-Unterstützung vor der Unterzeichnung eines neuen Abkommens mit Breschnew über strategische Waffen. Bezüglich der Bedrohung durch die sowjetischen SS-20 Raketen einigten sich die Europäer auf eine Kopplung der Stationierung von Pershing-2 Raketen mit Erfolgen in der Abrüstungsdebatte zwischen den Supermächten.

In dieser Entscheidung von Guadeloupe, die indirekt schließlich zum NATO-Doppelbeschluß führte, lag die Hauptursache für Tokyos spätere Betonung der unverändert gespannten Situation im asiatischen Teil der Sowjetunion und führte so zu den zahlreichen Versuchen vor allem in der fünften Phase und während der letzten Gipfel, immer wieder auf die spezifische Situation Japans (so zum Beispiel sein immer noch ungelöstes Territorialproblem mit der Sowjetunion) hinzuweisen und die besondere Berücksichtigung Asiens seitens der anderen Gipfelteilnehmer immer deutlicher zu verlangen[46].

Im Januar 1979 trafen sich die sogenannten „Big Four" (USA, England, Frankreich und die Bundesrepublik Deutschland) zum „Sunshine Summit" auf der französischen Insel Guadeloupe[47]. Auf diesem stark sicherheitspolitisch konnotiertem Gipfel, für den es weder eine feste Agenda noch ein gemeinsames Abschlußkommuniqué gab, ging es vor allem um die prekäre Lage im Iran, und die für die europäische Sicherheit bedrohliche sowjetische Expansion. Aber auch wirtschaftliche und finanzpolitische Fragen sind erörtert worden. Besonders irritiert soll Tokyo gewesen sein, daß die Bundesrepublik, wie Japan keine Atommacht, eingeladen worden war, Japans Beitrag aber nicht erforderlich schien.

Japan war nicht beteiligt, denn die vier Staaten, allen voran die USA, erwarteten offensichtlich von Japan keinen konstruktiven oder wichtigen Bei-

---

46 Wie wichtig Tokyos Bemühungen für ein weltweites Interesse an den Vorgängen in Nordostasien sind, zeigt in einer dramatischen Weise der vorläufige Austritt Nordkoreas aus dem Atomwaffensperrvertrag am 12. März 1993.
47 Vgl. Shiro Saito, „Japan at the Summit", Routledge, London and New York, for The Royal Institute of International Affairs; S.61 f

trag bei der Diskussion um so wichtige Fragen wie die Sicherheit der Öllieferungen an die Industrieländer oder eine angemessene Antwort auf die Bedrohung durch die sowjetischen SS-20 Raketen. Die japanische Presse verhehlte ihre Enttäuschung nicht und suchte nach Gründen:

„Der Guadeloupe Gipfel ist vorüber, Japan wurde ausgegrenzt, warum?" – oder: „Der sogenannte *Sunshine Summit* in der Karibik war letztlich eine Familienangelegenheit zwischen den vier Hauptverbündeten des Westens. Für Japan gab es keinen Grund, sich zu beteiligen."[48]

Für Japans Regierung und die regierende Partei war die Nicht-Teilnahme an diesem *Sunshine Summit* im Rückblick sicherlich kein Nachteil. Konzentriert auf politische und sicherheitspolitische Themen hätte Tokyo unter Umständen Verpflichtungen eingehen müssen, die später starke Kritik bei Opposition und Öffentlichkeit provoziert hätten. Andererseits war Tokyo dadurch auch von einer großen Sorge befreit worden. Selbst in extremer Weise abhängig von Rohölimporten aus dem Nahen Osten konnte es durch Nicht-Teilnahme der drohenden Aufgabe seiner „Neutralitätspolitik" gegenüber dieser Region noch einmal entkommen. Auch Japans Bevölkerung wäre in keiner Weise vorbereitet gewesen auf die Wahrnehmung größerer globalpolitischer oder gar sicherheitspolitischer Verantwortung[49]. Wie schwierig sich für Japan diese Frage auch in der jüngsten Vergangenheit noch stellt, ist an der innenpolitischen Auseinandersetzung über die Entsendung von Minensuchbooten in den Persischen Golf und der mühsamen Verabschiedung des japanischen Blauhelmgesetzes (das sg. PKO-Gesetz[50]) zu sehen. Irritiert war Tokyo aber offensichtlich vor allem deshalb, daß Deutschland, obwohl ebenfalls Nicht-Atommacht und Verliererstaat des Zweiten Weltkrieges, sehr wohl beteiligt wurde. Aber diesen Umstand erklärt Tadae Takubo mit den intensiven Nahostkontakten, die Deutschland auch zum Iran pflegte (so etwa bei den Hintergrundgesprächen für die Befreiung der amerikanischen Geiseln in Teheran) und die vor allem für die USA eine wichtige Hilfe darstellen konnten.[51] Eine „politische Reife"[52] im schwierigen Konzert internationaler Beziehungen traute sich Japan weder selbst zu noch erwartete der *Westen* hier maßgebliche Hilfen.

---

48   Vgl. Japan Times vom 16.01.79
49   Vgl. Takubo Tadae: „Ottawa Summit and Japan" in Asia Pacific Community, a quarterly review, spring 1981, No. 12; S.43
50   Dieses Gesetz wurde nach einem langwierigen parlamentarischen Prozeß im Herbst 1991 verabschiedet und ermöglichte es Japan, technische und medizinische Teile seiner Selbstverteidigungsstreitkräfte als Blauhelme nach Kambodscha zu entsenden.
51   Vgl. Tadae Takubo : „Ottawa Summit and Japan" in Asia Pacific Community, a quarterly review, spring 1981, No. 12; S.45
52   So setzt Saito die „politische Reife" Japans erst in der vierten Phase an, nämlich Anfang der 1980-er Jahre. Vgl. Shiro Saito, „Japan at the Summit", Routledge, London and New York, for The Royal Institute of International Affairs; S. 44

Untersucht man die bisherigen achtzehn Weltwirtschaftsgipfel nach ihrem politischen Gehalt, ist festzustellen, daß eine zunehmende Tendenz zur „Politisierung" von ursprünglich reinen Wirtschaftsthemen stattfand[53]. Der Gipfel von Ottawa (1981) bedeutete dann auch für Japan einen wichtigen Wendepunkt. Von jetzt ab wurde zunehmend den weltpolitischen, und auch sicherheitspolitischen Problemen mehr Aufmerksamkeit gewidmet.[54] Auf die Politisierung der Wirtschaftsgipfel war Japan insofern psychologisch gut vorbereitet, denn es hatte ja 1979 schmerzlich erfahren müssen, wie wenig sein politischer Beitrag vom Westen gefragt oder erwartet wurde.

Als dann mit dem Weltwirtschaftsgipfel von Venedig im Juni 1980 eine zunehmend politische Note (die sowjetische Afghanistanpolitik gab Anlaß zur Sorge, die US Botschaft in Teheran wurde von islamischen Fundamentalisten gestürmt) in die Gipfeldiplomatie kam, mußte sich auch Japan damit abfinden, daß die internationale Lage umfassende wirtschaftliche *und* politische Konsultationen auf höchster Ebene erforderlich machte. Immer deutlicher waren die Interdependenzen zwischen politischen und wirtschaftlichen Themen geworden. Seit dem sechszehnten Gipfel in Houston (Texas, USA) gelingt es auch Tokyo mit wachsendem Erfolg, eigene politische Positionen einzubringen und das Gremium der führenden Wirtschaftsnationen zur Behandlung und Bewertung japanischer politischer Positionen zu bewegen.[55]

III. Die Charakteristika japanischer Gipfeldiplomatie

Eine Betrachtung der allmählichen Entwicklung japanischer Positionen auf den bisherigen achtzehn Weltwirtschaftsgipfeln unter Berücksichtigung der von Saito entwickelten Phasentheorie der japanischen Außenpolitik, führt zu zwei wichtigen Schlußfolgerungen:

1. Japans Außenpolitik entwickelte sich aus einer Außenwirtschaftspolitik allmählich zu einer Außenpolitik mit klaren politischen Zielsetzungen.
2. Das konstituierende Element japanischer Außenpolitik, sowohl in Bezug auf die rein wirtschaftlichen wie auch in Bezug auf die politischen Zielsetzungen, ist geprägt von der Tatsache, daß dieses Land das einzige

---

53 Ein Trend, der allerdings 1982 in Versailles kurz unterbrochen werden sollte. Wohl aufgrund der Konferenzführung durch den französischen Gastgeber, fanden die Gespräche zu politischen und sicherheitsrelevanten Themen – Falkland Krieg, israelische Angriffe auf Libanon, Situation in Afghanistan und Polen – außerhalb der offiziellen Konferenzen und nur in privaten- und Einzelmeetings statt (vgl. Saito Shiro, „Japan at the Summit", Routledge, London and New York, for The Royal Institute of International Affairs; S.74 f).
54 Vgl. Takubo Tadae: „Ottawa Summit and Japan" in Asia Pacific Community, a quarterly review, spring 1981, No. 12; S.51
55 Besonders deutlich geworden an der Aufnahme der „Nordterritorienfrage" (so die offizielle Bezeichnung der japanisch-(sowjetisch) russischen Meinungsverschiedenheit über die Hoheitsrechte der vier südlichen Kurileninseln vor der Nordostküste Hokkaidos) in die Schlußdokumente der Gipfel.

„nicht-westliche" unter den führenden Industrienationen der G7 Länder darstellt.

Nach Saitos Phasentheorie fallen die ersten fünf Gipfel (von Rambouillet bis Tokyo 1) in die dritte Phase des diplomatischen Multilateralismus. Der Sondergipfel von Guadeloupe vom Januar 1979, der offensichtlich die Politisierung der Gipfeldiplomatie einläutete und der interessanterweise auch am Beginn der vierten „politischen Reifephase" Japans steht, hat so gesehen den politischen Reifeprozeß in Japan stimuliert. Mit dem sechsten Gipfel in Venedig (das Afghanistanproblem und die Geiselnahme der amerikanischen Diplomaten in Teheran) bis zum fünfzehnten Gipfel in Arche (der wirtschaftliche Themen wie die Hilfen für Osteuropa unter politische Vorzeichen setzte) fehlt in keiner japanischen Position ein politischer Bezug. Die letzten drei Gipfel, sie liegen in der fünften Phase der neuen Rollenbestimmung Japans, zeigen deutlich, daß Japans politische Reife so weit gediehen ist, daß es eigene politische Interessen (wie etwa die Nordterritorienfrage) geschickt in einen „globalpolitischen Rechtfertigungsmechanismus" einzubauen versteht.

Die Instrumentalisierung wirtschaftlicher Potenz zur Durchsetzung politischer Ziele steht offensichtlich noch am Anfang. Das lange Zögern Tokyos, als es um weitreichende japanische Hilfen für Rußland ging, ist nur auf den ersten Blick eine starre Haltung, die ein angemessenes burden sharing für die strukturelle Stabilisierung der Situation in Rußland von der vermeintlich kleinlichen Frage über die Rückgabe von vier weder wirtschaftlich noch territorial wichtigen Inseln abhängig macht. Der eigentliche Kern des Nordterritorienproblems ist für Tokyo die Frage, inwieweit der „Westen" bereit ist, Japan als gleichwertigen und gleichberechtigten politischen Partner anzuerkennen. So gesehen ist das Einlenken Japans auf der letzten Konferenz der G7 Außen- und Finanzminister vom April in Tokyo in gewisser Weise die Antwort auf die ausführliche Berücksichtigung des Nordterritorienproblems durch seine Aufnahme in zwei wichtige Schlußdokumente des Münchener Gipfels. Auf den letzten drei Gipfeln legte Tokyo besonderen Wert gerade auf diese Frage.

Hatte bei den bisherigen Gipfeln Tokyos „Twin-track diplomacy" noch einen stark wirtschafts- beziehungsweise entwicklungspolitischen Akzent (ASEAN, Kambodscha, China), wird der „Westen" bei den nächsten Gipfeln verstärkt politische beziehungsweise sicherheitspolitische Akzente erwarten können. Sowohl die gefährliche Ungewißheit über die weitere Entwicklung auf der koreanischen Halbinsel als auch die Zukunft Chinas tangieren existentielle sicherheitspolitische Interessen Tokyos. Solange der „Westen" bereit ist, sich auch weiterhin die politische Interessenlage Japans in Nordostasien zu eigen zu machen, wird er in Tokyo zwar einen differenziert argumentierenden aber grundsätzlich kompromißbereiten Gipfelteilnehmer sehen können.

Frank Bauer

Japans Verhältnis zu den Vereinten Nationen

Japan, innerhalb der historisch außerordentlich kurzen Zeit von nur einem reichlichen Jahrhundert aus einem Inselstaat im „fernen" Osten zu einer internationalen Macht emporgewachsen, sieht sich damals wie heute damit konfrontiert, daß man seitens anderer Nationen diesem schnellen Erfolg mit Ungläubigkeit oder Mißtrauen begegnet. Umso mehr ist daher von Interesse, wie sich Japan in die internationale Politik einbringt und dort seine Interessen vertritt. Die Vereinten Nationen spielen hierbei eine zunehmend wichtige Rolle. Sie sind eines der Foren, auf denen die Konturen der neuen Weltordnung bestimmt werden.

Japan und der Völkerbund

Japan, das sich unter äußerem Druck und dem inneren Bedürfnis heraus, dem Schicksal der Kolonialisierung zu entgehen, in der zweiten Hälfte des 19. Jahrhunderts schnellen und tiefgreifenden sozialökonomischen Wandlungen unterzogen hatte, sah sich zu Beginn des 20. Jahrhunderts als Industrienation vor die Notwendigkeit der Integration in ein sich wandelndes internationales Gefüge gestellt. Es vermochte jedoch nicht, die hierzu erforderliche innen- und außenpolitische Stabilität durch ein Gleichgewicht der verschiedenen alten und neuen Interessengruppen herzustellen. Hinzu kam, daß es sich durch die Aktivitäten der anderen Großmächte jener Zeit trotz wirtschaftlicher Stärke mehr und mehr in ein politisches Abseits gedrängt sah.

Am 10. 01. 1920 war der Völkerbund auf Grundlage der Ergebnisse der Konferenz der Siegermächte des I. Weltkrieges in Versailles und anderer Abkommen entstanden. Japan gehörte, obwohl es sich nur wenig an den Vorbereitungen für die Schaffung der Organisation beteiligt hatte, als Siegermacht zu den Gründungsmitgliedern des Bundes. Es war neben den USA, Großbritannien, Frankreich und Italien als ständiges Mitglied im Rat vertreten und hatte das Recht, ebenso wie die anderen einflußreichen Nationen, an allen Versammlungen des Rates, den Treffen der Spezialkomitees und an internationalen Konferenzen teilzunehmen. Es gehörte zu den Mitgliedern des Exekutivrates der Völkerversammlung, entsandte Richter an den Internationalen Gerichtshof und wurde Ratsmitglied in der ILO. Mehrmals waren in dieser Zeit auch Japaner in führenden Positionen der Organisation tätig, so in der Funktion des Stellvertretenden Generalsekretärs, des Leiters des Internationalen Bureaus, und des Direktors für Politische Angelegenheiten.

Im Ergebnis der seit dem Ende des 19. Jahrhunderts betriebenen Expansionspolitik befanden sich Formosa (Taiwan), Korea und Süd-Sachalin, die Kwantung-Halbinsel und schließlich die südpazifischen Inseln, die Japan 1919 in Versailles zugesprochen worden, waren in japanischem Besitz. Der Inselstaat war zur Kontinentalmacht geworden, während die instabile Situation gegen Ende des ersten Drittels des 20. Jahrhunderts im Lande selbst letztendlich zu einem wachsenden Einfluß des Militärs geführt hatte, der durch teilweise außerordentlich enge Beziehungen zu Wirtschaft und Politik noch gestärkt wurde.

Fragen der Absicherung wirtschaftlicher und politischer Einflußsphären, die Bestimmungen des Londoner Flottenabkommens, die materiell-technische Unterstützung des Völkerbundes für China angesichts der japanische Aktivitäten im Norden des Landes, und die von der japanischen Delegation abgelehnte Einsetzung einer Kommission durch den Völkerbund, die sich mit der Untersuchung jener Zwischenfälle befassen sollte, die von japanischem Militär mit Rückendeckung des Generalstabes in Tôkyô am 18. 10. 1931 im heutigen Shenyang provoziert worden waren – und die es dann zum Anlaß nahm, sich in der Region stärker militärisch zu engagieren – sind einige Faktoren, die zu Spannungen führten. Das Land war von den Auswirkungen der politischen, wirtschaftlichen und sozialen Krisen gezeichnet. Als dann im Februar des folgenden Jahres der Völkerbund den Bericht der Kommission[1] annahm, zwar keine direkten Sanktionen ergriff, aber doch die Aggression als völkerrechtswidrige Aktion verurteilte und dem Marionettenstaat Manchukuo die Anerkennung verweigerte, stimmte die japanische Delegation dagegen und verließ unter Protest die Versammlung. Am 27.03.1933 unterrichtete die Regierung den Völkerbund über den Austritt Japans aus dem Bund und berief ihre Delegation ab.

Japan und die Vereinten Nationen

Japans Außenpolitik verfolgt das Ziel, in den Beziehungen zu anderen Staaten die Grundlagen für die eigene Stärke auszubauen und eine wichtige Rolle in den internationalen Beziehungen zu spielen. Dafür will es in Zukunft nicht mehr hauptsächlich wirtschaftliche und technologische Mittel, sondern auch verstärkt Personal einsetzen. Japan sieht sich hierbei weniger in der Rolle einer Macht, die politische Ziele postuliert, als in der Rolle eines internationalen Koordinators, der insbesondere auch über Organisationsformen und den

---

1   Bekannt als LYTTON-Kommission

Lauf von Information Einfluß auf das Geschehen nimmt. Betont wird der Anspruch auf diese Rolle im Rahmen der VN, aber auch in der Triade Japan-Europa-USA und in der asiatisch-pazifischen Region. In Bezug auf die VN verfolgt es mit seiner Außenpolitik sowohl eine Stärkung der Rolle der VN in der internationalen Politik als auch eine Stärkung seiner eigenen Rolle in den VN – d.h. einen Kurs auf Erweiterung seines internationalen politischen Einflusses, bei dem es weniger allein als mit anderen Nationen zusammen aufzutreten bestrebt ist.

In Japans Politik gegenüber den Vereinten Nationen lassen sich in verschiedene Phasen unterscheiden, die in teilweise auffälliger Beziehung zu anderen, vor allem sozialökonomischen, Prozessen sowohl innerhalb als auch außerhalb Japans stehen. Die im folgenden hierzu genannten Jahreszahlen können natürlich nur zur groben Orientierung dienen.

Die erste Phase beginnt mit dem Ende des Krieges und der Kapitulation Japans und reicht bis zur Aufnahme in die VN, umfaßt also die Jahre 1945 bis 1956, die gekennzeichnet sind von der Beseitigung des wirtschaftlichen Nachkriegschaos über eine Stabilisierung der Produktion bis hin zum Erreichen und Überschreiten des Vorkriegsniveaus.

Die zweite Phase reicht von der Aufnahme Japans in die VN bis zur erneuten Etablierung als internationale Wirtschaftsmacht über die sogenannte Zeit des hochgradigen wirtschaftlichen Wachstums und umfaßt etwa die Jahre 1956 bis 1970.

Die dritte Phase beinhaltet die Zeit der Krisenbewältigung als international politisch relativ schwache wirtschaftliche Großmacht bis hin zur schrittweisen wirtschaftlichen Erholung und dem Eintritt in das sogenannte langsame Wachstum über die Jahre 1970 bis 1980.

Die vierte und vorerst letzte Phase ist gekennzeichnet von weltweiten wirtschaftlichen Aktivitäten Japans unter den Bedingungen der Ausprägung, Beendigung und des Abklingens der sogenannten bubble-Wirtschaft, bei verstärktem Engagement des Landes in der internationalen Politik. Sie begann etwa 1980 und dauert bis in die Gegenwart an.

Erste Phase (1945 – 1956)

Mit dem Inkrafttreten des Friedensvertrages von San Francisco am 28.04.1952 mußte sich Japan den Prinzipien der VN unterordnen. Die mittlerweile bedeutend weitgehender als damals interpretierten Bestimmungen des Artikels 9 der japanischen Verfassung verpflichten das Land, keine Streitkräfte zu unterhalten und auf das Recht der Kriegführung zu verzichten, wodurch es vom Sicherheitssystem der USA abhängig wurde. Angesichts dieser Situation hatte man sich bereits am 23.06.1952 erstmalig um eine Mitgliedschaft Japans in den VN bemüht, nachdem die Regierung am 04.06.1952 hierzu die Zustimmung des Parlaments erhalten hatte. Dieser erste Antrag scheiterte am 18.09.1952 am Veto der UdSSR. Im Anschluß daran hatte die 7. Generalversammlung festgestellt, daß Japan die Bedingungen für eine Mitgliedschaft nach § 4 der VN-Charta erfüllte und im Anschluß an die Konferenz von Bandung im April 1955 und das Gipfeltreffen in Genf drei Monate später bewarben sich schließlich jene Nationen um die Mitgliedschaft in den VN, deren Aufnahme bis dahin immer wieder zurückgestellt worden war. Die Generalversammlung billigte am 08.07.1955 die Anträge auf gemeinsame Aufnahme. Am 13.07.1955 jedoch legte China sein Veto gegen die Aufnahme der Mongolei ein, woraufhin die UdSSR ihrerseits ihr Veto gegen die Aufnahme Japans geltend machte. Erst im Anschluß an die gemeinsame sowjetisch-japanische Erklärung vom 19.10.1956[2] nahm der Sicherheitsrat am 12.12.1956 eine Empfehlung an, Japan als Mitglied in der Weltorganisation zuzulassen Daraufhin wurde Japan als 80. Mitglied von der Vollversammlung am 18.12.1956 einstimmig in die VN aufgenommen. Schon zuvor war Japan Mitglied einiger Spezialorganisationen geworden. Bereits seit 1949 es gehörte es der ITU an, 1951 war es Mitglied der ILO, der FAO, der UNSECO und der WHO, und ein Jahr darauf des IMF und der IBRD geworden. 1953 war der Eintritt in die ICAO gefolgt und 1956 gehörte Japan zu den Gründungsmitgliedern der IFC. Seine Zugehörigkeit zur UPU geht bis auf das Jahr 1877 zurück.

Zweite Phase (1956 – 1970)

Die außenpolitischen Ziele Japans wurden anläßlich der Aufnahme in die VN in drei – durchaus nicht immer miteinander kompatiblen – Prinzipien formuliert: Zusammenarbeit mit den Staaten der Freien Welt, Bewahrung der Zugehörigkeit Japans zum Kreis der asiatischen Nationen und Ausrichtung der Außenpolitik auf die VN.

Eine der Maßnahmen bei der Umsetzung dieses Kurses war die Einrichtung einer VN-Abteilung im Außenministerium, deren Aufgabe darin bestand, als Zentrum der japanischen VN-Aktivitäten zu wirken. Besagte Abteilung setzte sich aus sechs Einzelreferaten zusammen: VN-Politik, Abrüstung, Wirtschaft – mit einem Unterreferat für Globale Umweltprobleme, Gesellschaftliche Kooperation, Menschenrechte/Flüchtlingsfragen, sowie Wissenschaft und Kernenergie, wobei den beiden letzteren eine weitere Leitungsposition zugeordnet war (s. Anlg. 1). Die Abteilung bestand in dieser Form bis Ende 1992. Sie befaßte sich in der Hauptsache mit Angelegenheiten, bei de-

---

[2] Deutscher Text siehe Literaturliste: h) S. 211 – 213

nen die VN in ihrer Gesamtheit in den Kontext internationaler Beziehungen einbezogen waren, und weniger mit Dingen, deren Behandlung Angelegenheit langfristiger Arbeit von Spezialisten der jeweiligen Fachgebiete war. Ziel dieser Strukturierung war die Bearbeitung aller wesentlichen die VN betreffenden Fragen durch die VN-Abteilung im Außenministrium und die Vermeidung einer Zersplitterung durch Übergabe in die Verantwortung von Abteilungen anderer Ministerien. Auch die japanische Vertretung bei den VN bestand von Anfang an in der Mehrzahl aus Personal des Außenministeriums, im Gegensatz zu den Botschaften, in denen Personal verschiedener Ministerien und Agenturen zum Einsatz kommt.

1957 wurde Japan Mitglied er IAEA, ein Jahr darauf der IMO und der WMO. 1960 gehörte es zu den Gründungsmitgliedern der IDA und seit der Schaffung der UNIDO im Jahre 1967 ist es auch dort Mitglied.

Von der Mitte der 50er Jahre bis zum Beginn der 70er Jahre war Japan in enger politischer Anlehnung an die USA – in Bezug auf die VN ersichtlich beispielsweise aus einer bis zu 80 %igen Übereinstimmung des Stimmverhaltens beider Delegationen in der Generalversammlung – vor allem um Maßnahmen und Aktivitäten zur Erlangung internationaler Anerkennung sowie um seine Repräsentation in verschiedenen internationalen Foren bemüht. Besondere Aufmerksamkeit schenkte man in jener Zeit Problemen der asiatischen Region, nicht zuletzt wegen des Kalten Krieges und den zwischen UdSSR, USA und China, sowie der koreanische Halbinsel bestehenden Problemen, die sich auch auf die VN auswirkten.

Bei seinen Aktivitäten auf dem Gebiet der offiziellen Entwicklungshilfe vergab Japan in der beschriebenen Zeit hauptsächlich gebundene Kredite zur Förderung eigener Exporte bzw. Rohstoff-Importe im wesentlichen in die asiatische Region, so beispielsweise für umfangreiche Infrastruktur-Projekte. 1962 wurde die Agentur für Technische Zusammenarbeit in Übersee [OTCA] gegründet.

Japans Aktivitäten in der Weltorganisation schwächten sich gegen Ende dieser Phase ab, was sowohl auf die wachsende Komplexität internationaler Beziehungen als auch eine gewisse Ineffektivität der VN hinweist oder – anders gesagt – Ausdruck dafür ist, daß das stark von den USA abhängige Japan keine effektive eigenständige Rolle im Sinne einer Positionsbestimmung mit Hilfe eines multilateralen Gremiums zu spielen vermochte.

Dritte Phase (1970 – 1980)

In den 70er Jahren hatten sich durch den wachsenden Einfluß wirtschaftlich schwacher und Entwicklungsländer in den VN neue Kräfte-Konstellationen ergeben. Die verstärkten Bestrebungen um Unabhängigkeit und das Ende der politischen Kolonialisierung stellten die Weltorganisation vor neue Aufgaben. Zur ursprünglichen Funktion der Gewährleistung internationaler Sicherheit auf der Grundlage des status quo von 1945 kamen die Probleme der sozialökonomischen Entwicklung weniger entwickelter Teile der Welt.

Hauptanliegen der japanischen Außenpolitik jener Jahre war angesichts der Abhängigkeit des Landes von Rohstoff-Importen und Exportmärkten die Schaffung und Aufrechterhaltung guter Beziehungen zu allen relevanten Rohstoffproduzenten und -lieferanten sowie zu den jeweiligen Exportmärkten. Sie wurde daher zuweilen auch in Japan selbst als Rohstoff-Außenpolitik bezeichnet. Mit seinen Aktivitäten auf dem Gebiet der offiziellen Entwicklungshilfe unterstützte es die Absicherung seiner Energie- und Rohstoff-Importe sowie die Schaffung weiterer Grundlagen für das eigene wirtschaftliche Wachstum. Die Ölkrise führte zu einer stärkeren Internationalisierung und zu einer regionalen Erweiterung der japanischen Aktivitäten. Besonders die Kredit-Vergabe an Staaten des Nahen Ostens und Afrikas wurde umfangreicher. Die OTCA ging 1974 bei deren Gründung in die Japanische Agentur für Internationale Zusammenarbeit [JICA] auf.

Bereits zu Beginn der Dekade hatte Japan das Projekt einer VN-Universität unterstützt und 1975 wurde das Hauptquartier der Universität in Tôkyô übergeben.

Angesichts der Auseinandersetzungen jener Zeit um eine neue Weltwirtschaftsordnung sowie einer Charta wirtschaftlicher Rechte und Pflichten von Staaten bezog Japan im Verhältnis der industriell entwickelten Staaten und der Entwicklungsländer jedoch durchaus nicht immer eine klare Position. Ein erneuter Vergleich japanischen Stimmverhaltens, diesmal mit dem anderer Nationen in den VN in dieser Zeit deutet darauf hin, daß es – in wachsender Distanz zu den Ansichten der USA – bei Abstimmungen in den VN international mehrheitlich bestehende Auffassungen für seine eigene Entscheidungsfindung wesentlich in Betracht zog, insbesondere was Sicherheits- und Entwicklungspolitik betraf. Auf diese Weise gelang es allerdings nur in ausgesprochen eingeschränktem Umfang, eine Basis für eine inhaltlich ausgereifte VN-Politik zu entwickeln, was darauf hinauslief, daß man aus primär wirtschaftlichen Erwägungen heraus den Gedanken, als Bindeglied zwischen unterschiedlichen Positionen und Systemen fungieren zu wollen, trotz seiner inhaltlichen Verschwommenheit als allgemeines politisches Ziel ausgab.

1975 wurde Japan Mitglied der WIPO und 1977 der IFAD. Seitdem ist es in allen heutigen VN-Spezialorganisationen vertreten. Am Internationalen Gerichtshof stellt Japan seit Ende der 70er Jahre einen von 15 Richtern, dessen zweite Amtsperiode 1994 ausläuft.

Vierte Phase (seit 1980)

Das selbsterklärte Ziel Japans besteht gegenwärtig in der Entwicklung einer freien, reichen und demokratischen Gesellschaft in sogenannter internationaler Harmonie. Das Wort Harmonie – ein zentraler Begriff innerhalb der japanischen Gesellschaft – verweist hierbei auf die starke wechselseitige Beziehung zwischen nationalen Sicherheitsinteressen Japans – in umfassendem Sinne – und internationalen Faktoren. Die Aufgabe der Außenpolitik liegt also wesentlich in der Gewährleistung eines ausgewogenen Verhältnisses zur internationalen Umwelt mit den ihr zur Verfügung stehenden Mitteln, zu denen auch die Einbindung Japans in das VN-System gehört. Natürlich werden nicht alle außenpolitischen Beziehungen in einem multilateralen Gremium über die VN geregelt werden können. Bilaterale zwischenstaatliche bzw. regionale Kontakte und Strukturen werden weiterhin, auch bei der Umsetzung von VN-Initiativen, eine wichtige Rolle spielen. Es wäre daher sicherlich übertrieben, in den seit einiger Zeit verstärkt zu beobachtenden japanischen VN-Aktivitäten mehr als nur eine bedeutsame Option japanischer Außenpolitik zu sehen. Die Vergangenheit zeigt allerdings auch, daß diese Option bislang stets mit Aufmerksamkeit behandelt und nie ganz aufgegeben wurde.

Für die Gegenwart können wesentliche Aufgabengebiete der VN beschrieben werden: Friedenserhaltung, Abrüstung, Rüstungskontrolle, vertrauensbildenden Maßnahmen, Maßnahmen zur Wahrung bzw. Durchsetzung grundlegender Menschenrechte, zur Schaffung und praktischen Umsetzung internationaler Gesetzgebung, zur Bekämpfung von Armut und damit zusammenhängender Probleme, für Umweltschutz und zur Erhaltung und sinnvollen Nutzung globaler Ressourcen, zur Lösung der Schuldenfrage der Entwicklungsländer, sowie in einer für diese Zwecke geeigneten Anpassung des VN-Systems selbst an die neuen Dimensionen der zu bewältigenden Probleme. Hierzu zählt auch ein Strukturwandel, der nach japanischer Auffassung zugunsten verstärkter Einflußmöglichkeiten für Japan dahingehend ausfallen soll, daß seine politischen Möglichkeiten den wirtschaftlichen Interessen und Potentialen angepaßt werden. Es bleibt abzuwarten, ob bei der weiteren Entwicklung der asiatischen Region auch ähnlich komplexe Verbindungen wie in Europa angestrebt werden, die u.a. auch zu einer Schwächung der VN durch Regiolateralisierung beitragen könnten.

Bedeutende Instrumente auf dem seit etwa Anfang der 80er Jahre mit dem expliziten Anspruch auf eigene aktive Beteiligung von Japan verfolgten Kurs der Errichtung einer neuen Weltordnung sind, neben wirtschaftlicher Stärke und politischen Initiativen, die Vergabe offizieller Entwicklungshilfe [OEH], die sogenannten friedenserhaltenden Missionen der VN und der kulturelle Austausch. Diese Orientierung beinhaltete fast zwangsläufig eine Neuentdeckung der VN. Japan begann, gestützt auf weltweite wirtschaftlichen Aktivitäten, in den VN größere eigene Initiativen zu unternehmen, wobei die Linie der USA und anderer Staaten, dem relativen Verfall ihres Einflusses in der Weltorganisation durch eine Einschränkung der finanziellen Unterstützung sowie einem Rückzug aus bestimmten VN-Organisationen zu begegnen und so Druck auf die Weltorganisation bzw. deren Mitglieder auszuüben, neben den bestehenden Notwendigkeiten für Reformen auch Freiräume entstehen ließ, die Japan – selbst auf eine Erweiterung seiner Aktivitäten angesprochen – seinerseits nutzte, um in eigenem Interesse wirksam zu werden. Stichworte in diesem Zusammenhang sind administrative und finanzielle Reform der VN, Bemühungen um eine Reform des Sicherheitsrates, sowie um die Beseitigung der sogenannten Feindesklauseln der VN-Charta.

Ein erstes Beispiel japanischer Reform-Aktivitäten ist seine Initiative zur Umgestaltung des administrativen und finanziellen Systems der VN vom Jahre 1985 mittels Einsetzung der sogenannten Gruppe der 18, die sich aus hochrangigen Regierungsexperten verschiedener Länder zusammensetzte. Die Bewertung der Ergebnisse dieser Initiative fällt derzeit noch unterschiedlich aus, wobei zum einen auf Erfolge bei der Effektivierung der Arbeit auf unterer Verwaltungsebene und beispielsweise bei den sogenannten friedenserhaltenden Maßnahmen verwiesen, zum anderen aber auch von weiterhin großem Handlungsbedarf für die Lösung wirtschaftlicher Probleme gesprochen wird.

Mit der Intensivierung der japanischen Aktivitäten im VN-System ist auch die Zahl der in Japan selbst damit befaßten Stellen gewachsen, deren traditionelle Form der Zusammenarbeit hier vor neuen Anforderungen steht. Um dem wachsenden Bedarf nach geeignetem Personal nachkommen zu können, hat das Außenministerium vor einiger Zeit ein Zentrum für die Rekrutierung und Ausbildung von Personal für die Tätigkeit in Internationalen Organisationen geschaffen. Das Ministerium, das auch weiterhin als zentrale Planungs- und Koordinierungsstelle der japanischen VN-Aktivitäten wirken wird, hat sich selbst bereits einer strukturellen Reform unterzogen. Ein Blick auf die betreffenden, mit Wirkung vom 01.01.1993 bezüglich der bereits erwähnten VN-Abteilung vorgenommenen Veränderungen soll verdeutlichen, wie die Aufgabenverteilung nunmehr erfolgt und wo Prioritäten gesetzt werden.

Mit der Umstrukturierung der bisherigen VN-Abteilung wurde diese Bestandteil der neugebildeten Komplexen Planungsabteilung Außenpolitik (s. Anlg. 2). Hauptziel der Veränderungen war, flexiblere und komplexere Strukturen für eine effektive außenpolitische Tätigkeit zu verwirklichen. Die wesentlichen Aufgabenbereiche der neuen Struktureinheit bestehen in der Zusammenfassung der außenpolitischen Planung und Verwaltung, der Krisenaufsicht, der Sicherheitspolitik und der VN-Politik. Hierfür gibt es nun vier Einzelreferate. Darüberhinaus wurden zwei Referate mit den Verantwortungsbereichen Abrüstung und Rüstungskontrolle, sowie Wissenschaft und Kernenergie eingerichtet, die unter der Verantwortung eines Rates für Rüstungskontrolle und Wissenschaft zusammengefaßt sind, sowie eine Unterabteilung Internationale Gesellschaftliche Kooperation, die aus drei Einzelreferaten mit den Arbeitsbereichen Internationale Administration, Menschenrechte und Flüchtlingsfragen, sowie globale Probleme, wie beispielsweise Umweltfragen, besteht. Einhergehend mit diesen Veränderungen wurde auch die Abteilung für Informationskontrolle umgebildet und umbenannt in Internationale Informationsabteilung. Hier soll die gewünschte Erhöhung der Wirksamkeit durch eine Spezialisierung der Abteilung auf Informationssammlung und -analyse erfolgen. Der Bereich Planung besitzt kein eigenes Referat mehr.[3]

Nicht unerwähnt bleiben dürfen bei einer Betrachtung der Stellung des Außenministeriums dessen traditionell enge Beziehungen zum Premierminister, sowohl auf formeller als auch auf informeller Ebene.[4]

Ein nächster Hinweis auf die große Bedeutung, die man in Japan den VN zumißt, ist die Tätigkeit einer Anzahl von Zweigstellen von VN-Organisationen, zu deren Unterstützung auch parlamentarische Gruppen geschaffen wurden, die sich mit Fragen wie Bevölkerungsentwicklung, Umwelt, Drogen, Abrüstung, und der Situation der Frauen beschäftigen. 1986 wurde eine überparteiliche Parlamentariergruppe zur Unterstützung der VN ins Leben gerufen.

Zusätzlich unterlegt wird dieses Interesse an den VN durch die Existenz von mehreren, die Arbeit der VN unterstützenden regierungsunabhängigen Organisationen [NGO] in Japan. Unter diesen finden die Japanische Rot-Kreuz-Gesellschaft, die Nationale Japanische UNESCO-Föderation und das Japanische UNICEF-Komitee die größte Unterstützung. Die japanische VN-Gesellschaft ist gesamtnational organisiert, besitzt eine Zentrale in Tôkyô und Regional-Büros in 21 weiteren Orten. Daraus kann jedoch nicht ge-

---

[3] Hinsichtlich konkreter Information über Aktivitäten Japans im VN-System läßt sich sowohl innerhalb Japans als auch international ein Bedarf nach Verbesserung feststellen. Allgemeine Information bzw. statistische Angaben sind relativ unkompliziert verfügbar, weiterführende Aussagen über Aufgliederung und Verwendungszweck der Beiträge jedoch liegen bisweilen auch bei den VN nicht vor bzw. erhalten durch bestimmte Verfahrensweisen eine Vertraulichkeitsstufe, die auch Mitarbeitern innerhalb der VN selbst den Zugang erschwert. Hierzu gehören auch Angaben über Entwicklungsprojekte und tatsächliche Zahlungen Japans sowie deren Zweckbestimmung in Zusammenhang mit dem Golfkrieg. Das Problem scheint jedoch insoweit erkannt, als sich die Internationale Informationsabteilung im japanischen Außenministerium nach eigenen Angaben derzeit mit der grundlegenden Überarbeitung von die VN betreffenden Unterlagen befaßt.

[4] Durch die kürzliche Hochzeit des Thronfolgers gibt es beispielsweise auch eine personelle Beziehung zum kaiserlichen Hof. Der gegenwärtige Vize-Außenminister ist nun Schwiegervater des japanischen Kronprinzen.

schlossen werden, daß sich die Gesellschaft einer breiten Basis in der Bevölkerung erfreut. Den meisten Bürgern Japans ist ihre Existenz unbekannt.[5]

Die weiter oben erwähnten politischen Zielstellungen Japans lassen Raum für Interpretationen bezüglich der in den VN angestrebten Rolle und führen gelegentlich zu dem in dieser Form sicherlich ungerechtfertigten Vorwurf, im Verhältnis zu anderen Nationen eine egoistische Politik zu betreiben, oder sogar, nach einer anfänglichen, aus sicherheitspolitischen Erwägungen und Sachzwängen heraus verfolgten Anpassung an das VN-System, nun eine Anpassung des VN-Systems an eigene Bedürfnisse betreiben zu wollen. Auch hier kann eine Intensivierung der öffentlichen Diskussion sowie die Schaffung entsprechender neuer Gesetze im Lande selbst – wie beispielsweise mit dem Gesetz über die Teilnahme an sogenannten friedenserhaltenden Operationen der VN bereits geschehen – dazu beitragen, die von Japan angestrebte globale Rolle nicht nur national sondern auch gegenüber der internationalen Gemeinschaft weiter zu konkretisieren.[6]

Finanzieller und personeller Einfluß

Seinen Anspruch auf eine geachtete, einflußreiche Stellung in der internationalen Völkergemeinschaft und in den VN hat Japan durch große wirtschaftliche und finanzielle Leistungen unterlegt. Seine finanzielle Unterstützung für die VN war besonders in den 70er Jahren anteilig stark gestiegen – sowohl was den Beitrag zum regulären Budget der VN als auch freiwillige Zahlungen betraf – und mit 12,45 % Anteil (1992: 122.600.000 US-$) am regulären Budget der VN rangiert es derzeit an zweiter Stelle hinter den USA.

---

5   Auch für diese regierungsunabhängigen Organisationen, denen nach Aussage der Regierung für die Zukunft wachsende Bedeutung zukommen soll, gilt das bereits weiter oben zu Transparenz und Verfügbarkeit von Information Gesagte. Verweise auf die Internationale Informationsabteilung des Außenministeriums bei Ersuchen aus dem Ausland nach Informationen über die Aktivitäten der regierungsunabhängigen Organisationen sind nicht die Ausnahme und erscheinen vornehmlich dann bedenkenswert, wenn man berücksichtigt, daß einige dieser Organisationen erheblich von der japanischen Regierung mitfinanziert werden.

6   Bei der Vermittlung ihrer Positionen zu den VN der eigenen Bevölkerung gegenüber liegt also noch ein Stück intensiver Arbeit vor der japanischen Führung – vorausgesetzt, es besteht Interesse an einer breiten Diskussion der Thematik in der Öffentlichkeit. Denn die VN sind in dort zwar dem Namen nach bekannt und werden grundsätzlich in ihren Aktivitäten positiv gesehen, doch genauere Betrachtung läßt oft eher unklare Vorstellungen in der Bevölkerung zum Thema VN erkennen, und die Entsendung von Angehörigen der Streitkräfte stößt weiterhin auf ausgesprochen unterschiedliche Reaktionen. Der relativ hohe Bekanntheitsgrad der VN an sich in der Bevölkerung kann im wesentlichen auf die aktuelle Berichterstattung von Fernsehen und schreibender Presse zurückgeführt werden. Bei weitem weniger wirksam ist die Schul- und weiterführende Bildung, was den Einfluß der Massenmedien in diesem Kontext ebenso unterstreicht, wie den unübersehbaren Handlungsbedarf in der japanischen Bildungspolitik zum Thema Geschichte Japans im 20. Jahrhundert.

Entwicklung des japanischen Anteils am regulären Budget der VN

1957	2,00 %
1968	3,80 %
1974	7,20 %
1977	8,66 %
1980-82	9,58 %
1983-85	10,32 %
1986-88	10,84 %
1989-91	11,38 %
1992-93	12,45 %

Bereits 1981 hatte Japan den zweiten Platz hinter den USA bei den freiwilligen Beiträgen zu den VN erreicht. Wesentliche Teile der Unterstützung gingen hierbei an FAO, UNDP und UNIDO. Seit 1984 ist es zweitstärkster Beitragszahler der IBRD und seit 1990 auch zweitstärkster Beitragszahler der IMF-Quoten. Die Stimmkraft eines Landes in diesen Organisationen hängt von der jeweiligen Höhe seines finanziellen Beitrages ab. Nicht vergessen werden soll auch, daß der größte private Spender für die VN aus Japan stammt und daß die Regierung die finanzielle Unterstützung japanischer NGO weiter verstärkt.[7] Neben dieser beständigen Erweiterung seines finanziellen Einflusses auf die VN bemüht sich Japan ebenso um eine Besetzung in diesem Zusammenhang relevanter Stellen.

Entwicklung der Präsenz hochrangigen japanischen Personals im VN-Sekretariat:
1974 – 74   1979 – 73   1984 – 113   1990 – 121   1992 – 88

Die Anzahl hochrangigen japanischen Personals im VN-Sekretariat wuchs bis zu Beginn der 90er Jahre kontinuierlich an, wobei die tatsächliche Zahl stets auf einem Anteil von etwa 50 – 60 % des tatsächlich wünschenswerten Personalbestandes gehalten wurde. Die Ziffer für das Jahr 1992 zeigt jedoch einen Rückgang. Im Vergleich zu anderen Nationen kann für Japan festgestellt werden, daß die Anzahl von Personal auf Entscheidungsebene relativ hoch ist. Dazu scheint indirekt beizutragen, daß Forderungen nach einer stärkeren personellen Beteiligung Japans an den VN für seine Bemühungen bei der Besetzung relevanter Stellen wiederum argumentativ genutzt werden können.

Mit den gewachsenen wirtschaftlichen und politischen Möglichkeiten Japans hat auch der Bestandteil der ursprünglichen außenpolitischen Grundaussage aus den 50er Jahren, eine auf die VN bezogene Politik betreiben zu wollen, neuen Inhalt erhalten. Im Vergleich zur damaligen Zeit, als eine solche,

---

7   Ungeachtet der einflußreichen finanziellen Rolle Japans gibt es jedoch auch Stimmen, die sich dafür aussprechen, daß kein Land mehr als 10 % zum Budget der VN beitragen sollte, um auf diese Weise Situationen auszuschließen, in denen die Weltorganisation, wie in der Vergangenheit geschehen, für eine Erhaltung ihrer Funktionsfähigkeit unter den Druck übermächtiger Beitragszahler geraten könnte.

zentral auf die VN ausgerichtete Politik wegen der engen sicherheitspolitischen Bindungen an die USA kaum anderes als Einbindung in das System US-amerikanischer Interessen bedeutete, stellt der Begriff für Japan heute auch sicherheitspolitisch eine interessante Option dar.

Daß dennoch die Beziehungen zu den USA bis auf weiteres ausschlaggebend für den weiteren Weg Japans in der internationalen Gemeinschaft und auch in den VN bleiben, wird aus der Tôkyôter Erklärung beider Regierungen vom 09.01.1992 deutlich.[8]

Etwa ein halbes Jahr vor dem amerikanisch-japanischen Treffen in Tôkyô war am 18.04.1991 eine gemeinsame sowjetisch-japanische Erklärung verabschiedet worden, in der ebenfalls auf das Verhältnis beider Staaten zu den VN eingegangen wird.[9]

Sicherheitspolitik

Der Begriff nationale Sicherheit wird in Japan umfassend verstanden. Neben politischen, militärischen und wirtschaftlichen gehören dazu auch soziale und kulturelle Aspekte. In diesen Bereichen soll nach japanischer Auffassung die Zusammenarbeit zwischen den entwickelten Industriestaaten so gestaltet werden, daß der hohe Grad gegenseitiger ökonomischer Abhängigkeit reflektiert wird. Der Regelung des Verhältnisses zwischen politischen Ansprüchen und ökonomischer Kooperation auf dieser Ebene wird dabei entsprechend Priorität gegenüber der Bewältigung von Problemen mit weniger entwickelten Staaten eingeräumt. Ein Blick auf die japanische Entwicklungshilfe-Politik seit den 70er Jahren macht deutlich, welchen Stellenwert bei der Sicherung seiner lebenswichtigen Interessen für Japan auch die Zusammenarbeit mit Entwicklungsländern einnimmt.

Neben wirtschaftlichen und kulturpolitischen Instrumenten wendet man sich in Japan in letzter Zeit in puncto Sicherheit jedoch erneut verstärkt militärischen Fragen zu, wobei die Priorität bislang auf der Sicherung regionaler Interessen im asiatisch-pazifischen Raum zu liegen scheint. Abgesehen von der Steigerung des eigenen Militärbudgets wuchs der von Japan gezahlte Anteil an den Stationierungskosten der US-amerikanischen Streitkräfte in Japan beispielsweise von 1981 bis 1991 von 228,7 Mrd. ¥ auf 477,1 Mrd. ¥, also auf mehr als das Doppelte, obwohl Japan durch Artikel 9 seiner Verfassung untersagt ist, Land-, Luft- und Seestreitkäfte zu unterhalten, was es unter Hinweis auf deren Zweckbestimmung ausschließlich zur Verteidigung dennoch tut.

---

8   Englischer und japanischer Text siehe Literaturliste: v)
9   Deutscher Text siehe Literaturliste: h) S. 213 – 221

Sehr aufmerksam verfolgt man in Japan aktuelle chinesische Bemühungen um militärische Stärkung, ebenso wie die Entwicklung der Territorial- und anderer Dispute in Südostasien. Vorgeschichte und schließliche Beteiligung Japans an der VN-Mission in Kampuchea können ebenso als deutliches Zeichen seines Interesses an der von einer Vielzahl zu klärender Probleme bestimmten Region gewertet werden. Anfang 1993 kam es auch zu ersten offiziellen Kontakten zwischen hohen japanischen und russischen Militärs nach einer Pause von nahezu einem halben Jahrhundert.

Welche Bedeutung die Frage der internationalen Abrüstung hat, scheint – spätestens seit dem Golfkrieg – erkannt zu sein. Japan ist bereits seit 1963 Mitglied des Vertrages über das Verbot von Kernwaffenversuchen vom selben Jahr und unterzeichnete 1970 den Vertrag zur Nichtweiterverbeitung von Kernwaffen aus dem Jahre 1968, ratifizierte ihn jedoch erst Ende Mai 1976. In letzter Zeit fordert es, besonders mit Blick auf Nord-Korea, eine Stärkung und Erweiterung des Vertrages und ist um stärkeren Einfluß innerhalb der IAEA bemüht. Es nimmt weitere internationale Aktivitäten in Aussicht, war an allen bisherigen VN-Abrüstungskonferenzen beteiligt bzw. richtete beispielsweise 1989 in Kyôto, 1990 in Sendai und 1991 erneut in Kyôto VN-Abrüstungs-Konferenzen aus. Bis 1992 stellte es mit dem heutigen Oberbefehlshaber der UNTAC den Stellvertretenden VN-Generalsekretär mit dem Zuständigkeitsbereich Abrüstungsfragen.

Erinnert werden soll hier dennoch an eine Äußerung eines hohen Beamten im japanischen Verteidigungsamt und späteren Ministerpräsidenten vom Anfang der 70er Jahre, aus der hervorgeht, daß dieser auch für Japan ungeachtet seiner Verpflichtung, keine Kernwaffen herzustellen, anzuwenden, zu besitzen, oder ins Land zu lassen, einen Besitz von Kernwaffen unter bestimmten Umständen für durchaus zulässig hielt. Eine Haltung, an die man angesichts der aktuellen Sicherheitslage in der asiatischen Region erinnert wird.

Mit Blick auf die Zukunft wiederum spricht man in japanischen Fachkreisen seit einiger Zeit davon, daß, wenn es möglich sei, Bedrohungen des Friedens in ihrer Vorstufe einzudämmen, dies auch getan werden solle. Im gleichen Kontext wird gegenwärtig – mittlerweile auch von offizieller Regierungsseite – die Schaffung von Grundlagen für eine Beteiligung Japans auch an sogenannten friedensschaffenden Maßnahmen der VN – darunter auch eine entsprechende Abänderung der Verfassung – diskutiert, wobei man sich gefordert sieht, den Zwiespalt zwischen Wahrnehmung internationaler Aufgaben und erklärter Abstinenz von Einmischung in die inneren Angelegenheiten anderer Staaten zu überbrücken. Das Problem wird daher – auch unter dem Eindruck der bei der Diskussion um das Gesetz zur Beteiligung an friedenserhaltenden Missionen der VN deutlich gewordenen unterschiedlichen Auslegungsmöglichkeiten von Bestimmungen im Verhältnis von japanischer Verfassung und VN-Charta – mit Vorsicht behandelt, auch, um von vornherein den Eindruck von Rechtfertigungsversuchen für kollektive Vorne-Verteidigung bei der Wahrnehmung der Rechte und Pflichten eines Mitglieds der VN zu vermeiden.

Ausdruck aktueller Überlegungen in der Regierung zu potentiellen Gefährdungen japanischer Interessen und die Rolle seines Militärs bei deren Wahrnehmung über die Sicherung eigenen Territoriums hinaus ist eine Äußerung des japanischen Außenministers vom Januar 1993, nach der sich etwa 30 – 40 % der japanischen Streitkräfte durchaus langfristig in Übersee aufhalten könnten.

Bis auf weiteres ist man allerdings noch dabei, Erfahrungen zu sammeln, wofür die Teilnahme an UNTAC in Kampuchea Gelegenheit bietet. Diese erste durch ein neues Gesetz abgesicherte Teilnahme japanischer Streikräfte an VN-Maßnahmen außerhalb japanischen Territoriums stellt eine neue Qualität seiner internationalen Aktivitäten dar.

Zur Beteiligung Japans an sogenannten friedenserhaltenden bzw. -schaffenden Maßnahmen der VN

Bereits zwei Jahre nach seiner Aufnahme in die Weltorganisation war Japan am 31.07.1958 erstmals formal um eine aktive Beteiligung an VN-Operationen zur Friedenssicherung ersucht worden, wobei an eine Entsendung von 10 Offizieren der japanischen Streitkräfte zur VN-Beobachtertruppe UNOGIL (Libanon vom 12.06.1958 – 09.12.1958) gedacht war. Die Regierung hatte jedoch mit Hinweis auf die einschränkenden Bestimmungen des Artikels 9 der Verfassung, das Gesetz über die Selbstverteidigungsstreitkräfte, das Gesetz zur Einrichtung der Verteidigungsagentur sowie die Haltung der japanischen Öffentlichkeit abschlägig reagiert.

Auch 1973, anläßlich der Zusammenstellung der Notstands-Streitmacht der VN, UNEF II (25.10.1973 – 24.07.1979), während des arabisch-israelischen Krieges wurde in den VN wegen des relativ guten Verhältnisses, in dem sich Japan zu den beteiligten Seiten befand, über die Möglichkeit eines formalen Ersuchens um die Entsendung japanischen Militärs beraten. Letztendlich war der Gedanke jedoch verworfen worden. Auch in den darauffolgenden Jahren wurde hin und wieder in Erwägung gezogen, Japan um nichtmilitärische Unterstützung in Form von Transport-Kapazitäten oder einer Entsendung medizinischen Personals zu bitten. Zu einer offiziellen Anforderung kam es jedoch nicht.

Die japanische Regierung selbst begann mit dem Ende der 70er Jahre, sich intensiver mit Fragen personeller japanischer Unterstützung im Rahmen von Maßnahmen der VN zu beschäftigen und beauftragte beispielsweise 1982 in Zusammenarbeit mit den VN eine Expertengruppe mit der Ausarbeitung von

Vorschlägen für eine Stärkung der sogenannten friedenserhaltenden Missionen der VN. Der Bericht, den die Gruppe im folgenden Jahr vorlegte, umfaßte zwei Teile, von denen der erste Vorschläge zur Stärkung entsprechender Funktionen der VN enthielt und der zweite Teil Aussagen zur möglichen Haltung Japans in dieser Frage gewidmet war. Die ablehnende Haltung des Parlamentes dem zweiten Teil gegenüber führte zu einer erneuten Überprüfung, in deren Ergebnis die betreffenden Stellen vor der Übergabe an die VN gestrichen wurden.

Grundaussage des gestrichenen Teiles war, daß es angesichts des wachsenden internationalen Einflusses Japans an der Zeit sei, die traditionelle Haltung zu einer möglichen Beteiligung an VN-Maßnahmen zur Friedenssicherung grundlegend zu überdenken. Hierfür wurde ein schrittweises Vorgehen mit dem Ziel einer aktiven Beteiligung empfohlen, wobei zuerst diejenigen Bereiche ausgewählt werden sollten, für die sich ein nationaler japanischer Konsens unter relativ günstigen Umständen erzielen lassen würde. Eine direkte Entsendung von Angehörigen der Streitkräfte zur Teilnahme an Beobachtungs- oder Patroullien-Operationen wurde explizit nicht vorgeschlagen, trug man sich doch unter anderem noch mit dem Gedanken, für diesen Zweck eventuell eine völlig neue Institution zu schaffen, militärisches Personal als zivile Privatpersonen zu entsenden, oder gemischte Hilfs-Einheiten aus Militärangehörigen, Freiwilligen und zivilem technischen Personal zusammenzustellen.

Nach langandauernder intensiver Diskussion sah sich die Regierung gegen Ende der 80er Jahre schließlich in der Lage, mit dem Thema der Beteiligung von Einheiten der Streitkräfte an Aktionen der VN außerhalb japanischen Territoriums zur Friedenssicherung an die Öffentlichkeit zu treten. Dem war wachsender Druck aus den USA vorausgegangen, mehr militärische Verantwortung und finanzielle Lasten in der asiatischen Region zu übernehmen, wobei seitens der USA kein Interesse an einer losgelösten regionalen Dominanz Japans in Asien besteht – eine Haltung, die von China und einigen anderen asiatischen Staaten geteilt wird, und die die USA bei der Reduzierung ihrer militärischen Präsenz in Asien bisweilen vor komplizierte Anforderungen stellt. Hierbei kommt den japanisch-amerikanischen Beziehungen auf Grundlage des Sicherheitsvertrages und der oben erwähnten Erklärung vom Januar 1992 sowie den japanisch-chinesischen Beziehungen weiterhin große Bedeutung zu.

Im übrigen war die offizielle Beteiligung Japans an VN-Operationen zur Friedenssicherung bereits im Vorfeld der Beratungen zum diesbezüglichen Gesetzentwurf im japanischen Parlament Realität geworden, vorerst jedoch noch nicht mit größeren Einheiten der Streitkräfte.[10]

---

10 (Seither hat man sich an folgenden Aktionen beteiligt: im November 1989 an UNTAG (Namibia vom 01.04.1989 – 31.03.1990) mit der Entsendung von 27 zivilen Wahlbeobachtern u.a. aus regionalen öf-

Wie die ständigen Mitglieder des Sicherheitsrates stellt Japan seit längerem für die sogenannten friedenserhaltenden und -schaffenden Maßnahmen der VN anteilig mindestens genausoviel an finanziellen Mitteln zur Verfügung, wie es ins reguläre VN-Budget einbringt, meist jedoch darüber hinaus. So zahlte es 1991 bei 9,9 % Anteil am regulären Gesamtbudget der VN anteilig 11,4% für friedenserhaltende Maßnahmen.

Wie bereits erwähnt, gab schließlich der japanische Premierminister im August 1989 auf einer Sondersitzung des japanischen Parlamentes bekannt, daß die Regierung dem Parlament einen Gesetzentwurf vorlegen werde, der eine Teilnahme der japanischen Streitkräfte an Missionen der VN betreffe, was kurz nach dem Golfkrieg am 16.10.1990 dann auch geschah.[11] Mit der Verabschiedung des Gesetzes war letztendlich eines der wichtigsten Ziele die in der Regierungserklärung des Premierministers enthalten gewesen waren, weitestgehend erreicht. Mit diesem Gesetz kann Japan mit den ihm dafür zur Verfügung stehenden Truppen außerhalb japanischen Territoriums im Rahmen von VN-Aktionen oder auf Anforderung anderer internationaler Organisationen aktiv werden. Zur Zeit gelten allerdings noch bestimmte Einschränkungen, zu denen gehört, daß eine Übereinkunft der beteiligten Parteien über einen Waffenstillstand existieren, die Unparteilichkeit der Operationen gesichert sein, und alle am Konflikt Beteiligten einer Teilnahme Japans an den Operationen zugestimmt haben müssen. Bei Nichterfüllung einer dieser Bedingungen soll die japanische Beteiligung ausgesetzt werden. Als wesentliche mögliche Einsatzformen sind vorgesehen:

die Waffenstillstands-Überwachung, Überwachungsaufgaben in Pufferzonen, Munitions-Kontrollen, Einsammlung und Vernichtung aufgegebener Waffen, Unterstützung bei der Schaffung von Waffenstillstands-Linien, und Unterstützung beim Austausch von Kriegsgefangenen. Für diese Einsätze können bestimmte Einheiten der japanischen Streitkräfte und Einzelpersonen im Offiziersrang als Mitglieder militärischer Beobachter-Gruppen entsandt werden – eine Entsendung von Personal zur Erfüllung dieser Aufgaben soll jedoch erst nach der Schaffung weiterer gesetzlicher Grundlagen möglich sein,

die Unterstützung und Überwachung örtlicher Polizei-Kräfte, Unterstützung von Verwaltung sowie die Wahl-Überwachung, wofür Angehörige regionaler Polizei- und Verwaltungs-Organisationen infrage kommen, sowie

---

fentlichen Körperschaften, und im Februar 1990 an ONUVEN (Nicaragua vom 21.08.1989-28.02.1990) mit 6 Wahlbeobachtern, die als Privatpersonen ausgewählt worden waren. Zu UNIIMOG (Iran/Irak vom 20.08.1988 – 28.02.1991), UNGOMAP (Afghanistan/Pakistan vom 15.05.1989 – 15.03.1990), und UNIKOM (Irak/Kuweit vom 13.04.1991 – gegenwärtig) wurde jeweils ein Regierungsbeamter entsandt. UNGOMAP war von Japan als Starthilfe mit 5 Mio. $ unterstützt worden, UNIIMOG mit 10 Mio. $. Für UNTAG stellte Japan als freiwilligen Beitrag 14 Millionen $ zur Verfügung und im August 1989 zahlte es 2,5 Mio. $ in den Treuhandfonds zur Unterstützung der Anfangsphase von friedenserhaltenden Operationen.

11 Zur weiteren Geschichte des Entwurfes vgl. Literaturliste: w) 1991/1992, S. 49 – 66

die medizinische Versorgung, Suche und Rettung von Flüchtlingen, die Versorgung von Flüchtlingen mit Kleidung, Nahrung, und Medikamenten, die Errichtung von Flüchtlings-Unterkünften, der Bau bzw. die Reparatur von Einrichtungen für die Grundversorgung, die Unterstützung bei Entgiftungsmaßnahmen und bei der Beseitigung von Umweltschäden, die Bereitstellung von Transport- und Kommunikationsausrüstungen, Materiallagerung, und Bereitstellung von Maschinen und Ausrüstungen für diese Zwecke. Hierfür ist der Einsatz von Einheiten der japanischen Streitkräfte und medizinischen Personals auf Freiwilligen-Basis vorgesehen.

Nach den Bestimmungen des Gesetzes kann Japan jedoch bislang nicht an militärischen Operationen multinationaler Einheiten außerhalb von VN-Missionen, wie beispielsweise im Golf-Krieg, teilnehmen.[12]

Kurz nach Inkrafttreten des neuen Gesetzes beschloß die japanische Regierung, Wahl-Beobachter nach Angola, sowie ein Truppenkontingent im Rahmen der VN-Mission zur provisorischen Verwaltung für Kampuchea [UNTAC] zu entsenden. Danach begaben sich etappenweise 1.811 Japaner (1.736 Soldaten und 75 Polizisten) im ersten umfangreicheren Auslandseinsatz japanischer Soldaten nach den Maßgaben des bislang von Ende September 1992 bis Oktober 1993 begrenzten Einsatzprogrammes nach Kampuchea. Die Aufgaben bestehen in ziviler Polizeitätigkeit, der Reparatur von Straßen, im Brückenbau, sowie der Lösung von Transportaufgaben. Zur Selbstverteidigung sind die Militärangehörigen mit leichten Handfeuerwaffen ausgerüstet. Weiterhin stehen ihnen gepanzerte, jedoch unbewaffnete Transportfahrzeuge zur Verfügung. Da die japanischen Streitkräfte ein Berufsheer sind – in Japan gibt es keine Wehrpflicht – sind auch alle Angehörigen dieser Einheiten freiwillig Dienende. Oberbefehlshaber der UNTAC ist ein Japaner.

Reaktionen in der Asiatischen Region

Die offiziellen Reaktionen in den Ländern der asiatischen Region zum Zeitpunkt der Verabschiedung des Gesetzes in Japan, das nach japanischer und internationaler Auffassung einen bedeutenden Einschnitt in der japanischen Nachkriegsgeschichte darstellt, wiesen ein breites Spektrum zwischen Zu-

---

12 Am 16.04.1991 hatte die japanische Regierung beschlossen, vier Minensuchboote und zwei Versorgungsschiffe in den Golf zu entsenden. Diese verließen am 27.04.1991 den Hafen Yokosuka zum, von Manöverteilnahme abgesehen, ersten offiziellen internationalen Einsatz japanischer Militärs unter Waffen nach Beendigung des 2. Weltkrieges in Asien. In diesem Kontext verdient auch Erwähnung, daß die VN-Einsätze seit Beginn der 90er Jahre im Vergleich zu früher weitaus häufiger und vor allem aufwendiger geworden sind. Während es von 1948 bis 1991 insgesamt weltweit nur 13 VN-Missionen gegeben hatte, befanden sich 1992 allein etwa 50.000 Soldaten in 12 Missionen der VN mit einem geschätzten Gesamtfinanzbedarf von etwa 5 Mrd. $ im Einsatz. Bleibt es bei der bisherigen Planung für den VN-Einsatz in Somalia, kämen noch einmal etwa 30.000 Personen mit einem Budget von etwa 1,5 Mrd. $ im ersten Jahr hinzu.

stimmung, Zweifel und Ablehnung auf. Positive Reaktionen kamen aus Australien, Kampuchea und Thailand. Andere Staaten Asiens jedoch, deren Beziehungen zu Japan besonders wegen dessen Rolle in diesen Gebieten während des Zweiten Weltkrieges, verstärkt durch die japanische Zurückhaltung bei der Aufarbeitung der eigenen jüngeren Geschichte im internationalen Kontext weiterhin belastet sind, machten deutliche Zweifel am Sinn der Entscheidung geltend. Die Regierung der Philippinen begrüßte zwar japanische wirtschaftliche Hilfe, brachte aber auch zum Ausdruck, daß verstärktes militärisches Engagement als Zeichen erneuten japanischen Großmachtstrebens gewertet werden könne. Ungeachtet dessen seien Bemühungen Japans, im Rahmen der VN konstruktiv für eine Sicherung des Friedens zu arbeiten, willkommen. Malaysias Regierung zeigte Verständnis für japanische Aktivitäten innerhalb der VN, brachte jedoch gleichzeitig die Sorge über mögliche weitergehende Intentionen zum Ausdruck. Während die indonesische Regierung Verständnis für die Entsendung japanischer Truppenverbände unter VN-Kommando zeigte, bezweifelte die Staatsführung in Singapur den stabilitätsfördernden Einfluß des mit dieser Entscheidung eingeschlagenen Weges, zumal militärische Egozentrik Japans in anderen entwickelten asiatischen Staaten den Wunsch nach entsprechenden Gegenmaßnahmen verstärken würde. Als eines der Länder, die den Hintergund für diese Überlegungen bilden, hat Süd-Korea bereits Bedenken wegen der neuen militärischen Möglichkeiten Japans geäußert, gab jedoch auch sein Verständnis für eine Stärkung der Aktivitäten Japans in den VN zu erkennen. Die Regierung des koreanischen Nachbars im Norden wandte sich gegen erneutes japanisches militärisches Großmacht-Streben und erklärte im März 1993 ihren – jedoch zum Juli 1993 nicht vollzogenen – Austritt aus dem Atomwaffen-Sperrvertrag. Beide koreanische Staaten waren erst im September 1991 in die VN aufgenommen worden. China mahnte Japan vor übereilten Entscheidungen, bewertete die Verabschiedung des Gesetzes als Verstoß gegen den Geist der japanischen Verfassung, blieb ansonsten jedoch zurückhaltend, wobei die zum Zeitpunkt der Entscheidung aktuelle Vorbereitung der bevorstehenden ersten Reise eines japanischen Kaiserpaares nach China ebenso wie Aussichten auf sich weiter entwickelnde wirtschaftliche Beziehungen beider Nationen eine Rolle gespielt haben mögen. So kann die chinesische Reaktion durchaus als ein temporärer Kompromiß im Wettbewerb beider Staaten um eine Führungsrolle in der asiatischen Region angesehen werden.

Offizielle Verlautbarungen der jeweiligen Regierungen und tatsächliche Stimmungen, aber auch die öffentliche Meinung in den betreffenden Ländern weichen z. T. erheblich voneinander ab. Letztere fragt unter Berücksichtigung der bislang von japanischer Seite wenig aufgearbeiteten historischen

Erfahrungen im jeweilgen bilateralen Verhältnis[13] nach dem tatsächlichen Hintergrund der neuen Aktivitäten, und einige wirtschaftlich fortgeschrittene asiatische Staaten entwickeln bereits ein solches nationales Selbstbewußtsein, daß sie diese japanischen Aktivitäten, ohne eine Berücksichtigung von Vergangenem, als neue Bedrohung ihrer nationalen Sicherheitsinteressen ansehen. Tatsächlich jedoch waren die Reaktionen angesichts der Bedeutung des japanischen Schrittes insgesamt moderater als erwartet. Es scheint, als befänden sich viele Länder der Region gegenwärtig in einer Position, in der sie die Beziehungen zur japanischen Supermacht gleich nebenan – zumindest derzeit – nicht belasten wollen.

Bestrebungen zu Reformen der VN

Neben solchen Bemühungen um eine Erweiterung der eigenen Aktivitäten im bestehenden VN-System ist Japan in letzter Zeit im Rahmen seiner Forderungen nach Reformen des Systems auch bei seinen Bestrebungen, ständiges Mitglied im Sicherheitsrat der VN zu werden, unter Betonung der Funktion des Sicherheitsrates bei der Friedenserhaltung nach Artikel 24 der VN-Charta, aktiver geworden. Seiner Ansicht nach ist die gegenwärtige Struktur des Sicherheitsrates verbesserungsbedürftig. Zur Erlangung stärkeren Einflusses zieht es verschiedene Wege in Erwägung. Hierzu gehören beispielsweise Möglichkeiten für eine Erweiterung und Verbesserung der Tätigkeit des Sicherheitsrates in seiner gegenwärtigen Form oder seine grundlegende Reform bei Umgestaltung des gesamten VN-Systems. Unterstützt werden diesbezügliche Bestrebungen Japans durch die USA, die im Juni 1993 deutlich machten, daß sie einer Mitgliedschaft Japans und Deutschlands im Sicherheitsrat positiv gegenüberstünden. Die Position der Mehrzahl der derzeitigen ständigen Mitglieder des Sicherheitsrates zu den Wünschen Japans nach einer ständigen Mitgliedschaft läßt jedoch eine Realisierung der erwähnten Vorschläge für die nächste Zukunft eher unwahrscheinlich und eine Orientierung auf Zwischenlösungen nötig erscheinen. Die Einbindung Japans in vorhandene Strukturen scheint deshalb, auch unter Berücksichtigung bisheriger Erfahrungen, sinnvoll, was im übrigen auch durch die Tatsache unterlegt wird, daß Japan sechs mal und damit öfter als andere asiatische Staaten als nicht-ständiges Mitglied im Sicherheitsrat vertreten war. Nur 1978 hatten sich die Staaten der Region für Bangladesh ausgesprochen. Gegenwärtig ist Japan erneut nicht-ständiges Mitglied, seine Mitgliedschaft läuft im Jahr 1993 aus.

---

13 Das japanische Außenministerium erklärte beispielsweise ein halbes Jahrhundert nach dem betreffenden Ereignis am 02. 10. 1991, es betrachte die nicht erfolgte Kriegserklärung vor dem japanischen Überfall auf Pearl Harbour als Fehler.

Gemeinsam mit Bestrebungen nach Veränderungen im Sicherheitsrat ist Japan auch um Abänderung der VN-Charta bemüht und hat hierbei, wie bereits erwähnt, besonders die sogenannten Feindesklauseln – die Artikel 53 und 107 der VN-Charta – im Blick, die sich auf die ehemaligen Achsenmächte Deutschland, Italien und Japan beziehen. Die Aussagen der betreffenden Artikel sind japanischer Ansicht nach für die heutige Zeit obsolet, da sie ein überkommenes Kräfteverhältnis von 1945 repräsentierten. Sie gehörten deshalb anläßlich der fälligen Reform der VN und der damit einhergehenden Erneuerung der Charta verändert bzw. abgeschafft.

Menschenrechte und Flüchtlingsproblematik

Ein Gebiet, dem Japan im Vergleich zu anderen entwickelten Nationen erst relativ spät seine Aufmerksamkeit zuzuwenden begann, ist die Wahrung der Menschenrechte. Von seinen offiziellen Erklärungen und ebenso von seiner derzeitigen internationalen Unterstützung her gesehen, ist es in letzter Zeit aktiver geworden. So wurde es 1982 Mitglied der Menschenrechtskomission und kurz darauf wurde ein japanischer Vetreter in eine der Unterkomissionen gewählt. Seit Anfang der 90er Jahre begann Japan, gefördert durch die Besetzung der Stelle des VN-Flüchtlings-Hochkomissars [UNHCR] mit einer Japanerin, zu einem der Hauptunterstützer des VN-Flüchtlingsprogramms zu werden, wo es mittlerweile auf beachtliche Erfolge verweisen kann. Für die Unterstützung von UNHCR und UNRWA stellt es hohe Summen zur Verfügung. Japan unterstützt auch die Arbeit von UNICEF. Bis Ende Juli 1994 ist es dort im Exekutivrat vertreten.

Bei der praktischen Umsetzung im eigenen Land ist Japan zuweilen noch mit Problemen konfrontiert, die unter anderem in der derzeit ungleichmäßigen Entwicklung innerhalb der asiatischen Region selbst begründet sind und die eine Durchsetzung universeller Kontrollmechanismen schwierig machen. Da es kein gemeinsames System in Bezug auf Menschenrechte in Asien gibt, und so die Vergleichbarkeit erschwert ist, besteht das Problem für Japan als relativ fortgeschrittenem Land in der Gewährleistung einer gewissen Ausgewogenheit.

Wiederholten japanischen Äußerungen ist zu entnehmen, daß man sich aus historischen und traditionellen Gründen nicht bzw. nur ungern in innere Angelegenheiten anderer Staaten einmischen möchte. Während diese Haltung in der asiatische Region bei der Thematik Menschenrechte deutlich wird, steht eine Überprüfung der Stichhaltigkeit der Argumentationsweise angesichts des massiven wirtschaftlichen Engagements und dem sich in diesem Zusammenhang ergebenden Einfluß japanischer Interessen auf die jeweilige gesellschaftliche Situation der einzelnen Staaten der Region weitestgehend noch aus.

Entwicklungshilfe

Die Entwicklungshilfepolitik Japans ist insofern interessant, als das Land innerhalb von reichlich zwei Jahrzehnten vom – nach Indien – zweitgrößten Kreditnehmer der IBRD zum weltgrößten Geberland für offizielle Entwicklungshilfe [OEH] avancierte.

Ausgehend von seinen in den 60er und 70er Jahren gemachten Erfahrungen begann Japan 1977 auf Grundlage langfristiger Planung mit der Erhöhung seiner OEH in vier mittelfristigen Etappen, in deren Ergebnis seine OEH von etwa 1,5 Mrd. $ im Jahre 1977 auf 8,9 Mrd. $ 1989 gesteigert wurde, was einem Anteil von fast 20 % aller 18 Mitglieder des DAC entsprach.

Es kam jedoch nicht nur zu einer quantitativen Steigerung der OEH, sondern die zweite Ölkrise hatte auch zu einer weiteren qualitativen Differenzierung geführt. Der japanische Anteil an der Unterstützung der Arbeit von UNDP und UNFPA ist hoch, ebenso an den Aktivitäten von UNICEF, UNESCO, WFP, und der WHO, deren Generaldirektor ein Japaner ist. Bis 1993 gehört Japan zu den 54 Mitgliedern des ECOSOC-Rates.

Nachdem Japan in der ersten Hälfte der 80er Jahre seine OEH erneut verdoppelt hatte, nahm es sich für die vierte Planungsphase von 1988 bis 1992 vor, sie auf 50 Mrd. $ zu steigern, was einer nochmaligen Verdoppelung der Summe der von 1983 bis 1987 vergebenen Mittel von etw 25 Mrd. $ entspricht. Ein Blick auf seine BSP/OEH-Rate im Vergleich zu anderen entwickelten Industriestaaten macht aber deutlich, daß es noch aktiver sein könnte. In letzter Zeit ist in Japan die Gründung verschiedener Organisationen für diese Zwecke zu beobachten.

Die traditionelle Konzentration seiner OEH auf die asiatische Region – etwa zwei Drittel der gesamten OEH gehen derzeit nach Südostasien, und in letzter Zeit spielt auch China eine wachsende Rolle – brachte Japan bei weiterer Festigung seiner wirtschaftlichen Position auch ein gutes Stück voran bei der Schaffung der angestrebten asiatischen Wohlstandssphäre – eine gutgemeinte Herausforderung auch an Europa. Auch hier besteht die Möglichkeit, mit einer Verdeutlichung politischer Zielstellungen mehr Klarheit zu schaffen und so Vorwürfen zu begegnen, humanitäre Argumente würden als propagandistische Verschleierung ökonomischer und politischer Ziele gebraucht und die ausführlichen Berichte japanischen Personals aus den jeweiligen Ländern dienten hauptsächlich der Befriedigung anderweitiger Informationsbedürfnisse.

Umweltpolitik

Die Beschäftigung mit internationalem Umwelt- und Naturschutz ist in letzter Zeit in Japan intensiver geworden, wobei es national bereits seit längerem, beispielsweise bei FCKW und CO_2-Emissionen, relativ strenge Maßstäbe anlegt. Nachdem die VN die Jahre zwischen 1990 bis 2000 zur Dekade für die Verhütung von Naturkatastrophen [INDPR] erklärt hatte, fand die 1. Internationale Konferenz zu diesem Thema 1990 in Japan statt, ausgerichtet in Zusammenarbeit von Regierung, JICA, Japanischem Roten Kreuz und dem VN-Zentrum für Regionale Entwicklung, und in letzter Zeit unterstützt Japan auch den Aktionsplan Tropische Wälder [TFAP] der FAO. Einen entscheidenden Durchbruch hat es jedoch noch nicht erzielen können und der Einschlag von Holz – besonders in Südostasien – steht als zu lösendes Problem weiter auf der Tagesordnung.

Der Import von Elfenbein war 1989 verboten worden. Der international oft kritisierte Walfang wird weiterhin zu wissenschaftlichen Zwecken – wie es offiziell heißt – betrieben.

Bei der Beurteilung dieser Punkte müssen allerdings verschiedene Faktoren berücksichtigt werden, so daß pauschale Verurteilungen nicht immer geeignet sind, zu einer tatsächlichen Verbesserung der Situation beizutragen.

Kulturpolitik

Als ein weiteres Hauptinstrument japanischer Außenpolitik, auch innerhalb der VN, werden immer wieder verstärkte kulturelle Aktivitäten genannt. Hierfür stellte Japan in der letzten Zeit beispielsweise bedeutende Mittel für die Unterstützung der Arbeit der UNESCO zur Verfügung. Nachdem es erst Mitte der 70er Jahre begonnen hatte, finanzielle Unterstützung an Entwicklungsländer für kulturelle Zwecke zu vergeben, hatte die Gesamtsumme der bis 1990 für insgesamt 527 Projekte ausgegebenen Mittel 20,3 Mrd. $ erreicht.

Für eine tatsächliche Vermittlung von Kultur ist jedoch ein nicht nur quantitativ verstärktes, sondern auch inhaltlich differenzierteres Herangehen unter Beachtung des vorhandenen und erwünschten Grades an Akzeptanz beim potentiellen Partner vonöten, um die Ziele und Wertvorstellungen der eigenen Gesellschaft zu vermitteln. Diese Einschätzung kann sicherlich auch für die kulturelle Arbeit Japans in den VN gelten, deren primäres Ziel in einer Festigung der Position in Asien zu bestehen scheint. Die angestrebte verstärkte äußere Internationalisierung Japans macht allerdings auch innere Reformen unumgänglich – auch dazu kann die Arbeit der VN beitragen.

Zusammenfassung und These

Die bisherige Geschichte des japanischen Verhältnisses zu den VN, verbunden mit der qualitativen und quantitativen Ausrichtung seiner jüngeren nationalen und internationalen Aktivitäten im VN-System, läßt auf erweiterte Interesse Japans an den VN schließen. Für die Zukunft sind VN-gerichtete Initiativen von japanischer Seite zu erwarten. Doch nicht nur die aktive Beteiligung an der internationalen Arbeit der VN verdient Interesse – auch innenpolitisch wird die intensivere Einbindung Japans in internationale Prozesse zu Veränderungen führen. Japan wird sowohl in der von Europa tendenziell unterschätzten asiatischen Region als auch global zunehmend bedeutende Funktionen wahrnehmen. Man darf gespannt sein, welchen Weg die Verantwortlichen in ihren Bemühungen um die angestrebte internationale Harmonie wählen werden, um diese Funktion auszufüllen und so einen konstruktiven Beitrag zu einer friedlichen internationalen Völkergemeinschaft zu leisten.

Auswahl benutzter und weiterführender Literatur:

a) „Japan Review of International Affairs"; The Japan Institute of International Affairs [JIIA]; 1991-1993
b) „Asien – Deutsche Zeitschrift für Politik, Wirtschaft und Kultur"; Deutsche Gesellschaft für Asienkunde [DGA]; 1990-1992
c) „nihon koku kempô"; sapio books, shogakukan; 1982
d) „kokusai kyôryoku – kôryû NGO dantai meikan"; gaimushô, nihon gaikô hyôkai; 1991
e) „The Japan that can say No"; ISHIHARA Shintaro; Simon & Schuster; 1991
f) „gaikô seisho – wagakuni no gaikô kinkyô"; gaimushô, ôkurashô; 1990-1991
h) „Fremde Nachbarn: Tôkyô und Moskau"; Joachim GLAUBITZ; Nomos Verlagsgesellschaft; 1992
i) „asahi shimbun" 1991-1993
j) „yomiuri shimbun" 1991-1993
k) „nihon keizai shimbun" 1991-1993
l) „JIN"-data-network
m) „Militärmacht Japan? – Sicherheitspolititk und Streitkräfte"; Heinz Eberhard MAUL (Hrsgb.); iudicium Verlag; 1991
n) „kokusai rengô"; AKASHI Yasushi; iwanami shinsho, 1985
o) „voorushonnye sily japonii – istorija i sovremennost"; izdateltsvo nauka, glavnaja redaksija vostotschnoi literatury; Moskva; 1985
p) „Süddeutsche Zeitung"; 1991-1993

q) „Berliner Zeitung"; 1991-1993
r) „Arbeitspapiere zur Internationalen Politik" (Serie); Forschungsinstitut der Deutschen Gesellschaft für Internationale Politik e.V.
s) „Die Internationale Politik" (Serie); R. Oldenbourg Verlag
t) „The Role of the United Nations in the 1990s"; Publication of the Japanese-German Center Berlin (Vol. 4); 1991
u) „Charter of the United Nations – kokusai rengô kenshô"; nihon kokusai rengô kyôkai hakkô; 1986
v) „The Tôkyô Declaration On The U.S.-Japan Global Partnership, January 9, 1992"; United States Information Service, American Embassy; Tôkyô; 12.05.1992
w) „Japan – Politik und Wirtschaft" (Serie); Manfred POHL (Hrsg.); Institut für Asienkunde Hamburg
x) „Neues aus Japan" Nr. 344, Japanische Botschaft in Deutschland, 1993

Struktur ab 1.1.1993
Komplexe Planungsabteilung Aussenpolitik

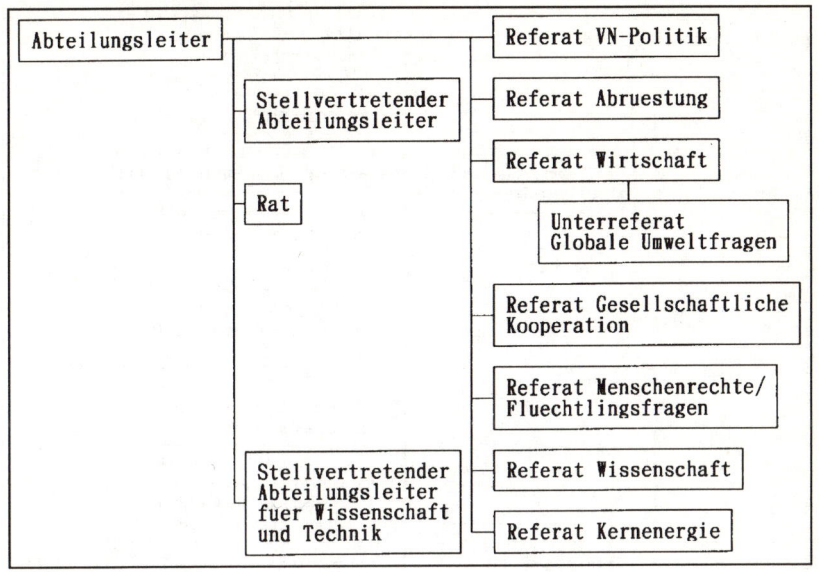

```
┌─────────────────┐
│ Abteilungsleiter│──┬──────────────────────────── Referat VN-Politik
└─────────────────┘  │   ┌──────────────────┐
                     ├───│ Stellvertretender│──── Referat Abruestung
                     │   │ Abteilungsleiter │
                     │   └──────────────────┘──── Referat Wirtschaft
                     │                                │
                     │   ┌─────┐                      └── Unterreferat
                     ├───│ Rat │                          Globale Umweltfragen
                     │   └─────┘
                     │                             Referat Gesellschaftliche
                     │                             Kooperation
                     │
                     │                             Referat Menschenrechte/
                     │                             Fluechtlingsfragen
                     │   ┌──────────────────┐
                     └───│ Stellvertretender│──── Referat Wissenschaft
                         │ Abteilungsleiter │
                         │ fuer Wissenschaft│──── Referat Kernenergie
                         │ und Technik      │
                         └──────────────────┘
```

Quelle: gaimushô, 1993

Struktur ab 1.1.1993
Komplexe Planungsabteilung Aussenpolitk

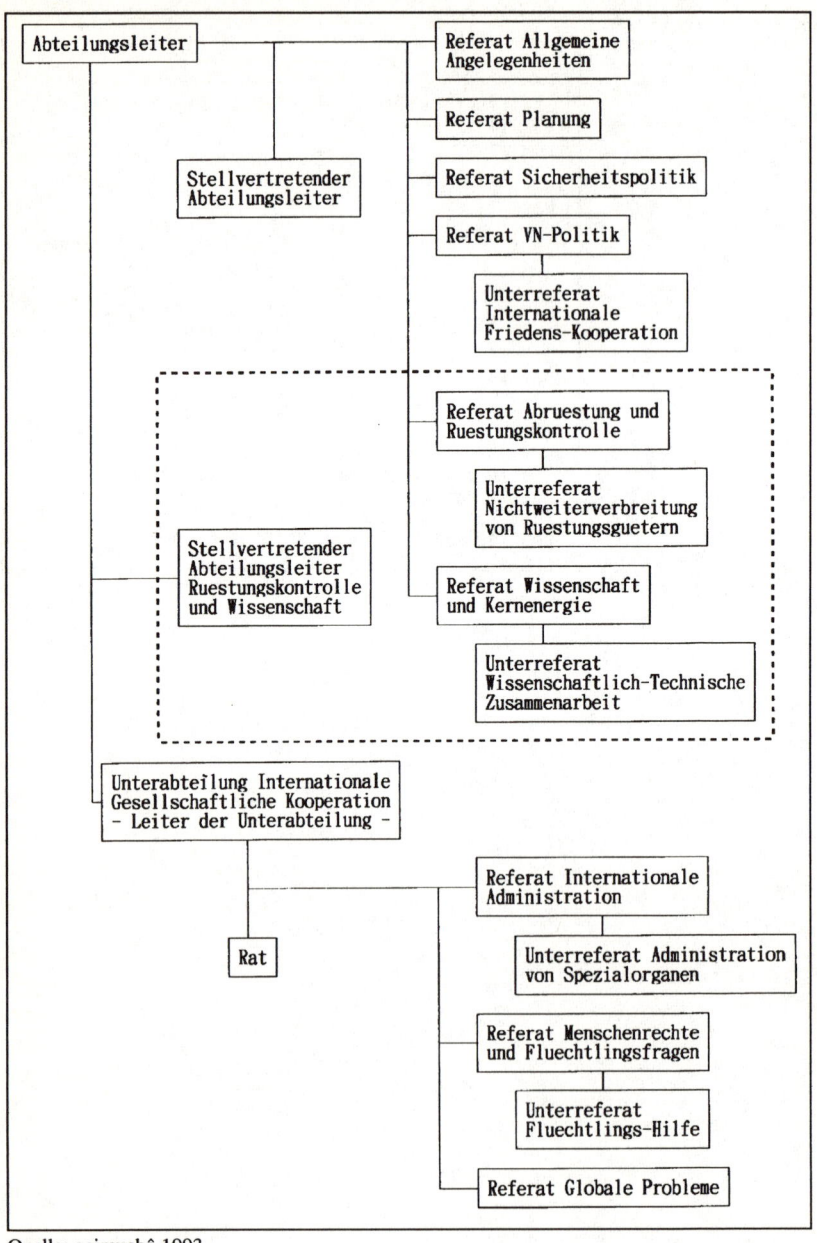

- Abteilungsleiter
  - Referat Allgemeine Angelegenheiten
  - Referat Planung
  - Stellvertretender Abteilungsleiter
  - Referat Sicherheitspolitik
  - Referat VN-Politik
    - Unterreferat Internationale Friedens-Kooperation
  - Stellvertretender Abteilungsleiter Ruestungskontrolle und Wissenschaft
    - Referat Abruestung und Ruestungskontrolle
      - Unterreferat Nichtweiterverbreitung von Ruestungsguetern
    - Referat Wissenschaft und Kernenergie
      - Unterreferat Wissenschaftlich-Technische Zusammenarbeit
  - Unterabteilung Internationale Gesellschaftliche Kooperation
    - Leiter der Unterabteilung -
    - Rat
    - Referat Internationale Administration
      - Unterreferat Administration von Spezialorganen
    - Referat Menschenrechte und Fluechtlingsfragen
      - Unterreferat Fluechtlings-Hilfe
    - Referat Globale Probleme

Quelle: gaimushô, 1993

IV.

Japan und die internationale Politik

Ortrud Kerde und Erich Pauer

Japanische Außenpolitik: Im Fernen Osten nichts Neues

1. Einleitung

Der frühere Premierminister Miyazawa Kiichi[1] brachte die Kontinuität der japanischen Außenpolitik in einer Rede vor beiden Häusern des japanischen Parlaments zu Beginn des Jahres 1993 auf den Punkt: „Japanese post-war policy has consistently been one dedicated to peace and attaching central importance to the United Nations."[2] Vergleicht man diese Aussage mit Veröffentlichungen des japanischen Außenministeriums zu Beginn der 1970er Jahre, so hat sich an den Leitbildern der japanischen Außenpolitik kaum etwas geändert. Schon damals standen „drei Säulen der japanischen Außenpolitik" *(Nihon gaikō no sanbon-bashira)* im Vordergrund: die Festigung der Freundschaft mit anderen Nationen, in erster Linie den USA, die Förderung der regionalen Zusammenarbeit mit anderen asiatischen Ländern sowie die Stärkung der Rolle der Vereinten Nationen.[3]

Überblickt man die internationalen Aktivitäten Japans in der Nachkriegszeit, so wird rasch deutlich, daß die immer wieder vom japanischen Außenministerium, den diplomatischen Vertretungen und internationalen Beobachtern zitierten „Grundsätze" bzw. „Konzepte" der japanischen Außenpolitik als umfassende strategische Gedankengebäude nicht existieren. Die Außenpolitik Japans ist – trotz zahlreicher Versuche, gewisse „Neu-Definitionen" und „stärkere Betonungen" der außenpolitischen Positionen Japans auszumachen – nach wie vor von Pragmatismus und Ad-hoc-Entscheidungen geprägt. Der qualitative Unterschied zwischen japanischer Außenpolitik zu Beginn der 1970er und Anfang der 1990er Jahre liegt darin, daß Japan gelernt hat, auf Druck von außen nicht mehr lediglich verbal, sondern mit konkreten Maßnahmen zu reagieren.[4] Die bloße Umsetzung des Drucks der internatio-

---

[1] Japanische Personennamen werden in der in Japan üblichen Weise angeführt, d.h. der Familienname wird dem persönlichen Namen vorangestellt.

[2] *News and Views from Japan,* No. 395, Brüssel, 25. Januar 1993, S. 3. Vgl. auch die Zusammenfassung der Rede in: *Asahi shinbun (Kokusai eisei-ban),* 23. Januar 1993.

[3] Vgl. Suma Jōji, „Nihon gaikō no sanbon-bashira ga kishimi hajimeta" (Die drei Säulen der japanischen Außenpolitik beginnen, allmählich morsch zu werden), *Chūō kōron,* 1992:10, S. 76-79. Vgl. auch Japanische Botschaft (Hrsg.), *Neues aus Japan,* Nr. 163/Okt. 1970, Nr. 165/Dez. 1970, Nr. 175/Okt. 1971.

[4] Beispiele hierfür sind die Entscheidung, den Einsatz japanischer Soldaten im Rahmen humanitärer Missionen der Vereinten Nationen zu ermöglichen sowie der Versuch, eine Art Vermittlerrolle zwischen den Bürgerkriegsparteien im Kambodscha-Konflikt einzunehmen, indem Japan weitere Wirtschaftshilfe von einer Beendigung des Krieges abhängig macht (vgl. dazu *The Japan Times,* 7. Juni 1990).

nalen Umwelt Japans in außenpolitische Maßnahmen läßt es jedoch nicht gerechtfertigt erscheinen, von einer „Neu-Definition" der japanischen Außenpolitik zu sprechen.

Ein Modell für die Handlungsweise Japans ist im sogenannten „reaktiven Staat"[5] zu finden. Dieser reagiert besonders sensibel auf Druck von außen und vermag keine eigenständigen außenpolitischen Optionen zu verfolgen. „Reaktion" steht dabei vor „Strategie". Japan greift die verschiedenen Forderungen des Auslands auf, setzt sie als Stimulans für außenpolitische Zielformulierungen ein und erreicht über eine „japanische" Interpretation der Fakten Akzeptanz in der japanischen Öffentlichkeit, die außenpolitischen Fragen für gewöhnlich desinteressiert bis ablehnend gegenübersteht. Durch diesen pragmatischen Ansatz erreicht Japan gleichzeitig einen hohen Grad an Flexibilität, da es seine außenpolitischen Maßnahmen – ohne an Grundsätze gebunden zu sein – je nach Situation verändern und vor der Öffentlichkeit rechtfertigen kann.

Aufgrund seiner geographischen und wirtschaftlichen Situation konzentriert Japan seine internationalen Aktivitäten auf die Bereiche der Sicherheits- und Wirtschaftspolitik. Diese beiden Konstituenten, die zahlreiche Überschneidungen aufweisen, werden im Japanischen auch semantisch erfaßt. So wird der diplomatische und sicherheitspolitische Aspekt mit dem Begriff *seiji gaikō* (wörtlich: „politische Außenpolitik"),[6] der wirtschaftspolitische Aspekt mit *keizai gaikō* (wörtlich: „wirtschaftliche Außenpolitik", also Außenwirtschaftspolitik) umschrieben. Sicherheitspolitik wird in diesem Zusammenhang nicht nur militärisch, sondern auch ökonomisch definiert. Zusätzlich zu diesen beiden Aspekten erhält der Bereich einer sogenannten *minkan gaikō* (wörtlich: „private" bzw. „nicht-staatliche", also „nicht-gouvermentale Außenpolitik") große Bedeutung.[7] Darüber hinaus existiert im Japanischen die – wenn auch nicht sehr geläufige – begriffliche Differenzierung einer weiteren außenpolitischen Facette, der auswärtigen „Kulturpolitik" *(bunka gaikō)*. Dieser Aspekt der Außenpolitik besitzt in der Praxis einen besonders hohen Stellenwert.

Bislang wurde die Handlungsweise Japans fast ausschließlich durch die „westliche Brille" betrachtet, so als ob Japans historisch gewachsene Bedingungen und seine Bewertungen außenpolitischer Fragen zwangsläufig denen Europas und der U.S.A. entsprechen müßten. Japanische Interpretationen seiner eigenen Außenpolitik fanden hingegen im wissenschaftlichen wie im

---

5   Vgl. Kent Calder, „Japanese Foreign Economic Policy Formation: Explaining the Reactive State", in: *World Politics*, Vol. XL, No. 4, S. 517-541.

6   Vgl. Iokibe Makoto, *Nihon seiji gaikō-shi* (Geschichte der politischen Außenpolitik Japans), (Seiji-shi II), Tōkyō 1985.

7   Zu erwähnen sind hier vor allem die Aktivitäten der japanischen Wirtschafts- und Unternehmerverbände (z.B. Nikkeiren, Keidanren) sowie der Großhandelshäuser.

politischen Diskurs außerhalb Japans kaum Berücksichtigung,[8] und wenn, dann meist als Extrempositionen unter starker Betonung vermeintlicher kultureller Besonderheiten eines „einzigartigen" Japans.

Da Japan als eine der führenden Industrienationen heute als wichtiger Teil der „internationalen Völkergemeinschaft" betrachtet wird, erwarten die westlichen Regierungen, daß Japan auch als Teil einer solchen und nach westlichen Maßstäben handelt. Probleme ergeben sich dann, wenn Japans internationale Handlungsweisen bzw. deren Unterlassung ausländische Kritik hervorrufen, die in der japanischen Öffentlichkeit auf Unverständnis stoßen.[9]

Aus diesem Grund erscheint es nötig, die Grundlagen der Vorgehensweise Japans als Partner innerhalb dieser Völkergemeinschaft aufzuzeigen und daraus die Gründe für sein außenpolitisches Handeln abzuleiten, das oft auf eine dem Ausland präsentierte Innenpolitik hinausläuft. Allerdings soll keineswegs der Eindruck erweckt werden, Japan handele als Polity nach seiner eigenen spezifisch japanischen Logik. Rein institutionell betrachtet arbeitet die japanische Politik mit den gleichen Mechanismen, die auch für andere Industrienationen Geltung besitzen. Es wird hier also kein weiterer Versuch unternommen, z.B. den Zen-Buddhismus als konstitutives Element der japanischen Politik auszumachen, wie dies ja häufig (und unzulässigerweise) im Bereich der japanischen Wirtschaft geschieht. Gleichwohl darf bei aller Paradigmensuche auch nicht übersehen werden, daß Japans Haltung gegenüber dem Rest der Welt und gewisse Geisteshaltungen nun einmal nicht im abendländischen Kulturkreis wurzeln.

Nach einigen grundsätzlichen Überlegungen zu japanischen Denkstrukturen wird deren Manifestation in der Außenpolitik vorgestellt. Ein wichtiger Aspekt hierbei ist die auswärtige Informations- und Kulturpolitik Japans, die vornehmlich der Umsetzung japanischer Wirtschaftsinteressen im Ausland dient. Ein weiterer Komplex widmet sich der Frage, welchen Stellenwert die Außenpolitik in Japan für die Politiker ebenso wie für die Wähler einnimmt,

---

8 Weltpolitische Situationsbeschreibungen können so – je nach Blickwinkel – unterschiedlich ausfallen, wie das Thema der Beendigung des Kalten Krieges verdeutlicht. Manche (v.a. europäische) Autoren meinen, der Ost-West-Konflikt sei in Japan kaum zur Kenntnis genommen worden, so daß das Ende des Kalten Krieges für Japan keine ebensolche Zäsur dargestellt habe wie für Europa (vgl. Roland Freudenstein, „Japan und das neue Europa: Die Beziehungen am Ende der Ost-West-Konfrontation und vor der Vollendung des Binnenmarktes", in: *Europa-Archiv*, Folge 21, Jg. 45, 1990, S. 639-650, hier: S. 643). Demgegenüber merken japanische Kommentatoren an, „In Europa ist der Kalte Krieg zu Ende, in Ostasien noch nicht." (Vgl. den Diskussionsbeitrag von Noda Nobuo in einer Gesprächsrunde mit Sase Masamori und Nishio Kanji, „Nihon yo. Yooroppa gaikō no wana ni hamaru na" (Japan! Laß' Dich nicht in der Falle der Europapolitik fangen!); in: *Chūō kōron* 1992:9, S. 106- 117, hier: S. 114-115). Gemeint sind die nicht gelöste Kurilenfrage, Nord-Korea und die Volksrepublik China.

9 So steht Japan vor dem Dilemma, einerseits seine „Scheckbuchdiplomatie" rechtfertigen zu müssen, gleichzeitig aber gefragtes Geberland zu sein. Vgl. dazu auch die Beiträge der Gesprächsrunde zwischen Sase Masamori, Nishio Kanji und Noda Nobuo, „Nihon yo. Yooroppa gaikō no wana ni hamaru na" (Japan! Laß' Dich nicht in der Falle der Europapolitik fangen!); in: *Chūō kōron* 1992:9, S. 106-117, hier: S. 116-117.

wobei bereits hier angemerkt werden muß, daß die Bedeutung außenpolitischer Fragen für Japan im Ausland weit überschätzt wird.

2. Japanische Denkmuster

Die Bewertung der japanischen Außenpolitik im Westen erfolgt häufig nach moralistischen Grundsätzen, wie z.B. Vertrauen, Hilfe, Verantwortung und Fairneß. Diese Begriffe entspringen jedoch dem geistigen Erbe des Okzidents und sind in dieser Form nicht auf Japan übertragbar. Das Handeln Japans basiert auf unterschiedlichen – und deshalb für den westlichen Beschauer oft „unverständlichen" – Denkmustern, deren Kenntnis für die Analyse japanischer Außenpolitik hilfreich ist.

Drei große geistig-religiöse Strömungen beherrschen das japanische Denken: der Shintoismus, der Buddhismus und der Konfuzianismus. So unterschiedlich diese geistigen Strömungen auch sind, so tragen sie doch Züge in sich, die sich gegenseitig unterstützen und eine weit und oft unbewußt akzeptierte Grundhaltung der japanischen Bevölkerung prägen.

Der Shintoismus, der kein einheitliches Gedankengebäude darstellt, setzt sich in erster Linie mit dem diesseitigen Leben auseinander. Das Individuum steht in einem Kontinuum zwischen vergangener und künftiger Welt. Man plant für die Zukunft, stellt Ziele auf und versucht, sie zu verwirklichen, ohne daß es dafür handfeste Regeln oder Vorschriften gibt.

Die buddhistischen Traditionen in Japan besitzen die Tendenz, die Weltlichkeit, also die praktische Moral und die menschlichen Beziehungen zu betonen. Im Rahmen der „Weltlichkeit" dieses Buddhismus richten sich die Bestrebungen darauf, sich nicht so sehr mit Problemen auseinanderzusetzen, als sie vielmehr hinzunehmen.

Bei der Übernahme des Konfuzianismus in Japan wurden nur jene Regeln berücksichtigt, die zu den bereits vorhandenen (Shintoismus) oder übernommenen (Buddhismus) Geistesströmungen paßten. Tugenden, die die menschlichen Beziehungen regeln, und soziale Pflichten stehen im Mittelpunkt. Deren Umsetzung erfolgt nicht auf der Grundlage von Geboten, sondern durch Regeln, die in der konfuzianischen Lehre wiederum nicht explizit gefaßt sind, sondern im Rahmen von Situationen dargestellt und tradiert werden.

Gemeinsam ist diesen drei geistigen Strömungen in ihrer japanischen Ausprägung die starke Diesseitsorientierung. Sie wollen dem Menschen bei seinem diesseitigen Leben Hilfe geben. Wichtig ist, daß dies im Rahmen von Regeln erfolgt, die eher diffus sind und kein abgeschlossenes Gedankengebäude bilden, aus dem sich Handlungen ableiten oder gar rechtfertigen ließen. Hier zeigt sich ein Unterschied zu den Gedankengebäuden, die im Okzident entstanden und entwickelt wurden, denn das westliche Denken wird durch übergeordnete Prinzipien dominiert, besitzt Axiome. Aus solchen Prinzipien lassen sich Regeln bzw. Verhaltensregeln ableiten, und zwar so, daß sie unter bestimmten Bedingungen reproduzierbar sind. Eine wiederholbare, zielgerichtete Produktion von Regeln, die aus diesen Prinzipien abgeleitet werden, ist somit möglich. Das abendländische Denken, sei es aristotelisch, kantianisch oder hegelianisch, ist ein – sicherlich nicht ausschließlich, tendenziell aber stärker – prinzipienorientiertes Denken.

Nicht so dagegen das fernöstliche, vor allem konfuzianisch dominierte Denken. Hier werden keine Gebote formuliert, sondern gesellschaftliche Verhaltensregeln mit Hilfe der Schilderung bestimmter Situationen angeboten, die unter veränderten Bedingungen auch wieder verändert werden können und sollen. Es gibt keine herleitbaren expliziten Normen, die universellen Geltungsanspruch besitzen. Die unter dem Konfuzianismus aufgestellten Regeln sind Handlungsanweisungen, die man an der Tugend und Sittlichkeit mißt, das heißt, für gesellschaftsförderlich hält, ohne daß dieser Begriff nun genau definiert wird. Was darunter zu verstehen ist und wie man sich tatsächlich verhalten soll, wird im Einzelfall entschieden.

Aus solchen Vorstellungen werden pragmatisch-spekulativ Verhaltensregeln abgeleitet, die akzeptiert werden, falls sie gesellschaftsförderlich sind. Diese Denkstruktur führt aufgrund fehlender definierter Theorien und generativer Prinzipien zu von Thematik und Zielsetzung geprägten Regeln. Diese sind nicht immer eindeutig nachvollziehbar, aber gesellschaftlich sanktioniert. Ein solches regelorientiertes Gedankengebäude erlaubt die Auswahl bestimmter Regeln zur Erlangung eines bestimmten Ziels. Die Zielformulierung ist Ausgangspunkt für die Auswahl der Regeln.

Es gibt somit keine festen Prinzipien, aus denen Handlungsanweisungen abgeleitet werden oder zur Rechtfertigung der Handlungen herangezogen werden können. Die Handlungsweise wird durch das Ziel vorgegeben und erfährt gemäß ihrer Bedeutung für die Gesellschaft positive oder negative gesellschaftliche Sanktionierung. Die Handlungsweise muß nicht vor einem übergeordneten, alles dominierenden Prinzip verantwortet werden, sondern nur vor der Gesellschaft, hier und heute.[10]

Es ist wichtig, diese Unterscheidung zwischen „Prinzipien" und „Grundsätzen" auf der einen Seite und „Zielen" und „Regeln" auf der anderen Seite zu erkennen und nicht als bloße semantische Spitzfindigkeit abzutun. So ist es auch müßig, in der Außenpolitik Japans nach Grundsätzen, langfristigen Konzepten und fest definierten Prinzipien zu suchen, denn es gibt sie nicht (oder wenn, dann meist in Papieren, die für die Auslandspresseklubs in Tōkyō formuliert werden). Man handelt nicht nach vorgegebenen Prinzipien, sondern pragmatisch den Umständen entsprechend, um Zielvorgaben zu er-

---

[10] Vgl. dazu ausführlicher Ekkehard Moritz, „Konfuzianismus – Japan – Technik. Ein alter Hut neu aufgesetzt", in: *Deutsches Museum. Wissenschaftliches Jahrbuch 1991*, S. 131-175; München 1992.

reichen. Die Regeln für das tagtägliche Handeln, auch im Rahmen der Beziehungen Japans nach außen, werden ad hoc geschaffen. Diese Regeln sind nicht reproduzierbar, da ihnen keine Prinzipien zugrundeliegen.

Während man im Westen häufig (prinzipienorientierte) „Grundsätze", z.B. für eine neue Weltordnung oder hinsichtlich der Beziehungen zu anderen Staaten formuliert, stehen in Japan heute sogenannte „Visionen" im Vordergrund, wobei dieser Begriff inhaltlich anders besetzt ist als im Deutschen. Solche „Visionen" (herausgegeben von der Regierung, vom Außenministerium etc.) dienen der Zielformulierung. Die Handlungsanweisung für die Erreichung dieser Ziele erfolgt dann (regelorientiert) als pragmatische Ad-hoc-Entscheidung.

Eine Außenpolitik mit klaren Konturen ist so nur schwer zu erkennen und kann als „Politik" meist besser nachträglich (re)konstruiert werden. Auf diese Weise sichtbar gewordene Ad-hoc-Entscheidungen werden dann häufig als vermeintliche „Grundzüge", „Konzepte" oder „Doktrinen" der japanischen Außenpolitik apostrophiert.

3. Japans internationale Positionsbestimmung

Japan hatte stets große Probleme damit, sich in seinem Selbstverständnis als Mitglied einer internationalen Völkergemeinschaft zu verstehen. Nach der Öffnung des Landes in der Mitte des 19. Jahrhunderts wurde Japan zunächst nicht als gleichwertig akzeptiert. Es versuchte, sich seine Stellung durch die Kriege vor und nach der Jahrhundertwende zu „erobern". Aber selbst der 1902 geschlossene Vertrag mit England war ein reines Zweckbündnis. In der Zwischenkriegszeit wurde Japan sehr schnell erneut zum Außenseiter.

Erst in der Zeit nach dem Zweiten Weltkrieg wird Japan zunächst durch Verträge in die internationale Völkergemeinschaft eingebunden, durch wirtschaftliche Erfolge schließlich auch als gleichwertig anerkannt und z.B. in den Kreis der G 7 aufgenommen.

3.1 Internationalisierung und Außenpolitik

Japan hat in den 1980er Jahren Anstrengungen unternommen, seiner Bevölkerung die Welt jenseits der japanischen Grenzen nahezubringen, sie aus der meist selbst gewählten Isolation herauszuführen und zu „Weltbürgern" zu machen. Auf vielen Ebenen wurde die *Kokusaika* (Internationalisierung) propagiert, die sich vor allem in einem Anstieg der Auslandsreisen und des Konsums ausländischer Waren niederschlug. Es gilt daher zu untersuchen, ob sich das Verhältnis Japans bzw. das seiner Bürger zur Außenwelt geändert hat und die Internationalisierungskampagne gleichsam zur Formulierung einer qualitativ anderen Außenpolitik beiträgt.

Umfragen der Regierung zeichnen ein positives Bild der Haltung der Bevölkerung zur Internationalisierung: Befragt, ob „Internationalisierung" die Pflicht einer so großen Nation wie Japan sei, stimmten in den letzten Jahren immer mehr Menschen zu (1987: 40,8%, 1992: 48,2%). Selbst diese offiziellen Umfragen können allerdings nicht verbergen, daß Internationalisierung eher den Eigeninteressen Japans dienen soll, wie aus der Beantwortung der zweiten Frage der Erhebung hervorgeht. Der Aussage, daß Internationalisierung nötig sei, um mittelfristig Japans Prosperität zu sichern, pflichteten 1992 immerhin noch fast 41% der Befragten bei. Wiederum vor die Wahl gestellt, ob sich Internationalisierung eher in der Wirtschaft, der Kultur, der Gesellschaft oder im Bewußtsein (z.B. in Toleranz) niederschlagen solle, wählten im selben Jahr fast 40% den wirtschaftlichen Aspekt.

Ansonsten erfreut sich die Regierung hoher Zustimmungsraten bei recht suggestiven Fragen. So äußern sich 49,7% der Befragten positiv zur Aufgabe Japans, in der internationalen Völkergemeinschaft zur Lösung internationaler Probleme beizutragen. Der sicherheitspolitische Aspekt wurde bei dieser Fragestellung noch ausgeklammert; seine explizite Nennung bewirkt einen Rückgang in der Akzeptanz. Nur 37,5% der Befragten meinen, Japan solle seinen Beitrag zum Weltfrieden leisten und territoriale Konflikte schlichten helfen. 34,4% plädieren für einen japanischen Beitrag zur positiven Entwicklung der Weltwirtschaft.[11] Die Haltung Japans zur Außenpolitik wird bei dieser Erhebung, (die ja den Titel „Gaikō", also „Außenpolitik" trägt), indirekt über eine Skizzierung des öffentlichen Meinungsbildes thematisiert, die verdeutlicht, daß die Vorstellungen der politischen Elite Japans in der Bevölkerung keine ungeteilte Zustimmung finden.

Eine Umfrage des Werbeunternehmens Hakuhōdō aus dem Jahr 1988 förderte dagegen qualitativ unterschiedliche Ergebnisse zutage. In einer „Lebensstil-Untersuchung" versuchte das Unternehmen, Aussagen darüber zu machen, welche Bevölkerungsgruppen einer Internationalisierung offen gegenüberstehen. Ergebnis war, daß sich nur knapp ein Viertel der Bevölkerung einer „Internationalisierung" gegenüber in dem Sinne aufgeschlossen zeigte, daß sie aktiv eine offene Haltung gegenüber dem Ausland einnahm, Umgang mit Ausländern pflegte, an Informationen über das Ausland interessiert war und solche auch konsumierte. Der größere Teil der Bevölkerung (über 75%) konnte dagegen der Internationalisierung wenig oder gar nichts abgewinnen.[12]

---

11 Sōrifu kōhōshitsu (Hrsg.), *Gekkan Yoron chōsa* 1992:4, Umfrage zum Thema „Gaikō".
12 Vgl. dazu die Studie Hakuhōdō seikatsu sōgō kenkyū (Hrsg.), *Seikatsu no kokusaika* (Internationalisierung des Lebens), Tōkyō 1988; vgl. dazu auch: Regine Mathias, „Internationalisierung

Es wird deutlich, daß die „Internationalisierung" als Begriff zwar Zustimmung erhält, die Akzeptanz aber schwindet, sobald die Fragestellung detaillierter wird. Der Stellenwert einer aktiven Gestaltung der Beziehungen Japans zur Außenwelt ist aufgrund des relativ geringen Rückhaltes einer solchen Politik in der Bevölkerung niedrig einzuschätzen. So schlägt sich die Forderung an Japan, sich als Mitglied der internationalen Völkergemeinschaft stärker mit weltpolitischen Problemen zu beschäftigen, kaum in konkreten Aktivitäten nieder. Der Aufforderung, nach den „Regeln" der Völkergemeinschaft zu handeln, kann die japanische Seite nichts abgewinnen. Hauptsächlich, um den Forderungen der westlichen Länder zu entsprechen, reagiert man zumindest in einigen Feldern, vor allem durch verstärkte finanzielle Beiträge an internationale Organisationen und im Bereich der Entwicklungshilfe.

3.2 Aktive und passive Argumente der japanischen Außenpolitik

Nach Japans wirtschaftlichen Erfolgen und seiner Etablierung als einer der führenden Industrienationen der Welt mehrten sich seit den 1970er Jahren die Stimmen, die Japan zu einer aktiveren Außenpolitik aufforderten. Diesen Aufforderungen widerstand Japan allerdings lange Zeit. Es formierten sich zwei gegensätzliche Gruppierungen, die „Aktivisten" und die „Passivisten", die jeweils Gründe für einen eher eigenständigen bzw. eher zurückhaltenden Kurs der japanischen Außenpolitik formulierten.[13]

Folgende sechs Argumente werden für die „passive" Haltung Japans genannt:

1) Die internationale Machtkonstellation wird sich in absehbarer Zeit kaum ändern. Deshalb muß das Ziel der japanischen Außenpolitik die Verfolgung nationaler Interessen bleiben. Die japanische Bevölkerung kann sich aufgrund ihrer Geschichte kein Urteil über internationale Belange bilden und besitzt kaum Verständnis für die komplexen und komplizierten Regeln internationaler Politik.
2) Japans Stellung in der Welt ist schwach und, wie die Ölkrisen gezeigt haben, sehr verwundbar. Deshalb entspricht eine „case-by-case-(situational)-diplomacy" oder eine „wait-and-see-diplomacy" der „Weisheit des Schwächeren".
3) Eine zu große Aktivität Japans schürt das Mißtrauen der Nachbarländer und läßt das Schlagwort einer „Gelben Gefahr" wieder aufleben.

---

und Lebensstil", *Loccumer Protokolle* 57/92 *(Die Internationalisierung Japans im Spannungsfeld zwischen ökonomischer und sozialer Dynamik)*, S. 90-114, Loccum 1993.
13 Zusammengefaßt wurden diese Argumente in den 1970er Jahren von Wakaizumi Kei, *„Japan's Passive Diplomacy Reconsidered"*, in: *Asia Pacific Community* No. 3 (Winter 1978/79), S. 37-52 sowie ders., *„Japan's Dilemma: To Act or not to Act"*, in: *Foreign Policy* No. 16 (Herbst 1974), S. 30-46.

4) Erst wenn die inneren Probleme Japans gelöst sind, kann man die wirtschaftliche Macht Japans nutzen, anderen Ländern zu helfen oder sich im Rahmen internationaler Organisationen betätigen. Japan muß sich die Frage stellen, ob es sich eine „aktive" Außenpolitik überhaupt leisten kann.
5) Es entspricht dem „japanischen Charakter", ein vorgegebenes Ziel entschlossen zu verfolgen, ohne dabei das internationale Umfeld und mögliche Sensibilitäten zu berücksichtigen. Ein solcher fehlender „Zurückhaltungsmechanismus" könnte zu außenpolitischen Schwierigkeiten führen.
6) Die Entscheidungsprozesse in Japan sind langwierig, so daß man nicht in der Lage ist, schnelle (außenpolitische) Entscheidungen zu treffen. Japan ist auch nicht darauf eingestellt, langfristige Pläne zu machen.

Diesen „passiven" Positionen stehen folgende „aktive Argumente" gegenüber:

1) Japan kann sich den globalen Interdependenzen nicht mehr verschließen und muß nach neuen „Prinzipien" bzw. „Grundsätzen" in der Völkergemeinschaft suchen.
2) Aufgrund der Verwundbarkeit Japans, die sich in erster Linie auf wirtschaftlichem Gebiet manifestiert, muß man eine konstruktive und globale Diplomatie ins Auge fassen, da eine stabile Weltordnung für Japan wichtig ist. Wenn Japan nur auf seinen nationalen Vorteil bedacht ist, wird es internationale Kritik erfahren.
3) Wenn man sich weigert, der Macht und dem gewachsenen internationalen Einfluß Japans außenpolitisch Rechnung zu tragen, wird Japan international in die Isolation geraten. So muß Japan formulieren, in welcher Form und in welchem Ausmaß Partizipation an internationalen Belangen möglich und nötig ist.
4) Nationale und internationale Politik sind heute nicht mehr zu trennen. Die Lösung interner nationaler Fragen bedarf daher auch der Berücksichtigung auswärtiger Probleme.
5) Japan muß sein „Inselbewußtsein" überwinden und zu einem internationalen Bewußtsein gelangen. Nur dann wird die Bevölkerung erkennen, daß nationale Probleme eng mit internationalen Fragen verschränkt sind.
6) Die langsame Entscheidungsfindung ist ein sekundäres Problem. Wichtig ist, daß die politische Führung der Bevölkerung eine eindeutige Politik präsentiert und dabei von einer „case-by-case"-Diplomatie Abstand nimmt. Es müssen konkrete Konzepte über die Rolle Japans in der internationalen Politik entwickelt werden.

Diese zwölf Argumente verdeutlichen die Dichotomie der japanischen Außenpolitik: Die „passiven Argumente" repräsentieren ein regelorientiertes Denken, wobei „Ziele" formuliert und angesteuert werden und der Weg dorthin durch eine Ad-hoc-Politik entschieden wird. Im Gegensatz dazu repräsentieren die „aktiven Argumente" ein prinzipienorientiertes Denken, wobei „Grundsätze" gefordert werden, aus denen Handlungsanweisungen abgeleitet werden können. Nur so würden rational nachvollziehbare Entscheidungen erzielt, durch die Japan internationales Vertrauen gewinnen könne.

Allerdings wird die japanische Außenpolitik bis heute in der Mehrzahl von Politikern bestimmt, die eher einen „passiven" Kurs verfolgen, während die „Aktivisten" kaum an Raum gewinnen konnten. So gibt es im Rahmen der japanischen Außenpolitik bis heute kaum „Grundsätze", sondern Ziele. Allerdings glauben westliche Beobachter immer wieder, Ad-hoc-Entscheidungen auf Grundsätze zurückführen zu können. Tritt dann eine Änderung der Umstände ein, die neue gewandelte Entscheidungen hervorbringt, welche den vermeintlichen „Grundsätzen" nicht mehr entsprechen, wird die japanische Außenpolitik als prinzipienlos etikettiert,[14] ohne daß die Gründe für diese Konzeptlosigkeit erkannt werden.

3.3 Japans auswärtige Kultur- und Informationspolitik

Zu Beginn der 1970er Jahre umriß der damalige Außenminister Aichi Kiichi die japanische Außenpolitik mit den Worten: „Japan prefers to pursue a silent diplomacy. But this does not mean that we are not doing anything. Below the surface, like the two legs of the duck, the machinery of Japanese diplomacy is constantly moving our ship towards its objective".[15]

Zwei Punkte sind hier von Bedeutung: zum einen die explizite Erwähnung von Zielen („objectives") in der japanischen Außenpolitik, und zum anderen, daß diese Ziele unterschwellig und für den Außenstehenden oft nicht erkennbar („below the surface") verfolgt wurden. Japan hatte bis in die 1970er Jahre das Ziel, wirtschaftlich zu den Ländern der westlichen Hemisphäre aufzuschließen. Aber im Zuge weltweiter Krisen (Nixon-Schocks, Ölkrise) wurde das außenwirtschaftliche Gebaren Japans zunehmend kritischer beäugt. Japan wurde als *economic animal* zum Sündenbock gestempelt.[16] Die Industrienation Japan mußte daher, um ihre Produkte weiter im Ausland absetzen zu können und um ihre Rohstoff- und Energieversorgung zu sichern, aus ihrer Rolle des „free rider" schlüpfen und für sich außenpolitische Verhaltensregeln finden, die ihr weiteres wirtschaftliches Überleben sicherstellten. Überschwemmte man bis Anfang der 1970er Jahre die Welt lediglich mit japanischen Produkten, ging man fortan dazu über, gleichzeitig Botschaften auszusenden. „We must break the silence and send communication along with our

---

14 Vgl. Yamane Hiroko, „Ōshūban ‚Nihon tataki' wa motto tezuyoi" (Das „Japan-bashing" der Europäer verstärkt sich), in: *Chūō kōron*, 1990:6, S. 248-258, hier: S. 257.
15 Zitiert nach Arifin Bey, „Understanding Japan's Diplomacy", in *Indonesian Observer*, 29. Januar 1983.
16 Vgl. Kano Tsutomu „Why the Search for Identity?", in: Japan Center for International Exchange (Hrsg.), *The Silent* Power: *Japan's Identity and World Role,* Tōkyō: The Simul Press, 1976, S. 1-10.

products."[17] Japans bislang geübte Außenwirtschaftspolitik hatte das Land vor große Probleme gestellt, da Japans Rolle auf dem Weltmarkt immer kritischer hinterfragt wurde. Japan konnte sich nicht mehr auf seinen Außenseiterstatus berufen. Seine zunehmenden wirtschaftlichen Erfolge führten zu immer massiveren Forderungen nach Übernahme auch internationaler Verantwortung. Die Ziele und Regeln der japanischen Außenwirtschaftpolitik wurden aus diesem Grunde an eine auswärtige „Kultur- und Informationspolitik" gebunden, mittels derer man beabsichtigte, potentielle Handelspartner (ob als Abnehmer oder Zulieferer) zu „besänftigen".

Zur Außenwirtschaftspolitik als Teil einer sehr umfassend verstandenen Sicherheitspolitik treten also kulturelle bzw. kommunikative Aspekte. Diese finden in der japanischen „Kulturpolitik" ihren Niederschlag, als deren wichtigster Träger 1972 die *Japan Foundation*[18] gegründet wurde. Vorrangiges Ziel der *Japan Foundation* war es, die damals eher „abgekühlten" Beziehungen zwischen den USA und Japan zu verbessern. Der Aufgabenbereich erweiterte sich aber in den folgenden Jahren und erfaßt heute praktisch alle Nationen der Welt. Durch diese Erweiterung geriet jedoch die ursprüngliche Zielsetzung, die Verbesserung der Beziehungen zu den USA, z.B. im Rahmen des akademischen Austausches, ins Hintertreffen. Von japanischer Seite wurde dies auch als ein Grund für die sich gegen Ende der 1980er Jahre ständig verschlechternden bilateralen wirtschaftlichen Beziehungen zwischen Japan und den USA betrachtet. Daher ging Japan im Bereich der Kulturpolitik erneut in die Offensive. Auf Vorschlag des damaligen Premierministers Kaifu wurde im Frühjahr 1990 am Rande der Gespräche über die *Structural Impediments Initiative* (SII), die den Abbau struktureller Handelshemmnisse vorantreiben sollte, auch der Ausbau des wissenschaftlichen und kulturellen Austauschs zwischen beiden Ländern diskutiert.[19] Im Juli desselben Jahres erfolgte dann die Konkretisierung dieses Vorschlags in einer neuen von Japan angeregten Initiative, die komplementär zum wirtschaftlichen SII-Programm den kulturellen Aspekt betonte und als „Communication Improvement Initiative" (CII)[20] vorwiegend in englischsprachigen Zeitungen Erwähnung fand. Ziel dieser Initiative sollte es sein, die bilaterale Kommunikation auf ein ebenso hohes Niveau zu bringen wie den Güteraustausch.

Im Zusammenhang damit muß auch eine neue Einrichtung innerhalb der *Japan Foundation* gesehen werden, die im April 1991 zur Verbesserung der

---

17   Umesao Tadao, „Escape from Cultural Isolation", in: Japan Center for International Exchange (Hrsg.), *The Silent Power: Japan's Identity and World Role*, Tōkyō: The Simul Press, 1976, S. 13-34, hier: S. 20, ursprünglich erschienen unter dem Titel „Kokusai kōryū to Nihon bunmei" (Internationaler Austausch und japanische Zivilsation), in: *Kokusai kōryū*, Januar 1974, S. 22-34.
18   Gegründet als selbständige juristische Person, aber unter Aufsicht und Leitung des japanischen Außenministeriums. Die *Japan Foundation* wirkt als Nachfolgeorgan der 1934 gegründeten *Kokusai bunka shinkōkai* (Japan Cultural Society).
19   vgl. *The Japan Times*, 2. März 1990.
20   vgl. *Asahi Evening News*, 13. Juli 1990.

japanisch-amerikanischen Kulturbeziehungen gegründet wurde. Dieses „Japan Foundation Center for Global Partnership" (CGP) mit Büros in Tōkyō und New York verfügt über Einlagen von 370 Mio. US$ und soll vor allem zum Abbau der „Informationsdefizite" auf bilateraler Ebene beitragen. Zu diesem Zweck sollen gemeinsame Forschungsprojekte, Konferenzen und Seminare sowie der akademische Austausch gefördert werden.

Daß Kulturpolitik als Mittel der japanischen Außen(wirtschafts)politik eingesetzt wird, verdeutlicht auch die Mitwirkung Japans am ASEAN-Kulturfonds. Japan, das seine wirtschaftlichen Interessen in zunehmendem Maße auf den südostasiatischen Markt konzentriert, will im Rahmen dieses Fonds pro Dekade eine Million Dollar für Stipendien an Studierende, Akademiker und Forscher ausgeben.[21] Zu beachten ist hierbei der numerisch deutlich geringere Stellenwert, den Japan der Region Südostasien im Vergleich zu seinen Ambitionen im U.S.-japanischen Verhältnis einräumt.

Auch das 1987 in Kyōto gegründete *International Research Center for Japanese Studies (Kokusai Nihon bunka kenkyū sentaa,* abgekürzt: Nichibunken) dient kulturpolitischen Zielen, im Rahmen derer das (zum Teil stark nationalistisch gefärbte) Sendungsbewußtsein Japans kaum verborgen wird. Dort versucht man mit enormen Regierungsmitteln,[22] u.a. auch ausländische Wissenschaftler in den japanischen Wissenschaftsbetrieb zu integrieren und sie gleichsam als Sympathieträger oder „ambassadors of good will" einzusetzen. Unterstützung erhält diese Politik durch zahlreiche und umfangreiche englischsprachige Veröffentlichungen, mit denen japanische Sichtweisen (in erster Linie in bezug auf die „klassischen Werte" der japanischen Kultur) in der Welt propagiert werden sollen.

Versuche, z.B. auch in Frankfurt mit Hilfe japanischer Spenden ein „Sprachzentrum für Japanisch" zu errichten, das deutschen Managern über die Sprachvermittlung auch Kenntnisse über „Gesellschaft und Kultur" Japans vermitteln soll, sind charakteristisch für die Maxime der auswärtigen Kulturpolitik Japans, die darauf hinausläuft, daß die einzig gültige Interpretation japanischer Kultur und Geschichte am besten durch Japan bzw. durch japanische Institutionen vermittelt werden kann.

Die Kulturpolitik wird gegen Ende der 1980er Jahre dann auch ganz konkret in die Ziele der japanischen Außenpolitik eingebunden. Das „Konzept für eine internationale Zusammenarbeit", das 1988/89 vom damaligen Premierminister Takeshita Noboru vorgestellt wurde, beinhaltet fast ausschließlich „Ziele", aber keine „Grundsätze". Neben Japans „Beitrag zum Frieden" und der „Entwicklungshilfe" wird als dritter Pfeiler der internationalen Beziehungen die „Erweiterung des Kulturaustausches" genannt. Konkret wird

---

21 Informationsmaterial der Japanischen Botschaft 1980 (Vortrag des Japanischen Botschafters im Haus Rissen, Hamburg, 7.10.1980).
22 Das Budget des Jahres 1988 betrug 337 Mio. Yen.

dies wie folgt formuliert: „Die wichtigsten Aufgaben in diesem Jahr könnte man m. E. in folgende zwei Punkte zusammenfassen: erstens, Maßnahmen, um dem im Ausland rasch steigenden Interesse für die japanische Sprache und das Studium Japans gerecht zu werden; zweitens, Teilnahme an verschiedenen Veranstaltungen zur Präsentation des eigenen Landes, um das Image eines ‚mysteriösen Japan' zu beseitigen, sowie die Erweiterung des ‚intellektuellen Dialognetzes', auch zum Zwecke der Selbstdarstellung."[23]

Das Anforderungsprofil an die auswärtige Informations- und Kulturpolitik konzentriert sich auf zwei Aspekte: Nach außen wird die Schaffung von Akzeptanz für die japanische Außenwirtschaftspolitik und Japans passive Haltung im internationalen Geschehen angestrebt, nach innen den außenpolitisch orientierten Organisationen und Verbänden aus Industrie und Wirtschaft versichert, daß ihre Interessen und Ziele im Ausland angemessen vertreten und unterstützt werden.

4. Außenpolitik in der Innenpolitik: „Lokal denken, global handeln"

Wie in kaum einem anderen Land der Welt spielt in Japan die Außenpolitik im politischen Geschehen eine extrem marginale Rolle. Dies hängt zum einen mit der bereits angedeuteten Zurückhaltung eines großen Teiles der Bevölkerung gegenüber dem Ausland und Internationalisierungsversuchen zusammen.[24] Zur reaktiven Gestalt der japanischen Außenpolitik trug darüber hinaus die große Anfälligkeit der Liberaldemokraten für Druck von Interessengruppen und regionalen Wahlkreisen bei. Diese Sensibilität resultiert aus dem noch gültigen japanischen Wahlsystem mit Mehrheitswahl in Wahlkreisen von drei bis fünf Mandaten, wobei der einzelne Abgeordnete in seinem Wahlbezirk nicht nur dem Wettbewerb mit Kandidaten der Opposition ausgesetzt ist, sondern auch mit Vertretern seiner eigenen Partei konkurrieren muß. Bereits extrem kleine Veränderungen der Gesamtstimmenzahl sind für die Wahlaussichten eines Kandidaten auschlaggebend, so daß es unerläßlich ist, einen groß angelegten Konsens mit den Interessengruppen und Wählern in den lokalen Wahlkreisen herzustellen.

Der Wähler erwartet von seinem Kandidaten die Erbringung zahlreicher Dienstleistungen in Hinblick auf ganz konkrete lokale Probleme. Aus diesem

---

23 Murata Ryōhei (Unterstaatssekretär im Außenministerium), „Die Welt im Jahre 1989 und die Aufgabe der japanischen Diplomatie", in: Joachim Glaubitz/Thilo Graf Brockdorf: *Materialien zur Außen- und Sicherheitspolitik Japans,* Folge 1989/1, SWP – M 2597, Stiftung Wissenschaft und Politik, Ebenhausen, März 1989, S. 4-7, hier: S. 6.

24 „Empirical analysis shows that politicians specializing in foreign affairs and defense matters tend to do rather poorly at the polls in Japan [...]", aus: Kent Calder, „Japanese Foreign Economic Policy Formation: Explaining the Reactive State", in: *World Politics,* Vol. XL, No. 4, S. 517-541, hier: S. 530.

Grunde spielen z.B. auch die Parteiprogramme und ideologische Grundsätze eine untergeordnete Rolle im Wahlkampf. Außenpolitische bzw. außenwirtschaftspolitische Fragen (wie z.B. die Liberalisierung des Agrarmarktes) werden für die innenpolitische Auseinandersetzung quasi „umdefiniert" und als Druck von außen *(gaiatsu)* dargestellt, auf den man pragmatisch flexibel reagieren muß. Nur durch die mehr oder minder explizite Botschaft an die Wähler, Japan sei gezwungen, auf Druck von außen zu reagieren, gelingt es, außenpolitische oder internationale Fragen überhaupt der Bevölkerung nahezubringen.

In diesem Zusammenhang wird deutlich, daß unter solchen Umständen die Erstellung außenpolitischer Programme oder „Grundsätze" zwangsläufig scheitern muß, da solche für Japans Politik der Ad-hoc-Entscheidungen nicht genug Flexibilität und Pragmatismus aufweisen. Die Außenpolitik stellt sich also nach zwei Seiten als reaktiv dar, zum einen gegenüber dem Druck von außen, zum anderen gegenüber der japanischen Wählerschaft und starken Interessengruppen.[25]

Der geringe Stellenwert der japanischen Außenpolitik manifestierte sich auch in einer Umfrage der Zeitschrift *Ekonomisuto* unter LDP-Abgeordneten beider Häuser im Mai 1989, bei der die Parlamentarier unter Nennung ihrer Faktionszugehörigkeit ihre politischen Präferenzen zu 13 Problemkomplexen auf einer Skala von 0 bis 100 Punkten angaben. Die Auswertung der Umfrage ergab, daß selbst die Parlamentarier außen- und sicherheitspolitischen Themen, wie z.B. Abrüstung, Entwicklungshilfe, Verbesserung der japanisch-amerikanischen Beziehungen, Stärkung des Verteidigungspotentials, Liberalisierung von Gesellschaft und Wirtschaft u.a., einen durchschnittlichen bis geringen Stellenwert zumaßen.[26]

In diesem Zusammenhang werden häufig außenpolitische Fragen als nationale Ziele interpretiert und so auch Akzeptanz beim Wähler erzeugt. So ist z.B. die Rückgewinnung der vier umstrittenen Kurileninseln für Japan kein außenpolitisches Problem gegenüber Rußland, sondern ein „nationales Ziel", das von den Regierungsparteien und der Opposition gleichermaßen verfolgt wird. Ähnlich muß Japans Haltung zur Entwicklungshilfe bewertet werden. Auch hier steht im Vordergrund ein nationales Ziel, nämlich die wirtschaft-

---

[25] Dieses reaktive außenpolitische Verhalten steht in krassem Gegensatz zur Fähigkeit der früheren Regierungspartei, innenpolitisch systematisch eine in sich geschlossene Politik zu verfolgen.

[26] Hohe Punktzahlen erhielten dagegen dezidiert innenpolitische Probleme wie politische Moral und die Förderung von Wissenschaft und Technik. Die Tatsache, daß das Thema „globaler Umweltschutz" die höchste Priorität erhielt, ist gleichsam ein weiteres Indiz für die reaktive Haltung der japanischen Politik, da gerade auf diesem Gebiet Japans Beiträge besonders kritisch beäugt werden und somit Handlungsbedarf erzeugt wird. Ähnliches gilt für den Punkt der Verstärkung der freundschaftlichen Beziehungen zu Ländern Südostasiens. Hier stehen wirtschaftliche Erwägungen im Vordergrund; vgl. die detaillierte Auswertung bei Inoguchi Takashi, „Jimintō giin anketo chōsa – Seisaku kettei e no ,ishiki kōzō' o miru" (Umfrage unter den LDP-Abgeordneten – Betrachtung der „Bewußtseinsstruktur" bei politischen Entscheidungen), in: *Ekonomisuto*, Vol. 7, No. 3, S. 84-91.

liche Sicherheit und Prosperität des eigenen Landes, zu deren Erhalt man sich Rohstoffvorkommen (oder auch Märkte) sichern muß.[27]

Diese starke Betonung innenpolitischer bzw. nationaler Ziele wirkt sich auch auf die Stellung des Außenministeriums selbst aus, das in der inoffiziellen Rangskala der Ministerien und der öffentlichen Einschätzung keine exponierte Stellung einnimmt. So werden häufig auch Verlautbarungen des Außenministeriums, die dann im Westen schon als Manifestationen der japanischen Außenpolitik gewertet werden, durch den Premierminister dementiert.[28] Kontroversen entstehen vor allem dadurch, daß das Außenministerium selbst sehr viel stärker die „aktiven" Argumente vertritt und dadurch mit den in der Regierung bzw. im Parlament zahlenmäßig stärker vertretenen „Passivisten" in Konflikt gerät.[29]

5. Japans Haltung gegenüber internationalen Organisationen

Ein Beispiel des Jahres 1862 verdeutlicht das Unbehagen der Japaner, sich mit organisatorischen Gefügen zu befassen, die beispielsweise über klassische Nationalstaaten hinausgehen. So scheiterte der Abschluß eines Handelsvertrags zwischen Japan und den Hansestädten an der Verwirrung der japanischen Seite, sich mit Städten auseinandersetzen zu müssen, die den Status von Republiken hatten: „Ich begann darauf in kurzen Zügen ein Bild der Hansestädte, ihrer Verfassung und ihres Handels zu entwerfen was indeß dem Dolmetscher der nicht sehr fließend englisch sprach, einige Mühe zu übersetzen machte. Als ich erwähnte, daß die Städte Republiken seien, fragte der eine: ‚Präsident? Congreß?' sonst hörten sie meist schweigend zu; ..."[30]

---

27 So versucht z.B. die EPA *(Economic Planning Agency),* ein Organ, das für die innere wirtschaftliche Entwicklungsplanung Japans verantwortlich ist, sich auch als führendes Koordinierungsorgan der südostasiatischen Länder zu etablieren, die Rohstoffe nach Japan importieren. Vgl. *The Economist,* 15. Juli 1989, S.10-11. Entwicklungshilfe ist in Japan in erster Linie Ausdruck des Eigeninteresses (vgl. auch Inoguchi Takashi, „Japan's Images and Options: Not a Challenger but a Supporter", in: *Journal of Japanese Studies,* Vol. 12, No. 1, 1986, S. 95-119, hier: S. 117), um z.B. die Infrastruktur des betreffenden Landes für japanische Unternehmen nutzbarer zu machen.

28 Ein Beispiel ist die Kontroverse zwischen Außenministerium und dem früheren Premierminister Miyazawa Kiichi hinsichtlich der Entsendung japanischer Soldaten bzw. allgemeiner Hilfeleistungen im Rahmen von UN-Aufgaben Anfang 1993.. Vgl. dazu „Kokuren chūshin-shugi ni dō taiō" (Wie reagiert man auf die UN-Zentriertheit?), in: *Asahi shinbun* 16. Februar 1993 sowie „Was erwarten die UN von Japan", in: *FAZ,* 18. Februar 1993.

29 Das ist auch darauf zurückzuführen, daß das Außenministerium seine in Tōkyō eingesetzten jüngeren Beamten häufig für längere Zeit zu Studienzwecken ins Ausland sendet und sie dort Fremdsprachen erlernen sowie z. T. sogar Fachstudien absolvieren läßt. Diese Mitarbeiter übernehmen dadurch sehr viel stärker westliche Denkmuster und nehmen sie in ihre Handlungsweisen auf.

30 Brief der Hanseatischen Gesellschaft, Berlin, nach Gesprächen mit einer japanischen Delegation in Berlin im Jahre 1862, vgl. Regine Mathias-Pauer und Erich Pauer (Hrsg.), *Die Hansestädte und Japan 1855-1867* (Marburger Japan-Reihe, Bd. 7), Marburg 1992, S. 176-177.

Diese Darstellung aus dem vergangenen Jahrhundert kann durch eine ganze Reihe von aktuellen Beispielen ergänzt werden, die zeigen, daß Japan mit vielen internationalen Organisationen ebensolche Verständnisschwierigkeiten hat. Der gemeinsame europäische Binnenmarkt z.B. wird als eine Wiedererrichtung des Heiligen Römischen Reiches apostrophiert[31] und Europa als schwieriger Partner dargestellt.[32] Ebenso erscheint es manchen Japanern unverständlich, daß z.B. Deutschland nicht als „Staat in der Welt" handelt, sondern freiwillig nur als Teil der EG agiert, Teile seiner Souveränität an EG-Behörden abtritt und gleichsam an „Händen und Füßen gefesselt ist".[33]

Was sich in solchen Kommentaren ausdrückt, ist das Zögern Japans, die EG als internationales Organ mit eigenen Handlungsvollmachten zu verstehen. Diese Tatsache bereitete in den vergangenen Jahrzehnten selten größere Schwierigkeiten, wurde aber zum Problem, als die Einigung Europas 1992 immer näher rückte und das Schlagwort der „Festung Europa" *(„EC-yosai")* in Japan ganz plötzlich Handlungsbedarf schaffte.

Weitere Schwierigkeiten ergeben sich dadurch, daß Japan bei der Kontaktaufnahme mit der EG oder einzelnen ihrer Mitgliedstaaten zunächst die Kompetenzbereiche zentraler und regionaler Verwaltungsebenen sondieren muß. Im komplexen Entscheidungs- und Kompetenzgeflecht der EG und ihrer Mitgliedstaaten verheddert sich Japan unausweichlich,[34] so daß auch keine klare Außenpolitik gegenüber der EG formuliert werden kann. Einziges Ziel ist die Verhinderung einer Abschottung der EG gegenüber Drittländern, die den Marktzugang für Japan erheblich erschweren würde. So ist Japans Handlungsweise gegenüber Europa gleichsam als Kampf gegen die „Hydra-EG" zu verstehen, wobei Japan versucht, konkrete Ansprechpartner auf nationalstaatlicher Ebene innerhalb der EG zu finden, um sich so ein Netzwerk von Verbindungen aufzubauen. Japans EG-Politik ist auch symptomatisch für seine Haltung gegenüber internationalen Organisationen, an denen es selbst beteiligt ist. Als Land, das erhebliche finanzielle Beiträge an

---

31 Vgl. Shinoda Yūjirō, *1992-EC tōgō. Sono toki Nihon wa dō naru* (Die europäische Einigung 1992. Was wird aus Japan?), Tōkyō 1989, S. 11. (Der Vollständigkeit halber muß erwähnt werden, daß derartige Befürchtungen natürlich auch in Europa kursieren).
32 Vgl. den bezeichnenden Titel einer Gesprächsrunde zwischen Sase Masamori, Nishio Kanji und Noda Nobuo, „Nihon yo. Yorooppa gaikō no wana ni hamaru na" (Japan! Laß' dich nicht in der Falle der Europapolitik fangen!), in: *Chūō kōron* 1992:9, S. 106-117, hier: S. 106.
33 Diskussionsbeitrag von Nishio Kanji in einer Gesprächsrunde mit Sase Masamori und Noda Nobuo, „Nihon yo. Yorooppa gaikō no wana ni hamaru na" (Japan! Laß' Dich nicht in der Falle der europäischen Außenpolitik fangen!); in: *Chūō kōron* 1992:9, S. 106-117, hier: S. 106. (Die Meinungen des Germanisten Nishio Kanji, der zum eher neonationalistischen Spektrum zählt, sind zwar auch in Japan nicht unumstritten, geben aber ein gewisses Stimmungsbild wieder).
34 Nach der Einigung von 1992, und der Möglichkeit des Beitritts weiterer Staaten zur EG, erscheint für Japan die EG ein noch viel schwierigerer Verhandlungspartner zu werden; vgl. Yamane Hiroko, „Ōshū-ban ‚Nihon tataki' wa motto tezuyoi" (Das „Japan-bashing" der Europäer verstärkt sich), in: *Chūō kōron*, 1990:6, S. 248-258, hier: S. 250.

solche Organisationen entrichtet, versucht Japan gleichsam, sich einer weitergehenden Verantwortung zu entziehen, da man dem Wähler in Japan die Beteiligung an den Zielen solcher Organisationen (z.B. in Hinblick auf Entwicklungshilfe und Liberalisierung) oft nur schwer vermitteln kann. Die finanziellen Beiträge zu solchen Organisationen werden allerdings in Japan häufig groß herausgestrichen, womit die Regierung ihren Beitrag zur Internationalisierungskampagne leisten möchte.[35]

6. Zusammenfassung

Das Ziel der japanischen Machthaber in der Feudalzeit spiegelt sich in der Parole „Mache das Land reich, dann werden auch seine Bewohner reich" wider. Das Selbstverständnis des modernen japanischen Staates im Hinblick auf seinen Aufgabenbereich hat sich davon noch nicht allzuweit entfernt. Auch heute sieht der japanische Staat seine vorrangige Verantwortung in der Sicherung des wirtschaftlichen Wohlergehens seiner Bevölkerung. So ist es die Aufgabe des Staates, die Rahmenbedingungen für die wirtschaftliche Prosperität zu schaffen, wobei er versucht, auf direktem wie indirektem Weg einzugreifen, ohne selbst als wirtschaftliches Agens aufzutreten. Die Vorstellung, der Staat könne nur auf der Grundlage der Güterproduktion seine militärische und wirtschaftliche Unabhängigkeit bewahren, ist unterschwellig bis heute präsent.[36] Diese Haltung führt dann auch dazu, daß Japan seine Außenpolitik in erster Linie als eine „Außenwirtschaftspolitik" versteht[37] und für eine solche seine Ziele formuliert.

Während westliche Staaten häufig „Grundsätze", z.B. für eine neue Weltordnung oder für ein Zusammenleben im Rahmen der internationalen Völkergemeinschaft aufstellen, existieren in Japan heute die bereits erwähnten „Visionen" („*bijonsu*", aus dem englischen „visions"). In solchen „Visionen", die heute in allen Bereichen der japanischen Politik erstellt werden, werden in erster Linie die „Ziele" formuliert, die Japan anzusteuern versuchen sollte, ohne daß dabei konkrete Handlungsanweisungen gegeben werden. Die Implementierung wird dann häufig von pragmatischen Ad-hoc-Entscheidungen begleitet. Eine solche Politik wird durch das japanische Schlagwort „Sōron sansei, kakuron hantai" („Übereinstimmung mit der Generallinie, Widerstand gegenüber Detailfragen") gekennzeichnet.

---

35   Vgl. z.B. den Beitrag „Kokusai kikan e no Nihon kōken-dō" (Der Beitrag Japans zu internationalen Organisationen) mit einer detaillierten Aufstellung, in *Nihon keizai shinbun*, 22. Januar 1990.
36   „While everyone remains uncertain and perplexed, while Japan's objectives remain obfuscated, the nation's economic and military strength continues aimlessly to expand ..." (Sakamoto Yoshikazu, „A new Foreign Policy", in: *Japan Quarterly*, 19/3, 1972, S. 270-280, hier: S. 279).
37   „That the country's security depends on its economic strength is the main premise of Japan's foreign policy." (*The Economist*, 15. Juli 1989, S. 6).

Aufgrund dieser Sachlage sind im Bereich der „Außenpolitik" kaum klare Konturen erkennbar. Konkrete Handlungen werden allerdings häufig und irreführenderweise als Grundsätze interpretiert. Verändert Japan dann außenpolitische Entscheidungen und Haltungen auf einer Ad-hoc-Basis, wird ihm seine angebliche „Konzept-" oder „Prinzipienlosigkeit" vorgeworfen.

Aufgrund der unterschiedlichen politischen Vorstellungen und Normen sind Mißverständnisse zwischen Japan und den westlichen Ländern Legion. So meinen die einen, Japan funktioniere nach einer spezifisch japanischen Logik und die anderen, Japan sei westlicher als der Westen. Diese Mißverständnisse werden so lange im Raum stehen bzw. immer wieder neu entstehen, bis sich beide Seiten ihrer unterschiedlichen Ansätze und Wertvorstellungen in der Gestaltung internationaler Beziehungen sowie ihrer verschieden definierten Standorte in der Welt bewußt werden, ohne dabei jedoch den Fehler zu begehen, den Blick für Gemeinsamkeiten und das Universelle ihrer Handlungsweisen zu verlieren.

Nachbemerkung

Auch der Regierungswechsel vom 18. Juli 1993, der der LDP-Herrschaft nach 38 Jahren ein Ende setzte und zu einer Mehrparteien-Regierungskoalition führte, wird an der hier skizzierten „case-by-case"-Diplomatie nichts ändern. Außenpolitische „Aktivisten" der neuen Regierung wie z.B. Ozawa Ichirō von der LDP-Abspalterin *Shinseitō* formulieren zwar Thesen, die u.a. ein stärkeres sicherheitspolitisches Engagement Japans fordern; insgesamt ist aber auch von der neuen Regierung – die darüber hinaus zunächst mit ihren internen Unstimmigkeiten und Instabilitäten zu kämpfen hat – keine radikale Abkehr Japans von seiner traditionellen Außenpolitik zu erwarten.

Wilfried von Bredow / Thomas Jäger

Das Ende des Ost-West-Konflikts und die Zukunft der trilateralen Kooperation

Am stabilsten, so will es manchen Beobachtern heute scheinen, waren die internationalen Beziehungen seit dem Zweiten Weltkrieg in den überschaubaren Perioden des Ost-West-Konflikts. Demgegenüber erwecken die Wandlungsprozesse des internationalen Systems seit dem Ende der achtziger Jahre den Eindruck von chaotischen Entwicklungen und Turbulenz. Allerdings darf nicht vergessen werden, daß sich die Ära des Ost-West-Konflikts von 1945 bis 1989 in einer wichtigen Hinsicht von den Destabilisierungsprozessen, die seither das Geflecht der internationalen Beziehungen so undurchschaubar machen, unterscheidet: Über allen Konflikten lag die Gefahr der gegenseitigen nuklearen Vernichtung der antagonistischen Weltblöcke, angeführt von den USA im Westen und der Sowjetunion im Osten.

Dies verhinderte die Eskalation nachgeordneter Konflikte, weil die nukleare Abschreckung nur auf zwei, alle anderen Staaten überragende Akteure beschränkt war und so global funktionierte; allerdings verband die bipolare Konfliktstruktur der Weltpolitik auch fast alle Regionalkonflikte mit den Interessenprofilen der Weltmächte. Es gab keine Nischen in dieser zweigeteilten Welt. Alles wurde vom Licht des atomaren Overkill ausgeleuchtet. Dies galt zuerst für die Beziehungen zwischen den industrialisierten Staaten, die Ausbildung der europäischen Nachkriegsordnung und das fragile Gleichgewicht im pazifischen Ozean. Dort war auch China ein wichtiger Akteur, aber beide Regionen wurden zuletzt doch von den Beziehungsfiguren der Weltmächte zueinander geprägt. Auch die Dekolonisierung in Asien und Afrika sowie die sich daran anschließenden Konflikte fanden in den Interessenlagen der Weltmächte einen prägenden Bezugspunkt.

Diese bipolare Ausrichtung der internationalen Ordnung hat sich im Laufe der Zeit und bis in die zweite Hälfte der achtziger Jahre hinein noch verstärkt. Zugleich reduzierte sie sich mehr und mehr auf sicherheitspolitische Fragen.[1] Diese stellten dabei gleichzeitig auch einen wichtigen Hebel in den Auseinandersetzungen dar, die in den Bündnissen zwischen Führungsmacht und Allianzpartnern entstanden. Die Dominanz der Vereinigten Staaten in

---

1 Raymond L. Garthoff: Detente and Confrontation. American-Soviet Relations from Nixon to Reagan, Washington D.C. 1985; Ernst-Otto Czempiel: Machtprobe. Die USA und die Sowjetunion in den achtziger Jahren, München 1989.

Europa und im Pazifik war jedoch zu keiner Zeit nur militärisch begründet. Aber mit zunehmendem Abstand zum Ende des Zweiten Weltkrieges war sie immer weniger ökonomisch fundiert. Die Vorherrschaft der Sowjetunion bezog sich stets fast ausschließlich auf militärische Macht.

Militärische Macht allein aber vermochte im Laufe der Zeit immer weniger politische Kontrolle zu garantieren. Normativ setzten sich mit der Schlußakte der KSZE 1975 schon von den sozialistischen Staaten notgedrungen akzeptierte, wenn auch eigenwillig interpretierte liberal-demokratische Vorstellungen allgemeingültiger Bürgerrechte durch[2]. Vor allem aber entwickelten sich unter der bipolaren Oberfläche – und z.T. gerade durch sie mitbedingt – ökonomisch starke Staaten, deren Wirtschaftsbeziehungen mit den USA (und für Europa auch mit der Sowjetunion) zu gegenseitigen Abhängigkeiten führten.

Dies gilt in herausragendem Maß für Japan; an zweiter Stelle für die in Westeuropa integrierte Bundesrepublik Deutschland. Für beide Staaten endete der Zweite Weltkrieg mit der politischen Kapitulation und dem Aufbau einer demokratischen Gesellschaft unter Anleitung der USA. Beide Staaten hatten es mit einem Bruch in der politischen Tradition ihrer Geschichte zu tun – angestoßen durch die „reeducation" in Deutschland und die „importierte Revolution" in Japan. Die gegenwärtigen Vorbehalte gegen beide Staaten und ihre neuen internationalen Rollen rühren gerade daher, daß Unsicherheit herrscht, wie stabil die demokratischen Verhältnisse in beiden Staaten auf Dauer sind. Während die einen Japan wie Deutschland als Prototypen einer ebenso mächtigen wie mit dieser Macht verantwortlich umgehenden Zivilgesellschaft[3] kennzeichnen, verweisen andere darauf, daß beide Staaten zwar nicht militärisch, jedoch nunmehr politisch-wirtschaftlich versuchten, hegemoniale Positionen in ihren Regionen und der Welt zu erlangen. Es ist sehr verführerisch, im Blick auf den Zweiten Weltkrieg und seine Vorgeschichte die Parallelen der politisch-militärischen Geschichte Japans und Deutschlands zu betonen. Man muß sich indes davor hüten, diese Sichtweise zu verabsolutieren. Japan in Asien ist trotz vieler Ähnlichkeiten in einer ganz anderen Konstellation von politischen, ökonomischen und kulturellen Beziehungen als Deutschland in Europa.

---

2   Zur Geschichte der KSZE vgl. Wilfried von Bredow: Der KSZE-Prozeß. Von der Zähmung zur Auflösung des Ost-West-Konflikts, Darmstadt 1992.
3   Damit wird der Idealtyp des Handelsstaates weitergedacht, vgl. Richard Rosecrance: Der neue Handelsstaat. Herausforderungen für Politik und Wirtschaft, Frankfurt 1987.

Zurück in die Zukunft?

Für die Analyse gegenwärtiger politischer Beziehungen und Entwicklungen ist es wichtiger geworden, möglichst genau zu wissen, welche Vorstellungen der Beobachter als Vor-Urteile in sie einbringt. Es ist nämlich schwieriger geworden, die Grenzen politischer Handlungsspielräume stärkerer internationaler Akteure schon mittelfristig zu kalkulieren. Mit dem Ende des Ost-West-Konflikts zerbrach die bipolare Sicherheitsordnung und legte vielfältige, sehr unterschiedlich begründete und gewichtete Konflikte frei.[4] Der Handlungsspielraum vieler Akteure ist größer geworden, wie man beim Studium der Brennpunkte der internationalen Beziehungen zu Beginn der neunziger Jahre erkennen kann. Die meisten der Konflikte von Irak über Somalia zu Jugoslawien wären im Ost-West-Konflikt noch mit gegenseitigen Drohgebärden ruhiggestellt worden.[5]

Im übrigen wurde auch sehr rasch sichtbar, daß die Begründung legitimer Herrschaftsstrukturen in Zukunft keineswegs allein demokratisch erfolgen wird. Ethno-nationalistische Motive politischen Handelns traten gleich nach dem Zusammenbruch der globalen Sicherheitsstruktur wieder deutlich hervor.[6]

Wird sich die in den letzten vierzig Jahren durch die nukleare Abschreckung zwischen Ost und West auf risiko-beladene Weise und hohem Rüstungsniveau sowie mittels Einsatz beträchtlicher konventioneller Gewaltmittel unter Kontrolle gehaltene Kriegsbereitschaft der Welt jetzt erneut nach den Verhaltensregeln des ausgehenden 19. Jahrhunderts aufladen? Schon wurde die Verbindung von nationalistischen Emotionen, wirtschaftlichen Problemen und politischer Führungslosigkeit – in ihrer Gefahr potenziert durch vagabundierende Waffenarsenale und die absehbare Verbreitung nuklearer Waffen – als Sprengsatz am ausgehenden 20. Jahrhundert ausgemacht.[7] Der Rückblick auf frühere historische Phasen, hier vor allem die Zeit zwischen 1871 und 1945, hat in der Tat zwei wichtige Funktionen. Einmal ist es, schon allein aus didaktischen Gründen, notwendig, das eigentümliche Gefühl vom „Ende der Geschichte", an dem man angelangt sei, einzukapseln und es nicht zur Prämisse ernsthafter politischer Analysen zu machen, denn diese würden dadurch völlig verdorben. Und zweitens kann man bei einiger analytischer Anstrengung durch die Beleuchtung der Unterschiede zwischen

---

4   Wilfried von Bredow/Thomas Jäger: Die Illusion des Eurozentrismus und die Vielfalt der Risiken, in: Europäische Sicherheit, H.5 1991, S.260-266.
5   Zur Stabilität bipolarer Ordnungen bes. Kenneth N. Waltz: Theory of International Politics, New York u.a. 1979, S.161ff.
6   Grundlegend hierzu Donald L. Horrowitz: Ethnic Groups in Conflict, Berkeley u.a. 1985.
7   John Mearsheimer: Back to the Future: Instability in Europe after the Cold War, in: International Security, H.1/1990, S.5-56.

verschiedenen Epochen die Besonderheiten der aktuellen Entwicklungen deutlicher erfassen.

Der wichtigste Unterschied zwischen der Zeit nach 1945 und der nach 1989/90 ist, daß in der Nachkriegszeit unter Führung der USA ein Geflecht von sehr einseitigen sicherheitspolitischen Abhängigkeiten und gegenseitigen wirtschaftlichen Verflechtungen entstand, das die gemeinsamen demokratischen Entwicklungen stabilisierte. Zu diesen Entwicklungen gehörten auch die teilweise Emanzipation der westlichen Gesellschaften von den politisch-administrativen Führungen, dem Staat, und die Ausbildung eigener zwischengesellschaftlicher, transnationaler Beziehungen. Auf der Basis dieser gesellschaftlichen Emanzipation entwickelte sich ein Geflecht gegenseitiger Abhängigkeiten, vor allem in sozio-ökonomischen Fragen, das von keinem Akteur verlassen werden kann, ohne daß er sich dadurch selbst nachhaltig schaden würde. Dieses Niveau an Interdependenz fand in sehr unterschiedlichen Organisationen institutionelle Form: in den Europäischen Gemeinschaften und der Entwicklung des Gemeinsamen Binnenmarktes; im Allgemeinen Zoll- und Handelsabkommen (GATT); in der UNO; in der Organisation für wirtschaftliche Zusammenarbeit (OECD); im Weltwirtschaftsgipfel der sieben führenden Industriestaaten (G-7); im bilateralen japanisch-amerikanischen Sicherheitsabkommen; in der Asia-Pacific Economic Cooperation (APEC) und anderen Institutionen der Zusammenarbeit mehr.

Die beteiligten Gesellschaften differenzierten sich politisch, sozial und ökonomisch weiter aus und legten mit diesen Fortschrittsprozessen, die als funktionale Arbeitsteilungen beschrieben werden können, die Fundamente für die erfolgreiche Bearbeitung, wenn auch nicht immer Lösung unterschiedlicher Herausforderungen.[8] Die Anforderungen an die politischen Eliten wandelten sich mit der Ausbildung neuer internationaler Strukturen. Die militärische Verteidigung nach außen verlor gerade in der OECD-Welt an Bedeutung, ohne daß sie unwichtig wurde. Aber wirtschaftliche und ökologische Sicherheit, auch Fragen nach der kulturellen Eigenständigkeit der sich ausdifferenzierenden Gesellschaften rückten stärker in den Vordergrund.[9]

Die Frage am Ende des 20. Jahrhunderts ist nun, ob die gesellschaftliche Entwicklung in den industrialisierten Staaten und ihre zwischengesellschaftliche Zusammenarbeit einen *point of no return* erreicht haben und auf der Basis dieser – trilateral getragenen Kooperation – die Herausforderungen des 21. Jahrhunderts bewältigt werden können. Oder ob dieser Punkt eben (noch) nicht erreicht ist und die internationalen Beziehungen, wenn auch mit gro-

---

8 Walter L. Bühl: Transnationale Politik. Internationale Beziehungen zwischen Hegemonie und Interdependenz, Stuttgart 1978.
9 Sicherheitsfragen bleiben in der Politik dominant, aber sie lassen sich nicht mehr militärisch konzentrieren. Staaten bleiben wichtige Akteure, sie verlieren ohne produktiven gesellschaftlichen Kontext aber an Bedeutung nach außen.

ßem Schaden für alle Beteiligten, wieder in bilaterale, nur am eigenen, partikularen Interesse orientierte Beziehungen zerfallen.

Science-Fiction-Retrospektive

Selbstverständlich orientieren sich die politischen Akteure auch in interdependenten Beziehungen an ihren eigenen Interessen und versuchen, die Umwelt so zu gestalten, daß es der Realisierung dieser Interessen dient. Kooptive Macht, die Fähigkeit, Situationen so zu strukturieren, daß andere Akteure ihre Interessen im Einklang mit den eigenen ausbilden, rückt dabei zunehmend in das Zentrum politischer Führungsfähigkeit.[10] Dabei erlangen Interessen an der Erhaltung der Kooperationsstruktur und der Fähigkeit, die Situationen der Kooperation zu prägen, immer größeres Gewicht. Akteure stellen dann die Verwirklichung eigener Teil-Interessen zurück, wenn dadurch die Struktur der Zusammenarbeit gefährdet würde.[11]

Interdependenz bedeutet aber nicht ohne weiteres, daß man sich nicht auch gegen die Struktur der Zusammenarbeit entscheiden könnte.[12] Die Uruguay-Runde des GATT belegt dies schon heute im Maß vertaner Chancen, gleichviel wie sie zu Ende gebracht werden wird. Die Auflösung der trilateralen Kooperation, die Unfähigkeit der beteiligten Akteure, für die europäisch-japanisch-amerikanische Zusammenarbeit nach dem Ende des Ost-West-Konflikts ein neues Gerüst zu bauen, ist auch der Ausgangspunkt eines anregenden Rückblicks aus dem Jahr 2992.

Am Ende des 30. Jahrunderts sieht die Welt grundlegend anders aus als Ende des 20. Jahrunderts. Die Hoffnungen auf Demokratisierung und die globale Durchsetzung von Bürgerrechten haben sich als falsch erwiesen, autoritäre Regime herrschen über den Großteil der Menschen. Die westliche Welt hat sich aufgelöst. Die regionalen Integrationen wurde von der Desintegration weltweiter Kooperation begleitet. Dieser Prozeß begann in Westeuropa, als sich die EG weigerte, die Öffnung nach Osten als Integrationsaufgabe zu akzeptieren und sich so statt des angestrebten offenen ein sich abschließender Regionalismus in Westeuropa ausgestaltete. Die Vereinigten Staaten hätten dies zu Beginn des 21. Jahrunderts noch verhindern können, zogen sich aber ebenfalls auf ihre regionale Hemisphäre zurück. Zwei neue

---

10 Joseph S. Nye: Bound to Lead. The Changing Nature of American Power, New York 1990.
11 Robert O. Keohane: After Hegemony. Cooperation and Discord in the World Political Economy, Princeton 1984.
12 Der Erfolg von Politik entscheidet sich immer an der Realisierung eigener Interessen im Vergleich zur Realisierung der Interessen anderer Akteure. Da Interdependenzgeflechte asymmetrisch sind, gibt es immer Akteure mit geringerer Abhängigkeit, denen die Auflösung der Zusammenarbeit weniger schadet. Die internationale Offenheit industrialisierter Gesellschaften bedeutet zudem eine Vervielfachung der relevanten Akteure.

Großmächte traten später auf die weltpolitische Bühne: China, das den Prozeß der Modernisierung produktiv umsetzte, und das Neue Kalifat, in dem sich die arabischen Staaten zusammenschlossen. Japan hingegen, am Ende des 20. Jahrhunderts als neue Weltmacht gepriesen, spielt am Ende des 30. Jahrhunderts politisch keine Rolle. Im Schatten Chinas existiert Japan als die Schweiz des Pazifik.

Dabei bestand doch Aussicht, daß die drei Staaten die weltpolitischen Beziehungen hätten führen können. Aber im Jahr 2006, als die USA ihre letzten Truppen aus Europa und Asien abzogen, setzte sich endgültig eine Haltung in allen drei Staaten durch, die die Realisierung eigener Interessen über die Aufrechterhaltung kooperativer Beziehungen mit den anderen beiden Akteuren stellte. Wirtschaftliche Rivalitäten, ein auf regionale Räume ausstrahlender Nationalismus, der zur Abschottung der regionalen Großräume führte, und die Auseinanderentwicklung politischer Werte führten dazu, daß eine gemeinsame Führung der Interdependenzgeflechte nicht mehr möglich war.[13]

Bei aller Sympathie für die Autoren Dwight Bogdanov und Vladimir Lowell: es ist unmöglich zu sagen, ob sich die internationalen Beziehungen in diese Richtung entwickeln werden. Die Politologen sind nach dem für die meisten von ihnen völlig überraschend gekommenen Zusammenbruch der UdSSR und damit des „real existierenden Sozialismus" mit Prognosen inzwischen sowieso etwas vorsichtig geworden. Und ein Prognose-Zeitraum von einem Jahrtausend, das ist schon mehr als wagemutig. Aber es geht ja hier wohl auch mehr um ein ganz bestimmtes Aha-Erlebnis. Wie auch immer: eine Prognose der internationalen Beziehungen auch ohne gesichertes theoretisches Fundament zu versuchen, ist dann ein bißchen nützlich, wenn sie zeigt, daß sich auch ganz unwahrscheinliche politische Strukturen entwickeln können. Die Entwicklung aber wird in den nächsten Jahrfünften angelegt. Von den drei weltpolitischen Akteuren mit dafür vorhandener Definitions- und Ordnungsmacht, den USA, Japan und Westeuropa unter deutsch-französischer Führung, wird es abhängen, welche Gestalt die internationalen Beziehungen für den Beginn des 21. Jahrhunderts annehmen werden.

Suche nach neuen Rollen

Politische Anforderungen und die Gestalt der Akteurs-Kooperation, die solche Anforderungen aufgreift, prägen die Interessenprofile der einzelnen Akteure ebenso mit, wie solche Interessenprofile wiederum auf die Beziehungsfiguren zurückwirken. In diese Dynamik zwischen der Entwicklung eigener Interessenlagen und korrespondierender Kooperationszusammenhänge ist die

---

13 Dwight Bogdanoy/Vladimir Lowell: A World History, Chapter 13: The disastrous 21st Century, (University of California, Moscow) Moscow 2992, zitiert nach: The Economist 26.12.1992, S.17-19.

Ausbildung der internationalen Beziehungen eingebunden. Das gilt für die einzelnen politischen Ebenen (die der Regionen, Unternehmen und Staaten) und Sachbereiche (Sicherheit, Wirtschaft, Herrschaft) auf ganz unterschiedliche Weise.[14] Die Kontextgefüge um jeden einzelnen Schnittpunkt aus Politik-Ebene und Sachbereich sind schon kompliziert, viel mehr dann noch die wertende Einordnung, an deren Ende ein Gesamtbild der politischen Orientierung steht.

Nur zwei Fragen seien exemplarisch gestellt. Erstens: Werden europäische Unternehmen die geschützten regionalen Märkte als derart wertvoll betrachten, daß sie sich auf sie konzentrieren und eher einen sich abschottenden Regionalismus befördern, der sie internationalem Wettbewerb nicht aussetzt? Die Antwort muß nach Branchen differenzieren und mit berücksichtigen, daß innergesellschaftlicher Anpassung an internationalen Wettbewerb ihren Preis hat, den die politische Führung entweder meint, noch vertreten zu können – oder eben nicht, so daß sie aus Furcht vor den Folgen der Strukturanpassung eher geschützte Märkte anstrebt.

Zweitens: Werden die Grundzüge des amerikanisch-japanischen Sicherheitsvertrages erhalten bleiben, oder wird die japanische Führung eine autonome Sicherheitspolitik anstreben? Wird sich Japan um den Erwerb von Atomwaffen bemühen – und wird sich für eine solche Politik gesellschaftliche Akzeptanz organisieren lassen? In der Literatur wird zwischen Japan und Deutschland in dieser Frage deutlich unterschieden, weil Japan sicherheitspolitisch regional isoliert sei, Deutschland aber nicht. Vorbehalte anderer Staaten gegen die Atombewaffnung dieser beiden Staaten sind hoch. Aber werden die Weltwirtschaftsmächte schon auf mittlere Sicht auf die Arrondierung ihres Machtportefeuilles verzichten können?

Die beiden Fragen verdeutlichen nebenbei, daß das Spektrum der wichtigen Probleme für die Entwicklung der künftigen internationalen Beziehungen weit mehr Akteure umfaßt als nur drei. Trilaterale Beziehungen sind keine dreiseitigen, sondern ein komplexes Geflecht von vielen politischen, militärischen, wirtschaftlichen und kulturellen Gruppenbeziehungen. Politische Führung, soziale Akzeptanz, internationale Koordination und sachbereichsspezifische Problemlösung greifen ineinander. Es stimmt, was in allen Arbeiten zur deutschen, japanischen oder amerikanischen Sicht der internationalen Beziehungen des 21. Jahrhunderts und der eigenen Stellung darin geschrieben wird, nämlich daß man die eigenen Rollen noch nicht gefunden habe. Diese Feststellung kann aber nur den Ausgangspunkt für weitere Überlegungen zu Art und Gewicht, Profil und Wandlungsfähigkeit dieser Rollen sein. Leider mangelt es an über kleine Wissenschaftszirkel hinausgehender

---

14 Hierzu Ernst-Otto Czempiel: Internationale Politik. Ein Konfliktmodell, Paderborn u.a. 1981, S.101ff.

gesellschaftlicher Interaktion, die die Suche nach neuen Rollen in den drei Zentren der Welt in einen gemeinsamen Diskurszusammenhang bringt.

Denn ebenso wichtig wie die Abstimmung von unterschiedlichen Interessen wird es für die Zukunft sein, gemeinsam mittelfristige Interessenprofile auszubilden.[15] In der OECD wird diese Diskussion zwischen Bürokratien der beteiligten Staaten geführt. Aber sie beschränkt sich bislang zu sehr auf Detailfragen der Wirtschafts- und Geldpolitik. Die Gesamtheit sozialer Wertgefüge und Zukunftsperspektiven muß trilateral entwickelt werden, wenn die Gefahr verringert werden soll, daß internationale Zusammenarbeit national delegitimiert wird.

Macht-Vernetzung

Internationale Beziehungen entwickeln sich nach den Relationen der Macht (den internationalen Kräfte-Korrelationen, wie es in einer anderen Terminologie hieß), die danach bestimmt werden können, ob ein Akteur einen anderen dazu bringen kann, etwas zu tun, was er anderenfalls nicht getan hätte und was (mehr) im Interesse des überlegenen Akteurs liegt. Diese an der Theorie des Strukturellen Realismus orientierte Definition[16] kann sich sowohl auf die Realisierung einzelner Aktionen als auch auf die Umsetzung einer gewünschten internationalen Struktur beziehen. Und sie schließt die Fähigkeit ein, bestimmte Themen von der politischen Agenda fernzuhalten.

Die Chance der trilateralen Welt liegt nun gerade darin, daß die definitorischen Mächte gemeinsam das tun, was in ihrem gemeinsamen Interesse liegt. Eine trilaterale Welt wird sich nur entwickeln, wenn sich die entscheidenden Akteure an eine spezifische Form der Interaktion (die in der Politik über Macht abgewickelt wird) binden, nämlich die kooptive, und andere Formen der Auseinandersetzung insoweit vermeiden, als sie nicht die Gesamtbeziehungen prägen dürfen.[17] Die größte Gefahr für den trilateralen Zusammenhang geht von der Perzeption aus, bestimmte Akteure müßten sich gegen andere zusammenschließen, um ihre Interessen zu realisieren.[18] Deshalb wird der Tatsache, daß die industrialisierten Staaten des Westens, wozu Japan spätestens seit dem Weltwirtschaftsgipfel von Williamsburg 1983 aus eigener Entscheidung auch sicherheitspolitisch gehört, mit der Sowjetunion einen

---

15 Die Gefahr, daß national orientierte Kräfte dies als „ausländischen Einfluß" instrumentieren, sehen wir. Vgl. Pat Choate: Agents of Influence. How Japan's Lobbyists in the United States Manipulate America's Political and Economic System, New York 1990.
16 Robert O. Keohane: International Institutions and State Power. Essays in International Relations Theory, Boulder u.a. 1989, S.35-73.
17 Als Merksatz der internationalen Beziehungen hat zu gelten, daß auch die kooperativen trilateralen Beziehungen Konfliktbeziehungen sind.
18 Zur Theorie Kenneth N. Waltz: Theory of International Politics, New York u.a. 1979.

gemeinsamen Feind verloren haben, strukturelle Bedeutung für die weitere Entwicklung der trilateralen Beziehungen beigemessen.

Die Zukunft kann nicht vorhergesagt werden. Aber sicher ist: wird es kein trilaterales Beziehungsgeflecht geben, das jedem Akteur von einigem Gewicht die Realisierung seiner Interessen besser ermöglicht als ohne die trilaterale Kooperation, dann wird es wahrscheinlich zu Koalitionsbildungen und Prozessen eines regressiven Nationalismus kommen. Rückbezug der Nation auf die eigenen Interessen, wechselnde Allianzen, Priorität für bilaterale statt multilaterale Beziehungen, sich abschottender statt offener Regionalismus, dies können ebenso wahrscheinliche Folgen der nächsten Jahre sein wie eine multilaterale offene Kooperationsfigur.

Sie sind sogar wahrscheinlicher, denn die Aufrechterhaltung der trilateralen Kooperation ist schwieriger zu bewerkstelligen als ihre Deformation. Die Uruguay-Runde des GATT hat die Verhinderungsmacht einzelner Akteure, hier der europäischen Landwirtschaftsverbände und der französischen Regierung, vor Augen geführt. In Europa sind nationale Denkhaltungen bestimmender geworden: Staaten zerbrechen an Ethno-Nationalismus, wie die Tchechoslowakei, andere drohen dies zu tun, wie Italien, dritte erleben einen Aufschwung rechts-nationaler Subkultur, wie Deutschland. In Japan besinnt man sich auf die eigene Stärke und darauf, „Nein sagen zu können".[19] In den Vereinigten Staaten verdeutlichte der Wahlkampf um die Präsidentschaft 1992 ein großes Potential an Wählern, die einer Strategie des „America First" folgen – ein Potential, das sich vergrößern wird, sollte Präsident Clinton mit seiner Haushalts- und Wirtschaftspolitik scheitern.

Dabei spielt es leider eine untergeordnete Rolle, daß eine solche fragmentierte Welt nicht in der Lage ist, die anstehenden wirtschaftlichen und ökologischen Herausforderungen zu bestehen. Der Wohlstands-Chauvinismus als moderne Form eines romantischen Nationalismus würde schon mittelfristig die Fundamente seiner eigenen Existenz untergraben. Aber internationale Politik folgt keinem festen Rationalitätskalkül. Die beste Sicherheit – und wohl auch die einzige Sicherheit – für trilaterale Kooperation ist die Vernetzung von Interessen.

Sicherheit

Die sicherheitspolitischen Lagen der drei weltpolitischen Zentren sind sehr unterschiedlich. Die USA[20] sind derzeit der einzige Staat, der zu globaler

---

19 Shintaro Ishihara: Wir sind die Weltmacht – Warum Japan die Zukunft gehört, Bergisch-Gladbach 1992; der amerikanische Titel lautet: The Japan that Can Say „No" -: The New U.S.-Japan Relations Card, New York 1991.

20 Zur US-Sicherheitspolitik: Sean M. Lynn-Jones/Steven E. Miller (Hrsg.): America's Strategy in a Changing World, Cambridge-London 1992.

Projektion seiner militärischen Macht in der Lage ist.[21] Gleichzeitig wurde mit dem Ende der Rivalität zur Sowjetunion/Rußland die Gefährdung des eigenen Territoriums erheblich reduziert. Jedoch stehen die USA aus finanziellen Gründen vor erheblichen Einschnitten in ihrem militärischen Dispositiv. Von der Entwicklung in Europa und Japan und der amerikanischen Haushaltslage wird abhängen, ob die USA weiterhin wenigstens symbolisch Streitkräfte in Europa und Asien belassen. Dies wird von einigen Autoren als Bedingung für das Funktionieren der trilateralen Kooperation gesehen.[22]

Japan steht im Bereich der Sicherheitspolitik vor der für die nationale Entwicklung entscheidenden Frage, ob die Beziehungen zu den USA, die für die japanische Entwicklung konstitutiv sind, weiterhin asymmetrisch bleiben, also der amerikanische Nuklearschutz in Anspruch genommen wird, oder ob es einen eigenständigen militärischen Weg einschlagen wird. Dies wird davon abhängen, wie sich die bilateralen Beziehungen zwischen den USA und Japan entwickeln, aber auch davon, welche Gefährdungen in der doch erhebliche Instabilitäten erwarten lassenden pazifischen Region lauern und davon, wie sich die Einstellung der japanischen Bevölkerung zu Atomwaffen entwickeln wird. Vor allem die regionalen Beziehungen scheinen hier wichtig: die Entwicklung zwischen den beiden Teilen Koreas und die Modernisierung Chinas (mit Hongkong und im Konflikt mit Taiwan), aber auch die weitere Entwicklung Kambodschas.

Die pazifistische Grundhaltung oder jedenfalls das einer solchen Grundhaltung entsprechende Selbstbild der japanischen Außenpolitik in Fortführung der Yoshida-Doktrin werden nicht aufrechtzuerhalten sein. Die sicherheitspolitische Neuordnung könnte mit antiamerikanischen Haltungen zusammentreffen, die aus wirtschaftlichen Konkurrenzgründen sowie aus sicherheitspolitischen Neutralitätsambitionen zur Unterminierung des japanisch-amerikanischen Sicherheitsvertrages beitragen. Die Motive sind unterschiedlich, können im Ergebnis aber dazu führen, daß die japanische Außenpolitik ein eigenes militärpolitisches Profil aufbaut.[23]

Anders als für Japan gilt für Westeuropa, daß mit dem Ende des Ost-West-Konflikts die ‚große' sicherheitspolitische Bedrohung enorm nachgelassen hat. Die in Ost- und Südosteuropa und auch in der GUS möglichen Konflikte dürften kaum direkte Auswirkungen auf die westeuropäischen Gesellschaften haben.Allerdings deuten sich mehr und mehr indirekte Auswirkungen für den Westen Europas an, die in ihrer Summe sehr wohl eine neuartige, „kleine" sicherheitspolitische Bedrohung ergeben können. Sollte es

---

21 Vgl. beispielsweise Peter J. Schraeder (Hrsg.): Interventions into the 1990s. U.S. Foreign Policy in the Third World, Boulder-London 1992.
22 Jeffrey T. Bergner: The New Superpowers. Germany, Japan, the U.S. and the New World Order, New York 1991.
23 Vgl. hierzu George Friedman/Meredith Lebard: The Coming War with Japan, New York 1991.

hier zu militärischen Konflikten kommen, würden sie die NATO (und damit auch die USA) betreffen. Fraglich ist auch, welche Entwicklung die sicherheitspolitische Integration in Europa nehmen wird.[24] Unter den Gesichtspunkten weltpolitischer Eigenständigkeit und sicherheitspolitischer Handlungsfähigkeit werden weitergehende Integrationen angestrebt, hin zu europäischen Streitkräften. Problematisch wäre, wenn sich diese Streitkräfte nicht in enger Verschränkung zu den US-Streitkräften entwickeln würde, weil dann ein bestehender Zusammenhang transatlantischer Beziehungen aufgelöst würde.

Möglicherweise fördert es bisher die trilaterale Kooperation, daß wirtschafts- und sicherheitspolitische Handlungsfähigkeit auseinanderfallen. Die weltpolitischen Konstellationen sind unübersichtlich, die Risiken für die Sicherheit der Gesellschaften haben zugenommen. Auf die sicherheitspolitische Handlungsfähigkeit der USA kann deshalb nicht verzichtet werden.[25] Unter ihrem Schirm könnten sich die westeuropäischen Staaten und Japan einige Zeit erkaufen, um die eigene sicherheitspolitische *Posture* den neuen Erfordernissen anzugleichen. Sollten sich die Vereinigten Staaten aber als „Global-Manager regionaler Balancen"[26] sehen, dann ist die Rivalisierung der trilateralen Beziehungen fest vorherzusehen.

Denn dann wäre zu erwarten, daß sich die wirtschaftlich potenten Staaten, denen derzeit noch die (als symbolische oder reale Instrumente verwendbaren) Mittel fehlen, eine ihren Interessen gemäße internationale Ordnung zu verteidigen oder neu zu konturieren, sich diese Mittel beschaffen. Die Entscheidung über den Grad der Bedrohung der internationalen Struktur darf nicht allein bei der amerikanischen Regierung liegen, wenn sie nicht beabsichtigt, rivalisierende Mächte(gruppen) zu befördern.

Wirtschaft

Als westliche Führungsmacht konnten die Vereinigten Staaten – wenn auch mit der Zeit immer weniger – ihre sicherheitspolitische Vormachtstellung gegen das zunehmende wirtschaftliche Gewicht Deutschlands und Japans politisch wirksam werden lassen. Gerade im Fall Japans gelang es sogar, über die Sicherheitsgewährung an den technologischen Ergebnissen japanischer For-

---

24 Hierzu gibt es mehr Fragen als anderes; vgl. Wolfgang Wessels: Von der EPZ zur GASP. 36 Anmerkungen, Ms. Bonn 1993.
25 Carol Rae Hansen (Hrsg.): The New World Order: Rethinking America's Global Role, Flagstaff 1992.
26 So Josef Joffe: Amerikas Große Strategie nach dem kalten Krieg, in: Wolfgang Heydrich u.a. (Hrsg.): Sicherheitspolitik Deutschlands: Neue Konstellationen, Risiken, Instrumente, Baden-Baden 1992, S.112.

Zeit geknüpft wurden, könnten zu einem tragenden Pfeiler der neuen internationalen Beziehungen werden. Geschichtliche Rückblicke hingegen stimmen eher pessimistisch: Ordnungen hegemonialer Stabilität oder der kooperativen Suprematie, wie sie die USA nach dem Zweiten Weltkrieg ausübten, führten bisher nicht zu kooperativen internationale Regimen, sondern über Rivalität und Krieg zum Aufstieg einer neuen Weltmacht.[28] Hier mag ein Unterschied zwischen der 'klassischen' Hegemonie und der kooperativ gestalteten Suprematie liegen; letztere umfaßte bereits eine beträchtliche Zahl von Elementen einer globalen Abstimmungs-Politik, auf welche die Weltpolitik nach dem Ende des Ost-West-Konflikts hinsteuert. Die Frage nach der Steuerbarkeit der künftigen Weltwirtschaftsbeziehungen umfaßt aber nicht nur die Steuerung von Handels- und Produktionskonflikten. Es geht um die Neukonstruktion einer Weltordnung mit friedlichen Mitteln.

Unsere These ist: Entweder führen die Turbulenzen der weltpolitischen Transformationen zu einer konzertierten Führung der trilateralen Mächte in der Weltpolitik, oder die ganz unterschiedlich motivierten Konflikte werden in zunehmend gewaltgeladene Auseinandersetzungen um die Struktur der internationalen Beziehungen münden.

In den trilateralen Beziehungen sind erhebliche wirtschaftliche Konflikte zu erwarten. Sie resultieren aus den Ungleichgewichten, die sich in den letzten Jahrzehnten entwickelt, sowie aus den Problemen, die sich aus der gesellschaftlichen Perzeption dieser Ungleichgewichte ergeben haben. Leider spielen Fragen der internationalen Wirtschaftsbeziehungen in Schule und Allgemeinbildung eine untergeordnete Rolle. Entsprechend gering ist das öffentliche Verständnis für Strukturanpassungen in den Volkswirtschaften. Eine international ausgerichtete Wirtschaftspolitik könnte, in der Klemme zwischen binnenwirtschaftlicher Anpassung, den damit verbundenen sozialen Lasten und einer national-introvertierten Politikbetrachtung, schubartig an Akzeptanz verlieren.

Solche Prozesse ließen sich in den USA beobachten, als die wahrgenommene Bedrohung wirtschaftlicher Interessen durch eine feindliche Umwelt unter das Banner „America First" gestellt wurde.[29] Dabei spielte dann keine Rolle, daß die amerikanische Gesellschaft lange über ihre Verhältnisse gelebt hat, daß industrielle Modernisierungsmaßnahmen verpaßt worden waren, daß ohne erkennbaren Wandel seit Jahren ein enormes Haushaltsdefizit in Kauf genommen wurde, so hoch, daß inzwischen der Spielraum amerikanischer Geldpolitik ziemlich gering geworden ist. Jedenfalls ist nicht auszuschließen, daß ähnliche Wahrnehmungen auch in anderen Staaten an Boden gewinnen

---

28 Robert Gilpin: War and Change in World Politics, New York 1981.
29 Richard Hoolbrooke: Japan and the United States: Ending the Unequal Partnership, in: Foreign Affairs, Winter 1991/92, S.41-57.

und sich solche Haltungen dann gegenseitig hochschaukeln könnten. Beobachter sehen hierin die größte Gefahr für eine offene Weltwirtschaft.[30]

Während die USA vor der Aufgabe stehen, ihre Haushalts- und Wirtschaftspolitik zu ändern, scheint das wirtschaftliche Wachstum in Japan – trotz der erheblichen Einbrüche 1992 – nicht ernstlich gefährdet. Gerade im Vergleich zu den USA wird der japanischen Wirtschaft eine weitere relative Stärkung zugeschrieben.[31] Mit Blick auf Japan erscheinen weniger die imaginären Bodenpreise problematisch als die Auffassung, die hinter dem japanischen Wirtschaftswachstum *vermutet* wird. Der japanischen Gesellschaft geht es demnach nicht um eine Verbesserung ihres Lebensstandards, sondern um Vorherrschaft in möglichst vielen industriellen Bereichen. In Erwartung einer – irgendwann sich zeigenden – feindlichen Umwelt sollen mit dem wirtschaftlichen Wachstum strategische Positionen im Wettstreit mit anderen Akteuren aufgebaut werden, die in der Auseinandersetzung den Einfluß Japans sichern.[32]

Eine solche Haltung ist angesichts der unvergleichlichen Außenabhängigkeit der japanischen Wirtschaft[33] durchaus erklärbar; die Frage ist, ob es gelingt, ökonomische Sicherheitserwartungen trilateral einzufassen.[34] Denn wenn dies gelänge oder als Perspektive vielversprechend erschiene, dann könnten die japanischen Befürchtungen auf kooperative Weise überwunden werden. Unter Berücksichtigung der Tatsache, daß das Projekt des Europäischen Binnenmarktes als Politik eines sich abschottenden Regionalismus wahrgenommen wird sowie der strategischen Bedeutung der japanischen Direktinvestitionen in Europa und den USA[35], sind hier Zweifel angebracht. Die zunehmende Bedeutung, die Japan dem regionalen Umfeld wirtschaftlich und entwicklungspolitisch beimißt, deutet auf einen eigenen regionalen Ansatz hin. Dieser muß aus japanischer Sicht jedoch die USA und Kanada mit einschließen – und sollte Europa wenigstens handelspolitisch nicht ausschließen. Dieses Interessenprofil resultiert aus der Tatsache, daß einzig Japan in allen drei Weltwirtschaftsregionen deutlich vertreten ist.

---

30 Elke Thiel: USA und EG als ökonomische Akteure: Strukturelle Optionen im atlantischen und trilateralen Verhältnis, in: Wolfgang Heydrich u.a. (Hrsg.): Sicherheitspolitik Deutschlands: Neue Konstellationen, Risiken, Instrumente, Baden-Baden 1992, S.162.
31 Hier ist nun aber schon wieder eine Gegenbewegung zu vermerken. So folgte auf Erza Vogel: Japan as Number 1. Lessons for America, New York 1979 inzwischen Jon Woronoff: Japan as anything but Number One, New York 1990, gefolgt von Brian Reading: Japan: The Coming Collapse. A Proving Report on Japans Economy, Politics and Society and the Crisis of the 1990's, New York 1992.
32 Karel van Wolferen: The Enigma of Japanese Power, New York 1989.
33 Joachim Glaubitz: Die Außenpolitik Japans, in: Wichard Woyke: Netzwerk Weltpolitik. Großmächte, Mittelmächte und Regionen und ihre Außenpolitik nach dem Zweiten Weltkrieg, Opladen 1989, S.301-320.
34 Zu einer Perspektive kooperativer Konkurrenz vgl. Lester Thurow: Head to Head. The Coming Economic Battle among Japan, Europe, and America, New York 1992.
35 Young-Kwan Yoon: The Political Economy of Transition. Japanese Foreign Direct Investment in the 1980's, in: World Politics, Oct. 1990, S.12.

Sollte der Transformationsprozeß in Ostdeutschland in absehbarer Zeit wirtschaftlich erfolgreich sein, wird Deutschland in Europa auf Dauer die ökonomisch stärkste Macht sein. Aber die Unterschiede zwischen den einzelnen Volkswirtschaften in Europa sind nicht so groß, wie dies in der asiatisch-pazifischen Region der Fall ist. Kein europäischer Akteur ist allein auf sich gestellt weltwirtschaftlich von überragender Bedeutung,; nur gemeinsam ist die EG ein wirtschaftliches Kraftzentrum, das – nimmt man für die mittlere Zukunft einen stabilisierten Reformprozeß für ganz Osteuropa und Rußland an – unter Einschluß der osteuropäischen Staaten die weltwirtschaftlichen Beziehungen nachhaltig als offenes Beziehungsgeflecht prägen kann. Schon heute aber hat die EG die Macht, eine sich abschottende Regionalisierung zu betreiben, indem sie die Befürchtung anderer erfüllt und sich zur Festung Europa ausbaut. Zollbarrieren nach Ost und West kennzeichnen derzeit der Handelspolitik der Gemeinschaft, die in hohem Grad bilateral verregelt ist.[36]

Die Unwägbarkeiten, die auf dem europäischen Weg liegen, erhalten noch dadurch zusätzliche Bedeutung, daß den europäischen Staaten die *politische* Handlungsfähigkeit weitgehend fehlt. Dies gilt für den Integrationsprozeß selbst, seine außenpolitische Abstützung vor allem gegenüber den USA und in internationalen Institutionen, die Offenhaltung der Integration, wenn auch in abgestufter Form, für die reformierten osteuropäischen Staaten und die Erweiterung der EG um die EFTA-Staaten.

Trilateralismus, Regionalismus, Nationalismus

Den Gesellschaften in Europa, Japan und den USA versprechen multilaterale Konzeptionen eines offenen Regionalismus die meisten Vorteile.[37] Dies gilt auch für die politischen und ökonomischen Führungen, wenn es gelingt, eine konzertierte Interessenprofilierung zu erreichen. Dabei greifen ökonomische und politische Multilateralität ineinander: ohne offene Weltwirtschaft sind politische Konkurrenzverhältnisse zwischen den weltpolitischen Zentren zu erwarten, die über das in Interdependenzen verkraftbare Maß an Wettbewerb hinaus auf die Auflösung der Interdependenzstruktur selbst zielen könnten.

Nationalismus, Regionalismus und Trilateralismus sind jedoch keine gleichmäßig abzustufenden Konzepte außenpolitischer Strategien mit zunehmender Kooperation. Vielmehr kommt der regionalen Entwicklung die entscheidende Bedeutung zu. Sollten sich die Regionalisierungsprozesse offen gestalten, wird die Kooperation zu einer trilateralen Steuerung der Welt-

---

36 Geoffrey Edwards/Elfriede Regelsberger (Hrsg.): Europe's Global Links. The European Community and Inter-Regional Cooperation, New York 1990.
37 Das schließt ein, daß bestimmte gesellschaftliche Gruppen dadurch Nachteile erfahren.

politik und Weltwirtschaft führen. Wie die Regionen gestaltet werden, ist derzeit unklar. Es bleibt abzuwarten, ob sich die USA als pazifische *und* als europäische Macht werden behaupten können. Sollte dies der Fall sein, besteht über dieses Scharnier die Offenheit der internationalen Zusammenarbeit. Es kann auch noch nicht abgesehen werden, wie sich China entwickeln wird. Sollte die Volksrepublik China ihren Modernisierungsprozeß fortführen und auch politisch absichern (die Hongkong-Frage könnte hier eine wichtige Katalysator-Funktion bekommen), ließe sich eine andere, eine groß-pazifische Region vorstellen[38], anders als im Fall der nationalen Abschließung Chinas oder der Entfaltung seiner Chaos-Macht.

Sich abschottender Regionalismus hingegen wird entweder zu einer überdimensionalen Blockkonkurrenz führen – Eurasien gegen Pazifik, eine Horrorvision – oder politische Auseinandersetzungen provinziell konservieren und mithin in den betroffenen Regionen zu nationalistischen Auseinandersetzungen führen, verschärft vom Konflikt zwischen wirtschaftlicher Benachteiligung und Wohlstandchauvinismus.

Für die Zukunft der internationalen Beziehungen ist also entscheidend, welche Gestalt die Regionalisierungsprozesse annehmen. Die Gefahr des sich abschottenden Regionalismus ist in Europa derzeit am größten. Eine den japanisch-amerikanischen Wirtschaftsbeziehungen vergleichbare Verflechtung nach außen besteht nicht, die Bedeutung des intra-regionalen Austauschs ist höher als bei der künftigen NAFTA oder APEC.[39] Außerdem sehen die europäischen Staaten derzeit die größten Herausforderungen in ihrer unmittelbarer Nähe, in Osteuropa, und orientieren sich verstärkt auf diese Region. Szenarien, die das industrielle Potential Westeuropas mit dem Bedarf und den Bodenschätzen Rußlands kombinieren, stehen auch bereit und entfalten eine anachronistische Attraktivität. Es ist deshalb gerade die Aufgabe der *deutschen* Außenpolitik den erheblichen Einfluß in der EG zu einer trilateralen Kooperation zu nutzen.[40]

Ein sich abschottender Regionalismus der USA unter Einschluß Kanadas, Mexikos und der latein- und mittelamerikanischen Staaten ist kaum zu erwarten. Eher schon scheint eine pazifische Region um die USA und Japan als Führungsteam möglich.[41] Die wirtschaftliche Kraft Japans und der vier asiati-

---

38 In Tokio können solche Szenarien ausgemacht werden, Masamori Sase: Das Mächtedreieck Japan-China-Sowjetunion, in: Karl Kaiser/Hans Peter Schwarz (Hrsg.): Weltpolitik. Strukturen-Akteure-Perspektiven, Bonn 1985, S.582.
39 Beide Organisationen, die North American Free Trade Association und die Asia-Pacific Economic Cooperation sind allerdings in keiner Weise institutionell mit dem Organisationsgrad der EG zu vergleichen.
40 Wir haben an anderer Stelle vorgeschlagen, Japan in den konzeptionellen Mittelpunkt der außenpolitischen Überlegungen Deutschlands zu stellen; vgl. Wilfried von Bredow/Thomas Jäger: Neue Deutsche Außenpolitik. Nationale Interessen in internationalen Beziehungen, Opladen 1993.
41 Lawrence Krause: Trade Policy in the 1990's: good-bye bipolarity, hello regions, in: The World Today, H.5 1990, S.83f.

schen Tiger (Taiwan, Hongkong, Südkorea, Singapur) sowie die politisch-militärische Potenz der USA könnten so zu einer produktiven Partnerschaft zusammenfinden. Andererseits wären Konflikte um die Vorherrschaft in der Region, gerade unter Einbezug Chinas, zu erwarten.

Deshalb ist eine solche Konstellation letztlich auch wenig wahrscheinlich. Die Einbeziehung Chinas, mächtig an Raum, Menschen und Waffen, scheint kaum in einer Weise möglich, die nicht zu neuen, das regionale Gleichgewicht störenden Prozessen führt. Auch ist nicht absehbar, daß die USA die Beziehungen zu Europa oder das kooperative Management der nuklearen Arsenale mit Rußland aufgeben wollen. Die europäischen Staaten werden aber auf absehbare Zeit die USA nicht politisch aus Europa herausdrängen können, selbst wenn sie es wollten. Die wenigsten wollen dies: die USA bedeuten in Europa u.a. ein Gegengewicht zu der erwarteten Stärke Deutschlands.

Angesichts dieser interregionalen Verschränkungen der Probleme scheint es, als brauchte man den sich abschottenden Regionalisierungsprozessen nur geringe Realisierungschancen zuschreiben. Dem steht entgegen, daß die trilaterale Führung der Weltpolitik und Weltwirtschaft derzeit nicht ausreicht, um zu verhindern, daß die Kooperation selbst Prozesse in Gang setzen könnte, die sie scheitern lassen könnten. Das Verständnis für die internationale Dimension der eigenen gesellschaftlichen Entwicklung ist überall viel zu gering. So wurde gerade von japanischer Seite darauf hingewiesen,[42] daß äußerer Druck zu internationalen Verpflichtungen die mangelnde gesellschaftliche Basis für trilaterale Abstimmung ersetzen muß. Damit wird ein Defizit in der Führung transnationaler Beziehungen benannt, das die Orientierungsfunktion der definitorischen weltpolitischen Staaten genau bezeichnet. Nur: stellt sich der Druck in der gesellschaftlichen Wahrnehmung als unangemessen dar – weil er nicht am Eigenbewußtsein der Gesellschaft ansetzt und kulturelle Grenzen mißachtet –, kann er anti-trilaterale Haltungen, in diesem Fall nationalistische Politikhaltungen fördern.

Diese werden sich angesichts der Anforderungen, vor denen die wichtigen politischen Akteure stehen, als anachronistisch erweisen, so als würde man die Welt durch Butzenscheiben betrachten. Sie färben die Weltsicht mit lokalen Besonderheiten ein, lassen Konturen verschwimmen und orientieren sich an einem historisierenden Gefühl.[43] Verbunden mit dieser Einschätzung ist aber auch die Erkenntnis, daß es anderen als nationalen Identitätsangeboten nicht gelingt, strukturelle Orientierungskraft in die betroffenen Gesellschaften hinein zu entfalten. Dies ist eine der wichtigsten Aufgaben trilateraler Kooperation.

---

42 In diesem Fall von Mottoo Shiina in: Joseph S. Nye u.a.: Globale Kooperation nach dem Ende des Kalten Krieges: eine Neueinschätzung des Trilateralismus, Bonn 1992, S.29ff.
43 Anregend hierzu Panajotis Kondylis: Planetarische Politik nach dem Kalten Krieg, Berlin 1992, S.59-74.

Das entscheidende Jahrzehnt

In den nächsten zehn Jahren werden Entscheidungen fallen, die die Struktur der internationalen Beziehungen auf lange Zeit prägen. Im Kern geht es um die Frage, ob eine kooperative trilaterale Führung von Weltpolitik und Weltwirtschaft möglich ist oder nicht. Im anderen Fall lassen sich eine Reihe von Möglickeiten denken, auf die sich die Welt zuentwickeln könte. Sie wären allesamt weniger vorteilhaft, einige sogar ausgesprochen gefährlich.

Die Frage nach der Fähigkeit zu trilateraler Führung stellt sich für jede Gesellschaft anders. In der USA lautet sie, ob man bereit ist, das Haushaltsdefizit zurückzufahren und internationale Militäraktionen nicht mehr nur unilateral zu planen. In Japan lautet die Frage, ob man den Zugang ausländischer Akteure zum eigenen Markt öffnen will und wirtschaftlichen Einfluß nicht als staatlich-politischen betrachtet.[44] In Westeuropa lautet die Frage, ob man bereit ist, den Integrationsprozeß zu vertiefen und gleichzeitig für die Transformation im Osten Sorge zu tragen oder ob man die Balkanisierungstendenz in ethno-nationalistischer Absicht forciert.

Aber selbst wenn diese Fragen in weltoffener Absicht beantwortet würden, steht noch nicht fest, daß eine trilaterale Führung realisiert werden kann. Denn sie stellt keine Weltregierung dar, sondern ein feines, auf internationaler Ebene noch unerprobtes Geflecht aus Kooperation und Wettbewerb. Die Anforderungen an die politischen Akteure jedenfalls werden enorm steigen. Denn die eigenen Voraussetzungen zur Möglichkeit, an der gemeinsamen Führung der internationalen Beziehungen teilzunehmen, werden selbst Gegenstand dieser Beziehungen.

In den japanisch-amerikanischen Beziehungen wurde dies exemplarisch, wenn auch bisher ohne durchgreifenden Erfolg, veranschaulicht, als man sich 1990 darauf einigte, daß beide Staaten die innenpolitischen Voraussetzungen zum Abbau der bilateralen Probleme schaffen müssen. Die USA verpflichteten sich, das Haushaltsdefizit zu senken, die Sparquote zu erhöhen, die Qualität von Bildung und Ausbildung zu verbessern und die Wettbewerbsfähigkeit der Firmen zu stärken. Im Gegenzug verpflichtete sich Japan, den Lebensstandard zu erhöhen und dadurch die Importe zu steigern, zur Senkung der hohen Bodenpreise beizutragen, die Zugangsmöglichkeiten ausländischer Handelshäuser zu verbessern und den halb-gesteuerten Handel (keiretsu) aufzubrechen sowie die Rechtslage für ausländische Firmen transparenter zu gestalten. Wenn solche Abkommen als „höchst ungewöhnlich"[45] bezeichnet

---

44 Die Fähigkeit zur Führung der transnationalen Beziehungen setzt gerade eine gewisse Distanz zu gesellschaftlichen Akteuren voraus.
45 Mark Borthwick: Pacific Century. The Emergence of Modern Pacific Asia, Boulder u.a. 1992, S.250.

werden, dann reflektiert das die herkömmliche Vorstellung, daß innenpolitische Fragen nicht allgemein zwischen Staaten verhandelt werden. Aber genau das entspricht den Anforderungen an trilaterale Kooperation. Daß die Übereinkunft von der japanischen Regierung ein wenig, von der amerikanischen so gut wie gar nicht erfüllt wurde, weist auf ein entscheidendes Problem hin, das der Operationalisierung solcher Verträge und möglicher Sanktionen bei Nichterfüllung. Die Vereinbarung selbst aber bedeutet schon einen erheblichen Fortschritt, nämlich den Abschied vom größtenteils überholten Prinzip nationaler Souveränität.

Die Erwartung, daß sich mit Japan und Deutschland und ihrem (scheinbaren) Typ der „Zivilgesellschaft" nun friedliche internationale Beziehungen ausbilden, geht sicher fehl. Sie vergißt die Kontextgebundenheit nicht nur von Politik, sondern auch der Selbstbilder, die jede Gesellschaft zur Selbstvergewisserung und als Entscheidungsmatrix entwickelt. Diese Bilder werden sich nach dem Ende des Ost-West-Konflikts in Deutschland und Japan mit einiger Verzögerung drastisch ändern. Die internationalen Anforderungen an beide Staaten haben sich erhöht. Sie werden ihre politische Passivität aufgeben müssen und sich nicht weiter im sicherheitspolitischen Windschatten auf ihre ökonomischen Interessen konzentrieren können.

Warum gerade Japan und Deutschland? Die Änderungen der japanischen Haltungen werden auf das japanisch-amerikanische Verhältnis und damit einen Eckstein der trilateralen Zusammenarbeit wirken. Die Neudefinition der Interessen in Deutschland sind eine wichtige Bedingung dafür, daß die westeuropäische Gemeinschaft international handlungsfähig wird. Insofern kommt beiden Staaten, ihrer inneren Entwicklung und ihrem außenpolitischen Verhalten, derzeit weltpolitische Bedeutung zu.

Autorenverzeichnis

Bauer, Frank, Japanologe, wissenschaftlicher Mitarbeiter des Japanisch-Deutschen Zentrum, Berlin.

Bauermeister, Matthias, Diplom-Politologe, wissenschaftlicher Mitarbeiter der Stiftung Wissenschaft und Politik, Ebenhausen.

Bredow, Prof. Dr. Wilfried von, Professor für Internationale Politik am Institut für Politikwissenschaft, Philipps-Universität, Marburg.

Brockdorff, Dr. Thilo Graf, Generalsekretär des Japanisch-Deutschen Zentrum, Berlin

Czempiel, Prof. Dr. Ernst-Otto, em. Professor für Internationale Politik und Außenpolitik an der Universität Frankfurt; Forschungsgruppenleiter an der Hessischen Stiftung für Friedens- und Konfliktforschung, Frankfurt.

Ehrhart, Dr. Hans-Georg, wissenschaftlicher Mitarbeiter am Institut für Friedensforschung und Sicherheitspolitik, Hamburg.

Glaubitz, Prof. Dr. Joachim, apl. Professor für Internationale Politik an der Universität München; bis 1992 Leiter der Fachgruppe Asien der Stiftung Wissenschaft und Politik, Ebenhausen.

Jäger, Dr. Thomas, wissenschaftlicher Mitarbeiter am Institut für Politikwissenschaft der Philipps-Universität, Marburg.

Kleinert, Dr. Lutz, Wirtschaftsberater; ehem. Botschaftsrat der DDR in Japan.

Kerde, Ortrud, wissenschaftliche Mitarbeiterin am Japan-Zentrum der Philipps-Universität, Marburg.

Noetzel, Dr. Thomas, wissenschaftlicher Mitarbeiter am Institut für Politikwissenschaft der Philipps-Universität, Marburg.

Pauer, Prof. Dr.Erich, Direktor des Japan-Zentrums der Philipps-Universität, Marburg.

Tidten, Dr. Markus, Leiter der Fachgruppe Asien der Stiftung Wissenschaft und Politik, Ebenhausen.